Great Lives ①

위대한 생애

케네디 가의 영광과 비극

김심온／옮김

ⓤ 일신서적출판사

머 리 말

    케네디 집안의 이야기는 대조의 모자이크다. 상대적 빈궁에서 극도의 부(富)로 이행(移行)한다. 무명의 지위에서 역사에 길이 남을 찬란한 지위로 이행한다. 그러나 정치적인 높은 지위에서 순식간에 폭력에 의한 죽음의 나락으로 이행한다.

    케네디의 돌연한 죽음이 없었더라면 케네디 집안의 연대기는 가장 비현실적인 소설과도 상통하는 성공담이 되었을 것이다.

    그러나 죽음은 조셉 P. 케네디의 세 아들을 차례로 빼앗아갔다. 얄궂게도 그 아들들이 미국을 위해 한창 봉사하고 있을 때 사신(死神)이 나타난 것이다.

    이 책은 한 집안의 이야기를, 미국으로 이주하기 전인 아일랜드에서의 기원부터 로버트 F. 케네디 상원의원의 암살이라는 비극에 이르기까지를 기록한 것이다.

    우리의 의도는 오로지 이 가장 미국적 가족의 야심과 업적을 그들의 말과 행동으로써 부각시키는 데 있다.

    그 이상의 것을 한다는 것은 케네디의 집안을 대변하는 것이 될 것이다. 케네디 집안의 사람들은 언제나 자기들의 생각을 자기 스스로 이야기해 왔었다.

뉴 욕

저 자

차 례

어느 미국의 가족

보스턴의 케네디 가(家)

1940년이라는 해, 1초의 백 분의 1 동안만은 케네디 집안도 존재했었다. 알겠느냐. 웃어라. 찰칵!

조셉 패트릭 케네디 집안의 쉴 새 없는 눈부신 움직임을 한 대의 사진기 셔터만이 극히 잠시나마 조용히 하게 할 수 있었다. 아니 그런 것처럼 여겨졌다. 그 해 여름, 케네디 집안을 방문한 한 친구가 이 광경에 매혹되어 유심히 바라보고 있었다.

존은 자기의 저서인 《어째서 영국은 잠들었느냐》에 몇 권씩이고 자필 서명을 하고 있었으며, 한편 조부인 피츠제럴드는 신문의 정치란을 그에게 읽어주고 있었다. 손자 조셉은 소련에 있을 때 자기에게 일어났던 일을 이야기하고 있었다. 케네디 부인은 스펠만 추기경의 전화를 받고 있었다. 두터운 스웨터를 입고 목면 바지를 입은, 키가 크고 무척이나 매력적인 소녀는——바로 패트리시아이지만——런던 교외에 있는 아버지의 집 가까이에 독일군의 메사슈미트 제트기가 추락했을 때의 광경을 들려주고 있었다. 로버트는 모두에게 제스처 놀이를 시켜보려고 야단법석이었고 나는 터치 풋볼(^{미국식 풋볼의 일종, 골포스트를 사용하지 않으며 공은 보통 것보다 작다.})을 하기 위해 각각 팀을 나누었다. 그리고 캐서린은 내가 든 팀의 선수들 한가운데서 "자, 게임 개시야." 하며 소리쳤었다. 비록 순간이라 할지라도 무엇인가 일어나고 있었다.

케네디 집안의 전원 열한 명이 모두 집에 있었던 것이다.

케네디 가의 사람이 자기 집이라는 말을 할 때——그리고 그들에게 있어서 이 말은 그들의 언짢은 감정인 천박한 정서가 수반되지 않고 보다 높은 의미를 지녔다──조셉 케네디와 그 뛰어난 일족은, 그들이 주거라고 부르는 몇 곳 중의 오직 한 군데를 가리키고 있었던 것이다. 다른 장소는 어쩌면 훨씬 더 호화롭고 광대했을지도 모른다. 그러나 그 어느 것도 바다를 마주한, 그저 넓기만한 그 낡은 집만큼 안락하고 흐뭇하며 그들의 활발한 생활양식에 어울리는 것은 없었다.

그것은 커다란 집으로 방이 열다섯에 아홉 개의 욕실이 있고 아홉 사람이 성장하여, 조셉 케네디가 아이들을 위해 원했던 독창력과 독립심을 신장시키기에 충분한 여유가 있었다. 조셉 자신처럼 그 집은 우아하지는 않았으나 완고하고 훌륭했다. 이 집이 자리한 콧드 곶(岬)의 마을──하이아니스포트를 두고 그들은 자기들끼리 포트라고 불렀었는데, 그 포트의 다른 가옥과 비교해서 그 집이 두드러지지 않는 것은 사실이었다. 그것은 하얀 널빤지 지붕으로 덮였으며 녹색 덧문을 달고 난타켓 해협을 굽어보는 절벽 위에 서 있었다. 그 지붕은 앞바다 멀리서도 볼 수 있어 아이들이 점심 식사를 위해 급히 범선을 되돌릴 때면 지붕을 보고 쉽게 배를 댈 수 있었다.

2에이커 반의 잔디는 집에서부터 완만한 경사를 이루며 거친 모래의 풀밭까지 내려와 있었고 간혹 모래 펄까지 푸르게 뒤덮곤 했다. 집은 크고 넓었으나 참으로 소박하고 검소하여 한 가족이 지내기에는 안성맞춤이었다. 이것은 조셉 케네디에게는 인생의 모든 것이었다. "인생에서의 인간의 성공이 어느 정도냐 하는 것은," 하고 일찍이 조셉이 말한 적이 있다. "그가 돈을 얼마나 벌었느냐는 것이 아니라 그가 키운 가족이 얼마나 훌륭하느냐에 있다."

사교계에서의 보이콧

조셉 케네디는 성공에 대한 뚜렷한 생각을 갖고 있었다. 그의 말에 의하면 성공은 단순히 개인의 재산에 의해 측정되는 것이 아니라 자존심, 전문가로서의 우수성, 그리고 폭넓게 사회와 융화되어야 한다는 것이었다. 1930년대 후반에 조셉 P. 케네디는 재계에서 이미 막대한 부를 쌓고 최고의 외교관들에게 진언을 하며 정계의 모든 의사 결정에 참여하고 있었다. 그러나 그가 태어난 보스턴에서는 그만큼 성공하지 못한 일부 사람들로부터 외교관도, 정치가도 아닌 술집 주인이며 지역 보스의 아들인 조셉 케네디로밖에는 인정받지 못했다.

왜냐하면 조셉 케네디는 아일랜드 사람이며 아일랜드 계통의 카톨릭 교도였기 때문이다. 보스턴에서 차츰 두각을 나타내어 '양키'(뉴잉글랜드 인)의 사교계 문을 두드릴 때마다, 옛날 그의 아버지나 조부가 직업을 구했을 때에 들었던 말을——다만 그것은 입으로 말한 것은 아니었으나——들어야 했다. 즉, '아일랜드 사람은 사절'이라는 말이었다.

조셉은 이력의 초기에 반 아일랜드 인의 편견으로 몇 달이나 지연되었고 아무튼 겨우 매사추세츠 전력회사의 한 중역이 될 수 있었다. 이 회사는 세간에 파산할 것 같다는 소문이 무성했기 때문에 그가 그런 회사의 중역이 되는 데에 매우 열심이고 또한 굳은 결의로 열심히 일하는 것에 대해 일부 친구들은 의아하게 여겼다.

케네디는 이렇게 대답한다.

"소르턴스트르 집안(보스턴 명문의 일족) 같은 사람들을 만나기 위한 더 좋은 방법을 자네는 알고 있나?"

훗날, 1920년대에 조셉은 보스턴 상류사회의 사람들이 즐겨 피서지로 삼았던 코하셋에 집 한 채를 빌렸다. 그리고는 코하셋 컨트리 클럽에 입회를 요청했지만 입회하지 못했다. 이것은 그의 자존심을 몹시 상하게 했다. 그의 딸들도 사교계에 처음으로 나가는 아가씨들로부터 클럽에 가입하라는 권유를 받지 못했다. 조셉은 어떤 신문 기자에게 이처럼 말하며 자기는 아무렇지도 않다고 말했으나 그래도 그의 마음을 아프게 한 것만은 틀림없었다.

"내 딸들은 어차피 가입하지 않았을 걸세. 그 아이들은 사교계의 친구들에게 2센트도 내놓지 않았으니까."

뉴욕으로 옮기다

1926년에 백만장자가 된 술집 주인의 아들 조셉 케네디는 전세를 낸 기차 한 칸에 가족을 태워 뉴욕 주의 리버데일로 옮겼다. 그는 이렇게 중얼거렸다.

"보스턴은 아일랜드계 카톨릭 교도의 자녀를 키우기에는 적합하지 못한 곳이야."

이듬해, 그는 뉴욕 주 브론크스빌의 고급 주택 구역에 5에이커의 땅이 달린 훌륭한 조지 왕조식(王朝式) 저택을 샀다. 그리고 다음 6년 동안에 하이아니스포트의 집을 장만했으며, 또한 플로리다 주 범비치에 10만 달러나 되는 무어 스타일의 집을 사들였다.

뉴포트나 버허버 같은 고급 휴양지와는 비할 바가 못 되는 하이아니스포트에 케네디 집안이 가장 깊게 뿌리를 내리게 된 것도 어떤 의미에서는 기묘한 일이었다. 그러나 이곳이 아일랜드 계통의 카톨릭 교도 자녀를 교육시키기에 적합한 고장임을 부인할 수는 없었다.

조셉 케네디가 옳다고 생각하는 방식, 많은 점에서 자기 자신의 성장을 반영시켰던 방식은 딸 유니스의 말을 빌린다면 "중요한 것은 이긴다는 것이에요. 둘째나 셋째가 되어서는 안 돼요. 이기고 또 이기고 줄곧 이겨야만 해요." 하고 아이들에게 가르치는 방식에서 드러난다. 그러한 방식으로 교육을 받는 사이에 언젠가는 시간이 흐르면 인종적 편견이 조금씩 적어진다는 것에도 도움을 받아, 아일랜드계라는 외국계 미국인인 조셉 P. 케네디의 아이들은 아버지와 달리 신앙과 혈통이 그가 말하는 성공의 까다로운 조건에 부합하여, 이런 것들이 단순히 인위적인 장애에 불과하다는 것을 발견하게 되었다. 그의 전기를 쓴 리처드 웨렌이 말하듯이 그 자신은 여로의 끝까지 가지는 못했으나 적어도 그는 그 거리를 답파할 강한 의지력을 아이들에게 줄 수 있었으며, 아이들은 자기들의 두 발로 걸어갈 수 있었다.

그토록 멀리까지 가면 도대체 무슨 좋은 일이 있는지 그는 구체적으로는 알지 못했다. 그러나 우수성과 강한 의지, 결의와 기술로써 그것이 이룩된다면 그것은 조셉 케네디의 아이들의 힘으로도 불가능하지는 않을 것이다. 그러기 위해서는 어떠한 목표도 도달이 불가능한 것은 없었다. 이를테면 미국의 대통령이라는 직책조차 예외는 아니었다. 조셉 케네디가 아이들에게 남긴 유산이란 바로 이런 정신이었다.

11명의 가족

사진 속의 케네디 가의 가족 수는 11명이었다. 우선 아버지 조셉. 1914년에 신부로 맞은 인내와 여성적인 굳건함의 전형인 아내 로즈. 그리고 둘 사이에 태어난 부모의 영향을 받아 열정적인 혈기가 흐르고 있는 아이들.

맨 위는 아버지의 이름을 그대로 물려받은 조셉 패트릭 케네디 주니어였다. 결혼 후 1년도 채 못 되어 이 아이가 매사추세츠 주 브루클라인의 검소한 목조 건물에서 태어났을 때,——그 집은 아버지 조셉과 어머니 로즈가 살림을 차린 첫번째 집이었——기쁨이 넘쳐흘렀다.

그들의 대를 이을 아이가 조셉이었으며, 아버지의 꿈을 이루어줄 아이이기도 했다. 아들 조셉은 대학 예비학교에서는 연감을 편집하였고 하버드 대학에서는 체육과 지육(知育) 양쪽에서 우수한 성적을 올려 트로피를 획득하기도 했다. 또한 차기 민주당 전당대회에서는 대의원으로 출석할 예정이었다. 자신이 넘쳐흐르고 침착하며 유능하고 기지가 풍부했으나 자기보다 이해력이 부족한 사람을 보면 안타까워하는 데가 있었다. 그는 어머니로부터 이어받은 다정한 얼굴 생김과, 아버지로부터 이어받은 대담한 행동력을 지니고 있었다. 젊은 조셉은, 자신이 넘치는 태도로 언젠가는 자기가 미 합중국 대통령이 되겠다고까지 이야기하기도 하였다. 그에게는 그것이 부자연스러운 야심으로 생각되지 않았다.

사진 속의 키가 크고 날씬한 몸매의 젊은이는 잭이다. 다시 말해서 존 피츠제럴드 케네디였다. 그의 이름은 외할아버지의 이름을 딴 것으로 그의 갸름한 얼굴에는 갈색 머리칼이 풍성하게 드리워져 있었다. 그는 형인 조셉만큼 단단해보이기는 했으나 호남아(好男兒)는 아니었으며, 또한 형만큼 외향적이거나 사교적인 타입도 아니었다. 그는 잔병치레를 자주 했다. 네 살 때는 성홍열에 걸렸고, 대학 예비학교 시절에는 맹장염을 앓았고, 또 대학에서는 황달에 걸렸었다. 그러나 아무리 여러 차례에 걸쳐 병을 앓아도, 아일랜드 인 특유의 유머 감각이 쇠퇴하거나 그가 지닌 전형적인 케네디 가문의 일원으로서 의욕이 둔해지는 일은 결코 없었다. 하버드 대학 시절에 그는 감기에 걸려 학교의 부속 병실에 입원했었는데, 예일 대학과의 수영대회에 출장하기 위해 배영 연습을 하려고 병실에서 몰래 빠져나왔다. 그러나 지칠 대로 지쳐버려 대회에서는 패배했다. 또한 하버드 대학의 저학년 풋볼 팀의 전위선(前衛線) 선수였던 존은 경기 중에 입은 등의 부상으로 오랫동안 고생하였다. 형인 조셉은 한 집안의 정치적 야심을 수행하기에는 한층 뛰어났으나 존이 아버지를 실망시키지 않는다는 것도 분명했었다——하기야 아버지 쪽에서는 아들을 염려하기도 했겠지만. 이를테면 친구들의 클럽 대신으로 사용되는 존의 방이 언제나 지저분하여 곤란하다고 존의 예비학교 교장은 아버지에게 편지를 보낸 적도 있었다. 더구나 교장은 '존은 학생들이 종합 연구를 할 때, 대개의 경우 질서를 지키지 않습니다. 존은 아주 다급해지기 전까지는 공부를 하지 않으며 약속시간을 지키지 않고 가치기준이 분명치 않고 자기 소유물을 곧잘 잊어버린답니다.' 하고 썼다. 그렇다고 교장이 그에게 실망을 했던 것만은 아니었다.

'귀하가 지금 조셉을 자랑스럽게 여기고 계시듯이 2년 이내에 당신은 틀림없이 존을 자랑스럽게 생각할 것입니다.'

교장은 또 이렇게 편지에 덧붙였다.

'무엇에 걸어도 좋습니다. 틀림없이 그렇게 됩니다. 존은 현명하며 개성적입니다. 그 마음은, 형인 조셉보다 억제가 어려울 것입니다. 존 자신도 자기의 마음을 다루기가 어려울 것입니다. 그가 유머의 올바른 사용법을 익히고, 그 나름의 독특한 사물의 판단 방법을 마이너스가 아니라 플러스로서 사용할 줄 안다면, 그의 타고난 개성적인 용모와 기지에 넘치는 표현은 그의 장래에 도움이 될 것입니다. 한동안 더 그가 조정과 성장의 과정에 있음을 이해해주어야 합니다. 그리고 이렇게 성장하는 사람은 양친이나 교사를 훨씬 성가시게 하지 않았던, 보다 평범한 마음을 지닌 아이보다 더 흥미롭고 실천력을 갖게 될 수가 있는 것입니다.'

교장의 신념은 적중했다. 왜냐하면 존은 그 해에 하버드 대학을 우등으로 졸업하고, 그의 졸업 논문, 즉《어째서 영국은 잠들었느냐》는 베스트셀러가 되었기 때문이다. 앞으로도 저작 활동을 계속할 것인가? 교사가 될 것인가? 그는 아직 마음을 결정하지 못했다. 그러나 그의 아버지가 일찍이 말했듯이 그에게는 성공할 소질이 있었다.

조셉 케네디의 다음 아들은 보비, 즉 1925년에 태어난 로버트 프란시스 케네디였다. 아버지는 그 특유의 난폭하고도 허물없는 말로 그를 '꼬마 아이'라고 불렀다. "그 아이는 대단한 애야."라며 아버지는 말하곤 했다. "저 녀석은 나와 마찬가지로 좋고 싫은 걸 너무 가리거든." 그는 '꼬마아이'였는지 아니면 의지가 강한 아이였는지 모르지만, 어쨌든 모든 점에서 전형적인 케네디 집안의 일원이었다. 즉 그는 친구들을 잘 돌보고 믿음직스러웠으며 신념을 갖고 있었다.

로버트가 열 살 때, 그의 여자 가정교사였던 엘리자베스 댄이 그와 그의 어린 동생인 테디(막내인 에드워드 케네디)를 데리고 닥스벨리에 있는 마일즈스탠디슈(1620년에 필그림즈 파더를 태우고 미국으로 온 메이플라워)의 기념관 견학을 갔었다. 두 아이와 함께 위까지 올라간 것까지는 좋았으나 여 가정교사는 너무나 높아 공포로 몸이 얼어붙어 급경사의 나선형 계단을 내려가지 못했다. 로버트는 에드워드를 아래까지 데려다주고는 다시 올라왔다.

"댄 선생님. 걱정 마십시오."

하고 그는 말했다.

"내 손을 잡고 눈을 감으세요, 내가 아래까지 데려다줄 테니까요."

무사히 지상으로 내려오자 로버트는 아직도 떨고 있는 여자 가정 교사에게 싱긋이 웃으며 말했다.

"나는 아무에게도 말하지 않을 겁니다."

그리고 그는 정말 이 일을 아무에게도 말하지 않았다.

로버트는 형인 조셉과 존을 두려움에 가까운 존경심으로 대하였다. 두 형은 그에게 요트를 타는 법이며 풋볼을 차는 법, 배트를 휘두르는 법 등을 가르쳐주었다. 그는 아무리 어려운 일이라도 케네디 집안의 누구보다도 더 강할지 모르는 의지로써 헤쳐나가곤 했다. 한 친구는 후에 로버트에 대해 이렇게 말했다.

"그는 무엇인가 해내야 할 일이 있고, 한번 해보겠다고 한 이상은 그것에서 도망친다는 것은 자살행위라는 식으로 생각했다."

이 관찰이 정확했음은 후년의 그를 보면 알 수 있다. 그러나 그는 어린 시절에 단 한 번 가장 현실적인 일면을 보인 적이 있었다. 어느 날, 그와 운전수의 아이가 담요를 낙하산 대용으로 하여 집의 지붕에서 뛰어내리려고 작정했었다. 운전수의 아이가 처음에 뛰어내렸는데 다리가 부러졌다. 그러나 로버트는 뛰어내리지 않았다.

사진 가운데에서 가장 어린아이, 아직 갓난아기의 티가 남은 둥그스름하고 싱글싱글 웃는 아이는 여덟 살이 된 사랑스러운 테디, 즉 에드워드 M. 케네디였다. 에드워드가 장차 대통령이 될지 모른다는 식으로 그의 장래의 가능성을 논한다는 것은 아버지로서 결코 생각할 수 없었다 해도 1940년에 그런 생각을 갖기에는 시기가 너무 빨랐다. 에드워드도 결국 케네디 집안의 일원이었다.

다섯 딸들도 역시 모든 의미에서 케네디 집안의 일족이었다. 그녀들은 모두 강한 동족의식, 대담성, 실천력을 지니고 있었다. 로즈메리, 캐서린, 유니스, 패트리시아가 존과 로버트 중간에 태어났고 로버트 뒤에 진이 태어났다. 그녀들은 자식을 사랑하는 아버지에게 딸들이 줄 수 있는 위로를 아버지에게 주었다. 그리고 그녀들의 명랑한 성격은 그의 가정을 밝게 해주었다.

그러나 로즈메리만은 예외였다. 그녀는 로지라고 불렸는데 다른 사람과 달리 수줍음을 잘 타고 내성적인 성격이어서 양친의 근심거리였다. 그러나 그러한 아이에게 더 이상의 환경을 바랄 수는 없었다. 서로 돕는 것이 조셉 케네디의 아이들 특징이었다. 케네디 집안의 한 아이에게 특별한 도움이나 배려의 필요가 생기면 다른 아이들은 그것을 아낌없이, 아무런 질문도 않고 주었다.

학교나 외국 여행에서 부친 편지에서도 동질감의 표시로서 '로지에게 안부를'이라고 쓰는 것을 잊는 일은 드물었다. 이 가족과 친한 한 친구가 말했듯이, "케네디 집안의 단 하나라도 위협을 받는 일이 생겨나면 그것은 케네디 집안 전체와 외부 세계와의 대립이라는 양상이 되었다."

1934년의 일인데, 언젠가 로즈 케네디는 아들 존이 다니는 학교 교장에게 편지를 쓴 적이 있다. 그것은 로즈메리에 대한 집안의 다정한 관심을 나타내는 것이었다.

'스틸 씨

1월 19일의 금요일에 프로피덴에서 개최되는 차(茶)와 댄스의 모임에 존도 참석할 수 있겠습니까?

감히 당돌한 부탁을 드리는 것은 존을 초대한 주인역인 젊은 여성이 존의 동생이며, 이 동생에게는 열등감이 있기 때문입니다. 오빠가 참석할 수 있다면 누이동생에게는 큰 힘이 되리라 생각합니다. 누이동생은 15세가 되었으며 어떻게 해서든지 병을 고치려고 노력하고 있습니다. 저의 심정을 이해하시리라 생각합니다. 그것은 별로 대단한 것은 아닙니다만 우리는 어떻게 해서든지 누이동생을 도와주려고 가능한 모든 일을 다하고 있습니다……'

가능한 모든 일을. 그것이 케네디 집안의 방식이었다. 그들은 서로를 위해, 또한 자기 자신을 위해 가능한 모든 일을 다했다. 왜냐하면 그것은 아버지인 조셉이 그들에게 가르친 방법이었기 때문이다.

"저의 남편은," 하고 로즈는 말했다.

"아버지로서 매우 엄격했습니다. 그는 스포츠이건 무엇이건 아이들이 하는 일에서 아이들이 이기는 것을 좋아했습니다. 아이들이 이기지 못하면 그는 어디가 잘못되었는가를 아이들과 검토합니다. 그러나 진 아이에게는 좀처럼 관용을 베풀지 않았습니다."

그의 아들들은 이러한 아버지의 성격을 이어받았다. 하루는 아들 조셉이 요트 레이스에 출전했었다. 그리고 같은 요트에 탄 동생 에드워드에게 이렇게 명령했다.

"삼각 돛을 올려라." 에드워드는 이에 응하지 않았다. 그는 삼각 돛이 무엇인지를 몰랐던 것이다. 그러자 조셉은 에드워드를 때려 물 속에 내던져 한동안은 그를 물 위로 떠오르지 못하게 했다. 그 뒤로 에드워드는 삼각 돛이 무엇인가를 터득했다.

"아버지 조셉은 아이들이 깊이 생각하고 잘 실천하기를 원했다."고 친구인 토머스 슈라이버는 평했다.

"그는 아이들을 앉히곤 늘 이렇게 말하곤 했다. '나는 너희들이 이 세상에서 무엇을 하건 전혀 상관 않겠다. 그러나 무엇이든 할 때에는 이 세상에서 최고가 되어라. 설사 시궁창을 뒤지는 사람이 되더라도 너희들은 이 세상에서 최고의 시궁창 뒤지는 사람이 되어야 한다.'" 이렇듯 조셉은 아이들에게 모든 일에 온 힘을 쏟을 것을 요구했다. 이를테면 요트 레이스에서 케네디 집안의 아들이 전력을 다하여 버텨내지 않으면 그 아이는 부엌에서 식사를 해야만 했다.

어린 시절의 친구 하나가 뉴욕 주의 브론크스빌에 있던 케네디 집안의 집을 방문하여, 터치 풋볼을 하며 놀았던 일을 회상하며 이렇게 말하고 있다.

"잔디밭 둘레에는 많은 나무가 있었는데 조셉이나 존이나 로버트는 나무 같은 것은 한번도 본 적이 없는 듯했다. 그래서 정면으로 맞부딪치고 만다. 언제나 그랬다. 그들은 언제나 온 힘을 다해 몰두했다. 가끔 형제 가운데 하나나 둘이 의식을 잃었다가 깨어났던 것을 나는 잊을 수 없다. 그들은 언제나 붕대를 감고 있었으며 온 몸은 타박상투성이였다."

아들 하나 앞에 백만 달러의 자금을

그것이 아버지 조셉 케네디가 원했던 방법이었다. 그가 성공이라고
생각하는 것을 아이들이 이룩하려고 생각한다면 전력을 다하여 철저히
해내는 수밖에 없다. 그는 모든 장애를 제거했다. 그는 아들 한 사람마다
백만 달러의 신탁자금을 설치하고 자기 아내를 관리인으로 삼았다.
그리하여 아이들을 저마다 21세 때 수입을 갖게 하였으며, 45세 때
원금의 반액을 받게 되었다. 이 자금은 훗날 1천만 달러 상당의 금액이
될 것이다. 이것은 안정된 사회적 지위를 유지하기에 필요한 기금으
로서 그 뒤는 그들이 노력하기 나름인 셈이었다.

아버지 조셉으로 하여금 그토록 개인적으로 상처를 입게 했던 협량과
편견을 타파할 기회를 그들이 어떻게 놓칠 수 있겠는가. 그것은 일찍이
조셉을 분노케 하여 이처럼 고함치게 한 것이었다.

"나는 이 나라에서 태어났다. 내 자식들도 이 나라에서 태어났다.
미국인으로서 우리가 도대체 무엇을 해야 한다는 거냐?"(미국에서는 미국
에서 태어난 자는
자동적으로 미국의
시민권이 주어진다.)

하이아니스포트의 명랑한 아이들이 서로 경쟁하는 즐거운 집에서
조셉 케네디는 그가 할 수 있는 모든 가능한 일을 다하고 있었던 것이다.

신세계로

비네거힐의 싸움

미국인이라는 것. 확실히 케네디 집안의 사람들은 미국인이었다. 그들의 부친들도 그러했다. 그들은 모두 미국에서 태어났으며 미국이야말로 그들이 아는 오직 하나의 나라였다. 그러나 그들은 또한 아일랜드 출신이기도 했다. 아일랜드의 수호성인인 성 패트릭의 날, 3월 17일이 되면 윗옷깃에 클로버(아일랜드의 국화) 모양을 딴 녹색 꽃모양을 달고 다닐 뿐인 모양만의 아일랜드 사람이 아니라 보다 더 확고한 정신의, 겉으로는 두드러지지 않지만 더 강한 아일랜드 사람이었다. 그들은 많은 고난을 견뎌낸 민족 출신이며 긍지가 높고 군거적(群居的)이며 강건했다. 태어난 나라에서는 시달리고 압박을 받았으며 이민을 간 나라에서는 경멸을 당하고 착취당하는 것이 이 민족이었다.

이것이 그들로 하여금 뚜렷한 특징을 갖추게 했다. 그것은 언제나 그들 아일랜드 사람의 특징이 되었다. 그들이 그것들을 견뎌내며 살아남았다는 것 역시 그들의 특징에 보탬이 되었다. 가장 오랜 발라드(民謠)에 못지 않은 옛날부터 무수한 적들과 싸우는 동안에 그들의 긍지, 야심, 깊은 동족감정은 연마되었다. 바이킹. 노르만 인. 그들을 잔학하게 다루었던 '호민관' 크롬웰. 몇 세대에 걸쳐서 농민들이 만들어낸 것을 빼앗고, 그들이 사용하는 국어의 알파벳조차 가르치려 하지 않았던 이름없는 영주들이나 옛이야기에 이름이 높은 영국의 국왕들. 그것들이 그들의 무수한 적들이었다

아일랜드의 케네디들과 오케네디들은 모두 이러한 것을 알고 있었다

(오케네디의 〈오〉는 아들이란 뜻. 케
네디 일족에서 갈라진 사람들의 성). 웩스포드 주의 언덕이나 계곡 역시 케네디 집안
사람들의 피를 알고 있으며 싸움터에서 쓰러진 케네디 집안의 사람들은
바로 그곳에 묻혔다.

1798년에 반란이 일어났다. 빈궁이 그 원인이었다. 영국의 귀족들과
이것을 지지하는 일부 아일랜드 인은 소작인에게 무거운 세금을 부
과하고 그들을 몰아냈으며 많은 농부들로부터 땅을 빼앗았다. 이때문에
아일랜드 전역은 손을 댈 수 없을 만큼 혼란 상태에 빠졌다. 동란은
에니스코시(아일랜드 동남부의 웩스
포드 시에 있는 소도시)에 가까운 비네거힐에서 절정에 달했다. 이
곳에 반도(反徒)들의 생존자가 농성하여 최후의 싸움을 시도했던 것
이다. 그들은 머피 신부라는 한 성직자의 인솔하에 허름한 창을 들고
돌격했다. 그들은 모두 전사했다.

그날에 대한 것은 〈웩스포드의 젊은이들〉이라는 노래가 되어 아일
랜드 사람 사이에 오랫동안 불리어졌다.

우리 나라를 해방하기 위해
우리는 우리 마음의 붉은 피를 아끼지 않으리
지도자의 수가 적어
비네거힐에서 패했어도
우리는 다음 싸움을 다시 싸우리라
그러나 우리는 우리의
나라를 사랑하리라.

웩스포드의 젊은이들 가운데에 댄건스타운의 존 케네디, 패트릭
케네디라는 두 형제가 있었다. 존은 부상을 입었다. 패트릭은 그를
격려하여 바로 강을 따라내려가 그들의 집으로 데려갔다. 그러나 존은
결국 그 부상으로 죽었다. 케네디 집안의 한 사람이 그때 이미 그 민족의
전투에서 희생되었던 것이다. 기록에 의하면 크롬웰의 시대(그 호민관 시대
는 1653~58년)
에는 그 밖에도 37명이나 되는 케네디들이 교수형에 처해졌다. 인쇄된

역사는 멸망하기 쉽다. 그러나 박해와 용기는 그렇게 쉽사리 잊혀지지 않는다. 그것은 몇 세대에 걸쳐 민족의 혈관 속에 고동친다.

비네거힐의 싸움에서 살아남은 패트릭 케네디는, 그 무렵의 거의 모든 아일랜드 사람과 마찬가지로 농부였다. 영국으로 하여금 대영 제국의 찬란한 세기에 올라서게 한 산업혁명은 바다를 건너 아일랜드까지는 미치지 못했다. 더구나 아일랜드처럼 우거진 녹음에 둘러싸인 나라에서는 농부의 생활이 가난할 수밖에 없었다. 그리고 실제로도 가난했다.^(아일랜드란 녹색의 나라라는 뜻)

녹색의 나라 아일랜드는 농민에 의한 토지의 취득이 불가능하지는 않다 하더라도 곤란케 하는 엄격한 농지법에 의해 시달리고 있었다. 토지의 소유는 영세했으며 그나마 자투리 땅 같은 것이었다. 이러한 상황은 19세기 전반에 아일랜드의 인구가 급속히 증가했기 때문에 더욱 악화되었으며 가난한 사람은 더욱 가난해졌다. 영국과는 달라서——빈민 구제법——19세기의 사회복지법이라고 할 만한 것——이 아일랜드에는 없었고, 또 가난한 사람을 위한 시설도 없었기 때문에 아일랜드 사람들은 많은 아이를 낳으면 그들의 늙은 양친을 부양해줄 것을 원하여 많은 아이를 낳음으로써 그들 나름의 생활의 보장을 얻으려 했다.

생활은 더욱 힘겨웠다. 1837년에는 드니골 주^(아일랜드의 북부)의 타라호버글리라는 곳에 9천 명의 사람이 살고 있었다. 그들에게는 10개의 침대밖에 없었다. 주의 세대수 가운데 절반은 창이 없는 흙으로 만든 움막의 방 하나에 동거했으며, 흙바닥에는 집에서 기르는 돼지라든가 그 밖의 무엇이건 기를 수만 있으면 함께 살았다.

영국인은 카톨릭교에 귀의한 자에 대해, 남을 가르친다는 것을 금지했었다. 신부들은 생울타리 사이에서 비밀리에 청년들을 교육하는 이른바 '생울타리 교육'을 과감히 실시했었다.

19세기 초기는 외국, 특히 미국을 향해 출국하는 사람도 몇몇은 있었다. 그러나 바다를 건너기에 필요한 약간의 비용조차 아일랜드 사람으로서는 마련할 수 없었다. 외국에 이주한 자는 주로 비교적 유복한 농부들 뿐이며 농민은 아니었다.

이주한 자들은, 미국에서 보낸 한 이민의 다음과 같은 편지와 비슷한 것을 대체적으로 써 보냈었다.

'노동을 좋아한다면 누구나 먹는 데에는 곤란이 없습니다. 이곳에도 불편한 일은 많이 있습니다만 배가 고프지는 않습니다.'

뉴욕에 사는 존 도일이라는 사람은 아일랜드에 남겨둔 아내에게 보낸 편지 가운데에서,

'미국에서는 세금 징수원이나 경찰관이나 병사들이 떼지어 오는 일은 없으며(중략)……누구나 자기가 생각한 대로 자유롭게 행동하고 말할 수 있다.'라고 썼었다.

영국인에 의해 1695년에 부과되고 1829년에 이르기까지 폐지되지 않았던 형법──그것은 카톨릭 교도에게 땅을 사지 못하도록 하는 금지 조항까지 있었다──아래 시달렸던 아일랜드로서는 확실히 달콤한 유혹의 소리이기도 했다.

그러나 1779년부터 1841년까지의 사이에 172퍼센트라는 비정상적인 인구 증가를 보였던 아일랜드로서는, 토지는 설사 소작지라 할지라도 더욱 적어지기만 했다. 모두가 다투어 토지를 구했기 때문에 땅값은 엄청나게 비싸졌다. 1841년의 국세조서에 의하면, 아일랜드에서의 토지 소유자의 약 절반은 5에이커도 못 되었다.

그러나 그래도 대체적으로는 충분했다. 왜냐하면 보통은 1에이커 반만 있으면 아일랜드 사람의 주식으로 유명한 감자만 먹는다면 4명 내지 5명의 식구들을 부양할 수 있었기 때문이다. 감자는 훌륭한 식료품이었다. 그것은 수확이 쉽고 요리가 간편했으며 더구나 인간에게나 동물에게나 식료품으로는 큰 도움이 되었다. 그러나 결점은 장기간의 저장이 불가능하다는 것이었다. 그래서 여름 몇 달 동안──여름이 되면 아일랜드 사람은 언제나 굶주림 직전에 놓였다. 굶주림은 수확

기가 끝날 때까지 계속되었다——농민은 터무니없는 값으로 밀을 사야
하는 일이 있었다. 가난한 사람은 그나마 돈이 없어 살 수 없을 뿐만
아니라 보다 우선 밀은 충분히 있는 것은 아니었다. 그렇기 때문에
아일랜드 사람에게는 감자가 생명과도 같은 것이었다.

기아와 질병의 땅을 떠나다

1845년 7월, 아일랜드의 날씨는 건조했고 무더워 감자 농사가 풍작일
것으로 예상되었다. 그런데 갑작스런 이상기온으로 냉해가 왔으며,
그렇지 않아도 비가 많은 아일랜드에는 여지껏 보지 못했을 만큼의
많은 비가 내리기 시작했다. 그러나 7월 23일이 되어도 〈프리먼즈 저널〉
지는 여전히 '가난한 사람의 재산인 감자 농사가 이토록 풍작이었던
해는 일찍이 없다.'고 발표하였다. 그러나 8월이 되자 불안한 보도가
전해지기 시작했다. 영국에서는 감자의 수확이 곳에 따라 나빠지겠다는
것이었다. 바로 1년 전에 북아메리카를 엄습했던 것과 똑같은 줄기
마름병에 두 나라가 모두 타격을 입은 듯했다. 줄기마름병은 대서양을
건너온 것이다.

내무상인 서 제임스 그레엄은 현지를 시찰한 뒤, "'가공할 재해 상황'
을 목격했는데, 흉작이 번지면 가난한 자에게는 충격적인 재앙이 될
것이다."라고 언명했다.

그런데 아일랜드에서의 최초의 수확 보고에 의하면 풍작이었다고
했다. 그런데 며칠 사이에 감자는 까맣게 변색하여 썩기 시작했다.
아일랜드의 감자 기근이 시작된 것이다. 1846년에는 감자 흉작이 전
면적으로 번졌으며, 1848년에도 같은 일이 일어났다.

아일랜드 사람에게 집을 버리게 할 수 있는 유일한 동기는, 집을
버리느냐 죽느냐의 하나를 택할 수밖에 없을 때라고. 그때까지는 말
들을 하고 있었다. 백만 명 이상의 아일랜드 사람에게 설사 택할 시기가
있었다 해도 이미 늦었다. 그들은 죽어갔다. 생울타리를 따라, 움막
속에서, 밭에서 죽어갔다.

집을 버리고 도망친다는 것도 쉬운 일은 아니었다. 신세계(미국)로 건너갈 배삯은 불과 20달러였지만 그만한 돈을 가진 농민은 극히 적었다. 항해 자체가 노예선과 별로 다를 바 없는 배로서, 백 60일이나 걸렸다. 티프스의 일종인 '쉽피퍼(船熱病)'가 만연했다. 선객들은 객실조차 없이 갑판에 채워졌으며 프라이버시가 노골적으로 타인 앞에 노출되었고 짚더미 위에서 잠을 잤다. 그들은 거의가 식료품을 휴대했으나 그것이 바닥나자 뭍의 기근에 뒤이어 바다의 기근이 발생했다.

바로 이 사람들 중에는 비네거힐의 싸움에서 용맹을 떨친 덴건스타운의 패트릭 케네디가 있었다. 아들인 패트릭 케네디는 다른 아일랜드 사람과는 달랐다. 그의 가족은 80에이커의 땅——대부분은 밀밭——과 많은 가축을 소유한 대단한 부자였다. 그럼에도 불구하고 케네디는 조국을 버리고 미지의 세계로 떠난 것이다.

"패트릭 케네디는 강한 모험심과 새로운 생활을 시작할 용기를 갖고 있었기 때문에 출국했던 것으로 우리는 확신한다."

백 년 이상이나 지난 뒤 그 고장의 한 향토사가는 말하고 있다. 어쩌면 그가 도항의 배표를 샀을 것으로 여겨지는 선박회사의 사무실이 지금도 바로 강 기슭의 뉴로스의 도시(웨스포드의 河港)에 남아 있다. 이 강은 폭이 넓고 깊었으며 5백 톤의 배가 바다에서 이 강으로 들어와 슬레이트의 집과 초가지붕의 움막집으로 이루어진 주위에 벽을 두른 뉴로스까지 다다를 수 있다.

당시의 관습은 누군가가 먼 길을 떠날 때는 전날 밤에 술잔치를 베풀고 당일은 그 고장 신부의 축복을 받은 뒤 친척이며 이웃들이 행렬을 지어 항구까지 바래다주는 것이었다. 그리고 함께 이민들이 애창하는 노래를 합창하는 것이었다. 그 내용은 이러한 것이었다.

"그대의 노래 슬픔 때문에 내 마음은 이제 피를 흘리며, 그 피는 머나먼 나라의 기슭에 흐르리라."

패트릭의 이별에 관해서는 별로 많은 기록이 남아 있지 않다. 그러나 그의 고향 사람들과 마찬가지로 그를 보스턴으로 가게 한 것은 처음부터 계획에 의해서가 아니라 운명인 듯하다. 그보다 몇 해 전에 선박회사의 퀴너드 라인 회사는 그 고장 은행의 자금 원조를 얻어 미국에서의 주요 종착항으로서 보스턴을 택했었다. 당시 퀴너드 라인 회사는 기근으로부터 도망쳐오는 아일랜드 인 출국자를 수송하는 주요 선박회사의 하나였다.

항해 도중에 죽는 아일랜드 사람이 많았는데 패트릭 케네디는 무사히 여행을 마치고 1948년에 지금은 동부 보스턴의 일부가 되어 있는 노들즈 아일랜드에 상륙했다. 만약 패트릭 케네디가 미국을 '굶주림이 없는 나라'로 생각했다 해도 그는 역시 미국을 '불편'이 많은 나라로 여겼을 것이다. 미국인 틈에서 이민족으로서 함께 산다는 것이 아일랜드 인 틈에서 아일랜드 인으로 있는 것보다 별로 나을 것이 없었다. 구세계에서와 마찬가지로 신세계에서도 이민족에 대한 차별대우와 빈곤이 있었다. 그러나 미국에서는 어쨌든 일할 수가 있었으며 언젠가는 성공할 수 있다는 희망도 가질 수 있었다.

신세계의 아일랜드 인

보스턴뿐만 아니라 다른 고장에서도 아일랜드 사람은 천연두나 콜레라, 결핵에 만연되고 있는 '아일랜드 인의 거리'에 빽빽이 들어찬 채 살고 있었다. 한 구역 전체에 하나의 옥외 변소밖에 없는 경우도 있었으며 한 가족에 침대가 하나뿐인 경우도 허다했다. 보스턴 시가 작성한 1848년의 보고서는 이렇게 쓰고 있다.

"그들은 마음의 위로를 받지도 못하며 태반의 일상생활의 필수품도 없이 군거하고 있다. (중략)……성, 연령, 청결감 같은 것에는 아랑곳없이 동물처럼 함께 살고 있다."

1849년에 어떤 주민은 남부 보스턴(남부 보스턴은 상류 계급이 많았던 곳)에 한 아일랜드 사람이 사는 것을 보았는데 "정말 놀랐다."고 말했다. 그런데 아일랜드에서 문맹의 군중이 잇따라 찾아와 보스턴의 거리에 넘치자 놀라움은 공황과 경멸로 바뀌었다.

고용주는 노동자의 '십장'이라는 것을 고용하고, 그들은 이민선에 올라가서 아무것도 모르는 아일랜드 사람들을 짐짝처럼 다루며 속이고, 엄청나게 싼 임금으로 가장 하급의 일에 종사시켰다. 농촌에서 온 아일랜드 인의 아가씨들에게도 이와 똑같은 하급의 하녀 일이 주어졌는데, 그녀들은 '암탉'이나 '부엌의 카나리아'로 불렸었다. 신문의 구인 광고에는 거의가 NINA라는 약자가 붙어다녔다. 이것은 '아일랜드 사람의 구직은 사절'이라는 의미의 머리글자를 딴 것이었다. 시인인 월트 휘트만은 보스턴을 방문하여 아일랜드 사람의 생활 수준은 흑인보다 낮다고 썼을 정도였다.

미국에서의 아일랜드 사람은 오랫동안 시기심과 증오의 대상이었다. 이를테면 그들이 신앙하는 신은 청교도들이 신앙하는 준엄한 신성이 없다 하여 이미 1829년에 보스턴에서는 아일랜드계 카톨릭교도의 몇몇 집에 돌을 던진 사건이 있었다. 카톨릭교의 수도원에서 악마적인 짓을 하고 있다는 소문이 자주 흘러나왔으며 1834년에는 찰스타운(^{매사추세츠주의 옛도시. 지금은 보스턴의 일부})의 우르술라 파(派) 수도원이, 신교도의 아이들을 데려다가 카톨릭교의 신앙을 강요하고 수녀들이 지하실에 갇혀 있다고 믿는 자경대원들에 의해 불태워졌다. 3년 뒤에는 아일랜드 인의 문제로 보스턴에서 폭동이 일어나 민병대가 진압을 위해 출동하는 형편이었다.

'양키즈(뉴잉글랜드 인)'는 자기들이 고용한 아일랜드 인 하녀의 촌스러운 거동을 보고 '늪에서 기어올라온 직후의 계집애들'이라고 조소하였다. 그러한 하녀들 가운데에는, 이를테면 출신지인 이어린(^{아일랜드의 옛이름})에서는 계단이라는 것이 없었기 때문에 뒷걸음으로 계단을 내려오는 자가 있었다. 그들은 늘 사다리를 사용했기 때문이다. 그러나 그들도 아일랜드 사람이 지닌 또 하나의 면만은 비웃을 수가 없었다.

"그 자들은," 하고 한 뉴잉글랜드 인은 말했다. "말 못하는 짐승처럼 책상 앞으로 끌려와, 두 손으로 시키는 대로 똑바로 표시를 찍었다."

표시는 투표용지에 찍히는 것이었다. 아일랜드 인은 미국에서 자기들의 힘을 구축하는 데 불가결한 열쇠, 즉 투표권이라는 것을 발견했던 것이다.

그것은 당연한 반응이었다. 아일랜드 인이 많이 모여 마시고 먹는 그림은 흔히 볼 수 있는데, 그것은 결코 희화(戱畵)가 아니다. 그것은 사실이다. 실제 문제로서, 아일랜드의 자기네 땅에서도 수인(囚人)이 었던 아일랜드 사람들은 함께 모여 때때로 반란을 일으키는 이외에는 정치적인 울분을 풀 길이 없었다. 미국에서의 그들은 비좁은 특별 거주구역에 갇혀 살았기 때문에 필연적으로 사교성은 한정되었며 그 들은 술집이나 사교 클럽에 모일 수밖에 없었다. 서로가 고통을 나누어 갖는다는 것은 아일랜드 사람에게는 새로운 것이 아니었다. 그것은 무엇인가를 할 수 있는 기회였다. 모임을 좋아한다는 것과는 별도로, 그들은 다른 이민단이 갖지 못한 자산을 지니고 있었다. 그들은 바로 영어를 할 줄 알았던 것이다.

영어를 알고 있었기 때문에 그들은 곧 정치의 방식을 익혔다. 그러나 그들의 말에 아일랜드 사투리가 강했듯이 그들의 정치 방식에도 교 과서에 씌어 있는 정상적인 수속을 전혀 무시한다는 특징이 있었다. 그들은 마주보고 대화를 나누지 않고는 견딜 수 없는 민족이었으며 그들의 정치 역시 그러했다. 월급을 주는 날까지 누군가에게 1 달러를 빌려주면, 그것은 빌려준 자의 빌린 자에 대한 호의거나 아니면 장차 언젠가는 한 표를 던져 주면 그것으로 상쇄될 수 있었다. 퍼디(아일랜드
인의 별명) 가 토요일 밤에 술이 취해 잡혀가기라도 하면 친절한 그 지역의 정 치가는 자기의 의무로서 그에게 보석금을 대납해준다. 퍼디는 술이 깬 뒤 그에게 한 표를 던지면 그것으로 의무는 끝났다. 필요하다면 이것이 한 번뿐만 아니라 되풀이되기도 했다.

마틴 로마스네라고 하는 아일랜드계의 보스가 보스턴에 있었다. 이 사람이 만약 선거전략에 관한 교과서를 쓰지 않았다면 그것은 자기에게 모이는 친구나 부하를 돌보기에 너무 바빴기 때문이겠는데, 그는 일 찍이 이렇게 말했었다.

"아무리 바보 같은 녀석이라도, 그 녀석이 무엇을 하건 방문할 수 있고, 더구나 원조를 해주는 누군가를 어느 구역에나 두어야 한다고 나는 생각하네. 원조 말일세. 알겠나 ? 법률이니 뭐니 하는 그런 따위는 아무래도 좋아. 다만 원조를 해주는 걸세."

로마스네는 그의 농생인 조셉보다 뛰어난 부하를 갖지 못했었다. 조셉은 언젠가 투표장에서 귀머거리이며 벙어리인 사내에게 손짓 몸짓으로 말을 걸어 특정인에게 투표를 시키려고 하다가 들킨 적이 있었다. 그러한 엉터리는 보스턴 같은 자유롭고 청결한 요람 속에서는 미운 오리 새끼같은 것이라 해도 아일랜드 인으로서는 어쩔 수 없는 일이었다.(미운 오리새끼란 안데르센의 동화에 나오는 미운 오리새끼) 아일랜드에서의 그들의 정치 생활은 생존을 위한 투쟁이며 그것이 미국에서는 성공을 위한 투쟁으로 바뀌었던 것이다. 어째서 그들은 자기들을 압박하는 자보다도 정상적으로 정치를 해야 하는 것일까 ? 이 투쟁은 저 뉴잉글랜드의 양키라고 하는, 가장 엄격하고도 검소해며 시치미를 뚝 떼는 칼빈 파의 보스턴 특권계급과 자기들을 싸우게 하는 것이 된다. 그런 만큼 아일랜드 인의 명랑한 성격에 호소했다. 그리고 양키는 자기들과 '필그림들의 자랑스러운 땅'(필그림은 필그림 파더스를 말하는 것으로, 프리머스에 최초로 상륙한 청교도들)의 중심부에 떼지어 몰려든 야릇한 카톨릭 교도들과의 사이에 가로놓인 도랑을 쉽사리 인정했다.

보스턴 특권계급의 한 사람인 조지 텐플턴 스트롱은 이렇게 말했었다.

"우리들 켈트족의 동포 시민(아일랜드 인을 가리킨다)은 기질이나 소질 면에서도 중국인과 마찬가지일 정도로 우리와는 동떨어져 있다."

또한 당시의 시대 감정에 충실한 어떤 신문은 다음과 같이 쓰기도 했다.

"한 수인이나 가난뱅이를 때려주어라. 그것은 아일랜드계 카톨릭 교도의 피부를 간질러주는 것이다."

19세기 중반에는 일반적으로 이민에 대해서, 특히 카톨릭 계통의 이민에 대해 직접적으로 반대를 선동하는 부지주의 운동이 격심해져 반 아일랜드 감정은 극도로 높아지고 있었다.(부지주의 운동이란 1853~56년경의 이민의 관직 취임에 반대한 운동으로 주로

^{미국당의 당원}
이 앞섰었다.) 이 운동은 거의 비밀리에 행해졌기 때문에 이런 묘한 이름이
붙었는데, 한동안은 전국적으로 상당히 활발했었다. 운동에 종사하는
자는 운동에 관해 질문을 받으면 언제나 아무것도 모른다고 대답했
었다.

아일랜드 사람은 이에 대해 방어 태세를 취했으나 그것은 그들에
대해 정치적인 개화를 가져다주었으며, 그들은 두 방면에서 영양소를
몸에 익혔다. 두 방면이란 이웃 사람들이 많이 모여드는 술집과 민
주당이었다. 민주당이 보스턴의 가난한 이민들을 위한 전미적(全美的)
인 사교장이 되었듯이 술집은 한정된 지역 안의 사교장이었다. 아일
랜드 사람은 패트릭 케네디가 그러했듯이 이 두 가지가 무척이나 마
음에 들었다.

패트릭은 보스턴에 도착하자 술통장수가 되었다. 그것은 자기 나라
사람이 상륙했던 이 세계를 밝게 해주는 위스키를 넣을 통을 만드는
장사였다. 그 무렵은 하루 14시간이나 일을 해도 1달러밖에 벌지 못한
시대였다. 1850년에 한 흑인 노예는 이렇게 말했었다.

"우리 주인 나으리는 대단한 폭군일세. 주인 나으리는 나를 보통
아일랜드 사람처럼 다룬다네."

그러는 사이에 패트릭 케네디는 자기보다 두 살 위인 브리지드 머
피를 아내로 맞았다. 두 사람 사이에는 세 자녀가 태어났다. 두 딸에
아들 하나인데 아들은 1858년 1월 8일에 태어났다. 두 사람은 아들의
이름을 패트릭 조셉이라고 지었다.

1년도 채 못 되어 아버지는 콜레라로 사망했다. 그때 겨우 35세였다.
만약 패트릭이 아일랜드에 남아 기근을 극복했더라면 그의 자손은
지금도 아마 아일랜드에서 농부로 있는 케네디의 일족과 마찬가지로
비교적 부유한 농부로서 웩스포드 근방의 녹색 언덕을 경작하고 있을
것이다.

그러나 운명은 패트릭 케네디로 하여금 다른 길을 걷게 했다. 그는
알지 못했으나, 그는 왕조(王朝)를 창시했던 것이며, 그의 종자를 통해

케네디라는 이름은 그가 찾아온 새로운 나라에서 영광과 비극을 알게
되는 것이다.

정치 보스들의 시대

겉날림의 서명

19세기가 끝날 즈음에는 충분히 볶은 완두콩과 함께 아일랜드 사람의 지역정치 보스가 보스턴 생활의 주식이라고 할 만한 것이었다. 실크 해트의 꼭대기부터 단추가 달린 굽높은 구두의 뒤꿈치에 이르기까지 굵직한 여송연의 연기에 묻힌 보스들은 이어린에서 온 동국인들에게——자기들 자신에 대한 것도 잊지는 않으나——미국에서의 꿈의 한 조각이나마 손에 잡을 수 있게 해주려고 돌보기 시작했다. 그들의 방식은 정상적인 직업 정치가들을 불안하게 했을지 모르나 아일랜드 인들은 인간의 나약함에 대한 흥미롭고 유머가 있는 현실적인 기질을 정치에 반영하였다. 그들은 자기들의 부하들을 지배했던 다정하고 인정어린 배려 대신에 반대급부를 기대했다. 그것은 선거 당일에 투표용지에 써넣는 겉날림의 서명이었다. 그것은 반드시 의회주의적이 라고는 말할 수 없는 것인지도 모른다. 그러나 그것은 재미있는 일 이었다.

"화를 내서는 안 되네. 차분하게 하게나." 하는 것이 이 방식의 으 뜸가는 원리의 하나였다. "다른 자에게 베풀어주면 그 자도 똑같이 베풀어주는 법일세." 하고, 형무소 독방에서 보스턴 시장의 임기 가운데 그 일부를 보냈던 제임스 마이켈 칼레는 말했었다.

또 하나의 규칙은 존 I. 피츠제럴드라는 사나이가 남겼다. 이 사람은 자기 구역의 선거는 공정하다, 왜냐하면 엄격하게 선거를 감시했기 때문이라고 하면서 이렇게 덧붙였다.

"투표함은 절대로 가득 차지 않는다. 그것이 절대로 필요하지 않는
한은."

두 명의 조부(祖父)

존과 로버트 케네디 형제가 이러한 방식으로 훌륭한 성적을 올린
조부를 한 사람도 아닌 두 사람씩이나 갖고 있었다는 것은 가끔 잊
혀지고 있다. 한 사람은 물론 존 F.(하니 피츠), 피츠제럴드(존 I. 피츠
제럴드와는 관계가 없다)였다. 그는 늘 노래를 불렀으며——그는 실크
해트의 앞창을 내려 쓰고 〈귀여운 아데린〉이란 노래를 불렀다——어떤
사람이 '거꾸로 붙어 있는 것 같다'고 평한 짱구 이마에 미소를 띠며
보스턴의 정계를 주름잡던 활달하고 화려한 사나이였다. 그는 몇몇
대통령과 행상인들의 친구이고 패트릭 J. 케네디의 친구이며 또 유력한
동지이기도 했다. 피츠제럴드가 '나의 사랑하는 보스턴 북부 지역'의
선거민——마지막에는 이것을 줄여서 디어 로즈란 이름으로 알려지게
되었다——등을 다독거리며 기쁘게 해주고는 중앙의 무대를 큰소리
치며 다니는 데 반해서 패트릭 케네디 쪽은 무대 뒤에서 조용히 움직여
그와는 좋은 대조를 이루었다.

패트릭은 이윽고 P. J. 케네디의 이름으로 알려지게 되었는데, 댄
건스타운의 패트릭 케네디의 아들이었던 패트릭은 선량한 아일랜드
사람답게 교회의 부속학교에서 수녀들로부터 교육을 받았다. 종교,
특히 카톨릭교를 필수과목으로 생각하지 않는 공립학교에서 자기 아
들이 나쁜 영향을 받는 것을 그의 어머니는 원하지 않았다. 매일 오후나
토요일에 패트릭은 어머니의 일을 돕고 10대가 되자 학교를 그만두고
동부 보스턴의 부두에서 일을 하여 집안의 살림을 전면적으로 도왔다.

"두각을 나타내고 싶은 강한 본능이 그의 유일한 자원이었다."

리처드 웨렌은 패트릭의 아들 조셉에 관해 쓴 책에서 이렇게 말했
었다. "아일랜드 인들은 동료의 사회적, 경제적 지위를 정하는 빈틈없고
교묘한 전문 용어를 생각해냈다. 최하급의 사람은 움막집(샹티)의 아

일랜드 인, 그 위로 레이스 뜨기 커튼의 아일랜드 인, 욕실 두 개가 달린 아일랜드 인, 벽의 구석구석까지 융단을 깐 유복한 아일랜드 인, 그리고 환자는 아무도 없는데도 집안에 과일이 있는 아일랜드 인의 순서로 매겨져 있었다."

P. J.는 움막의 아일랜드 인보다 한층 높은 지위에 있으며 높게 올라가려는 동국인들의 만성적인 욕망을 이용했다. 그는 겸허한 청년으로, 자기의 저금을 털어서 마침내는 헤이마켓 광장에 망하기 직전이던 술집을 사기에 이르렀다. 그는 훗날 두 채의 다른 술집도 샀으며 위스키 공급업에도 손을 뻗쳤다. 다음에 그는 석탄회사를 입수하고 자기가 설립에 참여했던 은행인 컬럼비아 신탁회사의 주주(株主)가 되었다. 그의 아들과 손자는 훗날 이 은행에서 일을 하게 된다.

패트릭이 부자가 되면서부터 그의 부인인 매리 히키도 그를 돕게 되었다. 그녀의 남매 중에는 브로크턴(보스턴 남쪽에 위치한 도시)의 시장이나 의사, 경찰의 유력자 등이 있었기 때문이다.

술집 주인이 된 패트릭 케네디는 어느 사이에 자기가 자선사업가, 고해 청취 신부, 그리고 가난한 자의 친구 구실을 하고 있다는 것을 깨달았다. 그는 얼마 뒤 그러한 지위가 지니는 정치적 가능성을 알게 되어, 웨렌의 말에 의한다면 정치야말로 '힘의 본질'이라고 생각하여 1886년에 민주당에서 주의 하원의원에 입후보하여 당선되었다. 4년간의 임기를 끝낸 뒤, 1892년에는 주의 상원의원에 선출되었으며, 1888년과 1896년, 1900년에는 민주당 전당대회의 대의원이 되었다.

패트릭 케네디는 보스턴 시의 많은 직함을 가졌는데, P. J.가 권력을 쥔 것은 대외적으로 각광을 받으면서가 아니라 지금은 파괴되어 없어진 낡은 퀸시 하우스의 8호실에서였다. 이 방은 '실제상의 시의 민주당 기관의 독재자들'로 불렸던 6명의 인물로 이루어진 '정략위원회'의 회합 장소였다. 이 위원회는 시와 군과 주의 감투를 누구에게 줄 것이냐를 결정하는 최종적이며, 그리고 때로는 최초의 발언권을 갖고 있었다.

이리하여 8호실은 우주의 중심으로 불리는 보스턴의 또 다른 핵심이었다. 퀸시 하우스 자체가 시청의 유력자들을 받아들여 식사며 가벼운 음료를 제공했으며, 전세 마차를 준비하여 정치가들이 자기 부하들의 결혼을 축하하고 장례식에서 추도사를 말하는 몇 안 되는 장소의 하나였다. 그것은 미담을 좋아하고 결코 목청을 높이지 않으며 그의 이른바 '쓸모없는 부랑인'인 소수의 인물을 제외하고는 모든 사람이 곧잘 말하는 조용하고 늘 여송연을 피우는 P. J.에게 있어서는 자연스러운 환경이었다. P. J.는 고달픈 노동의 가치를 인정하고 술집 주인을 겸한 정치가로서는 너그럽게 자기 가게에 오는 손님에게 다시는 술을 마시지 않겠다면 나는 자네를 원조하겠다고 약속해주기도 했다.

하니 피츠

P. J.와 함께 이 위원회의 일원인 또 하나의 케네디 집안의 조부는 하니 피츠였다. 피츠제럴드는 '레이스 달린 커튼'의 자격은 있으나 화장실이 없는 임대 아파트의 3층에서 1863년에 아일랜드의 이민을 양친으로 하여 태어났다. 하니 피츠의 부친은 미국에 왔을 때 농장에서 일했는데 후에 보스턴으로 옮겨 그곳에서 잡화상 겸 술집을 차렸다. (술은 오랫동안 이 집안의 운명과 불가분의 관계를 맺고 있었다. P. J.의 아들은 금주법이 폐지되었을 때 위스키와 진으로 많은 재산을 벌었다.)

젊은 피츠제럴드에게 하니(벌꿀)라는 별명이 붙은 것은 이 가게 때문이었는지도 모른다. 전하는 바에 따르면 그는 원래 단것을 좋아하여 아버지의 설탕 항아리에 곧잘 얼굴을 묻고 먹곤 했다고 한다. 또 하나의 설에 의하면 그가 정계에 나선 지 얼마 후에 자기 이름인 조니 피츠를 급히 썼기 때문인지 인쇄가 잘못된 때문이라고도 한다.

어쨌든 그의 양친은 그를 명문인 보스턴의 예비학교에 입학시켰다. 그리고 그는 후에 하버드의 의학부에 약 1년 재학했는데, 아버지가 죽었기 때문에 가족의 가계를 돕기 위해 자퇴해야만 했다. 그는 화재보험회사에 들어가 P. J. 케네디 집안의 일을 돌보았다. 이것이 두 사람의 오랜 관계의 시작이었다. 하니 피츠는 정치——와 부——에 물론 중점을 두고 있었다. 어떤 정치자금 모금을 위한 무도회에서 그는 그 집의 수도를 단수해 버렸기 때문에 목이 마른 손님은 가벼운 음료를 사야만 했고 이렇게 해서 그는 당(黨)의 자금을 늘릴 수 있었다.

1892년, 그는 시의회 의원으로 선출되었다. 그리고 그 지위를 확보하기 위해, 그는 누군가가 사망했다는 기사를 읽으면 자기 부하들을 '초상꾼 부대'로서 초상집에 파견하여 그 집에 조의를 표하게 했다. 1894년, 그는 연방의회의 하원의원으로 선출되고 96년과 98년의 재선, 3선 되었다. 그는 찰스타운의 해군 조선소를 재개시키기 위해 열심히 뛰었기 때문에 워싱턴에서는 '보스턴 조니'로 불릴 정도였다. 그는 화이트하우스에도 곧잘 드나들었다. 하루는 플로리다 주의 범비치로 가는 길에 딸 로즈를 매킨레이 대통령에게 소개했다. 로즈는 훗날 화이트하우스와 범비치의 양쪽을 모두 잘 알게 되었다.

하니 피츠의 동생인 제임스는 보스턴 사람을 위해 범비치를 발견한 사람으로 흔히 불린다. 그가 처음으로 그곳에 간 것은 1898년부터 99년에 걸친 겨울이었다. 여름 동안에 헤엄치는 것을 무척이나 좋아한 제임스에게 어떤 사람이 겨울에 헤엄치기에 좋은 곳이라고 가르쳐주었기 때문이다.

한편, 하니 피츠는 1905년에 보스턴 시장으로 선출되어 크게 호평을 받았다. 그는 초상집이건 파티 장소건 청중이 모이는 곳이라면 가리지 않고 나아가 연설을 하여 '미국에서의 불청객 제1호'라는 별명을 얻기도 했다.

1907년의 재선에서 패한 그는 1910년에 다시 출마하여, 이번에는 그의 생애에서 주제가가 된〈귀여운 아데린〉을 노래불러 청중을 들끓게 한 뒤 그 노래의 날개를 타고 여유있게 당선되었다. 언젠가 하니 피츠는 트럭에 치였으나 근심하는 구경꾼들에게 자기가 아무렇지도 않음을 보이기 위해〈귀여운 아데린〉을 불러 안심시키고, 그런 뒤 집으로 돌아가 회복될 때까지 6주간이나 정양을 해야만 했었다.

하니 피츠는 가요 외에도 자기의 혀를 사용할 수 있었다. 테어도어 루즈벨트(1858~1916년. 미국의 26대 대 / 통령으로 읽기는 1901~09년)가 자기는 불 무스(불은 황소, 무스 / 는 북미산 큰 사슴)처럼 기운이 좋다고 하며 공화당을 분열시켜 불 무스당(진보 / 당)을 만들었을 때(이것은 19 / 12년의 일), 하니 피츠는 이 당을 두고 "9분의 1이 큰 사슴이며 9분의 8이 황소다." 라고 말했었다. 이것은 불 무스당의 뒤에까지 살아남은 미국 말의 하나가 되었다. 그는 어떠한 일에서나 행동인이었다. 그는 50회 생일 때 아침에는 백 야드를 맹렬한 기세로 달렸으며 오후에는 권투를 하여 자기의 생일을 자축하였다. 그는 프로 야구의 보스턴 레드삭스와 함께 여행하고 베이브 루스와 함께 사진 찍기를 좋아했다. 그는 스포츠맨 이며 홍차왕(紅茶王)인 서 토마스 리프턴 같은 유명인과 친구였다. 하니 피츠는 자기가 국민학교에 다닐 때 악수한 적이 있는 그랜드 대통령 이후 어느 대통령과도 아는 사이라고 말했었다.

그 무렵의 보스턴 정치가들의 속성은 엉터리 사기술과 웅변술 바로 그것이었다. 선거 전날 밤에 흔히 있는 트릭은, 자기 부하로 하여금 곳곳의 아파트를 돌게 하여 문을 두들겨 잠든 자를 깨워서는 반대파의 투표자에게 투표해달라고 말하는 것이었다. '매트리스의 투표인'— —선거 등록 전날에 남의 집으로 끌려가, 자기는 이 구역의 주민이라고 주장하며 보스를 위해 투표할 유권자의 수를 늘리는 사람——도 곳 곳에서 볼 수 있었다. 하니 피츠는 자기의 선거 운동원들을 아침 일찍 투표장으로 보내어 줄을 서게 하고, 뒤늦게 온 사람들에게 '하니 피츠의 정성'이라며 그 자리를 양보해 주기도 했었다.

유럽을 오고 가는 가축 수송선에서 일했기 때문에 '불 푸셔(소 밀기)' 라 불렸던 건장한 친구들은 필요할 때면 대단한 활약을 했다. 언젠가 P. J. 케네디는 제 8 구역의 독재자인 마틴 로마스네와 지명대회의 통제 문제로 싸움을 하여, 로마스네의 지지자들을 통과시키지 않기 위해 도로를 장애물로 막아버렸다. 로마스네는 장례식 행렬로 위장하여 장애물을 빠져나갔다. 압력이 너무 노골화되면 특수한 전술이 취해 졌다. 어떤 정치가는 투표장의 열쇠구멍에 아교를 부어 문을 열지 못하도록 해서 이른 아침의 출근자가 출근 도중에 반대파 후보에게 투표할 수 없도록 했다. 어느 '불 푸셔'는 반대파에게 투표하러 가는 사내를 구타한 뒤, 그 사내를 근심스러운 듯이 일으켜세우며 이렇게 말하는 것을 볼 수 있었다. "아니, 가엽게도 이 사람은 기절해버린 모양이군."

하니 피츠 자신도 1918년에 일부의 선거구에 부정투표가 있었다 하여 고소를 당하여, 가까스로 하원에 당선되었건만 무효 통보를 받은 적이 있었다. 증인의 말에 의하면 하니 피츠의 반대파는 레테르에 자기 이름을 인쇄하여 유권자에게 배부하여, 그들이 직접 후보자의 이름을 써넣지 않아도 되도록 했다. 하니 피츠의 지지자 몇몇이 이 일을 발견하여 역시 상대방 후보의 이름이 인쇄되어 있는 레테르를 만들어 돌리는 방법을 썼다. 그러나 그것은 뒷면에 풀이 붙어 있지 않았기 때문에 투표함 속에서 벗겨져버려 투표는 무효가 되었다.

자기들의 친구에 대한 아일랜드 사람들의 충성심은 정치 보스들이 시의회의 실권을 장악한 뒤에도 사그라드는 일은 없었다. 근친자를 요직에 앉힌다는 것은 오직(汚職)과 마찬가지로 널리 행해졌다. 사람들은 자기 편을 잊지 않았으며 적도 잊지 않았다. 하니 피츠는 시장으로 재임할 때 부속의 피부과 전문의사의 자리를 만들어, 1년에 4천 달러의 급료를 받는 이 자리를 자기에게 충성한 자에게 주었다. 로마스네는 그보다 훨씬 이전인 1895년에 한 당원에게 특별히 편의를 봐주었다. 그 사내는 로마스네에게 '고맙다'는 편지를 보냈다. 37년 후에 그는 로마스네로부터 누렇게 바랜 이 편지를 되돌려받았는데, 거기에는 선거에서 로마스네 파의 후보자에게 투표하라는 주의서가 첨부되어 있었다.

보스턴 정계에서의 일은 좀처럼 잊혀지지 않는 법인데, 1916년에 있었던 하니 피츠의 유명한 낙선만큼 사람들이 기억하는 사건도 드물 것이다.(그는 주지사를 포함한 많은 요직에 입후보했는데, 1918년 이후는 한 번도 당선되지 못했다.) 그 해 피츠제럴드는 헨리 캐봇 롯지가 가진 상원의

의석을 빼앗으려고 이에 도전했다. 아일랜드 사람의 세력이 얼마나 성장했는가를 보여주는 선거가 있었다면 바로 이 선거였을 것이다. 롯지는 특권계급 중에서도 특권계급으로서 근엄할 정도로 자신이 강한 뉴잉글랜드 인적인 귀족의 원형이라고 할 말한 인물이었다. 그것이 어떠한 것인가 하면, 어떤 미망인은 제임스 휘슬러(제임스 아포트 맥닐 휘슬러, 1834~1903년, 영국에 살았던 미국 태생의 유화가)가 그린 그의 어머니의 초상화로 문제가 생기자, 도대체 무엇 때문에 이 소동인지 나는 이해할 수 없다면서 "결국 그래 봤자 그 여성은 노스캐롤라이나 주의 맥닐 집안 여자가 아닙니까." 하고 말했다고 전해지고 있다.

아일랜드 인 주민의 아들로 태어나 출세한 자가 귀족 사회에 도전했다는 것은, 보스턴 상류사회의 사람들로서는 그야말로 소름끼치는 일이었을지도 모른다. 그러나 매사추세츠 주의 상류사회 이외의 사람에게는 그렇게 뜻밖의 일은 아니었다. 그리고 롯지는 불과 3만 3천이라는 적은 표차로 이겼다. 이 패배는 피츠제럴드 집안——또는 케네디 집안 사람으로서는 잊을 수 없는 충격적인 것이었다.

피츠제럴드의 집안은 또한 제임스 마이켈 커레이들과 싸운 하니 피츠의 일을 잊을 수 없었다. 커레이는 에르윈 오코어(로드 아일랜드 주 브로비댄스 태생의 소설가)가 그의 소설 《마지막 만세》에서 그린, 악한이지만 사랑할 만한 데가 있는 프랑크 스케핀턴을 그대로 닮은, 정치 보스들에게는 길이 기억되는 사나이였다. 커레이는 시장 선거에 입후보했을 때, 상대방 후보인 하니 피츠로부터의 공격에 이처럼 언명하면서 대항했다.

"나는 이제 세 가지 연설을 하려고 준비하고 있는데, 필요하다면 이 연설을 이번 가을에 할 것이다. 또한 어떤 개인이 언론의 자유를 속박할 권리를 갖고 있다면 나의 연설은 허락되지 않을 것이다. 연설의 하나는 '고대 및 근대에서의 오직(汚職)'이다. 또 하나는 '클레오파트라에서 투들스에 이르는 위대한 애인들'이며, 마지막 것은 '헨리 8세부터 현대에 이르는 방탕자'인데, 마지막이라고 해서 흥미가 가장 적다는 것은 아니다."

투들스란 바로 엘리자베스 M. '투들스' 하이언 양을 가리켰다. 이 여성은 20대에는 '패션모델'을 했다고 자칭했으며, 일찍이 뉴욕에서 〈경험〉이라는 제목의 '권선징악극'에 출연한 적이 있었다. 그녀는 또한 1915년에 보스턴에서 결혼 불이행으로 고소당하여, 당시의 재판에서, 그녀가 어느 일요일 오후 보스턴에 가까운 판클로프트 여관의 위층 방에서 네 명의 사내에게 키스를 당했다는 증언이 있었다.

재판 도중, 71세의 은퇴한 주류 세일즈맨인 제임즈 F. 머렌과 투들스의 변호사인 다니엘 코클레이와 라이언 양을 상대로 소송을 제기한 문제의 여관 경영자인 헨리 K. 맨스필드의 변호사 마이켈 C. 설리번 사이에 다음과 같은 말이 오갔다.

코클레이 "네 명이란 누구입니까?"

머렌 "프랑크 홀과 존 F. 피츠제럴드, 그리고 거스 실레와 본인 입니다."

코클레이 "당신이 말하는 존 F. 피츠제럴드라는 사람은 전에 보 스턴 시장을 지냈던 사람입니까?"

머렌 "그렇습니다."

코클레이 "당신은 라이언에게 키스를 했나요?"

머렌 "그렇습니다."

코클레이 "당신은 그 나이에도 정력이 상당히 왕성했군요."

설리번 "이의를 제기합니다."

하니 피츠제럴드도 나중에 신문 기자들에게 이의를 제기했다.

"머렌의 얘기는 엉뚱하며 사실과는 다르다."고 그는 말했다. 자기는 또한 라이언이라는 이름은 들은 적도 없다고 말했다. 그녀 또한 증언을 부인했다. 그리고 후에 〈보스턴 아메리칸〉지에 회상기를 썼는데, 그것은 다음과 같이 시작되고 있었다.

"아아, 여성 여러분. 훌륭한 분들이 잠자리에 든 뒤에 즐거운 일을 시작한다는 것을 멋이 없다고 생각해서는 안 됩니다. 만약 당신이 농가에서 살고 있다면 그곳을 떠나서는 안 됩니다. 나도 농가에서 자랐습니다만 농가를 떠나지 않았더라면 좋았을 것이라고 생각하고 있습니다."

하니 피츠도 그렇게 생각했을 것이다. 커레이가 1917년의 선거 운동 때, 그녀의 이름을 연설에서 들춘 뒤로 피츠제럴드는 선거에 나올 수 없게 되고 말았다. 이런 사건을 일으키고서야 보스턴같이 타인의 행동에 대해 감시가 엄격한 사회에서는 재기불능이나 다름이 없으며 아일랜드 사람이 살아야 할 땅은 바로 아일랜드라고 생각하는 사람들에게 공격의 무기를 제공할 뿐이었다.

하니 피츠는 아일랜드 사람과 종교에 대한 편견이 널리 번져 있음을 잘 알고 있었다. 그는 1910년의 시장 선거 운동에서 이 점을 특히 강조하며 호소했다.

"당신의 은행에는 아일랜드 인의 예금주가 많이 있는데 어째서 아일랜드 인에게 중역 자리를 주지 않는 거요?"

그는 언젠가 어떤 은행의 은행장에게 그렇게 물었었다.

"출납계에 두 사람 정도, 아일랜드계의 카톨릭 교도가 있답니다." 하고 은행장은 대답했다.

"옳거니." 피츠제럴드는 이렇게 되받았다. "잡역부 역시 그렇겠죠."

긍지 높은 아이들

광적으로 정치에 몰두하면서도 하니 피츠제럴드와 P. J. 케네디는 모두 훨씬 오래 전부터 자기들의 자식을 자랑스럽게 여기고 있었다. P. J.에게는 두 아들이 있었다. 그 중의 하나인 조셉 패트릭은 1888년에 태어났다. 또 하나는 어렸을 때에 죽었다. 로레타와 마가렛이라는 두 딸도 있었다. 하니 피츠의 딸 로즈는 그에게는 둘도 없이 귀여운 딸이었다. 보스턴 시민도 그녀를 몹시 사랑했다. 그녀는 머리가 좋았기 때문에 15세에 고등학교를 졸업했으며 그 해의 졸업생 가운데에서 으뜸가는 미인으로 뽑혔다. 1년 동안 유럽의 수도원에서 공부한 뒤 귀국하여, 수줍음 잘 타고 내성적인 어머니를 대신하여 아버지의 공

식적인 호스티스 역을 맡았다. 이리하여 로즈는 젊었을 때부터 정치의
흥정을 알게 되었다.

P. J.의 아들은 보스턴의 라틴어 예비학교에서 운동선수로서 이름을
떨쳐 어느 해에는 평균 타격률이 0.667로 타격 수위를 차지하였다. 하니
피츠가 바로 자기의 옛친구의 아들에게 트로피를 수여했다. 때로는
정치적으로 실의의 나날을 보내면서도 두 사람은 사이 좋은 친구 관
계를 유지하여 여름이 되면 메인 주의 올드 오처드 비치에서 가족과
함께 보냈다. 이곳에서 두 사람의 자식들, 로즈와 조셉은 서로 사랑하는
사이가 되었다.

하니 피츠에게는 유니스라는 또 하나의 딸이 있었는데, 제1차 세
계대전 때 적십자사의 일을 하다가 감염된 결핵으로 23세에 사망했다.
그것은 늙은 투사인 하니 피츠로서는 가슴 아픈 충격이었다. 옛친구인
P. J. 케네디가 1929년에 심장마비로 죽었을 때도 그는 큰 타격을 받
았다. 어떤 신문은 그를 애도하면서 다음과 같이 말했었다.

"그는 보스턴에서 급속히 소멸하고 있는 정치적 지도자의 전형이고,
신중한 조언자였으며, 또한 당의 조직에 강하게 밀착된 사람으로서
저명했다. 그는 연설을 극히 자제한 사람이었으나 정치문제와 후보자에
대해서는 조용히 건설적이며 보수적인 태도로 논했었다."

모두가 그를 '보스턴 정계에서 두뇌가 명석한 사나이 가운데 하나'
라고 불렀다. 그리고 이제 P. J.는 죽었고 아일랜드 인을 보스턴의
정치권력의 자리로 이끌었던 다른 많은 사람들도 죽어갔다. 그러나
하니 피츠는 살아남았으며 손자가 태어날 것 같았다. 아마도 손자들은
중요한 자리를 차지하게 될 것이다. 하니 피츠는 어느 날, 자기의 어린
손자 존을 정치 집회에 데리고 가서, 안아올려 테이블에 앉혔다. 그러자,
아이는 그의 처음 공개 연설을 했다. 그것을 들은 하니 피츠는 자랑
스럽게 미소를 지었음에 틀림없다.

"나의 할아버지는 세계에서 가장 훌륭한 할아버지세요."
아이는 이렇게 말했다.

쌓이는 재산

부유하고 강력한 대가족을

"그는 뛰어난 선조였다. 언제나 자기 가족을 한 단위로 생각하며 향상을 꾀했으며 이상적인 것으로 완성시키려 했다."

뉴딜 시대의 워싱턴에 있던 한 친구의 이 말은 조셉 패트릭 케네디의 인생의 목적——즉 부유하고 강력한 대가족을 만든다는 목적의 핵심을 찌르고 있었다. 그의 대망 가운데, 케네디의 가문을 일으킴에 있어서 스스로가 명문의 가장 뛰어난 성원이 되고, 단순히 창업의 시조가 된다는 데 머물지 않고 한 집안의 중심의 힘, 응집된 힘과 결합점이 되려는 의도까지 포함되어 있었는지 어떤지는 말하기 어렵다.

그가 가족에게 언제부터 이러한 포부를 갖게 되었는지 정확한 시기는 기록에 없지만 경제적 의욕만은 일찍부터 뚜렷이 품고 있었다. 1912년에 하버드를 졸업——그때 그는 5천 달러의 은행 예금을 갖고 있었는데, 이것은 자본금 6백 달러로 시작한 예의 관광버스 사업에서 얻은 이기의 절반이었다——그리하여 얼마 뒤, 그는 35세가 되기까지는 그야말로 액면 그대로의 백만장자가 되려고 했다.

어느 공상적인 전기 작가는 케네디의 이야기를 호레이셔 알저(1834~99년, 미국 성공담의 작자)처럼 빈곤에서 성공하여 큰 부자가 되었다는 식의 입지전으로 만들어 내려고 했다. 이것은 케네디 일가가 빈곤으로 말미암아 아일랜드에서 이주해 왔다는 사실에서 생각해낸 것이겠지만 사실과는 다르다.

조셉 P. 케네디가 태어난 1888년 9월 6일 당시, 그의 아버지는 아일랜드계의 이민 가운데서도 '레이스 달린 커튼'을 갖는 계층에 확고한 기반을 갖고 있었던 것이다.

조셉 케네디의 소년 시절은 19세기 말부터 20세기 초에 걸쳐서 카톨릭의 아일랜드계 이민의 많은 어린이들과 다를 바가 없었다. 다시 말해서 엄격한 종교교육에 장난과 가벼운 찰과상, 양친의 벌과 설교, 그리고 겨우 여자 아이를 의식하기 시작하고 넘쳐흐르는 에네르기를 쓰잘 데 없는 데에 소모한다는 그런 식이었다. 그가 여러 가지로 아르바이트를 했던 것은 돈이 필요해서가 아니라 단지 경쟁하고 싶다는 충동에 사로잡혔기 때문이었다.

그가 소년 시절에 한 사업의 하나에 비둘기 사육이 있다. 동부 보스턴의 어린 비둘기 구이를 애호하는 사람들을 위해, 저녁 식사 테이블에 비둘기를 공급하겠다는 것이었다. 케네디는 이 일에 한 푼의 돈도 쓰지 않고 비둘기를 기를 확실한 명안을 생각해냈다. 그와 동업자는 자기네 비둘기집에서 비둘기를 꺼내어 보스턴 공원에 놓아길렀다. 이곳에는 배고픈 비둘기가 많이 있다. 그리고 밤이 되면, 만약 비둘기가 예상한 대로 본능에 따른다면 두 소년의 비둘기는 두세 마리의 손님을 데리고 집으로 돌아올 것이다.

케네디는 교구의 학교 두 군데를 다닌 뒤, 아버지의 명으로 보스턴 라틴학교로 옮겼으며, 거기서 차츰 주목을 받는 청년으로 성장했다. 이 학교는 1835년 이래 명성이 높았으며 출신자 중에는 코턴 마더(1663~1728년, 청교도 목사), 존 핸콕(1837~93년, 독립선언의 최초의 서명자) 외에도 4명의 독립선언 서명자와 랜프월드 에머슨, 찰스 섬너(1811~74년, 저명한 정치가) …… 등이 있었으며, 더구나 하니 피츠(1884년에 졸업) 같은 미국과 뉴잉글랜드의 역사를 수놓은 기라성 같은 사람들이 있었다.

보스턴 라틴학교에서의 케네디는 소박하고도 인기 높은 학생으로 알려져 있었다. 그는 상급학년이 되자 학년 위원장(1908년)이 되었고, 학생 교련대를 이끌어 시의 선수권을 땄으며, 2년 동안이나 야구 팀 주장을 맡기도 했다. 팀의 동료는 그가 투지에 넘친 학생이었으며 경기에서 지기라고도 하면 여간 화를 내지 않았다고 술회하고 있다. 동료 한 명은 또 이렇게 말했다.

"녀석이 심판을 노려보며 주먹을 쥔 채 글러브를 쾅쾅 때리는 모습이 지금도 눈에 선하다."

그의 클라스의 연보는, 케네디가 '상당히 우회한 끝에 큰 재산을 모을 것이다.'라고 예언하고 있다. 만약 월 가나 헐리우드, 스카치 위스키 등의 사업이 우회하는 길이라고 한다면, 그것은 대단한 선견 지명이라고 하겠다.

하버드에서는 지금까지와는 다른 문제에 직면해야만 했다. 성적이 좋고 학생으로서의 생활비만 있다면 입학에 아무런 제한도 없으니 학교 안에서의 사교나 운동부 생활을 하는 데에는 문제가 생기게 마련이다. 학원에서는 파벌이 대립하여, 보스턴의 아일랜드 계통 카톨릭 교도들은 학교 안의 극히 소수인 아일랜드 계통 학생들이 눈에는 보이지 않지만 완고한 차별 대우를 받는 줄로 믿고 있었다. 아닌게 아니라 에디 마한, 에디 케이시, 찰리 브리클리 같은 아일랜드계 스포츠맨은 케임브리지의 찬란한 영웅이 되기는 했으나, 그들은 차별 대우를 하여 팀에 넣어주지 않으려 해도 그럴 수 없을 만큼 재능을 지닌 전미국의 대표급 선수였던 것이다.

케네디는 이런 종류의 차별 대우를 한 번 경험한 적이 있다. 그는 1911년에 야구 팀을 만들 수가 없었다. 그러나 예일 대학과의 열전에서 벤치에 나타나 잠깐 플레이를 한 것만으로 하버드의 선수가 되어버렸다. 마지막 러너를 제압하여 4대 1로 하버드 대학이 이겼으며, 그는 "마지막 아웃은 내가 시킨 거야." 하면서 위닝 볼을 자기의 주머니에 넣어버렸다.

야구 이외의 일로는, 그의 표현에 따른다면 "잘 되어 갔다." 2학년 때 헤이스티 푸딩 클럽의 회원으로 뽑혔으며, 상급생이 된 뒤에는 델타 입실런 우애회(友愛會)에 선출되었다. 양쪽 모두 최고 클럽은 아니었으나 최저도 아니었다. 가장 흥미를 느꼈던 역사와 경제학은 보통의 성적이었다. 모순되는 것 같지만 시험에 위태롭게 실패할 뻔했을 때 그는 회계학 강의를 포기했다. 그러나 수학은 우수한 성적이었으며 아무튼 졸업을 할 수 있었다.

여름방학 기간 동안 뉴잉글랜드의 호텔 친구들이 하는 리그에 들어가 야구를 하거나, 〈보스턴 글로브〉지와 건수에 따라 지불한다는 계약으로 피서지의 사교계나 스포츠 관계의 기사를 보내기도 했다. 장래의 날카로운 문학가적 소질의 한 면이 여기 나타나 있다. 왜냐하면 그는 신문기자를 꿈꾸는 한 친구에게 기사를 쓰게 하고 돈은 자기 주머니에 챙겼던 것이다. 그것이 1주에 30달러나 될 때도 있었다.

케네디가 학교 시절에 기른 스포츠에 대한 애착심은 평생을 두고도 사라지지 않았다. 훗날, 그와 비슷한 시기에 정부에 있던 한 동료는 "그는 대단한 에네르기를 지녔었는데 그 사용법이 현명했다. 그 사람만큼 자기의 건강을 조심하는 사람은 없었다."고 회고하고 있다. 그의 마술은 완전했다. 또한 70대 노년인 그는 어느 아들도 골프에서는 자기를 당해내지 못했다고 호언장담 했는데 실제로 그러했었다. 그리고 그가 관여한 모든 것과 마찬가지로 스포츠 역시 그에게 인생의 교훈을 가져다주었다.

"알겠나?" 하고 그는 곧잘 말했다.

"캡틴이 못될 정도라면 아예 스포츠를 하지 말게나."

케네디가 했던 또 하나의 교외 활동은 관광사업을 시작했다는 것이다. 케네디는 친구와 동업하여 낡아빠진 버스 한 대를 6백 달러에 사서 보스턴의 사적지로 관광객을 안내하였다. 케네디가 안내역을 맡아 설명하고 그의 친구는 운전을 하였다. 여름이 되어 케네디가 야구를 하기 위해 뉴햄프셔에 간 뒤에도 친구는 그 사업을 계속했다. 졸업할 때 두 사람은 그것으로 번 돈 1만 달러를 나누어 가졌다.

전미국에서 가장 나이 어린 은행장으로

케네디가 하버드를 졸업하고 처음으로 얻은 직장은 소박한 것으로,

그 뒤의 폭발적인 찬란한 경력의 조짐은 추호도 찾아볼 수 없었다. 그는 아버지의 도움으로 주의 은행 감사관이 되었다. 연봉은 1천5백 달러였는데 거기에서 얻은 진짜 보수라고 할 만한 것은 재계나 은행 업계의 내막에 정통하게 되었다는 것과 중요한 인물과 알게 되고 소중한 친구를 만들 기회를 얻었다는 것이었다.

이어서, 1913년에 그는 큰 일을 멋지게 해냈는데, 그 방법에는 지금까지보다 더 월등하게 대담한 교섭과 우호적인 설득을 아울러 사용하는 케네디의 스타일이 명확히 각인되어 있었다.

컬럼비아 신탁회사, 이것은 아버지 패트릭 케네디의 은행으로 동부 보스턴 일대의 주민만을 고객으로 삼는 자본금 20만 달러, 잉여자금 3만 7천 달러의 소기업이었다. 은행합병의 물결이 거세었다. 그 당시, 대은행인 퍼스트 워드 내셔널이 이 은행을 병합하려 했다. 패트릭 케네디는 이를 반격할 아무런 방법도 없었으므로 결국 조셉이 지휘하게 되었다. 그는 돈을 빌려 주식을 사들였으며 온 거리를 뛰어다니며 위임장을 모으고 하버드 시절의 연고를 이용하여 더욱 많은 자금을 만들었다. 결국 주주총회 이틀 전에 컬럼비아 회사의 독립은 확보되었으며 퍼스트 워드 내셔널은 손을 뗄 수밖에 없었다.

컬럼비아의 이사회는 이를 감사하게 여겨 케네디를 은행장으로 선임했다. 겨우 35세의 나이로 은행장이 된 것이다. 매사추세츠 주에서 가장 나이 어린 은행장임은 물론이려니와 보스턴의 각 신문이 썼듯이 어쩌면 미국 전체에서도 최연소의 은행장이었을 것으로 생각된다. 케네디는 남들이 자기가 대단한 일을 한 것으로 생각하는 것을 싫어했다.

"젊다는 것은 별로 나쁜 것이 아닐세."라고 그는 말했다.

이 은행 사건은 케네디에게 또 하나의 큰 성공을 가져다주었다. 은행장이라는 지위는, 하니 피츠의 세 딸 가운데 맨 위인 로즈 피츠제럴드에게 구혼하기에 적합한 위신을 그에게 주었기 때문이다.

로즈는 날씬하고 매력적인 처녀로 어머니를 닮았다. 그녀는 아동을

위한 우량도서를 선택하는 보스턴 공립도서관 위원회에서 최연소의
위원이었으며, 주일 학교의 교사에, 아일랜드계 이민의 주니어 리그
(여자청년동맹, 미국의 젊)
(은 상류여성들의 문화단체)라고도 할 수 있는 세실리안 리그의 회원이기도 했다.

두 사람이 데이트를 하게 된 뒤로 하니 피츠는 한동안 조셉 케네디를
좋은 눈으로 보지 않았다. 그는 딸의 결혼 상대로 조셉보다 더 거물을
생각하고 있었다. 조셉은 하니 피츠가 집안으로 들여보내지 않았기
때문에 집 밖의 보도에서 로즈에게 약혼 반지를 주어야 했다는 이야
기가 전해지고 있다.

그러한 일 때문에 케네디 역시 하니 피츠를 썩 좋아하지 않았고
그가 너무 현실주의자라는 생각을 갖고 있었다.

이러한 이야기도 있다. 드라이브를 하러 갈 때(자동차가 생긴 직후인
그 당시로서는 드라이브는 최고의 스포츠였다.) 하니 피츠는 언제나 쉴새
없이 지껄여댔기 때문에 옆에 얌전히 앉아 듣기만 해야 하는 조셉을
짜증나게 하고 따분하게 하였다. 조셉은 장인이 단 것을 무척 좋아
한다는 데 착안하여 대책을 강구했다. 둘이 드라이브를 할 때 조셉은
언제나 운전석 옆에 가장 씹기 어려운 카라멜 한 갑을 놓았다. 그러자
하니 피츠는 카라멜을 씹기에 바빠 지껄일 틈이 없었던 것이다.

로즈 피츠제럴드와 조셉 P. 케네디는 1914년 10월에 결혼했다. 정치
보스들은 이 두 개 벌족의 결합을 기뻐했다. 윌리엄 오코넬 추기경이
혼례미사를 집전하여 두 사람의 결혼을 축하해주었다. 두 사람은 화
이트 설퍼 스프링스로 신혼여행을 떠났으며 교외의 브루클라인에서
새 살림을 차렸다. 신랑은 앞서 말한 은행 사건으로 빚을 지고 있었기
때문에 새 집을 마련할 때, 그 계약금을 남에게서 빌려야 하는 형편
이었다.

아기가 태어남에 따라——조셉 P. 주니어가 1915년 7월, 존 F.가 1917
년 5월——케네디는 교외에서 은행을 하거나 부동산업에 손을 댄다는
정도로는 자기가 바라는 큰 돈을 벌 수 없다고 판단했다. 언제건 새로운
세계에 뛰어들 수 있는 심정이었다.

그는 그 계기를 부유한 법률가이며 주 의회의 숨은 실력자 중의 하나인 가이 칼리어의 도움으로 잡을 수 있었다. 케네디가 매사추세츠 전력회사의 중역으로 선임되려고 운동하고 있을 때 칼리어를 만나, 언제나 늘 그러했듯이 좋은 인상을 주어 그로 하여금 기억에 남도록 했던 것이다.

조선업계에 뛰어들다

칼리어는 퀸시의 포어 리버 조선소 총지배인 보좌관 자리를 마련해 주었다. 이 조선소는 전쟁 수요가 있을 것으로 예상하여 급속히 확장중이던 조선사업의 일부로서 베들레헴 스틸이 건설중이었다. 급료는 연봉 2만 달러와 각종 보너스였는데, 케네디의 수입은 그것이 전부는 아니었다. 식당 시설은 조금밖에 없었기 때문에 노동자 2만 2천 명 가운데 근무에서 풀려난 자들의 식사를 도저히 제공할 수 없었다. 그래서 케네디는 빅토리 식당이라는 이름의 카페테리아를 개업하여 매일 수천 명의 노동자에게 식사를 공급했다.

포 리버에서 일을 시작한 지 얼마 뒤에, 언젠가는 매우 귀중한 것이 될 친구를 만드는, 그의 선견지명을 유감없이 발휘하는 사건이 일어났다. 찰스 M. 슈와브——베들레헴 스틸의 정력적인 회장이며 말하자면 케네디는 그 부하가 되는——가 퀸시에 시찰을 오기로 되었다. 준비에 차질이 생겨 슈와브가 온 뒤에도 호텔 예약이 안 되었고 점심 식사 준비도 못한 형편이었다. 케네디의 비서는 그에게 슈와브가 곧 도착함을 알리는 동시에 무심코 이 거물 보스가 점심 식사로 치킨 레버를 들기를 좋아한다는 말을 했다.

웨렌은 그의 케네디 전기에서 이렇게 기술하고 있다.

"이튿날 케네디는 백 베이 역으로 슈와브를 마중나가, 코플레이 플라자 호텔의 방으로 데리고 갔다. 그런 뒤 치킨 레버가 준비된 식당으로 안내했다. 이 요리는 그가 24시간 전부터 주방장에게 명하여 정성껏 조리케 한 것이었다. 뿐만 아니라 케네디는 슈와브를 자동차로

포 리버까지 바래다 주었으며, 조선소를 시찰하는 동안 한시도 그의 곁을 떠나지 않았다. 케네디가 제의한 저녁 식사와 극장에의 초대에 슈와브는 응했다. 그날 밤, 두 사람은 두 시간 이상이나 서로 이야기를 나누었다. 이튿날 아침, 이른 시각에 출발한 슈와브의 머릿속에는 자기가 발굴한 유능한 청년에 대한 기억이 각인되었음에 틀림없었다."

조셉 케네디는 미국이 제1차 대전에 참전했을 때 자원하지 않았다. 그는 훗날 이 소극적인 태도를 후회했다고 전한다. 그러나 군복을 입은 조셉 케네디가 포 리버에서의 총지배인 보좌관으로서보다도 과연 승리에 공헌했는가는 의문이다. 그는 매니저로서 실제의 업무에 종사했으며, 27개월 동안에 다수의 잠수함 외에도 36척의 구축함을 건조하는 찬란한 업적을 달성했다. 그리고 그곳에서 그는 프랭클린 델라노 루즈벨트를 만났다.

당시 루즈벨트는 해군차관보였다. 그 주요 임무 가운데 하나가 조선소를 시찰하여 생산의 향상을 독려하는 것이었다. 이 임무 때문에 그는 케네디를 알게 되었으며 대립까지 하게 되었다. 두 사람은 아르헨티나를 위해 건조한 2척의 전함 때문에 크게 싸운 적이 있었다.

이 두 척의 전함은 미국이 참전했을 때 이미 건조가 완료되어 있었고 아르헨티나로 인도하기 직전이었다. 케네디는 대금 지불이 끝날 때까지 인도해서는 안 된다는 명령을 받고 있었다. 그러나 루즈벨트는 국제적인 마찰을 피하고 싶었으며 또한 차관의 공여에 열심이었다. 케네디는 여기에 강력하게 반대했다. 결국 루즈벨트는 해군의 예인선 2척을 파견하여 전함 2척을 도크에서 끌어내고 말았다. "거래 상대로서 루즈벨트만큼 힘겨운 사람은 만난 적이 없다."고 후에 케네디는 말하고 있다.

전쟁이 끝나자 조선업은 사양길로 접어들었다. 케네디는 자기가 하고 싶다고 생각한 일을 해냈다고 여겼을 때는 언제든지 변신할 준비가 되어 있었다. 그는 말했다.   .

"나는 공짜로 일할 수도 있다. 그러나 흥미를 유발시키는 일이어야만
한다."

월 가(街)에서의 활약

이제 월 가(街)가 그의 관심을 끄는 유일한 장소였다. 그는 개렌
스턴을 연줄로 삼아 월 가에 진출하였다. 스턴은 풍채 좋은 금융가로서
뉴잉글랜드에서 가장 명민한 실업가 중의 한 사람이자 스무 개 정도의
회사 중역을 맡고 있었으며 헤이든 스턴 상회의 공동 경영자이기도
했다. 그가 관심을 가졌던 업종의 하나가 상선업이었다. 그가 포 리
버에서 두세 척의 객선을 살 뜻이 있지 않을까 하고 케네디는 생각했다.

케네디는 겨우 15분의 면회 약속을 받아낼 수 있었으나 스턴이
거리에 나갈 용무가 생겼기 때문에 취소되고 말았다. 케네디는 그가
탈 기차를 조사하여 역으로 달려가 스턴의 옆자리에 앉아 뉴욕까지
가는 동안 이야기를 나눌 수 있었다. 그는 있는 힘을 다하여 스턴을
설득했으나 그는 선박 구입에 흥미를 보이지 않았다. 그러나 스턴은
이 배의 세일즈맨에게 흥미를 느꼈다. 2주 후——그 동안 케네디의
공작은 계속되었으나——배의 세일즈맨(케네디를 말한다.)은 헤이든 회사 보스턴
지점의 주식부 지배인으로 초빙되었다. 그는 연봉 1만 달러로 승낙했다.
이것은 그가 포 리버에서 받는 급료의 절반밖에 안 되었지만 그가
요구한 보수는 급료의 수표가 아니었던 것이다. 케네디가 주식 시장
에서 최초로 벌렸던 투기는 신통치 못한 성과를 거두고 끝나버렸다.
어떤 주식이 머지 않아 스프리트(우리 나라에서의 무상교부증자)된다는 정보에 의거하여
그는 160으로 사모으기 시작했으나 순식간에 80포인트로 내려가버렸
다. 훗날, 그는 탄식하면서 "내부 정보를 믿지 말라, 이것을 무한히
신용한다면 틀림없이 무일푼이 되고 만다고 나는 항상 남에게 타일러
왔다."고 한 말에는 이때의 경험이 반영되고 있는 것이다.

그를 위해서 굳이 변명한다면, 당시의 증권 시장은 비정상적인 정
도로 불안정했다. 경제는 정체했으며 이것은 전시중의 붐에 대한 당

연한 반동이었는데, 경기 회복이 기대한 대로 실현되지 않았다. 노련한 투기가들도 당황하여 탐색하는, 그런 불안한 상황이었던 것이다.

1919년부터 1922년까지의 기간에 케네디는 스턴의 오른팔이 되어 앞으로 도움이 될 정보를 듣고 흡수하며 여전히 활발하게 움직이고 있는 시장의 모든 것을 배웠다. 그는 특히 주식의 매점에 대해서 자세히 배웠다. 이것은 업자끼리 손을 잡고 값싼 주식을 사들여 업자끼리 서로 전매하여 주가를 높인 뒤 선의의 대중이 사려고 덤벼들면 그 동안 모았던 주식을 부풀어오른 비싼 값으로 팔아넘기는 방법이었다.

1922년에 스턴이 은퇴하자 케네디는 독립하여 자기 사무실을 차렸다. 문에는 '조셉 P. 케네디 금융업'이라는 간판을 내걸었다. 그는 외톨이 투기꾼이 되어 주식투기를 하고 극비 정보 등을 찾아다녔으나 자기의 거래에 대해서는 철저한 비밀주의였다. 그를 잘 아는 어떤 실업가는 이렇게 평하고 있다.

"그의 사람을 대하는 태도는 아무것도 가르쳐주지 않거나, 만약 가르쳐준다면 백 퍼센트의 사실과 진실을 말해주는 그 어느 한 쪽이다. 그는 마음에 드는 자를 위해서는 무엇이든지 해주지만 마음에 들지 않는 자와는 아무것도 함께 하려고 하지 않는다."

조셉 케네디는 '보이 플랜거'(저돌적인 투기꾼)로 불렸던 제시 리버모어나 '실버 폭스'로 불린 프랭크 블리스나 그 밖의 이런 종류의 친구 같은 도박사는 아니었다. 그는 어디까지나 투기가였으며 매매의 스케일도 훨씬 소박하여 일확천금보다는 장기적인 돈벌이에 관심을 가졌다. 그의 기질은 주식을 하기에 필요한 자제력을 지니고 있었다. 친한 친구의 말을 빌리자면 '사실에 대한 정열, 정서의 완전한 결여, 기회를 포착하는 놀라운 직감'을 지니고 있었던 것이다. 특히 이 기회를 포착하는 직감력의 날카로움은 케네디의 재능이 평가될 경우 반드시라고 해도 좋을 정도로 언급되고 있다.

케네디 자신도 언젠가 도박과·투기의 차이를 분석하여 이렇게 말했다.

"보통은 도박의 이면에 숨은 주요한 동기는 그것이 사람을 사로잡는 묘한 흥분에 있다고 생각된다. 도박하는 사람이 이기려 하는 것은 당연하지만, 대다수의 사람은 설사 진다 해도 즐거움을 느끼는 법이다. 승부에 따르는 흥분보다 오히려 이기고 싶다는 원망이야말로 투기를 배후에서 움직이는 힘이라고 나는 생각한다."

월 가에서의 케네디의 활약에 관해서는 많은 전실이 있는데, 주민 이야기가 아니라 사실에 가깝다고 여겨지는 것으로 옐로 캡 회사(^{백식})의 주식 변동에 관한 에피소드가 있다. 1925년 4월의 어느 날 밤, 브루클라인의 케네디 집(젊은 케네디 부처가 처음 살았던 그 집이 아니라 좀더 나은 주택가에 있으며 방도 12개나 되는 집. 가족이 많아졌기 때문에 하는 수 없이 이사해야 했던 것이다. 1918년에는 로즈메리, 1920년에는 캐서린, 1921년에는 유니스가 태어났다.)에 한 방문객이 찾아왔다.

손님의 이름은 월터 하위라고 하여, 케네디가 한 번 신세를 진 적이 있는 시카고의 신문 편집인이었다. 하위가 투자하고 있는 옐로 캡 회사의 주가가 85포인트에서 50포인트로 내려가 아무래도 월 가에서 누군가가 팔려고 나선 것임에 틀림없다는 것이었다. 그때 케네디는 앓고 있었다. 그럼에도 불구하고 그는 뉴욕으로 가서 호텔의 방 하나를 잡고 전화며 치커를 설비한 뒤 공격을 분쇄할 업무에 착수했다.

그는 이 방에서 7주간이나 보냈다. 대체로 침대에서 일을 하며 미국 전체에 걸쳐 때로는 사는 측에 서고 때로는 파는 쪽에 서면서 그 회사의 주식을 자기만이 아는 엉터리 코스에 올려놓는 등 일련의 엉뚱한 조작을 했던 것이다. 그의 시장 조작에 적은 어찌할 바를 몰라 격퇴당하여 주가는 50포인트를 전후로 하여 안정되었다. 그래서 케네디는 집으로 돌아와 자기가 없는 사이에 태어나 한 달이나 지난 딸 패트리시아의 얼굴을 처음으로 보았던 것이다.

몇 달이 지나자 옐로 캡의 주가는 다시 내려갔다. 수익 보고가 신통치 못하다는 것이 표면상의 설명이었다. 그러나 증거는 아무것도 없었으나 케네디가 공매(空賣)로 하여 제법 벌고 있다는 의혹이 번지고 있었다.

조셉 P. 케네디가 주식 시장에서 돈을 얼마나 벌었느냐는 것은 그만이 알고 있는 일이다. 그러나 그는 1924년의 35세 탄생일에 당초의 목표인 백만장자의 목표에 이르렀다 해도 과언은 아닐 것이다. 그러나 이것은 시작에 지나지 않았다.

1929년에 있었던 주가 대폭락 시절에 케네디가 관망하는 편에서 있었다는 사실만큼 그의 현명함을 증명하는 것은 아마 없을 것이다. 그는 주식의 변동을 정확히 예언했던 구두닦이 소년의 이야기를 즐겨 들려주었었다.

"구두닦이 소년까지 나 정도로 알게 된다면, 내가 아니면 시장의 어느 한쪽이 잘못되고 있는 것일세. 따라서 나는 손을 뗄 시기라네."

오랜 시간에 걸쳐 면밀하게 시장을 관찰하고 좋지 못한 현상을 보게 된 몇 달 전부터 케네디는 주식 시장에서 손을 뗄 결심을 하고 있었다. 헐리우드가 그를 손짓하며 불렀던 것이다.

"사람의 피를 끓게 하는 사업은 두 가지밖에 없다. 정치와 영화 사업이다."라고 그는 확신하게 되었다.

영화업계의 거물로

시기를 약간 거슬러 올라가서 1919년에 케네디는 조그만 도시의 은행가가 겨우 하나의 영화 〈기적의 사나이〉에 투자했던 12만 달러를 3백만 달러 이상으로 늘린 것을 보았었다. 헐리우드가 거액의 자금원으로서 케네디의 장부에 기재되기 위해서는 이 사실만으로도 충분했다. 그는 우선 뉴잉글랜드의 체인 영화관 31군데의 매수에 참여하는 것만으로 만족했다.

헐리우드와 영화는 그것들이 지니는 매력과 함께 급속히 성장하는 중이었다. 다시금 웨렌의 말을 인용해보자.

"영화 사업과 유사한 사업은 아무것도 없었다. 영화계 안팎에서도 영화 따위는 비즈니스가 아니라고 생각하는 사람이 많았다. 어느 영화나 새로운 문제를 안고 있었으며 위험 부담을 지니고 있었다. 개인과 회사의 운명은 시시각각으로 눈부시게 달라졌다. 케네디는 순식간에 대성공을 거두었다."

미국에서는 매주 2만 1천여 개의 극장에 6천만 명의 미국인이 영화를 보러 갔다. 이런 통계는 영화가 빅 비즈니스라는 주장을 뒷받침했다. 그러나 몇백만이나 되는 영화 관객의 변덕스러운 취향을 짐작하여 영화를 만드는 중역들은 모두 벼락부자가 된 족속의 소기업가로 이루어진 기묘한 그룹이었다. 그 가운데는 전에 모피상을 했던 아돌프 주커와 마커스 로우, 전에 고물상을 했던 루이스 B. 메이어, 장갑의 세일즈맨을 한 적이 있는 새뮤얼 골드윈 등이 있었다.(이들은 모두 미국 영화계의 거물이다.) 체시 L. 러스키 같은 이름이 알려진 흥행업자는 얼마 안 되었다. 영화사업의 창업자들은 무계획적이며 예리한 직관을 지니고 아무런 제약을 받지 않으며 독자적인 힘으로 성공하는 새로운 계층의 사람들이었다.

이것은 케네디의 경력에서 흔히 볼 수 있는 일인데, 그는 홍수 같은 번영의 흐름에 실려 호기에 등장했던 것이다. 언제나 미소를 띠며 개방적인 태도에 슬랭(隱語)에 욕설이 뒤섞인 솔직한 어투로 말을 하는 케네디는 흔히 월 가에서 찾아오는 오만하고 싸늘한 신사들과는 전혀 달랐다. 그는 영화계의 다른 인간들과 마찬가지로 사물을 보고 행동했던 것이다.

케네디는 런던을 거쳐 헐리우드로 갔다. 그는 로버트슨 콜 회사의 촬영소를 가진 영국인들이 자금 조달에 애를 먹어 그 제작회사와 입장권 발매소를 팔려고 하는 것을 알았다. 그가 이 사람들과 교섭을 하는 데에는 영국 황태자의 소개장——어떻게 그것을 얻었는가에 대해서는 여러 가지 설이 있다——이 큰 도움이 되었다고 한다. 1926년 월 가의 거물인 조셉 P. 케네디는 미국의 영화 입장권 발매회사(FBO)의 사장 겸 회장이 되었다.

흔히 FBO의 이름으로 알려진 이 회사는 엉터리 회사가 아니었다.

제작비가 얼마 안 들고 관객 동원이 좋은 액션 영화를 만드는 것으로 유명했는데 문제는 자금 조달이었다. 영국인들은 장기간에 걸쳐서 치르는 비싼 이자를 부담할 수 없게 되었던 것이다. 금융과 재정 업무에 훤한 케네디가 이 문제를 해결했다. 그는 또한 인사를 쇄신시키고 몇몇 심복 부하를 경영권에 파견했다.

그는 개인적인 문제도 해결했다. 보스턴에 사업본부를 두는 것은 불편했다. 더구나 그가 무엇을 하건 보스턴에서는 그를 하니 피츠의 사위라는 눈으로 보았다. 케네디가 FBO를 취득했다는 뉴스는 전(前) 시장(하니 피츠를 가리킨다.)에 의해서 보스턴의 각 신문에 알려졌는데, 그 기사의 제목은 '피츠제럴드, 바야흐로 영화사업계의 거물로'라는 것이었다. 케네디는 맨해턴 북쪽 교외의 부호 계급이 사는 주택지 리버레일로 거처를 옮겼다. 그 후 그는 자기의 새로운 재산을 직접 시찰하기 위해 헐리우드로 갔다.

그것은 당당하고 위용있는 촬영소라고는 할 수 없었으나, 영화 1편에 계약 기초 원가 3만 달러로 1주 1편의 비율로 제작해내어 장사는 제법 괜찮은 편이었다. 이 촬영소의 최대의 자산은 프레드 톰슨이었다. 그는 실버 킹이라는 자기의 말을 스타로 다룬 최초의 카우보이 배역을 맡았던 배우로서 일을 하기 위해 이동할 때는 패커드의 자동차를 이용했다. 케네디는 프린스턴 대학을 졸업한 철학박사인 톰슨과 새로운 계약을 맺어 확보해두었다. 톰슨은 주급 1만 5천 달러로 그 전 급료의 겨우 두 배를 받았다.

그런데 FBO에는 약점이 하나 있었다. 그 작품은 소도시에서는 인기가 있었으나 대도시 시장은 파고들지 못했다. 따라서 거액의 수익을 나누어 가질 수 없는 형편이었다. 케네디는 뉴욕의 어느 극장주에게 프레드 톰슨의 영화를 시험삼아 상영해보지 않겠느냐고 권했다. 그러나 이곳 관객은 도색물(桃色物)이 아니면 폭력물, 또는 그 양쪽이 모두 듬뿍 들어 있는 것을 좋아한다는 것이 극장주의 대답이었다. "공짜라도 좋으니까……." 하며 케네디는 교묘하게 설득하여 1편을 시험삼아 상영해보겠다는 승낙을 얻어냈다. 그리고는 얼마 뒤 케네디는 이렇게 말할 수 있게 되었다.

"그(극장주)는 자기 극장에 오는 손님을 몰랐을 뿐이었네. 지금 와서는 매주 서부영화를 상영할 정도니까."

케네디의 흥행가로서의 진가가 발휘된 케이스의 하나로 레드 그렌지에 얽힌 에피소드가 있다. 그렌지는 '갤로핑 고스트(질주하는 유령)'로 불리던 일리노이 대학의 풋볼 선수로서, 훗날 프로 스타가 된 사람이다. 그가 영화에 출연하겠다고 했을 때, 어느 촬영소나 모두 그의 제의를 거절했었다. 케네디는 어떻게 해야 좋을지 결정하기 위해 장래의 관객에게 의견을 묻기로 했다. 그는 아들들에게 "너희들은 레드 그렌지의 영화를 보고 싶으냐?" 하고 물었다. "좋아요." 하고 열한 살의 조셉과 아홉 살의 존이 입을 모아 대답했다. 그리하여 그렌지가 출연한 〈4분간의 플레이〉는 크게 히트했다.

1920년대의 영화 산업이 모두 평온하고 무사했던 것만은 아니다. 일련의 퇴폐적인 스캔들이 일어났으며 헐리우드는 죄악이 판치는 현대의 소돔(악덕의 도시)이라는 것을 곳곳에서 드러내고 있었다. 업계의 수뇌부는 숙정에 착수하여 하딩의 정부에서 체신부 장관을 지낸 윌 헤이즈를 영화 윤리 감시의 최고 책임자로 앉혔다.

케네디는 헐리우드를 품위있는 위치로 격상시키기 위한 또 하나의 다른 구상을 갖고 있었다. 영화계의 지도자들이 하버드 경영대학원에 가서 일련의 강의를 한다는 계획이었다. 하버드에서도 적극적이었다. 케네디는 초청 강사가 된 일류 영화인을 끌어모았는데, 그들 가운데 대부분은 고등학교조차 제대로 나오지 못했다. 조셉 케네디는, 개회식을 겸한 강의에서 영화 산업에 관한 자기 의견을 다음과 같이 피력했다.

"영화 산업에서는 신속한 매각이 필요합니다. 제품을 창고에 썩힌다는 것은 결코 용납되지 않습니다. 그것은 오래 보관할 수 없기 때문입니다. 영화는 첫 공개했을 때가 6개월 후의 가치보다 크기 때문입니다. 가치는 시간이 흐를수록 상실되는 성질을 가졌습니다. 따라서 홍행의 요건은 개봉하는 시간, 기일을 확보하는 싸움입니다. 여러분은 언제나 달력과 뜀박질 경주를 하고 있는 것입니다. 어떤 영화가 어떤 장소에서 상연된 그 순간부터 그곳에서의 그 영화의 값어치는 상실되며 여러분의 기회 역시 없어지고 마는 것입니다."(분명히 그는 텔레비전이나 텔레비전 심야 영화를 상영한 그 뒤의 수익이 높아진다는 것을 예견하지 못했었다.)

　FBO의 순이익이 점진적으로 신장함에 따라 케네디는 더욱 광범위하게 사업 영역을 넓혀갔다. 그는 자기 회사에서 극장까지 소유해야 한다고 생각했던 것이다. 그는 이제 노년에 접어든 에드워드 F. 알비의 '제국(帝國)'에 관심을 가져, 커스 알비 오피엄(약칭 KAO 체인 극장)에 알비가 소유한 주식을 4백20만 달러로 사겠다고 제의했다. 당시 KAO는 1주당 16달러 정도였으며 케네디의 제의 가격은 1주당 21달러인 셈이었다.

　알비는 극장이란 보드셀의 성스러운 장소라는 생각 아래 그때까지 영화의 극장 진출에 애착을 갖고 있었다. 그는 처음에는 이 제안을 거부했으나 나중에 케네디에게 사업체를 매각하였다. 2주일 후, KAO의 주가는 50달러로 뛰어올랐다. 또다시 케네디의 손이 닿는 모든 것은 황금으로 변한다는 사실이 입증되었다.

　때는 1928년. 케네디는 매주 3개의 사업에서 각각 2천 달러씩의 수입을 올리고 있었다. FBO, KAO와 제작 고문으로 있는 파테 회사에서 들어오는 수입인 것이다. 그 무렵, 가족은 다시 이사를 해야만 했다. 2월에는 진이 태어나서 아이는 8남매가 되었다.(에드워드가 1932년에 태어나 이것으로 전원이 모인 셈이다.) 가족들은 모두 뉴욕의 브론크스빌의 집에 살고 있었다. 이번의 하이아니스포트의 크고 하얀 집으로의 이사는 결정적이며 또한 역사적인 것이었다. 그 후 케네디 집안은 이곳에 영구적인 뿌리를 박았던 것이다.

　케네디는 1928년에 FBO와 KAO를 데이비 사노프의 RCA에 합병시켰는데, 이것은 그의 생애에 있어서 최대의 성공 가운데 하나로

꼽히고 있다. 새로운 거대 기업은 라디오 키스 오피엄(약칭RKO)으로 불려 RCA가 지배권을 장악했다. 케네디는 소유 주식을 5백만 달러에 팔고 합병 수수료로서 15만 달러를 받았을 뿐만 아니라 RKO주의 선호 매입으로도 많은 수입을 올렸다.

이윽고 매력적인 스크린의 여왕 가운데서도 가장 매력이 있는 글로리아 스완슨이 케네디의 무대에 등장한다. 케네디는 그녀가 파레이즈드 라 크두라프 후작부인이었을 무렵에 만나 이미 아는 사이였다. 그리고 케네디는 프랑스에서 돌아온 직후였던 그녀의 스튜디오에 와서 "어서 박수로 맞이할 준비를 하십시오." 하고 제왕 같은 명령을 전했다. 케네디와 그녀는 서로 매료되었다. 그녀는 케네디에게 말했다.

"조셉, 당신은 헐리우드에서 최고의 배우예요."

케네디는 그녀의 글로리아 프로딕션의 독립적인 영화 사업의 자금 관계를 돌봐주고 있었다. 최초의 일은 〈케리 여왕〉으로 감독이 에릭 폰 스트로하임을 택했는데 이것이 첫번째 잘못이었다. 스트로하임은 천재임에는 틀림없었으나 한편으로는 터무니없는 별난 사람이기도 했다. 그가 만드는 영화란 몇 마일이나 되는 필름을 사용하여 촬영하다가도 생각나는 대로 대본에 가필을 하고 섹스의 방탕스러운 장면을 듬뿍 집어넣는 방식이었다. 〈케리 여왕〉으로 그가 변덕스럽게 손질을 한 스토리에는 이런 것이 있다.

수도원에서 자란 소녀가 아프리카에 있는 매춘 여관의 조직을 유산으로 상속받았다. 지난 날에는 청순한 처녀였던 주인공은 추악한 매춘업의 마담이 된다는 스토리였고, 결말 부분은 병들어 죽음을 맞는 자리에서 그녀의 찬미자인 젊은 신부로부터 마지막 종교의식을 받는 것으로 되어 있었다.

글로리아는 기가막혔다. "이곳 감독은 미치광이예요." 하고 그녀는 케네디에게 말했다. 카톨릭 교도인 케네디 역시 아연실색이었다. 이러한 영화 장면들은 헤이즈의 영화 심사에 결코 통과되지 못할 것임을 그는 알고 있었다. 폰 스트로하임은 파면당했다. 케네디는 이 영화를 어떻게든지 손질하여 쓸 만한 것으로 고쳐보려고 했으나 허사였다. 너무나 손을 보아야 할 데가 많았기 때문이었다. 이 영화는 끝내 미국에서 상영되지 못했다. 50만 달러로 추정되는 거액의 돈을 날려버린 것이다. 케네디는 돈을 벌 때나 손해를 볼 때도 그 규모가 엄청나게 컸다.

그러나 케네디는 그녀를 후원하여, 다시 두 편의 영화를 만들었으며 모두 크게 성공을 거두었다. 하지만 이 무렵부터 두 사람의 관계는 소원해졌으며 결국 갈라지고 말았다.

"나는 그분의 판단이 잘못이라고 반대했어요." 하고 글로리아는 술회하고 있다.

"그분은 남이 자기 의견에 반대하는 것을 몹시 싫어했거든요."

루즈벨트를 지지하다

케네디는 경제 문제로 관심을 돌렸다. 대공황이 점점 심각해짐에 따라 그는 더욱 의기소침해졌다. 그는 다음과 같이 서술하고 있다.

"내 재산의 절반이나마 합리적으로 확보할 수 있다는 확신만 있다면 나머지 절반은 기꺼이 내놓아도 좋다고, 당시의 나는 생각했으며, 말로 한 것을 기록으로 남겨주어도 나는 부인하지 않겠다. 부끄럽게 생각지는 않는다. 어쩌면 경제적으로 가족을 지키지 못하는 것이 아닐까 하는 생각까지도 했던 것이다."

이러한 정신 상태에서 그는 도움을 청하기 위해 루즈벨트에게로 눈을 돌렸던 것이다.

제 1 차 대전 때에 올바니(ニュー욕
의수도)의 주지사 관저에서 있었던 오찬회에서의 일면식이 큰 도움이 되었다. 케네디는 다시 한 번 루즈벨트가 '행동력 있는 인간'임을 확신할 수 있었다. 그는 다시 이렇게 말하고 있다.

"루즈벨트는 모든 일이건 해낼 능력을 지니고 있다. 은행에 12달러 이상의 예금을 가진 자 가운데에서 최초로 그를 공공연히 지지한 사람은 바로 나일 것이다. 내가 이렇게 말할 수 있는 것은 그의 행동력 있는 모습을 보았기 때문이다. 그의 문제 해결 능력을 나는 알고 있다. 경제의 정체 상태는 이미 오래이며 지금이야말로 지도력이 있는 지도자가 필요함을 나는 통감했다."

후년에 골수 보수파라고 비난을 받았던 이 사람으로서는 상당히 용기있는 발언이다.

일단 확신을 하고 나면 케네디는 늘 그러했듯이 무한한 정열로써 소신껏 매진했다. 그는 1932년의 민주당 전당대회에서 루즈벨트를 지지했다. 케네디의 전화를 받은 윌리엄 란돌프 허스트(당시의 신문왕)가 재크 가드너(민주당의 정치인)의 지지자에서 프랭클린 루즈벨트의 지지자로 돌아선 것이 결정적으로 루즈벨트가 대통령 후보로 되는 데 작용하였다. 케네디는 선거운동 자금도 기부했으며 기부금 모금도 추진했다. 그는 루즈벨트와 함께 유세를 다녔으며 연설 내용에 관해 진언도 했다. (이를테면 미국의 재정제도 수정, 그 중에서도 증권·상품 시장에 관한 연방 규칙의 개정을 주장하는 연설)

대통령 선거에서 승리한 뒤, 케네디는 루즈벨트와 한가롭게 요트 여행을 즐겼으며, 이윽고 팜비치로 물러나 보수를 기다렸다. 그는 마음속으로 은근히 뉴딜 시대에 재무장관의 자리도 나쁘지는 않다고 생각했었다. 그러나 아무리 기다려도 화이트하우스에서는 소식이 없었다. 새 대통령의 측근에는 이 보스턴의 상인을 싫어하는 몇몇 사람이 있었던 것이다.

이렇게 기다리는 동안 케네디는 월 가나 다른 분야에서 활약했다. 또한 새로운 분야로 진출하였는데 그 사업은 지금까지의 모든 사업보다 문제가 많았다.

1933년 여름에 대다수의 주가 헌법 수정 조항 폐지를 비준함으로써 금주법의 폐지가 확실해졌다. 그 무렵, 이미 주류 판매권 획득을 위한 치열한 경쟁이 시작되었는데, 술집 경영자의 아들인 케네디로서는 이것은 결코 놓칠 수 없는 좋은 기회였다.

영국 주조업자의 에이전트가 미국에서 활동하고 있었는데 주류도
1등품이었다. 그러나 케네디는 이러한 문제의 핵심을 파악하고 있었다.
9월에 케네디 부부는 영국으로 선박여행을 떠났다. 그 배에는 선거전을
통해 친해진 제임스 루즈벨트와 그의 아내 베티도 타고 있었다. 케
네디의 영국에서의 활동에 있어서 새 대통령의 아들(제임스)이 어떤
역할을 했는지는 사람에 따라 다르다. 어떤 설에 의하면 제임스는
수익의 분배를 요구했다고 하고, 다른 설에 의하면 제임스 일파가
케네디의 위스키에 대한 보험을 맡았다고도 하고, 또한 제임스는 단
순한 '줄'에 불과했다는 설도 있다. 사정이야 어떻든 간에 케네디는
헤이그 앤드 헤이그, 존 데워 앤드 샌즈, 고든 드라이 진 등 3개 회사의
미국에서의 에이전트가 되어 돌아왔다(3개의 회사는 모두 영국/에서의 대규모 주조회사).

그가 다음으로 세운 대책은 막대한 양의 주류를 '의약품'의 면허로서
수입하는 것이었다. 금주 시대가 끝났을 때 케네디는 사방의 창고에
산더미 같은 주류를 저장하여 울적했던 미국의 갈증을 언제든지 풀어줄
수 있는 만반의 준비를 갖추었던 것이다.

증권거래소의 위원장이 되다

케네디 집안의 역사에서 다음 장(章)은 워싱턴이 그 무대가 된다.
1932년부터 약 2년간에 걸쳐서 상원의 은행통화위원회는 공청회를
열어 월 가의 잔해를 모조리 제거해버렸다. 주식시장의 거물들은 차
례로 증언대에 불려나와 호황과 파멸이 빚어낸 여파에서 각자가 했던
역할에 대해 이야기했다. 그 사람들 가운데 조셉 P. 케네디는 들어
있지 않았으나 1936년에 쓴 책에서 그는 다음과 같이 말하고 있다.
"매월마다 일련의 놀라운 실정이 전 미국에 알려졌다. 관계자는
실제의 업무에 종사하는 재계 지도자의 거의 대부분이었으며, 그 업
무라는 것이 극히 소극적이며 또한 매우 비도덕적인 것이었다. 미국의
업계를 지배하는 사람들의 동기는 정직하며 명예로운 품행의 상징이
라는 생각은 사라졌다."

케네디는 이 '매우 비도덕적인 일'에 관계하지 않았던 것일까? 전에 뉴욕 주의 최고재판소 판사이며 1933년 당시 상원위원회의 고문을 지낸 파디넌드 페콜라의 말을 들어보자.

"문제가 된 이러한 관행의 하나에 작은 그룹의 주식 중개인에 의한 주식 매점의 조작이 있다. 뉴욕 증권거래소의 규칙에 의하면 이 매점을 배합법적으로 단정할 조항은 없다. 그러나 이것은 분명히 매우 악질적인 조작으로서 이 수법에 일반 대중은 손해를 볼 수밖에 없었다. 조셉 케네디는 7, 8회에 걸쳐 이런 종류의 매점 행위에 관여했었다. 그들의 행위는 불법이다. 나는 많은 매점 행위의 조작에 관한 증거 서류를 제출했다. 그 가운데에는 케네디가 참여한 그룹도 들어 있다."

홍분의 '1백일'로 불렸던 상원위원회의 조사 결과, 우선 1933년의 '증권에 있어서의 진실'법이 생겼으며, 신규 상장주에 관한 필요 자료의 공표가 의무화되었다. 이 법의 적용 관리는 연방 통상위원회에 맡겨졌다. 루즈벨트 대통령은 이 법이 성립되자 "마침내 선악에 관한 초보적 기준의 몇 가지가 비로소 명문화되었다."고 말했다.

하지만 이것은 시작에 불과했다. 의회는 1934년에 증권거래소법을 가결하여 주식시장을 연방 규제의 적용 아래 두었다. 월 가에서의 저항이 있었기 때문에 이 법의 규정은 처음에 제안되었던 것보다 약간 완화되었다. 즉, 새로운 증권거래소 위원회(SEC)가 감독하게 되는데, 당초의 초안으로는 권한 행사가 광범했었으나 이것이 위원회의 자유 재량에 맡겨졌다. 이것은 곧 이 새로운 법률이 효과적이냐 하는 것은 어떤 인물이 위원이 되느냐에 달려 있었다.

위원장의 자리를 놓고 치열한 암투가 벌어졌다. 전 하버드 대학 법학부 교수로서, 앞서 말한 1933년과 1934년의 두 법안 초안에 협력한 제임스 M. 랜디스가 유력한 후보였다. 페콜라의 인기도 높았다. 그 밖에도 5, 6명의 후보자가 있었으며, 그 가운데에는 조셉 P. 케네디도 들어 있었다. 뉴딜 파의 측근 가운데 하나인 레이몬드 몰레는 대통령에게 제출할 위원장 후보 명단에 케네디 이름 아래 주석을 달아 다음과 같이 적었다.

'그 실행 능력, 규제되어야 할 해당업계의 관행 풍습에 관한 지식, 위원회에서의 상반되는 견해를 조정할 능력으로 보아 위원장으로서 최적임자임.'

그 뒤 치열한 경쟁은 계속되었으나 루즈벨트는 결국 케네디를 위원장으로 임명했다. 1934년 7월 1일의 일이었다.

월 가와 뉴딜 파는 어이가 없었다. 이름높은 투기가가 투기가들을 단속하겠다니 어이없는 일이 아닐 수 없었다. 내무장관이며 심술궂은 영감인 해롤드 L. 이키즈는 그의 일기에 이렇게 적고 있다.

"애석하지만 대통령이 케네디를 뽑았다는 것에 찬성할 수 없다. 케네디는 전에 무모한 투기를 벌렸던 사나이다. 대통령은 케네디가 큰 재산을 모두 정부 발행 증권에 투자하여 증권업계의 트릭을 모두 알고 있다고 하여 무척이나 신용하고 있는 것이다."

칼럼니스트이며 월 가에 관해 통렬한 비판을 가해 온 존 T. 프린은 그러한 뉴스는 믿을 수 없다고 하면서 다음과 같이 말했다.

"그것은 거짓말이다. 그런 일은 불가능하다. 있을 수 없는 일이다."

우선 케네디가 한 것은 융화적인 동시에 정면으로 맞서는 반격의 태도였다. 취임 후의 어느 날, 새 위원장은 규제 조례를 만든 랜디스, 벤 코엔, 토머스 J.(토미) 코콜릴과 오찬을 함께 했다. 케네디가 세 사람을 맞아 한 인사는 다음과 같은 것이었다.

"도대체 자네들은 어째서 나를 싫어하는가?"

케네디가 극복해야 할 적의는 이 세 사람뿐만이 아니었다. 만약 월 스트리트가 실제로 그를 싫어하지 않았다 해도 그가 하기로 되어 있는 일만은 별로 좋아하지 않았었다. 동시에 월 스트리트의 사람들은 설마 케네디가 그러한 일에 손을 대리라고는 생각하지 않았었다. 케네디는 지난 날에 그들의 친구 가운데 하나가 아니었던가.

SEC 위원장으로서의 업무는 케네디의 업적 가운데서도——적어도 사회적인 존경을 받는다는 점에서는 성공하였다. SEC의 초대 사무국장이며 1942년까지 재임했던 프란시스 P. 블라서는 다음과 같이 술회하고 있다.

"당시의 나는, SEC의 구성은 케네디 같은 인물이 위원장이 되기에는 적합하지 못한 것으로 생각했었다. 월 가는 SEC법을 두려워하고 있었다. 그는 끈질기게 이 법을 준수하여 그들과 설득하고, 기초 당시에 업자가 강력하게 반대했던 규칙을 동의시키고 말았다. 케네디가 생각하고 제안했던 규칙의 대부분은 자율적인 것이었다. 그는 업자나 중개인들에게 스스로 자기 자신을 감독해야 한다고 말했다. 그러는 편이 그들을 위해 도움이 된다는 것을 깨우치게 했던 것이다. 처음에는 용기와 근성과 능력있는 인간이 필요했던 것이다."

케네디의 방식에 관해서는 제임스 랜디스의 개인 비서이며 후에 SEC의 기록 담당자가 된 오빌 뒤부아가 다음과 같이 쓰고 있다.

"사무실의 설비가 별로 좋다고 할 수 없었기 때문에 위원회의 회합은 그의 사무실에서 가졌었다. 많은 사람이 모였다. 그는 마침내 몇 군데의 창에 냉방 장치를 설비하기로 했다. 언제나 땀이 날 만큼 더웠으며 담배 연기로 자욱했기 때문이다.

사람들은 모두 그를 조라고 불렀다. 그는 몇 시간이고 일했다. 그가 마차를 끄는 말처럼 일하리라고는 전혀 생각조차 하지 못했었다. 이를테면 당신이 그의 사무실에 들어간다고 하자. 그리고 그가 억만장자임을 알지 못했다면 그를 보기만 하고는 도저히 그런 줄을 알지 못할 것이다. 그는 넥타이를 매고 셔츠의 소매를 걷어올리고 책상을 마주하고 있을 것이기 때문이다."

로버트 소벨은 그의 저서 《대위원회》에서 케네디가 일하는 모습의 일면을 다음과 같이 전하고 있다.

"케네디는 SEC를 발족시키기 위해 어려운 일을 해냈다. 그리하여 1년 후에 위원장을 사임했을 때, SEC는 월 가에 확고하게 정착했으며 그때 이미 재계의 일부에서는 그를 호의적인 눈으로 보기까지 했던 것이다. 케네디는 위원장의 권한에 관해 절도있는 해석을 함으로써 금융계의 신뢰를 얻었으며, SEC 관리법을 발전시키려는 랜디스의 시도를 지지함으로써 뉴딜의 지지자 가운데 일부를 자기 편으로 끌어들였다. 위원회는 그의 지도 아래 절제있는 코스를 거쳤으며, 업계에 대해서는 강압적으로 임하지 않고 더구나 이것을 SEC법의 준수로 이끌었던 것이다."

SEC의 업무가 이처럼 순조롭게 진행되었기 때문에 케네디는 아무래도 가만히 있을 수가 없었다. 그는 더욱 가족과 함께 있고 싶다고 생각했다. 주식에는 손을 대지 않았기 때문에 돈이 들어오지 않았다. 정부에서 주는 급료로는 전화료조차 안 된다고 그는 투덜거렸다.

그는 사표를 내려 하다가 두 번이나 번의했다. 그러나 마침내 47세의 생일에(1935년) 루즈벨트 대통령에게 편지를 썼다.

'당신과의 공적인 관계를 끊는다는 것은 쉬운 일이 아닙니다. 그것은 오히려 당신의 우정을 얻고 있다고 하는 특권에 의해서만 완화될 진정한 애석함이 따르는 것입니다…….'

FDR은 '친애하는 조'로 시작되는 회답을 썼으며 케네디의 '교묘한 방식, 솜씨, 훌륭한 센스와 공공에의 헌신'을 극구 찬양하여 그를 위로했다.

9월 25일, 케네디는 아내와 딸 캐서린을 데리고 유럽을 여행하고 돌아가면 '조용하고 평화로운 생활로 들어가겠다'는 결심을 굳히며 객선에 올랐다.

"이제 공적인 생활과는 작별일세."

하고 그는 기자단에게 말했다. 그리고 그 말대로였다. 적어도 2년 동안은.

케네디 가문의 사람들을 기르다

자랑스러운 가족들의 긍지

하이아니스포트의 여름 주민들——레크레이션으로는 햄모크에서 책을 읽거나 크로케를 하는 정도의 조용하고도 명상적인 사람들——은 스포츠를 즐기며 곧잘 햇볕에 그을고 늘상 뛰어다니는 케네디 집안의 아이들에게 '맨발족(族)'이라는 별명을 지어주었다.

케네디 집안의 아이들은 놀라운 일은 아니지만 자기들의 야구 팀을 갖고 있었으며 해마다 7월 4일(^{미국의 독}_{립기념일})이 되면 '맨발족' 팀은 이 피서지의 다른 아이들 팀을 상대로 시합을 했다. 상대 팀의 명칭은 '팬지'라고 했다. 해마다 7월 4일에 있은 '맨발족' 대 '팬지'(^{잘난 체}_{한다는 뜻})의 소프트 게임은 하이아니스포트의 전통이 되었다. '맨발족'은 시합에 언제나 지기만 했다. 그래도 그들은 가족 이외에서 좋은 선수를 찾아내어 어린 케네디를 단 하나라도 라인업에서 떼어내는 일은 결코 없었다. 그러나 언제나 결과가 같다는 것은 케네디 형제들에게는 무척 견디기 어려운 일이었다. 그러나 만약 그들에게 이긴다는 것보다 더 소중한 것이 있다면 그것은 충성심, 가족에 대한 충성심이었다.

"만약 무엇인가를 하려 할 때 가족끼리만 해나갈 수 있다면 어째서 남의 힘을 빌리겠는가?"

케네디가 아이들에게 가르치는 것은 늘 이런 식이었다.

7월 4일에 행해지는 '팬지' 팀을 상대로 한 게임에서는 이 가르침이 별로 효과를 보지 못했으나 케네디 집안의 아이들은 평생을 두고 이 가르침을 지켰으며 여러 가지 분야에서 경탄할 성공을 거두었던 것이다. 승패야 어떻든 간에 가족 제일 정신이 케네디의 신념이었다.

조셉 케네디는 언제나 아이들이 부외자(部外者)에 대해 단결하고 있는 한은 결코 개인적인 다툼에 간섭하지 않겠다고 말했었다. 어느 신문기자가 케네디 집안의 이 가풍에 관해 다음과 같이 지적한 적이 있다.

"케네디 집안의 사람들은 모두 가족이 성취한 것에 대해 긍지를 지니고 있다. 누구나가 본능적으로 남보다 가족에게 인정받기를 원한다. 그리고 외부자에 의해 가족의 누군가의 대망이 좌절될 위험에 직면하면, 이리에게 습격당한 들소처럼 온 가족이 단단히 원진(圓陣)을 짜고 뿔을 아래로 내려 반격 태세를 취한다."

가족의 승인——이것은 우선 가장에게서 시작된다. 이 집안의 친구가 말했듯이 "어느 사내나, 먼저 이러저러한 문제에 관해 자기는 어떻게 해야 하는가를 생각하고, 다음으로 자기가 취한 태도에 관해 아버지는 무엇이라고 말할 것인가를 생각하도록 교육되고 있다."는 것이다.

조셉 케네디 내외는 아이들의 모든 생활에 깊은 관심을 갖고 있었다. 사내아이 중 누군가가 풋볼 게임에서 고전하거나 하면 양친은 스탠드로 나왔고, 딸이 학교에서 연극을 하면 양친이 모두 보러 갔다. 조셉은 아이에게 매우 많은 것을 요구하는 아버지였으나, 좋은 성적을 따내라고 할 경우에는 부드럽게 타일렀다. 이를테면 대학 예비학교에 있던 아들에게 다음과 같은 편지를 쓴 적이 있다.

'그런데 존, 나는 잔소리꾼이라는 말을 듣고 싶지 않구나. 그런 말은 부모로서는 최악이니까. 오랫동안 사람을 보는 안목을 단련해온 나로서는 네가 훌륭한 자질을 지니고 있으며 장차 큰 인물로 성장하리라는 것을 분명히 알고 있다. 그런데 하느님께서 내려주신 것, 그 뛰어난 자질을 전혀 활용하지 않는다는 것은 어리석은 일이 아니겠느냐. 다시 말해서 네가 갖춘 자질을 활용하라고 말조차 하지 않는다면, 나는 친구로서의 자격마저 없는 것이 되지 않겠니? 네가 어렸을 때에 게으리했던 기본적인 것을 되찾는다는 것은 매우 어려운 일이다. 그렇기 때문에 최선을 다해야 한다는 것이다. 나는 너에게 지나치게 많은 것을 요구하는 것이 아니며, 네가 정말로 천재가 아니라는 것을 알아도 결코 실망 따위는 하지 않는다. 다만 나는, 네가 뛰어난 판단과 이해가 있는 참으로 훌륭한 시민이 될 수 있으리라고 생각한다.'

훈계를 받은 아들은 답장을 썼다.

'아버지, 곰곰이 생각하니 제 자신이 얼마나 진지하게 공부하고 있는가에 대해서 자신을 속여왔음을 분명히 알게 되었습니다.'

또한 조셉은 어느 부유한 가정에 대해 이렇게 평한 적이 있다.

"그래, 그 집은 부유하지만 지도라는 것이 없다."

성장하는 케네디 집안의 아이들 중에 지도를 받지 않은 아이는 아무도 없었다. 조셉이 아이들에게 충분히 지도할 때는 큼직한 식탁 주위에 가족 모두가 모였을 때다. 우선 조셉이 화제를 택한다. 이를테면 정국이라든가, 혹은 스포츠, 아니면 브로드웨이의 연극 등을 자연스럽게 선택한다. 그리고 그는 의자에 깊숙이 몸을 묻고는 대화에 귀를 기울인다. 아무리 어린아이라도 자기의 의견을 말할 때는 도중에서 가로막거나 조금이라도 놀려대는 일은 없었다. 그러나 "들리는 말로는……" 따위로 서두를 시작하면 조셉은 곧 "누가 한 말이냐."며 다그쳐 물었다. 혹은 누군가가 미심쩍은 풍문을 다루려 할 때면 그는 자세한 이유를 확인했다. "알겠느냐, 그 사람이 그렇게 말한 것은 틀림이 없다는 거지? 확실히 그렇게 말했다는 말이지?"하며 다짐을 받는다. 이런 식으로 출처를 조사하고 정리하며 대화는 계속되는 것이다.

단 하나의 대화 금기 사항은 돈에 관한 것이었다.

아이들이 글을 읽게 되자 〈뉴욕 타임즈〉지 일요판의 '전 주 뉴스' 란을 테이블 가운데 두고 서로 토론하는 것이 상례였다. 존은 대학 예비학교에 있었을 때 이 신문을 정기구독까지 하면서 매일 읽었다.

아이들은 아버지의 친구인 높으신 분들과 식사를 함께 하는 일에 익숙해져 있었다. 일반적인 미국인 자녀들에게는 신문에 오르내리는 이름에 불과한 많은 전국의 저명 인사가, 케네디 집안의 아이들에게는 잘 아는 친구이기도 했다. 그들은 이를테면 그 사람이 훌륭하다 해도 추호도 두려워하지 않았으며 정정을 논할 수도 있었다. 식탁을 에워싼 그들의 잡담은 항상 생생하고 자극에 넘치며 기지가 뛰어났을 뿐만 아니라 가부장인 조셉의 질문이 시대를 맞춘 적절한 것으로 진부한 대화에 빠지는 일은 없었다. 존의 평생 친구였던 K. 레모인 빌링스는 이 토론에 참가했다가 완전히 매혹되고 말았다. 빌링스는 이렇게 말하고 있다.

"케네디 씨가 테이블에 앉아 잡담을 하던 것이 언제였는지 나는 전혀 기억이 나지 않는다. 다만 케네디 씨의 이야기가 너무나 재미있었기 때문에 상대가 되기 위해서는 보다 많은 책을 읽고 더욱 공부를 해야겠다는 생각을 일으키게 했다. 아이들이 조용히 이야기하던 기억이 난다. 처음에는 존과 조셉뿐이었지만 나중에는 자매들도 끼어들었다. 그러나 자기가 이야기할 자격이 없는 문제라고 생각하면, 그것에 관해서는 일절 말을 꺼내지 않았다. 케네디 씨는 결코 설교 따위는 하지 않았다. 오히려 자기와는 전혀 다른 입장을 취하도록 아이들에게 권했다. 그리고 아이들은 물론 아버지에게 불찬성의 입장을 취한 적도 있다."(실제로 그의 아이들은 그런 일이 있다. 몇 년이나 지난 일이지만 워싱턴 사교계의 명사 부인 케이 할의 말에 의하면 노(老) 케네디가 칵테일 파티 자리에서 그녀에게 어떤 법안에 관해 생각을 바꾸도록 존을 설득해주지 않겠느냐고 부탁했다. 존은 아버지를 돌아보며 말했다.

"우리가 늘 합의를 보아온 것이 하나 있습니다. 그것은 나의 정치에 아버지께서 참견을 하지 않으신다는 것입니다."

조셉은 쓴웃음을 지을 수밖에 없었다. 그는 케이에게 이처럼 말했다.

"이것 봐요, 내가 아이들에게 백만 달러씩 준 까닭은——필요하다면 내게 침을 뱉을 수도 있게 해주기 위해서랍니다.")

케네디 집안에는 보스와 가정교사가 몇 명 있었는데, 아버지와 아들 사이의 관계가 이 때문에 조금이라도 멀어지는 경우는 결코 없었다.

조셉이 뉴욕의 브론크스빌에 멋진 집을 샀을 때, 로즈는 자기 침실의 가구가 사치스러운 비단으로 두른 것을 보고 곧 보다 더 단단한 천으로 바꾸도록 했다. 아이들이 장난치며 뛰어다닐 수 있는 방이어야 한다고 생각한 것이다. 최고재판소 판사 윌리엄 O. 더글러스는 다음과 같이 말하고 있다.

"젊은 사람은 흔히 커가면서 가정 밖에서 자극과 흥미를 찾는 법인데, 케네디 집안의 아이들은 가족 속에서 그것을 찾았다. 결국, 그것은 재미있는 가정이며 지내기에 편한 장소, 재미난 일과 놀이가 가득 있고 세계 정세며 세계의 지도자들에 관해 멋진 이야기를 주고받을 수 있었던 까닭이다. 아이들에게 있어서 가정 밖에서 이처럼 재미난 일을 발견하기란 쉽지 않았다. 케네디 집안의 아이들이 서로 단단히 결속할 수 있었던 것은 바로 이때문이었던 것이다."

케네디 집안에서는 언제나 무엇인가 행해지고 있는 듯이 보였는데 실제로 무슨 일이 일어나고 있었다. 조셉은 하이아니스포트 부근의 오스타빌에 농원을 갖고 있었는데, 거기서 기마용의 말 두 필을 기르고 있었다. 조셉과 로즈, 그리고 딸들이며 훗날에 가서는 며느리들과 손녀딸들도 모두 이 여기(餘技)에 뛰어난 솜씨를 보였다. 주말에는 부근의 야마스에서 댄스 파티가 있었다. 유니스는 케네디 집안의 딸 가운데 누구 하나라도 '벽의 꽃'(파티에서 상대를 해주지 않는 여자)이 되지·않도록 형제들이 얼마나 배려했는가를 회상하며 다음과 같이 술회하고 있다.

"존은 언제나 나에게 파트너가 없으면 나와 함께 춤춰 주었어요."

헐리우드 시대의 조셉은 하이아니스포트의 자기 저택 지하 한 모퉁이에 영사실을 비롯하여 40석의 극장용 좌석까지 갖춘 소극장을 만들게 했다. 그래도 아이들은 늘 친구들과 어울려 이웃의 영화관으로 갔으며, 매표소에서 모두 12세 이하니까 1인당 10센트로 입장시켜 달라고 졸랐다.

집의 뒷편 너머로 보이는 항구에는 요트가 가득히 떠 있었다. 요트는 케네디 집안 소년들의 최초의 꿈이었다. 막내인 에드워드가 태어나기 조금 전에 조셉은 새 요트를 사서 '테노바스'^(10명의 우리
들이란 뜻)라고 명명했다. 에드워드가 태어나자 다시 1척을 사서 '원 모어'^(또 한 아이가 태어
났다는 정도의 뜻)라고 이름지었다. 그 뒤, 조셉의 손자들을 위해서도 소형 모터보트를 구입했다. 이것은 '레스트 버스'^(나머지 우리
들이란 뜻)라고 이름지었다. '테노바스'호와 '원 모어'호는 모두 전장 16피트의 카프 범주(帆走) 슬루프로서, 존과 조셉 주니어가 이것을 조종하는 법을 익혔을 무렵에는 두 사람이 너무나 어렸기 때문에 양친의 눈에는 두 아이의 머리가 뱃전에 가려 보이지 않을 정도였다. 뒷날, 존은 18피트의 요트를 구입하여 '빅토리'호라고 이름지었다. 그때 존은 '무엇인가 승리 같은 것'을 뜻하는 말로 여겨 그렇게 명명했던 것인데 라틴어 학자의 말에 의하면 라틴어에는 그런 말이 없다는 것이었다. 그는 자주 이 요트를 몰며 하이아니스포트에서 난타켓 만을 지나 마더스 비니야드 섬으로 갔었다. 1941년의 여름, 그가 이 수로를 범주(帆走)하다가, 당시 해군이 시험하고 있던 새로운 타입의 고속함정인 어뢰정을 만난다. 순식간에 매혹되어버린 그는 자세히 보기 위해 접근했다. 그것은 합판의 쾌속정으로 40노트 이상을 낼 수 있는 것이었다.

경쟁심이 강한 아이들

스피드와 돌진의 매력은 케네디 집안의 소년을 모조리 사로잡고 말았다. 그들이 브론크스빌의 집 잔디밭에서 나무들에 머리며 손발을 부딪치며 터치 풋볼에 열중했을 때처럼 무엇을 해도 그들은 자유분방했다. 언젠가는 조셉 주니어와 존이 거리를 한 바퀴 도는 자전거 경기를 하기로 했다. 이 경주는 형제끼리 하는, 흔한 보통의 레이스가 아니었다. 두 사람은 맹렬한 기세로 양끝에서 자전거를 몰아 한가운데의 결승선에서 정면 충돌을 했던 것이다. 이때문에 존은 스물여덟 바늘이나 꿰매어야 하는 부상을 입었다.

어느 해 여름방학에 존은 친구 토버트 맥도날드와 함께 유럽 여행을 했다. 리비에라의 파티에 나가기 위해 파리에서 맹렬한 기세로 차를

몰고 가다가 낡아빠진 전세차가 뒤집히는 바람에 거꾸로 곤두박질을
한 채 30피트나 미끄러졌다. 차가 겨우 멎고 곤두박질을 한 차 안의
두 사람도 거꾸로 서 있어야만 했던 것이다. 존은 토버트에게 싱긋
웃어 보이면서 말했다.

"이봐, 네가 걱정됐어."

케네디 집안의 아이들은 모두 경쟁심이 강했으며 이긴다는 것에
무척이나 집착하고 있었기 때문에 유니스가 회상하고 있듯이 "아버
지는 언제나 보통의 수영경기에서는 우리를 각각 다른 연령 그룹에
출전시켰습니다. 그렇게 하지 않으면 우리가 서로 경영(競泳)하는 결
과가 되기 때문이죠."라는 것이었다. 존과 조셉 주니어는 요트 레이스로
승부를 겨루었으나(존은 어느 해에 스타급의 요트인 플래시 2호로 난타켓
만 선수권을 획득했었다.) 보통 때는 캡틴과 크루가 되어 출장하는 수가
많았다. 두 사람 모두 1938년의 인터 칼리지에서 우승했던 하버드 대학
크루의 멤버였다. 항상 승리할 것을 요구하는 아버지의 영향을 받아,
케네디 집안의 아이들은 말을 잘 듣지 않는 다른 크루를 요트에서 물
속으로 던져버리는 버릇이 있었던 모양이다. 조셉 주니어는 에드워드를
물 속에 던져버렸다. 존 역시 유니스를 물 속으로 빠뜨렸다. 유니스에
의하면 오빠 존은 "어느 선장이나 그러하듯이 언제나 큰소리로 고함
치며 곧 화를 냈다." 또한 레모인 빌링스의 말로는, 언제가 요트
레이스에서 조셉 주니어가 존의 크루를 맡았는데, 조셉이 물에 떨어
졌는데도 불구하고 존은 배를 세우려고도 하지 않았다는 것이다.

케네디 집안의 아이들에게 있어서 스포츠란 단순한 어린 시절의
즐거운 놀이가 아니라 반드시 승패가 수반되는 중요한 하나의 사업
이었다. 아이들이 터치 풋볼을 한 뒤 저녁 식사를 하러 돌아오면 아
버지는 언제나 누가 이겼는가를 물었다. 존은 대학 예비학교에서 조
악한 글씨로 편지를 써서 보냈다. '오늘 처음으로 바가몬(^{배그거몬-서}_{양의 주사위})
게임을 배웠습니다. 그러나 처음 하는 일이라서 두 번 모두 지고 말
았습니다.'

조셉 케네디 자신은 요트에 대해서는 거의 알지 못했으나 아들들이 마음껏 할 수 있도록 면밀히 배려하고 있었다. 로즈 부인이 회상하듯이 아들들이 돌아오면 아버지는 곧잘 이렇게 물었다.

"너희들의 돛이 다른 요트처럼 크지 않은 것은 어째서인가? 다른 것은 팽팽한데 너희들 요트의 돛은 어째서 펄럭거리느냐? 또 너희들이 요트 레이스에서 승리하지 못하는 까닭은 뭐냐?"

그녀에 의하면 이 말에 대해 아들들은 언제나 이처럼 대답했었다.

"왜냐하면 3년 전에 산 돛이니까요."

그러면 아버지가 말했다.

"그렇다면 어째서 평소에 그런 경우에 대비하여 배의 상태를 살펴두지 못했느냐. 레이스를 하려면 준비를 빈틈없이 해두었어야 하지 않겠느냐?"

아이들의 경쟁심은 치열했으며 해낸 일에 대한 긍지는 강렬하고 가족적 연대감은 본능적이었다. 언젠가 대학 친구가 조부인 하니 피츠에 대해 농담 섞인 흉을 보자 조셉 케네디 주니어는 주먹을 휘두르며 상대방을 자기 방에서 쫓아냈다.

조셉 케네디는 케네디 가 전체를 위해 세운 목표에 따라서 하나하나 아이들을 교육시키고 앞서 말한 그와 같은 성격을 주입시켰다. 그리고 이러한 일 외에도 가르친 것이 있었다. 이를테면 아이들에게 미국의 시민일 수 있다는 것이 얼마나 행복한가를 가르쳤다. 로버트의 회상에 의하면, "아버지는 언제나, 만약 다른 나라에 있었더라면 그가 성취한 사업은 아무것도 없었을 것이며, 우리도 이처럼 풍요한 생활을 누리지 못했을 것이라고 말했다. 또한 우리는 정부에 대해 빚이 있으며, 그렇기 때문에 정부를 위해 일을 해야 된다고 말했다. 그는 또한 우리에게, 부자는 가난한 사람에게 베풀 의무가 있다고 가르쳤다. 그는 누군가가 다른 의견을 갖고 있다 해서 그 사람이 잘못돼 있음을 뜻하는 것은 아니라고 가르치기도 했다."

이 집안에 있었던 적이 있는 가정교사 엘리자베스 댄 앤더슨 부인은 후에 이렇게 말했다.

"케네디 집안의 아이는 한 명도 오만스럽거나 으스대는 태도를 보인 적이 없었다."

영향을 준 어머니의 힘

아이들의 성격 형성에 영향을 미친 것은 조셉 케네디뿐만 아니라 로즈의 영향도 컸다. 그녀의 어머니로서의 영향은 막대했다. 실제로 조셉이 야심찬 사업을 하느라 늘 집을 비우곤 했기 때문에 그녀의 영향력은 훨씬 더 철저하게 곳곳에 뻗쳐 있었다.

조셉은 로즈에게 헌신적이며 그녀를 깊이 찬미하고 있었다. 그는 결혼하여 46년이 지났을 때,

"결혼하고부터 지금까지 나는 아내가 불평하는 것을 한 번도 들은 적이 없다. 철없는 아이의 눈으로도 곧 알 수 있는 훌륭한 성격이다." 하고 말하곤 했다.

로즈는 그 밖에도 많은 아름다운 성격을 갖추고 있었다. 로즈 케네디와 친한 한 친구는,

"로즈가 얼마나 친절하고 다정한가를 내가 얘기해도 아마 당신은 믿지 않을 것입니다. 로즈를 안 지 퍽 오래되었습니다만 그분이 어떤 사람에 대해서건 불친절하게 말을 한 것을 나는 단 한 번도 들은 적이 없습니다."라고 말했다.

로즈 케네디가 하루는 상류 부인들과 브릿지 테이블에 앉아 있었는데 이야기가 이혼한 심프슨 부인과 영국의 국왕 에드워드 8세의 로맨스에 미칠 기미가 보였다. 로즈는 이야기를 못하게 말리며, 자기 집에서는 그런 중상적인 이야기가 나오지 않도록 해달라고 말했다.

로즈는 신앙심이 돈독했고 매일 미사를 빠뜨리지 않았으며 성제일 (聖祭日) 행사를 지켜 경건한 신앙심을 자녀들에게도 심어 주었다. 그녀를 따라 아이들은 사순절이 되면 중요한 일도 마다하고 매일 기도를 하고, 일요일에는 미사를 보러갔으며 공교 요항(公敎要項)을 배

윘다. 로즈 케네디에게 있어서 카톨릭 신앙은 단순한 종교적 형식을 훨씬 초월하는 것이었다. 그것은 그녀가 괴로운 입장에 놓였을 때에 우러러보며 도움을 청할 수 있는 그 무엇인가이며 슬플 때에 위로를 얻을 수 있는, 신뢰할 수 있는 상주(常住)의 안식처이기도 했다.

로즈는 케네디 집안 같은 풍요로운 가정에서는 자칫하면 그대로 보아 넘기기 쉬운 사물을 올바르게 보는 방식을 아이들에게 가르쳤다. 그녀는 말한다.

"우리는 어떠한 일이라도 결코 낭비하지 말라고 아이들에게 타일러 왔습니다. 용돈도 이웃집 아이들 이상으로 주지 않았습니다. 또한 우리는 무슨 일에서나 값이 비싸다 해서 값어치가 있다는 생각은 결코 하지 않았습니다."

아들인 존이 레모인 빌링스와 함께 즐긴 휴가중의 유럽 여행은 그러한 어머니의 사고방식을 반영하고 있다. 빌링스는 다음과 같이 회상한다.

"나는 아버지를 일찍 여의었기 때문에 돈은 조금밖에 갖지 못했었다. 그(존)는 하룻밤 40센트를 내는 곳에서도 기꺼이 묵었으며, 그런 곳의 음식은 지독히 볼품없는 것이었다."

로즈의 아이를 가르치는 방법이란 이러한 것이다.

"큰 사내애들에게는 언제나 다른 아이들보다 엄격하게 해요. 아이들 전부에게 시켜야 할 가정교육을 우선 위쪽 사내아이들에게 적용시키는 것입니다. 저녁에 큰애들이 양친에게 와서 취침 인사를 하고 아침에 기도를 한다면, 밑의 애들도 이것은 틀림없이 아름다운 것이라고 생각하여 그 흉내를 내게 마련입니다."

큰애들이란 주니어와 존이었다. 그러나 두 아이는 달랐다. 그들의 아버지가 만년에 회상한 바에 의하면, "조셉은 존과 전혀 달랐다. 존보다 다이내믹하고 사교적이며 낙관적인 데가 있었다. 대학을 졸업하던 당시의 존은 오히려 내성적이며 자기 자신의 내부를 성찰하고 조용한 성격이었다. 아내와 나는 정치가로서의 그를 생각해볼 수도 없었다."

(그러나 어머니인 로즈 부인은 "내 아들은 어렸을 때부터 정치 얘기를 자장가처럼 들으면서 자랐습니다."라고 말하고 있다.)

로즈는 위쪽 두 아이의 어릴 때의 모습을 회상하며 이렇게 말하고 있다.

"조셉은 존보다 훨씬 강했습니다. 만약 완력으로 다툰다면 조셉은 틀림없이 존을 때려눕혔을 것입니다. 그렇기 때문에 두 아이가 젊었을 때는 누구나가 존을 감싸려고 했어요. 물론 그 밖의 일에서는 두 아이는 사이가 좋았으며, 서로가 상대방에게 흥미를 가졌고, 스포츠도 역시 말할 나위도 없었습니다. 수영 경기나 요트 레이스나 어떤 스포츠 게임이 있으면 두 아이는 언제나 함께 나갔습니다. 존은 늘 친구와 함께 있었다는 점이 조셉과 좀 다른 점이라 하겠습니다. 조셉은 아마 나를 닮은 모양입니다——그 아이는 오히려 혼자서 여행하는 것을 즐겼습니다."

조셉과 존

조셉과 존에 관한 여러 가지 이야기가 전해지듯이 둘은 싸움을 자주 했으며 언제나 두 살 아래인 존이 당하는 편이었다. 때문에 형제가 감사제로 대학 예비학교에서 집으로 돌아올 때면, 시내에서 떨어져 있던 아버지 앞으로 존이 쓴 편지에 나타난, 그의 말할 수 없는 즐거움을 짐작하고도 남음이 있었다.

'조셉이 집에 돌아와 자기가 얼마나 강하며 특히 터프한가를 나에게 자랑했습니다. 처음에 그가 자신이 얼마나 억센가를 보이기 위해 한 것은, 감사제의 진수성찬을 전혀 먹지 못할 정도의 병에 걸렸다는 것이었습니다. 사나이다운 청년이죠. 다음으로는 인디언 레슬링을 가르쳐주겠다는 것이었습니다. 나는 형의 턱에 손을 걸어 내던져졌습니다. 그런데 형은 6학년생들에게 철저하게 당하여 실컷 얻어맞았습니다. 형이 홀에서 소란을 피우고 있을 때 6학년생 중 하나에게 잡혀 안으로 끌려들어가 여러 사람에게 한두 대씩 얻어맞았습니다. 목숨까지

위태로울 정도였습니다. 나는 6학년생이 될 수 있는 것이라면 무슨 짓이건 하겠습니다.'

어렸을 적의 형제 싸움만을 제외한다면 존은 큰형에 대해 매우 강한 존경심을 갖고 있었다. 존은 조셉이 로버트를 상대로 몇 시간이고 풋볼을 하고, 에드워드와 수영을 하며, 누이동생들에게 요트를 가르쳐주는 것을 존경의 눈으로 바라보곤 했다. 조셉의 품위없는 말투에 대한 경멸, 유머 감각, 어머니로부터 이어받은 동생들에 대한 애정, 아버지로부터 계승한 사업에의 에네르기와 능력——존은 형의 그러한 자질을 진정으로 존경하고 있었다. 1945년에 존은 이렇게 적고 있다.

'나는 지금까지 만난 모든 사람 가운데 형 조셉이야말로 진실로 위대함의 표정을 몸에 익힌 사람이라고 생각한다. 만약 케네디 집안의 아이들로서 어엿한 인물이 된 자가 있다면, 혹은 앞으로 훌륭한 인물이 될 자가 있다면 그것은 무엇보다 우선 형 조셉이 모든 기거동작에서 꾸준히 모범을 보여준 덕택이다. 그는 대가족을 키우는 양친의 노고를 이루 헤아릴 수 없을 만큼 크게 경감시켜주었던 것이다. 왜냐하면 그는 양친에게서 배운 것을 우리 남매들에게 전했으며, 더구나 그 가르침은 그를 거쳐서 오는 동안에 희박해지기는커녕 오히려 더욱 밀도있는 가르침이 되었던 것이다.'

조셉과 존은 같은 교육을 받았다. 두 사람이 모두 코네티컷 주 윌링포드의 초트 학교를 졸업(조셉은 1933년, 존은 1935년)하고 함께 하버드 대학에 진학했다. 두 사람은 모두 런던 경제전문학교에서 사회주의자인 해럴드 러스키 교수의 지도를 받았던 것이다.(형제의 아버지가 설명했듯이 아버지는 아들들이 여러 가지 의견을 수렴해야 한다고 생각했기 때문이었다.)

조셉이나 존은 학교에서 뿐만 아니라 가정의 만찬 기도 때도 자기 나름의 생각을 갖는다는 것의 중요함을 배우고 엄격한 훈련을 거듭해왔으나, 1930년대의 특색이었던 학원의 정치적 소요나 반란에는 참여하지 않았다. 다른 학생들이 공장의 파업을 응원하거나 하버드의

사무직원들이 조합을 만드는 데 함께 활동하거나 히틀러의 인형을
불태우거나——혹은 금붕어를 꿀꺽 삼키는 짓을 하고 있을 때, 케네디
형제는 독서에만 골몰하고 있었다. 두 사람 중에서 특히 조셉 쪽이
진지하게 공부를 했으며, 이것은 케네디 집안의 가치 기준으로 보아
서도 중요한 일이지만 스포츠맨으로서도 더 두드러졌었다. 초트 학교의
풋볼 코치가 형제를 평하여, "이를테면 조셉은 진짜 운동선수였어.
그러나 존은 스포츠의 재능에서 자기에게 결여된 것을 투지로 보충
했었지."하고 말했다. 훗날 로버트가 학교 스포츠에 열중했었는데,
그도 역시 형 존과 같은 타입의 선수였다. 조셉은 무패를 자랑하는
초트 학교 팀의 전위를 맡는 선수였으며 하버드에서는 3년간 선수로
활동했다. 그러나 최상급생이 된 뒤로는 예일 학교와의 게임에 참가
하지 않았으며, 따라서 선수도 아니었다. 이 일이 있은 뒤, 아버지
조셉은 하버드에 대해 나쁜 감정을 갖게 되었다고 말하는 자도 있다.
그 시합이 끝나자 아버지 조셉은 그라운드로 뛰쳐나가 코치를 잡고
자기 아들을 어째서 하다못해 후보로도 시합에 내보내지 않았느냐고
호통을 쳤다.

조셉이나 존은 가늘고 여윈 얼굴로 해서 초트 학교에서는 '쥐새끼
얼굴'이라는 별명을 가졌었다. 교장의 말로는 모든 남학생에게는 저
마다 별명이 있으며 적어도 인기있는 학생 같으면 모두 별명이 있다고
했다. 더구나 인기가 높으면 높을수록 별명도 지독해지게 마련이라고
했다. 이 아첨 같은 교장의 설명에도 불구하고 형제는 이 별명을 몹시
싫어했다.

존은 실제로 인기가 대단히 높았다. 학교에 가기 전부터 벌써 남의
호감을 사는 손을 자기 집 요리에 사용했으며, 다른 아이에 대해서라면
어머니가 결코 용서하지 않을 것으로 생각되는 규율 위반을 범해도
용케 벌을 모면했다. 그녀는 하이아니스포트 부근의 비치 클럽에 나
갔을 때를 회상하며 다음과 같이 말하고 있다.

"아이들에게 오후 한 시까지 돌아올 준비를 해두도록 일러두었습

니다. 늘 그랬듯이 존이 또 지각을 했죠. 그래서 모두 차에 올라타 그 아이를 두고 출발하기로 했습니다. 점심 식사를 들게 되었는데 늦게 온 사람은 나와 있는 요리가 아니면 두번째의 야채요리에서부터 식사를 한다, 다시 말해서 처음부터 요리를 받아내어 먹을 수 없다는 것이 우리 집의 규칙이었습니다. 존은 누군가 다른 사람의 차를 얻어타고 와서는 무척 기분이 좋아보였습니다. 점심 식사가 끝나자 존은 부엌 으로 갔는데, 요리사가 존에게 먹고 싶은 것을 무엇이든지 줘버리는 것이었습니다. 나도 그것을 알고 있었습니다. 규율이 엄하지 않다고 생각하겠죠. 그러나 그 아이는 잘 야위는 체질이며, 더구나 대단한 악습은 아니라고 생각했기 때문에 방치하게 되었던 것입니다."

초트 학교에서의 존은 교사들의 골칫거리였다. 그는 같은 방의 레 모인 빌링스와 함께 '매커스 클럽'이라는 그룹을 만들어 자기들의 방을 회합 장소로 이용했다. 이 학교 교장의 회상에 의하면, '매커'라는 것은 전통이나 기성세대에 반대하는 자를 뜻하는 당시의 유행어였다고 한다. 그런데 학교 당국에서는 오히려 이 클럽에 관심을 가졌다는 것이다. 그 밖에도 권위에 대해 반기를 든 단체는 있었으나, 이 '매커스 클럽' 에는 다른 클럽에서는 결코 볼 수 없을 정도의 높은 꿈과 대담한 데가 있었다고 한다.

상상력이 풍부한 존 케네디와 그의 친구들은 나쁜 학생은 아니었으나 '성가신 녀석들'이었다고 어떤 교사는 다음과 같이 말하고 있다.

"나중에는 학교 일과 존과 그 친구들을 감독해야 할 두 가지 일에 시간을 절반씩 투자해야만 했다. 마침내 나는 존의 아버지를 불러들 여서 존과 함께 셋이 상의했다. 그 결과, 우리는 존의 만심(慢心)—— 만약 그것이 만심이었다고 한다면——과 유치함을 지적했고, 그도 깊이 뉘우치는 뜻을 표했다. 우리는 생각하고 있는 바를 숨김없이 솔직히 털어놓았다. 케네디 씨는 학교 측의 결정에 전적으로 동의했으며, 나는 그 점에 대해 지금도 감사하고 있다. 케네디 씨도 솔직하게 이야기했다. 사실, 그는 매우 엄한 투로 더구나 때때로 아일랜드 인다운 기지를

발휘하여 이야기했다. 아시다시피 존과 이야기할 때면 약간의 진지함과
함께 약간의 기지도 필요하다. 존은 근엄함을 싫어했다. 그는 언제나
유머 감각을 지니고 있었다."

유머 감각과 장난스러움은 젊은 날의 존 F. 케네디를 선명하게 드
러내는 두 가지 특징이다. 어느 해의 크리스마스 때 누이동생인 진이
아버지에게 편지를 썼다.

'존 오빠는 집에 돌아오면 몹시 장난을 친답니다. 오빠는 앞 홀의
기생목 밑에서 베티 영에게 키스를 했답니다.(크리스마스의 기생목 나무장식 밑에서 소
녀에게 키스를 해도 된다는 습관이 있다.)
또한 어느 날 밤에는 열이 102도(섭씨의
약 39도)나 되는데도 미스 카힐(가정
교사)이
시키는 말을 조금도 듣지 않는답니다.'

존은 초트 학교에서 여러 가지 운동을 했을 뿐만 아니라 두세 가지
과외활동(이를테면 연극 클럽, 연극을 좋아했던 것은 아니다. 존은 남 앞에서
말하는 것을 무엇보다 싫어했는데 연극 클럽의 멤버는 많은 사람 앞에서 말하지
않아도 되었기 때문이다.)을 했다. 그러나 무엇을 해도 형 조셉을 따라
가려면 어림도 없었다. 조셉은 운동부의 스타 플레이어였으며 학교
연감 편집인인데다 우수한 특대생이기도 했다. 이에 반해서 존의 졸업
성적은 112명 가운데 64번째였다. 형 조셉의 그림자에서 빠져나오기
위해 존은 하버드 대학 대신 프린스턴 대학으로 진학했는데, 런던
경제전문학교 시절에 걸렸던 황달이 재발하여 학기도 마치지 못한 채
프린스턴에서 자퇴해야 했다. 2학년은 내내 쉬고 친구인 레모인 빌
링스와 유럽을 여행하여, 베스비아 산을 오르고 교황을 알현하였으며
몬테카를로에서는 1달러 20센트나 벌었다. 귀국 후 존은 결국 하버드
대학에 들어가기로 결정했다.

형 조셉도 대학 시절에 외국을 여행했다. 뮌헨 협정이 맺어진 시기에
소련이나 체코슬로바키아를 방문하고, 내란중인 스페인으로 외교 문
서를 갖고 간 적도 있었다. 그래서 하버드에 함께 재학하고 있을 무
렵에는, 형제들은 토론거리가 부족한 적이 없었다. 형제는 언제나 가
능하면 매일 함께 점심 식사를 들었고 더욱더 친밀해졌다. 둘은 모두

학교 생활의 단조로움을 피하기 위해 친구의 가정을 방문하는 것을 좋아했다.

"조셉이 말하는 멋진 하룻밤이란." 하며 같은 방을 썼던 테드 레어든은 이렇게 회상하고 있다. "소머빌에 있는 우리 집——자랑할 만한 집은 아닙니다만——에 가자고 나를 졸라댔기 때문에 하는 수없이 갔더니, 단정하게 앉아 나의 아버지가 만들어준 베이컨 에그와 프라이드 포테토를 허기진 사람처럼 먹지 뭡니까."

한편 존은 학원의 명물 사나이이며 하버드 광장에서 골드 코스트 발레테리아라는 양복점을 경영하고 있던 베니 제이콥슨의 집에 가서 휴식을 취하기도 했다. 베니는 해마다 하버드의 학생이 캠브리지를 지나가는 모습을 지켜보며 지내 왔었다. 존은 그를 친구로서뿐만 아니라 소박한 철학자로서 보아왔었다. 그는 곧잘 베니의 가게에 들러 인생이며 정치며 여러 가지 문제에 관해 담소하기를 즐겼다.

"베니, 조셉은 여자 아이들한테 인기가 있나요?" 하고 존이 묻는다. 베니는 망설인다. 존이 다그쳐 묻는다.

"빨리 대답해봐요, 베니. 당신은 알고 있잖아요."

혹은 또 형에 대한 자기의 존경을 확인하기 위해서인 것처럼 이렇게 물었다.

"당신도 조셉을 훌륭한 풋볼 선수라고 생각해요?"

언젠가 존이 또 이런 질문을 했을 때 베니는 이렇게 대답했다.

"나는 고교 시절에 중거리를 달려보았는데 곧 숨이 차더군. 심장이 회복되면서 숨을 다시 쉬게는 되었지만, 곧 막혀버리는 거야. 케네디 집안의 아이는 세 번이나 계속 숨이 막혔다가도 또 쉴 수 있는 모양이군."

베니는 아무렇게나 입고 다니는 존의 옷차림에 흥미를 느꼈다. 하루는 존이 베니의 집으로 저녁 식사를 하러 갔을 때, 백만장자의 아들인 그의 외투 뒷자락이 떨어져 너풀거리고, 소매가 닳아빠진 것을 보고 베니는 매우 놀랐다. 그는 또한 존이 언제나 돈을 갖고 다니지 않는

데에 질려버렸다. 하루는 존이 베니의 양복점에 오더니 함께 주스를 마시러 가자고 했다. 둘이서 소다 파운틴을 나올 때, 베니는 만약 존이 팁을 지불해 준다면 셈은 자기가 하겠다고 말했다.

그런데 존이 더듬거리며 하는 말이 "베니, 돈을 가져오지 못했어. ······응, 이거 봐, 다른 바지를 입고 왔어." 하는 것이 아닌가.

"존."

베니가 준엄하게 말했다.

"알겠나, 존. 기숙사에서 나올 때는 적어도 35센트는 갖고 나와야 하는 거야. 그 정도는 꼭 필요할 때가 있는 법이니까."

베니는 때때로 하버드 광장의 슈라프트 레스토랑에서 조셉, 존 형제와 함께 점심을 들었다. 자기 집에 있을 때와 마찬가지로 식사 중의 대화는 결코 경박한 것이 아니며, 또한 처음부터 끝까지 활기에 찬 것이었다. 언젠가, 세계 정세에 관한 토론이 유별나게 활발했던 점심 식사 뒤에 형 조셉은 베니에게 눈짓을 보내며 이렇게 말했다.

"베니, 존은 성큼성큼 나를 뒤따라오는군요."

다정한 성격의 로버트

조셉과 존의 동생이며 존보다 여덟 살 아래인 로버트 역시 존 못지않게 훌륭하게 성장하고 있었다. 로버트가 하버드에 들어왔을 때의 일을, 풋볼 팀의 캡틴인 케니 오도넬——완강한 아일랜드계의 학생으로 로버트와는 평생의 친구가 된——은 이렇게 술회하고 있다.

"그가 처음으로 연습에 나온 것을 보았을 때, 이녀석만큼 대학 팀에 들어갈 자격이 없는 녀석은 처음 봤다는 생각까지 들었다. 대전(大戰) 은 끝냈으며 사람도 너무나 많았고 그 누구를 보아도 그보다는 빠르고 기술도 위였다. 그러나 그는 매일 오후가 되면 남보다 한 시간 빨리 운동장에 나타났고 남보다 한 시간 늦게까지 연습을 했다."

이렇게 해서 그의 풋볼 실력은 점점 향상되었다. 훗날 이 한 배에서 태어난 강아지 가운데 가장 꼬마가 케네디 집안에서 하버드 팀의 유니폼을 입는 최초의 아이가 되었던 것이다. 어느 동급생의 말에 의하면, 로버트는 "학교에 다닌 것이 아니라 어택을 했다."라고 말하고 있다. 하기야 그의 성적은 언제나 신통치 못했어도 그는 굉장한 노력파였다. 그것은 의심할 여지도 없었다. 조셉 케네디는 어느 아들에게나 여름 방학 중의 두 주간을 경험을 위해 P. J. 케네디의 은행에서 일을 하도록 시켰는데, 로버트는 4주간이나 일했다.

로버트에게는 또 하나의 면이 있었다. 그의 아버지 조셉 케네디는 언젠가 이렇게 말했다.

"로버트는 다정한 성격을 지녔다. 존에 비하면, 특히 로버트에게는 감동하고 사물을 깊이 감득하는 능력이 있었다."

이런 성향은 어렸을 때부터 있었던 모양이다. 언젠가 로버트가 가정교사인 엘리자베스 댄에게 용돈을 미리 줄 수 없겠느냐고 말했었다. 그 까닭은 말하지 않았다. 실은 그녀에게 생일 선물을 사주려고 생각했던 것이다. 댄은 안 된다고 말했다. 그래서 로버트는 선물 대신에 직접 그린 카드를 선물했으며, 잉크의 얼룩이 진 어린아이다운 필적으로 '훌륭한 것이 못 되어 미안합니다.'라고 썼다. 로버트는 그날 밤의 일기에 '그녀가 알게 될 때까지 아무 말도 하지 말 것'이라고 적었다. 어째서 선물을 주지 않았느냐 하는 이유를 말하지 않겠다는 속다짐인 것이다.

어머니 로즈의 회상에 의하면 그는 다른 아이들과 달라서 책은 별로 읽지 않았다. 그는 우표를 수집했으며(10세 때, 이 다음에 워싱턴에 오면 화이트하우스에 와서 자기 콜렉션을 보지 않겠느냐는 루즈벨트 대통령의 초대장을 받았었다.) 용돈을 벌기 위해 토끼를 길렀다. 그는 잡지 판매도 했으며 배달할 때는 자기 집의 운전수까지 달린 롤스로이스를 타고 다녔다.

조셉 케네디는 언제나 아이들 가운데에서 로버트가 가장 많이 자기를 닮았다고 말했다. 그는 어떤 신문기자에게 이렇게 말한 적이 있다.

"로버트는 대단한 배포를 갖고 있다. 존은 적을 만드는 행동 따위는

하지 않을지 모르지만, 로버트에게는 적이 생길지도 모른다. 그 녀석은
억세다. 존이 로버트처럼 용감하지 못하다는 의미가 아니라, 로버트
쪽이 존보다 적과 자기 편에 대한 감정이 강렬한 것이다. 이 점은 나를
꼭 닮았다.”

케네디 집안의 아이들 가운데에서, 어머니 로즈의 카톨릭교에 대한
깊은 신앙을 가장 많이 흡수한 사람이 이 로버트와 그리고 유니스일
것이다. 그의 옛친구인 데이비드 파워즈는,

“그와 단둘이 얘기하노라면 때때론 성직자와 얘기하는 듯한 느낌이
들었다.”고 말하고 있다.

실제로 로버트는 성직자가 되려고 생각한 적이 한 번 있었다. 그는
10대 초반에 로드아일랜드 주의 포츠머스 수도원 부속학교에 들어가
베네딕트 파 수도사 밑에서 학문과 종교를 배우는 엄격한 생활을 보
냈었다. 로버트의 신앙에 대한 헌신은 평생을 통해 어머니 로즈의
신앙적인 생활을 반영하고 있었다.

로즈 케네디는 딸들을 카톨릭의 학교에 넣었으나, 남편은 자기 자
신이 그러했듯이 아들들을 일반 학교로 진학시키기를 원했다. 그러는
편이 사교의 폭도 넓어지며 종교 교육은 가정과 교회만으로도 충분
하다고 생각했던 것이다. 존은 13세 때 코네티컷 주 밀포드의 캔터베리
학교에 1년간 있었는데, 로버트 외에 케네디 집안의 아들로 카톨릭
학교에 들어간 것은 존뿐이었다.

케네디 집안의 가족들이 한 자리에 모이는 것을 그토록 큰 즐거움
으로 여겼던 이유의 하나는, 어쩌면 언제나 가족 중의 누군가가 학교에
들어가 있거나 외국에 휴가 여행을 나가 집에 없기 때문에 한 집안에
11명의 가족 모두가 모이는 일이란 좀처럼 없었다는 데 있으리라. 가족
전원이 모였을 때는 그 많은 인원도 그렇거니와 그들의 활동이 또한
놀라운 것이었다. 그 가장 좋은 예가 조셉 케네디가 주영 대사를 하고
있을 때였다. 케네디 집안 사람들의 사진이며 일화가 항상 신문에 실려
상쾌한 센세이션을 불러 일으켰던 것이다.

엉뚱한 행동으로 영국인을 압도

케네디 대사는 외교 이외의 일에서 짤막한 좋은 신문기사감이 되었다. 이를테면 그가 영국으로 부임하여 처음으로 친 골프에서 홀인원을 기록하여 소감을 묻자 이런 경구를 말했다.

"아이가 하나밖에 없는 처지에 홀인원을 하기보다는 나처럼 아이가 아홉이나 있으면서 홀인원을 하는 편이 훨씬 기쁘다."

이 재치있는 말은 영국인에게 좋은 호감을 주었다. 조셉은 장난스럽게 영국의 신사복 스타일을 놀렸던 것인데 이것 역시 영국인의 쓴 웃음을 자아냈다. "어떤 사람이 양복점에 갔지." 하고 조셉은 진지한 표정으로 시치미를 떼며 말을 꺼낸다. "그리고 옷의 겨드랑이 밑(미국말로는 이것이 가랑이 밑이 된다.)이 너무 답답하다고 투덜거렸어. '우리의 윗옷은 그렇게 재단한답니다.' 하고 양복점 점원이 말하자, 손님은 '나는 바지에 대해서 말하는 거요.' 하고 말했지."

그러나 조셉이 관례인 실크로 된 반바지를 입지 않고 궁정에 입궐했을 때는 침착한 영국인까지도 놀라지 않을 수 없었다. "케네디 부인의 어린 아들도 아닐 텐데." 하고 아일랜드계 카톨릭 교도로서 사상 처음으로 주영 대사가 된 이 대사는 끙끙거렸다. 긴 바지를 착용한 사람은 그와 네 명의 수행원뿐이었다.

조셉의 비상식적인 엉뚱한 행동——신문기자 회견에서는 테이블에 다리를 올려놓거나 공식 만찬회에 프랑스어가 아닌 영어의 메뉴를 사용하는 등——으로 영국인 사이에 소란을 빚고 있는 동안 그의 아이들은 관광이며 화려한 사교를 즐겼다. 로즈와 두 딸(로즈메리와 캐서린)은 눈부실 정도의 화려한 가운을 걸치고 궁정을 출입하였고, 가족이 모두 함께 리비에라로 여행했으며, 로마에서 거행되는 교황 피오 12세의 대관식에 참석하거나 혹은 아일랜드의 조상의 땅을 찾아가기도 했다. 프린시스 게이트에 있는 웅장하고 오래된 미국 대사관은 항상 화려한 파티를 열었으며, 때문에 그곳에 대기하는 운전사 3명과 23명의 스텝은 페이스를 맞추기에 여간 애를 먹는 것이 아니었다.

"동부 보스턴에서 이곳까지는 무척이나 오랜 도정이었어, 로즈."

내외가 윈저 성의 만찬회에 가기 위해 옷을 갈아입고 있을 때 조셉이 말했다. 정말 그랬다. 조셉 P. 케네디는 이제 대사가 되어 모국에서는 한 번도 경험해보지 못한 대우를 이 영국에서 받고 있는 것이다. 행복한 영국 시대였다.

마지막인 1939년의 여름, 가족들은 대서양 양쪽 끝에 갈라져 있었으나 대사는 가족 전원을 1개월간 프랑스 리비에라의 칸느 근방에 있는 별장 드맹 드 랑갱에 모이게 했다. 리비에라라고 하는 팔레트에는 눈부신 지중해의 블루, 오랜 건물의 파스텔 빛깔 해변에 있는 우뚝 솟은 여러 산의 갈색 등 온갖 빛깔로 가득 찼으며, 별장 주변에는 한여름의 태양 아래 장미꽃이 활짝 피어 있었다. 언제까지나 추억에 남을 나날들이었다. 장미와 태양과 바다, 아버지 조셉과의 골프, 수영, 보트 타기.

그것은 미소가 넘치는 막간이며, 가족의 앨범은 그 분위기를 잘 전하고 있다. 햇볕에 그을은 케네디 집안의 사람들이 싱글벙글 렌즈 앞에서 웃고 있다. 아버지 조셉, 조셉 주니어, 존, 로즈, 어린 에드워드……로즈메리. 그러나 그녀의 미소에는 어두운 그림자가 드리워져 있었다.

로즈메리의 정신 상태가 전혀 차도가 없었던 것이다. 그것을 보고 있는 것은 양친이나 남매들로서는 참으로 가슴 아픈 일이었다. 가족들은 육체적 성장은 해도 지능이 뒤따르지 않는, 이 다정스러운 딸에게 할 수 있는 모든 일을 다해주었다. 그녀는 음악을 좋아했으므로 어머니 로즈는 피아노를 치고 노래를 불러주었다――그러나 로즈 케네디는 홀로 있을 때면 로즈메리가 가여워서 눈물을 흘렸다. 로즈메리는 바다를 좋아했으므로, 남매들은 그녀를 요트에 태워 즐겁게 해주기도 했다. 그러나 메리는 철없이 혼자서 요트에 타겠다고 우겨 남매들은 그녀를 말려야 했다. 그녀는 댄스는 익혔으므로 형제들이 함께 추어주었으며 파티에도 데리고 다녔다. 그러나 그녀가 "다른 사내아이들은 어째서 내게 댄스를 신청하지 않죠?"하고 질문해올 때는 오빠들도 가슴이 아플 뿐이었다. 사랑이라든가 가족의 헌신 같은 것으로 로즈메리의 병이 좋아진다면 아무런 문제도 없을 것이다. 잔인하지만 어쩔 수 없는 사실은 그녀의 지능이 낮다는 것이었다. 수십 명의 의사가 진단한 결과, 로즈메리의 상태는 결코 좋아지지 않으며 오히려 더 나빠지기만 한다는 것을 양친도 마침내 시인하지 않을 수 없게 되었다. 가슴 아픈 이 사실은 런던에서 더욱 확실해졌다. 그녀에게서 한시라도 눈을 떼지 않는다는 것은 불가능하며 어머니는 딸이 언제 길을 잃을지, 혹은 사고나 당하지 않을까 하여 늘 걱정이었다. 의사들은 그녀를 복지시설에 넣는 것이 어떻겠느냐고 제의했으나 아버지는 이렇게 말했다.

"가족도 이 이상은 더 잘 해줄 수 없는 터에 그 시설이 딸에게 무엇을 해줄 수 있겠는가?"

그러나 그도 결국은 의사의 말이 옳다는 것을 인정하지 않을 수 없었다. 그와 아내는 친구인 보스턴의 대주교 리처드 커싱(훗날의 추기경)과 상의하여 위스콘신 주의 제퍼슨에 있는 카톨릭교 부속 시설인 성 코레타 학교를 택했다. 그리하여 23세가 된 로즈메리는 이 학교로 옮겨 살게 되었다. 조셉 케네디의 식탁에 빈 자리 하나가 생기게 된 것이다.

전쟁, 운명에의 인질

갑자기 찾아온 전쟁

1939년 여름, 별장인 드맹 드 랑갱에는 강렬한 햇빛이 내리쬐고 있었다. 그러나 이때를 고비로 유럽은 그 뒤 몇 년 동안에 걸쳐 이러한 여름을 맞이할 수 없게 되고 말았다. 그리고 이것은 또한 케네디 집안으로서도 마지막 여름이 된다. 이 집안은 가족이 모두 한 달 동안을 남프랑스에서 보냈다. 그러나 여름은 계절의 하나에 지나지 않으며 꼭 해야 할 일이 있었다. 대사인 케네디는 공포에 떠는 런던으로 가족을 데리고 돌아왔다. 그러나 존은 함께 돌아가지 않았다. 그는 훗날 다시 찾아가게 된 베를린으로 갔다. 그러나 이 여름의 베를린은 선풍을 불러일으키기 직전에 있었다.

1940년 8월 23일, 있을 수 없는 일이 현실로 나타났다. 모스크바에서 소련과 히틀러의 독일은 상호 불가침 조약에 조인했다. 땅에 굶주린 두 거인 사이에는 폴란드가 개재되어 있었다. 영국은 폴란드의 독립을 위해 싸울 것을 공약하고 있었다. 그러나 그 지지는 소극적인 것이었다. 히틀러의 의도는 명확했다. 단치히 항을 손에 넣는 것이었다. 그러나 존 케네디가 이 항구를 방문한 후 아버지에게 보고했듯이 폴란드는 싸우지도 않고 단치히를 넘겨줄 생각은 없었다.

베를린 역시 광기의 도시였다. 두 사람의 친구, 토버트 맥도날드, 바일런 R.(위저) 와이트와 함께 시내를 드라이브하던 존은 '돌격대 같은 녀석들'이라고 서로 지지 않을세라 고함을 쳤다. 나치들은 영국의 번호판이 붙은 자동차에 벽돌을 던졌던 것이다.

베를린 체재중의 마지막날 밤에 존은 미국 대리대사 알렉스 커크로부터 아버지 앞으로 보내는 메시지를 또다시 부탁받았다. 거기에는 1주일 후에 전쟁이 일어난다고 분명히 적혀 있었다. 8월이 끝날 무렵의 일이었다.

9월 1일, 폴란드 상공에 태양이 솟아올랐을 때, 나치 독일의 급강하 폭격기대도 똑같이 모습을 나타냈다. 36시간 이상에 걸쳐 쳄벌린 영국 수상은 피할 수 없는 것에서 피하려고 노력을 계속했다. 그러나 그것은 불가능했다. 한편, 이 사이에 독일의 전격작전은 폴란드를 무찌르고 있었다. 9월 3일 이른 아침, 쳄벌린 수상은 조셉 케네디를 불러, 이날 오전 11시에 행할 선전포고의 연설 문안을 그에게 읽어주었다. 거기에는 이렇게 적혀 있었다.

'내가 공적 생활을 통해 노력하고 희망하고 믿어왔던 모든 것이 하루 아침에 붕괴되고 이토화(泥土化)됐다.'

조셉 케네디 역시 이와 똑같은 말을 하고 싶었을 것이다. 그의 눈에서는 눈물이 흘렀다.

케네디 대사는 곧 워싱턴에 통보함과 동시에, 이 뉴스를 알리기 위해 루즈벨트 대통령에게 전화했다. 워싱턴 시간으로 오전 4시의 일이었다. 그는 흥분된 목소리로 몇 번이고 되풀이했다. "세상의 종말입니다. 모든 것이 이젠 끝장입니다."

이로부터 몇 시간 뒤, 22세의 존 케네디는 나치 독일에 대한 영국 수상의 선전포고를 듣기 위해 의회의 방청석에 서 있었다.

미국 대사이며 쳄벌린의 친구인 조셉 케네디는 갑자기 찾아온 전쟁에 어찌할 바를 몰랐다고는 하나, 9명의 자녀를 가진 아버지, 현실주의자로서의 준비는 되어 있었다. 프랑스에서 돌아온 얼마 후에 그는 가족을 런던에서 가까운 주의 어느 은신처에 소개시켰다. 또한 전쟁이 시작된 뒤로는 대사관 근무를 24시간 체재로 하여 장남인 조셉에게는 영국에 거주하는 미국인 9천 명이 귀국선을 탈 수 있도록 대책을 세우라고 명령했다.

느긋하게 있을 여유는 없었다. 9월 4일 새벽, 아버지인 조셉 자신에게 개전(開戰)한 지 불과 이틀 만에 전쟁의 파도가 덮쳐왔다. 독일 잠수함이 1만3천5백 톤의 영구 정기선 아세니아 호를 격침시켰다. 1천4백 명의 승객 가운데 3백 명이 미국인이었으며, 이 비무장선과 함께 해저에 가라앉은 승객 112명 가운데 12명이 미국인이었다. 독일 측은 곧, 이 것은 반독감정을 선동하기 위한 시도이며 그 책임은 영국에 있다고 주장했다. 조셉은 존을 깨워 글래스고로 급파했다. 아세니아 호의 생존자가 그곳에 수용돼 있었던 것이다. 조셉의 보좌관이며 존과 개인적으로도 친했던 에디 모어가 동행했다. 그들에게 주어진 임무는 사실의 수집과 수용된 미국인의 뒷처리였다.

생존자들의 증언으로 독일 잠수함이 아무런 경고도 없이 습격했음이 곧 확인되었다. 그러나 그들은 대사관에서 파견된 깡마른 모습의 청년(존을 가리킨다.)을 보고, 미국 당국에서 그들의 귀국을 호위해주어야 한다고 성난 목소리로 요구했다. 존은 부친과 연락하여 알아보았으나 피난민을 태운 배에 호위를 보낸다는 것은, 루즈벨트 대통령이 중립주의를 지킨다는 입장에 반대된다는 재정을 내리고 있었다. 그것은 이미 결정되어 있었던 것이다. 분노한 승객들은 정부에는 손이 미치지 못하기 때문에, 가까이에서 정부를 대변하는 하버드 대학의 하급생(이것은 역시 존을 가리킨다.)에게 분노를 폭발시켰다. 조셉은 훗날 이렇게 말했었다. "생존자의 뒷바라지를 하거나 사건의 경과를 그들로부터 듣고 확인하기 위해 나는 그를 글래스고에 파견했던 것인데, 그는 이것을 훌륭하게 처리했다."

이것으로 보아도 알 수 있듯이 케네디 집안에서는 가족 가운데 하나가 협력을 필요로 할 때에는 케네디 대사가 그랬듯이 식구 중의 어느 한 사람에게 의존하였다.

조셉 케네디는, 대사로서의 활약이 막바지에 이르렀음을 깨달았다. 그때까지 그는, 유럽은 거의 어떠한 희생을 치르더라도 평화를 유지해야 한다고 생각했었다. 그러나 유럽은 전쟁을 시작하고 말았다. 그는 유럽에서 전쟁이 일어나도 미국은 그 권외에 머물러 있어야 한다고 믿었었다. 그러나 이쯤 되어서는 조국이 전쟁에 말려드는 것을 막는 것은 불가능하다는 것을 알았다. 또한 그는 자기 아들들이 전쟁이라는 위험한 울타리로부터 보호되기를 원했었다. 그러나 이것도 그렇게 되지 않으리라는 것을 깨달았다. 그러나 그럼에도 불구하고 그는 여전히 같은 말을 되풀이하고 있었다.

"나는 평화주의자다. 나는 평화를 위해 기도하며 희망하며 노력한다."

대사로서의 활동을 제외한다면, 조셉 케네디가 그때까지 해온 것은 모두 독불장군식이었다. 권력을 휘두르는 핸들을 찾아내는 것만이 아니라 그것을 다룰 줄도 아는 운전사로서 감정에 구애받는 일도 없었다. 그러나 이제 겨우 해보고 싶다고 생각했던 대사라는 직책을 얻자, 사회적 지위로는 무겁고 권력은 가볍다는 것을 깨달았다. 그래서 그는 독불장군격인 자세를 버렸다. 이리하여 그는 챔벌린과 친해졌으며, 또한 아스터 가(家)의 영지인 클라이브덴에 모이는 평화주의자 그룹의 견해에도 친숙해졌다. 그는 지(知)와 정(情)을 다하여 패자측(^{평화주의자들을 말한다.}) 편을 들었다. 그리고 그는 그 패자들을 저버리지 못했다.

조셉이 워싱턴에 보낸 전보와 전화 내용에서 보인 그의 태도는, 그에 대한 루즈벨트의 신뢰감을 흔들어놓고 말았다. 미국 안의 정적들은 영국에 속아넘어간 아일랜드계의 무소속 정치가라고 비난하며 그를 따돌리기 시작했다. 그러나 조셉은 일에 대해서 흥미를 잃은 뒤에도 오랫동안 직책에 매달려 있었다. 그는 뒷처리를 하면서도 기적에 줄곧 기대를 걸고 있었던 것이다.

붉은 벽돌의 7층 건물——이것이 미국 대사관이었다——전화 3개와 라디오 2개가 있을 뿐 아무런 장식도 없는 녹색의 방, 방공 준비중인 런던, 저새기구(阻塞氣球), 고사포, 모래 푸대가 멀리 바라보이는 사무용 테이블 뒤의 2개의 창——이러한 것은 일찍이 그에게 있어서는 아름다운 세계였으나 지금은 감옥으로 변하고 있었다.

웨렌 씨의 조셉 케네디전(傳)에 의하면, 전쟁이 시작된 최초의 1

주간에 조셉은 친구에게 다음과 같이 말했다는 것이다.

"외교관으로서의 나의 생애는 일요일 오전 11시로 끝났다. 이제 나는 회사의 한 중견 사원으로서 일을 할 뿐이다. 10년 전의 위치로 되돌아간 셈이다. 위로 올라가지 못하고 아래로 내려가버렸다."

그러나 조셉은 여전히 나름대로 노력을 계속했다. 그는 루즈벨트 대통령에게 전쟁을 중지시킬 중개자로서 행동하도록 제안했었으나, 거부당했다. 그는 영국민을 사로잡고 있는 변모의 파도를 볼 수 없었다. 윈스턴 처칠의 귀에 거슬리는 연설을 참을 수가 없었다. 쳄벌린 내각의 동요를 느낄 수가 없었다. 그는 루즈벨트 대통령에게 자기는 영국이 계속 싸울 수 있을 것으로 확신한다고 써서 보냈다. 그러나 서두는 '유감스럽게도'로 시작하였다. '나는 현재의 경우, 이것이 적어도 플러스가 되리라고는 생각하지 않는다.'

이것이 대사로서의 마지막 1년간을 통한 그의 중심 생각이었다. 루즈벨트 대통령은 이 주장을 방임해두었는데 막지는 않았다. 이례적인 일이지만 루즈벨트 대통령은 조셉을 통해서 새로이 해군 장관에 임명된 윈스턴 처칠과 연락하도록 했다. 이것으로 처칠은, 어떤 의미에서는 루즈벨트를 에워싼 외교 관측통의 하나가 되었는데, 영국의 장래에 관한 처칠의 의견은 조셉의 의견과는 뚜렷이 대립되어 있었다.

영국 항로의 안전을 확보하기 위해 미국 구축함의 제공을 요청한 제창자는 처칠이었다. 조셉에게 설명한 처칠의 논지는 간명하여 반론의 여지가 없었다. 영국이 붕괴하여 그 함대가 독일인의 손에 넘어가면, 나치는 바다를 지배하여 미국 해안선의 앞바다에 떼지어 몰려들 것이라는 것이었다. 조셉은 영국의 요청에 응했다. 그로부터 거의 1년 후, 이 결정이 완전히 성립되었을 때, 조셉은 이를 암묵리에 환영할 태도를 보였다. 그는 화기를 부동산과 교환할 거래로 보는 경향이 있었다. 노후한 구축함 대신 서반구에 있는 영령(英領)의 일부를 미군의 기지로 하여 99년 동안 빌리는 것이기 때문에 무척이나 빈틈없는 솜씨를 발휘한 미국으로서는 유리한 거래라는 것이다. 이 결정은 개전

1주년 기념일에 발표되었는데, 그 의의는 조셉이 생각했던 것보다 훨씬 컸었다. 이것은 진영을 정비한 영국을 고무시키고 미국 내의 고립주의자의 전열에 충격을 주어, 미국으로 하여금 전시하의 영국에 더욱 접근시키는 결과가 되었다.

장기간에 걸친 귀국 체재중, 조셉은 불간섭주의자적인 견해를 피력했으나, 이때문에 런던에 귀임한 이후로는 정면으로 비난을 받아야만 했다. 루즈벨트 대통령과의 관계는 전에 비해 소원해졌다. 그는 사임하려고 했으나 루즈벨트 대통령의 설득으로 계속 그 지위에 머물러 있었다. 일부 사람들의 말에 의하면, 이것은 1940년의 대통령 선거에 조셉을 출마시키지 않기 위해서라는 것이었다. 그가 귀국하고 있는 동안, '케네디를 대통령으로'라는 운동이 매사추세츠 주에서 일어났었는데 유산되고 말았다. 조셉 자신이 이를 말렸기 때문이다. 그는 말했다.

"이 운동을 통해 나타난 커다란 영예에 대해서는 감사하지 않을 수 없으나, 나는 자신이 후보자로서 적합하지 않음을 분명히 말하지 않을 수 없다."

그 뒤, 조셉에게는 곤란한 문제가 일어났다. 대사관의 암호 담당자가 비밀 문서를 자기 집으로 갖고 간 것이 발견되었던 것이다. 이 문서 가운데에는 처칠과 루즈벨트 사이에 오고 간 편지의 일부가 있었으며, 더구나 그 중에는 나치 독일의 손에 넘어간 것도 있었는지 모를 일이었다. 영국의 장래에 관한 조셉의 비관론에 시달린 루즈벨트 대통령은 영국에 대통령 직속의 조사관들을 파견했다. 자신의 존재를 무시당한 조셉은 더욱 더 고독감만 깊어질 수밖에 없었다. 케네디의 사임설은 이 무렵부터 나돌기 시작했다. 조셉은 이렇게 말했다.

"내가 언제 영국을 떠나건, 또는 내 경력이 어떠한 것이건 나는 9명의 아이를 둔 아버지로서 사람들의 기억에 남을 것이라고 여전히 주장하고 싶었다."

조셉의 운명은 내리막길로 치닫고 있었으나 그의 집안만은 달랐다.

로즈는 가족과 함께 미국으로 돌아갔다. 그들은 휴가철이 되자 일정한 데를 돌아다녔다——여름 휴가에는 하이아니스포트, 크리스마스 휴가는 팜비치, 그리고 가정의 본거는 브론크스빌에 있었다. 이 해의 여름에 케네디 집안의 아이들은 요트 클럽에서 12개의 우승컵을 모조리 획득했다. 조셉은 영국을 벗어나 자기 생활의 중심지로 돌아가고 싶어 견딜 수가 없었다. 특히 아들들을 만나고 싶었다.

조셉과 존 두 형제는 같은 입장에서 전쟁이라는 것을 생각했다. 존은 유럽에서의 휴가를 만회하기 위해 하버드에서는 남보다 곱절을 공부했다. 그리고 아버지의 외교상의 전보나 서간을 이용하면서 졸업 논문을 썼다. 그것은 보통 논문보다 두 배나 긴 것으로 〈뮌헨에서의 유화정책, 군축정책에 전환에 뒤진 영국 민주주의의 불가피적인 결과〉란 제목이었다.

존은 썼다.

'유화정책은 히틀러로 하여금 유럽의 대부분을 싸우지 않고서도 병합케 했으나, 이것은 영국이 재군비의 시간을 벌기 위해서는 필요한 일이었다.'

그는 아버지의 친구인 챔벌린을 변호했다. 현실적으로는 영국민이 범한 잘못에 대한 책임이 모두 챔벌린에게 전가되고 있다는 것이었다. 챔벌린은 "설사 원했다고는 해도 싸우지는 못했을 것이다."라고 단언했다.

존은 이 논문을 아버지의 친구이며 〈뉴욕 타임즈〉지의 해설 기사를 쓰고 있던 아서 클로크에게 보였다. 존의 교수들은 이 논문을 한 권의 책으로 출판하기를 권했으며, 클로크는 《어째서 영국은 잠들었느냐》라는 제목으로 하면 어떻겠느냐고 조언했다. 아버지 조셉은 '상류사회의 사람들로부터 호평을 받을 수 있는 책이 앞으로 얼마나 큰 구실을 하는가에 대해 스스로 놀랄 때가 올 것이다.'라고 아들에게 적어보냈다.

《어째서 영국은 잠들었느냐》는 대성공이었다. 형인 조셉은 〈타임〉지의 헨리 R. 루스에게 부탁하여 서문을 얻어냈으며, 엘리자베스 여왕과 윈스턴 처칠에게 증정했다. 이 책은 베스트셀러가 되었으며 북 오브 더 맨스의 추천 도서가 되기도 했다. 발행 부수가 8만이나 되었다. 이 책은 뮌헨의 패퇴가 냉정하게 분석되고 있다는 점이 높이 평가되어 존에게 4만 달러의 인세를 안겨주었다. 그는 이 인세로 자동차를 샀으며, 영국에서의 인세로는 모두 공습으로 파괴된 프리머스 시에 기증했다. 최우수의 점수가 주어진 이 논문으로 존은 우등의 성적으로 졸업할 수가 있었다. 아버지 조셉이 23세의 둘째 아들을 자랑하는 것도 당연한 일이었다.

한편, 형 조셉은 하버드 대학 교학부 대학원의 학생이었다. 그는 학생 평화그룹에서 활약했으며 아버지의 방식에 따라 간섭 반대를 주장하고 있었다. 법학부 대학원을 택한 것은 아버지 조셉의 생각에 따른 것이었다. 그는 정치가로서의 일생을 보내기에 적절한 기초가 이곳에서 주어진다고 믿고 있었다. 1940년, 형 조셉은 민주당 전당대회의 대표로 선출되어 정계에 첫 진출했다. 그는 루즈벨트의 3선에 도전한 짐 파레를 적극적으로 지지했다. 이 해의 7월, 시카고에서 열린 전당대회에서 루즈벨트 파가 정력적으로 활약했기 때문에, 약삭빠른 정치가들은 버스를 놓칠세라 파레에서 루즈벨트로 옮겨갔다. 그러나 조셉은 끝까지 파레를 지지했다. 그래서 대사의 아들인 조셉은 커다란 정치적 압력을 받아야만 했다. 루즈벨트 대통령이 그의 아버지를 위해 얼마나 노력했는가에 대해 잊어서는 안 된다는 말까지 들었다. 또한 직업적인 정계 인물들은 런던에 있는 아버지 조셉을 불러내기까지 하여 아들 조셉의 생각을 바꾸게 하려고 했다. 그러나 아버지 조셉은 이 제의를 단호히 거절했다. "자식에게 무엇을 하라고 명령할 생각은 조금도 없다."는 것이었다. 루즈벨트는 최종적으로 9백표 이상을 얻어 대통령 후보에 지명되었다. 파레는 72표 반을 획득했는데, 이 표 중에는 조셉 주니어의 한 표가 들어 있었다. 이로써 조셉 케네디 대사의 정치적 생명은 끝난 것이나 다름이 없었다. 그는 자기가 런던에서 고립하여 압박을 받고 있다는 것을 절실히 느꼈다. 그는 독일의 포탄에 시달리면서도 꾸준히 일어서는 영국민의 모습에 새삼스레 놀랐다. 그러나 여전히 영국의 존속은 불가능한 것으로 믿고 있었다. 그는 자신의 영국 체류가 이제는 아무런 소용이 없다고 느꼈다. 국무성에 귀국하겠다고 청원했으나 아무런 회답도 없었다. 마침내 그는 허락이 있건 없건 귀국하겠다고 국무성에 통고했으며 다음과 같이 덧붙여 적어보냈다.

'진쟁에 관한 사건을 정리하여 각서를 기초했다. 선거 전에 미국으로 돌아갈 수 없다면 이것을 신문에 발표할 생각이다.'

선거전이 중립 문제를 중심으로 전개되고 있는 시기에 즈음해서 너무나 솔직하게 발언하는 케네디 대사가 무슨 말을 어떻게 꺼낼지 루즈벨트는 종잡을 수가 없었다. 결국 그는 케네디 대사의 귀국을 허락하고 말았다. 루즈벨트는 기자단에게 케네디는 잠시 귀국하는 것뿐이라고 언명했으나, 대부분의 기자는 아주 돌아온 것이라는 정보를 나름대로 입수해놓고 있었다.

귀국은 리스본과 버뮤다를 경유하는 항공편이었으며 약 5일이 걸렸다. 도중에 공항에 잠시 기항할 적마다 케네디 대사는 루즈벨트 대통령으로부터 화이트하우스에서 만나기까지는 기자단에 대해 아무런 성명도 발표해서는 안 된다는 전언이 와있음을 확인해야만 했다.

루즈벨트 대통령의 측근인 제임스 F. 번즈 상원의원이 조셉 케네디를 맞기 위해 공항에서 대기하고 있었다. 그리고 도착하는 대로 곧 루즈벨트 대통령을 지지한다는 라디오 방송을 해달라고 부탁했으나, 케네디는 이 제의를 거절했다. 번즈는 자신의 저서 《무엇이든 운명이다》에 케네디와 루즈벨트가 만났을 때의 광경을 썼는데, 그것에 의하면 루즈벨트 대통령은 그날 밤에 열린 만찬회에서, 케네디 대사가 쓰디쓴 표정을 지으며 국무성이 자기를 경시했다는 것, 자기의 견해와 존재가 얼마나 무시되었는가를 호소하는 말을 인내심있게 경청했다는 것이다. 케네디의 이야기가 끝나자 루즈벨트는 케네디의 말이 지당하다고 하면서, 선거 후 국무성을 대청소하겠노라고 약속했다. 이 말에는 케네디도 놀라지 않을 수 없었다. 그러자 루즈벨트는 재빨리 좀

수그러진 케네디 대사에게 또다시 부탁했다. 자기가 재선되어야 한다고 라디오에 방송해달라는 것이었다. 이번에는 케네디도 동의했다. 동의의 말이 그의 입에서 나오기가 무섭게 루즈벨트의 측근은 전화를 걸어 방송시간을 결정했다. 루즈벨트는 다시금 케네디를 사로잡고 만 것이다.

케네디의 루즈벨트 지지 방송은 매우 효과적이었다. 그는 다음과 같이 연설했다. 루즈벨트는 미국을 전쟁의 권외에 둘 것이다. 시국은 너무나도 중대하여 경험이 없고 숙련되지 못한 새 대통령의 등장이 허용되어서는 안 된다. 달리는 도중에는 말을 바꿔타는 법이 아니라면서 그는 이렇게 덧붙였다.

"아내와 나는 아홉 명의 자녀를 인질로서 운명에 맡겼다. 우리들의 아이들, 여러분의 아이들은 온 세계에서 무엇보다도 소중하다. 아이들과 그 아이들에게서 태어난 아이들이 물려받을 미국이야말로 우리 모두에게 있어서 중대한 관심사인 것이다."

운명에 맡긴 아홉 명의 인질……평화에 건 조셉 케네디의 목표가 여기에 있었다. 먼 훗날의 일인데, 조셉이 기사로 쓰지 않는다는 전제 아래 가진 기자회견에서 그는 이렇게 말했었다.

"나는 비관론자라는 말을 듣는데 기분이 좋을 까닭이 어디 있겠는가. 민주주의는 이제 끝장이다."

이 회견은 루즈벨트가 대통령 선거전에서 웬델 윌키에게 이기고, 조셉이 주영대사에서 물러난 뒤에 있었는데, 또다시 조셉에 대한 비판이 거세게 일어났다.

조셉 케네디는 전쟁을 직접 목격했다. 그는 런던에서 2백44회의 공습을 겪었다. 그러나 방공호에 들어간 것은 두 번뿐이었다. 그는 조국, 그리고 자기의 아이들이 전쟁권 밖에 머물러 있기를 원했다. 그러나 운명은 그것을 용납하지 않았다. 운명은 인질을 찾고 있었던 것이다.

해군에 입대한 조셉과 존

아버지의 생각과 아이들의 생각은 같았다. 아이들도 유럽에 대한 미국의 간섭에는 반대 입장이었다. 그러나 그들 역시 미국도 전쟁 준비를 해야 한다고 생각했다. 이런 생각을 맡은 조셉이 최초로 행동으로 옮겼다. 그는 하버드 대학 법학부 대학원 2학년으로 성적은 상위권이었으나 학교 생활에서 떠나 1941년 7월 24일——스물여섯 번째의 생일을 불과 몇 주 앞두고 또한 일본의 진주만 기습 4개월 반 전에 미국 해군 예비대에 입대했다.

그는 하이아니스포트를 떠나 초등 훈련을 받기 위해 보스턴 시외의 스콘탐 해군 항공대 기지로 향했다. 그리고 일본이 진주만을 공격할 당시 이곳에 있었다. 4개월 후, 그는 비행사로서 해군 소위로 임명되었다. 그의 아버지는 클래스에서 으뜸인 사관 후보생에게 주어지는 금패인 카틀러 윙스를 자랑스럽게 그에게 주었다. 그는 대서양 함대에 배속되었다.

조셉 케네디가 전쟁에 참여하기로 결단을 내린 것은 항상 결의와 책임 의식이 투철했기 때문이었다. 그는 장남으로서 아버지의 야심과 사상을 물려받아야 하는 무거운 짐을 짊어져야만 했었다. 그는 아버지의 뜻에 따라 교육을 받았다. 그는 언제나 모범이어야만 했다. 경쟁의식이 유난히 강한 이 집안에서도 가장 투철한 경쟁의식을 가져야 했다. 존은 형 조셉의 그림자에 가려진 존재였지만 유리한 면도 있었다. 양친의 배려를 정면으로 받는 데에는 방해가 되었으나, 아버지로서 조셉 케네디가 발산하는 열정, 눈부신 섬광을 정면으로 받지 않아도 되었기 때문이다.

1940년 7월, 하버드를 졸업한 존 케네디는 신중하게 자기의 진로를 모색하는 중이었다. 그는 형과 같은 길을 답습해도 좋았으나 그 그림자에 가려지는 것만은 피해야 한다는 심정에서 예일 대학 법학부 대학원에 입학할 것을 생각하고 있었다. 그러나 여름철이 끝나면서부터 그의 이런 생각은 수그러지기 시작했다. 그는 스탠퍼드 대학 상학부

(商學部) 대학원에 입학하여 6개월 후에 퇴교했다. 그리고 몇 달 동안 중남미를 여행한 뒤 봄에 귀국했다. 이때 이미 조셉의 해군 입대가 케네디 집안의 가족회의에서 결정되고 있었다. 존은 육군에 입대하려고 했으나 하버드 대학 축구 경기 때 입은 척추 부상으로 입대를 못하고 할 수 없이 해군에 입대하려고 했으나 역시 거부당하고 말았다. 그는 5개월 동안 부상당한 등을 치료하기 위해 운동에 전념했다. 그 결과 1941년 9월에 겨우 해군의 적성시험에 합격할 수 있었다. 10월에 해군 예비대의 소위가 되었으며 해군성에 배치되었다. 주어진 업무는 매일 해군 참모장에게 제출하는 보고 요지의 작성이었다. 한가로운 시간을 선용하기 위해 그는 해외 정보 활동, 해군 법규 및 관례에 관한 통신강좌를 받았다.

존 케네디는 워싱턴 레드스킨 대 필라델피아 이글의 풋볼 시합을 구경하고 숙사로 돌아오는 도중에 일본이 진주만을 기습했다는 뉴스를 들었다. 그는 해상 근무를 요청했으나 해군 당국에서는 그를 사우스 캐롤라이나 주의 찰스턴에 파견하여 군수공장 방공계획을 맡게 했다. 그것은 보잘것없는 업무로서 그가 원하는 직책이 아니었다. 자기의 희망이 무엇인지를 알면서도 그곳으로 부임할 수 없다는 것은 그로서는 견디기 어려운 일이었다.

노스웨스턴 대학의 장교 훈련 계획에 참가했던 존은 쾌속음을 내면서 질주하는 초계정에 흥미를 느꼈다. 또한 이곳에서 명예 훈장을 받은 존 버클레이를 만날 수 있었는데, 그는 필리핀이 함락되기 직전에 더글러스 맥아더 장군을 안전지대로 보낸 초계정(PT)의 영웅이었다. 이 버클레이와 상급 교관인 존 할레의 추천으로 청년 소위 존 케네디는 나라간세트 만을 마주보는 로드아일랜드 주 메르빌의 수뢰정대(水雷艇隊) 훈련소에서 8주간의 훈련과정을 받기로 되었다.

PT 109의 영웅

일본이 진주만을 공격했을 때, 아버지 조셉 케네디는 팜비치의 집에

있었다. 그는 루즈벨트 대통령에게 전보로 조국을 위해 헌신하고 싶은
의향을 전했으나 회답은 없었다. 그 뒤 몇 달 동안 그는 여러 차례
호소하여 그것이 대통령에게 전달되도록 배려했다. 그 결과 조선소
관계에 근무하라는 명령이 하달되었으며, 그는 기꺼이 이를 받아들
였다. 그러나 근무 내용이 애매하여 무엇을 할 것인지 뚜렷이 정해져
있지 않았다. 조셉은 이 명령의 근거가 너무 빈약하여 자기가 정말
도움이 되는 일은 있을 수 없음을 느꼈다. 관리로서 몇 해 동안 활약하는
동안에 만들었던 정적이 그의 길을 가로막았던 것이다.

미국을 전쟁의 권외에 두기 위해 그토록 치열하게 싸워온 조셉 케
네디에게는 몇 년간에 걸쳐 전쟁에 관여할 기회가 주어지지 않았다.
진주만 공격 전에 입대한 두 아들을 둔 아버지로서 노심초사의 나날을
보내면서 브로드웨이의 쇼를 후원한다든가, 경마장의 이권 일부의 매점
같은 부질없는 도락과 시시한 승리감으로 자신을 만족시켜야만 했다.
조셉 케네디는 제1차 대전 중에 입대하지 않았다 해서 하버드 대학
동급생 가운데 일부의 분노를 샀었는데, 제2차 대전에서도 역시 전
쟁의 권외에 머무는 결과가 되었다.

그러나 존 케네디 소위로서는 물고기가 물을 만난 느낌이었다. 익
숙한 바다 위에서 다시 활약할 수 있게 된 것이다. 그가 익혔던 범주와
수영이 해군 생활에 큰 도움이 되었다. 1942년 10월, 그는 중위로 진
급했다. 11월에 훈련소를 졸업하자 교관으로 머물러 있어 달라는 요
청을 받았다. 그러나 그는 직접 적과 싸우기를 원했다.

청년 장교 존 케네디에게는 과거의 목소리가 지워지지 않고 있었다.
또한 미래가 그림자를 떨구고 있었다. 메르빌의 숙사에 있던 전우는,
일찍이 하버드 대학에서 같은 방에서 기거했으며 1941년 베를린에서
그와 함께 나치 돌격대원으로부터 벽돌로 얻어맞을 뻔했던 토버트
맥도날드였다. 1961년, 그는 매사추세츠 주에서 민주당 하원의원으로
선출된다. 존을 교관으로서 메르빌에 남아 달라고 한 사람은 존 하
레였다. 하레는 후에 소장이 되고, 1961년에는 해사 위원회 위원으로

임명되었다. 전우이던 폴 B. 페이 주니어 소위는 훗날, 그 당시의 일이며 또 그 뒤의 일을 《그의 친구라는 이 즐거움》이란 책에 적고 있다.

'메르빌에 있던 동료 장교들과 함께 케네디는 터치 풋볼 시합을 하거나 하이아니스포트로 여행을 가기도 했다. 페이가 처음으로 존을 본 것은 훈련소에서의 터치 풋볼 시합 때였다. 페이는 이 깡마른 청년이 이곳에 있는 어느 장교의 아들인 줄로만 알았었다. 그런데 시합이 시작된 지 불과 5분도 못 되어 존은 규칙 위반에 항의했다. 페이는 그를 혼내주려고 했다고 한다. 그러나 이튿날이 되자 이 여윈 어린애 같은 사내가 그의 교관이라는 것을 알았다. 언젠가 페이는 연습 항해에 나갈 존의 초계정 101호에 뒤늦게 올라탔다. 항해를 마치고 돌아온 존은 페이 소위를 불러내어 호되게 야단을 쳤을 뿐 아니라 제대시켜 버리겠다고 위협까지 했다. 1961년, 페이는 해군차관이 되었다(¹⁹⁶¹년은 존이 미국 대통령이 된 해. 그렇기때문에 옛날의 우정을 살려 이러한 인사가 있었다는 것이다.).

존의 수뢰정 편대에 마침내 출동 명령이 내렸다. 우선 수뢰정만으로 플로리다 주의 잭슨빌로 남하하여 그곳부터는 수송선으로 파나마에 가서 그 운하지대에 근무한다는 것이었다. 수뢰정 가운데 한 척이 남진중에 좌초했다. 존의 수뢰정이 그 구출에 착수했는데 예인선용의 밧줄이 그의 수뢰정 프로펠러에 걸리고 말았다. 존은 그것을 떼기 위해 얼음처럼 차가운 바닷물로 뛰어들어 자칫하면 동사할 뻔했다. 잭슨빌에 도착했을 때는 고열로 입원했다. 그는 언제나 메인 주의 바닷물이 차갑다고 투덜대던 맥도날드에게 전화로 말했다.

"노스캐롤라이나 주 쪽이 더 차갑다네."

잭슨빌에서 존은 그의 수뢰정이 파나마 운하지대에서 근무하는 것이 연기되었음을 알았다. 그는 아버지에게 전화를 걸었다. 아버지는 아들을 위해 월 가의 옛친구였던 제임스 포레스터 해군장관에게 개인적으로 호소했다. 존은 곧 교체요원으로서 솔로몬 제도로 전속되었다.

1943년 3월 6일, 존 케네디를 태운 프랑스 개조선 도상 보호(^{옛이}름은 조플원수호)는 일몰 시간에 맞춰 출항했다. 행선지는 오스트레일리아 북동

1천 마일 밖에 있는 뉴헤브리디스 제도의 에스피리츠 생트였다. 항해중 거의 호위함은 없었으나 다행히도 요원과 그 밖의 것을 탑재한 수송선은 무사히 항해를 마쳤다.

존은 에스피리츠 생트에서 가다르카날과 츠라기로 향하는 LST(上陸用舟艇) 449로 바꿔탔다. 1943년 4월 7일, 이 배가 가다르카날에 접근했을 때, 일본의 항공대가 진격중이라는 정보가 들어왔다. 이때 존은 선내 하부의 자기 방 침대에 누워 있었다. 진로의 전환으로 몸이 흔들리면서도 적의 공격이 임박했으므로 이를 알지 못한 채 독서에 열중하고 있었다. 구축함 아론 워드와 구잠정 521호가 LST를 엄호하기 위해 급파되었으며, 이 소선대는 에스피리츠 생트를 향해 선수를 돌렸다. 그러나 최초의 경보가 있은 지 약 3시간 뒤인 오후에 일본의 폭격기에게 발견되고 말았다. LST 449호는 전투 요원뿐만 아니라 폭탄을 적재하고 있었다. LST는 일본 전투기가 접근해오자 회피 전술을 취했다. 선체의 심상치 않은 동요에 놀란 존은 벌떡 일어나 갑판으로 향했다. 그러나 이때, 1대의 일본 전투기가 선상을 지나가면서 5백 파운드의 폭탄을 뱃머리에서 좌현 10피트 지점의 바다에 투하했고, 폭발의 여파로 선체는 크게 요동쳤다. 존은 갑판 위로 내동댕이쳐지듯이 쓰러졌다. 전투를 찾아서 온 그는 이곳에서 드디어 전투를 발견한 것이다.

9대의 일본 전투기는 LST 449호와 그것을 호위하는 구축함을 끝까지 추격했다. 수송선은 큰 피해를 입지 않았으나, 호위중이던 아론 워드 호에 폭탄이 명중하여 기관실이 대파되어버렸다. 결국 아론 워드 호는 예항중(曳航中)에 침몰되고 말았다. 존은 그 모습을 다른 승무원들과 함께 뱃전에서 지켜보았다. 그들은 격추당한 일본인 조종사 1명의 구출을 시도했다. 접근하자 그 일본인은 총을 겨누며 미친 듯이 두 번을 계속해서 발포했다. 그러나 세번째를 쏠 여유는 없었다. 그는 일제 사격으로 숨졌다. "남태평양이여, 잘 있거라." 존은 이렇게 중얼거렸다.

그로부터 5일 후에 교체 요원으로서 부임한 존 케네디 중위는 솔로몬

제도의 트라기에 도착했다. 이곳이 그의 새로운 임지였다. 여기에서 존은 처음으로 PT(哨戒艇) 109호와 대면했다. PT 109는 합판제에 짙은 녹색 선체의 길이가 90피트로 완성된 지 9개월밖에 안 되었으나 전화를 헤치고 왔기 때문에 지저분하고 더러웠다.

1943년 4월 25일 11시, PT 109의 항해 일지에는 거의 판독할 수 없는 필체로 다음과 같이 기록되어 있었다.

'J. F. 케네디 중위 본선을 지휘하다.'

그리고 11시 45분에는 '정글 지대의 정박지에 평소대로 계선.'

케네디 중위는 교체 요원 가운데에서 승무원을 뽑았다. 그 중에는 메르빌 훈련소를 갓 나온 자도 있었다. 그는 PT 109의 수리에 힘을 쏟았고 승무원 훈련도 열심히 했다. 이윽고 길고 단조로운 밤의 해상 초계 임무가 시작되었다. 어느 PT 주정도 쥐와 빈대에 시달렸다. 이 성가신 존재들은 안식처를 찾기 위해 정글에서 온 것이었다. PT 승무원은 그 수가 제한되어 있었다. 그래서 존은 "승무원은 누구이건 정내(艇內)의 일을 모두 수행할 수 있어야 한다."고 승무원에게 지시했다. 임무를 부여받고 가다르카날로 출항할 때 존은 한 부하에게 진로를 정하여 도착 시간을 산출하도록 명령했다. 부하는 해도실에 들어앉아 진땀을 흘리며 계산을 했다. 그런 뒤 겨우 다음과 같은 답을 들고 나타났다.

"2시쯤."

"쯤이라니, 쯤이 뭔가!" 존이 다그쳤다. "쯤이니 하는 말은 사절하겠네. 내가 알고 싶은 것은 가장 빨리 그곳으로 갈 수 있는 확실한 시간일세."

꾸중을 들은 승무원은 다시 해도실로 돌아가 숫자와 씨름한 끝에 정확한 답을 갖고 왔다.

"2시 10분입니다."

"좋아."

그제서야 케네디 정장은 대답했다.

젊은 케네디 중위는, 뱃사람으로서는 1급이었으나 해군으로서의 세련됨과 거동은 1급이 되지 못했다. PT 109가 렌드바를 기거로 하여 일본 함선을 공격하기 위해 출격하고 있던 무렵의 케네디 함장이나 그 밖의 승무원들의 생활은 참담한 것이었다. 말라리아 예방약인 아타브린으로 피부는 누렇게 변색되고 있었다. 그들은 떼지어 몰려드는 검은 파리와 매일 같은 음식인 통조림 고기에 점점 짜증스러워 했다. 더구나 날씨도 몹시 더웠다. 수은주가 올라감에 따라 승무원들은 차츰 군복을 벗고 지내기 시작했다. 케네디 함장은 대개의 경우 그것을 관대하게 보아주었다. 그러나 어떤 승무원은 옷을 전혀 걸치지 않고 식사하러 왔다. 이것은 지나친 것이었다. 케네디 함장은 "식사 때는 적어도 팬티만이라도 입어라."라고 말하지 않을 수 없었다.

경쟁을 좋아하는 케네디 함장의 정신은 PT 109의 요란한 엔진의 고동과 함께 고양되고 있었다. 임무가 끝나면 맨 먼저 급유 도크에 도달하려고 각 PT정은 서로 앞을 다투어 경쟁했다. 가장 빨리 도착하는 자가 가장 빨리 휴식을 취할 수 있기 때문이었다.

각 함장은 정박지를 향해 전속력으로 돌진하여 한계 직전에서 엔진을 역전시키는 것이었다. 어느 날, 케네디 함장은 다른 PT정을 뒤쫓아 너무나도 빨리 전진했기 때문에, 급유 도크의 안벽에 충돌하고 말았다. 그 바람에 안벽의 일부가 깎여 무너져내렸고 승무원이며 기구도 물 속에 떨어졌다. 가까이 정박중이던 PT정 2척이 밧줄이 끊겨 움직이기 시작했기 때문에, 케네디 함장을 비롯한 승무원들은 양편으로부터 배와 부딪치지 않고도 살아날 수 있었다. 이 소동을 틈타 자기 배를 다른 데로 옮겼다.

PT 109는 새벽녘에 귀항하는 야간의 해상 초계 임무를 계속했다. 단조로운 근무와 신선한 식량의 결핍은 승무원들을 짜증스럽게 했다. 1943년 7월, 공습을 받고 약간의 사상자가 나왔다. 그러나 진짜 시련을 겪은 것은 8월의 일이었다.

일본군은 문다 섬에 주둔하는 부대의 증강과 보급에 필사적인 노력을 기울이고 있었다. 이 섬에 9백 명의 장병과 70톤의 보급물자를 보내기 위해 '아마기리', '아라시', '하기자제', '시구레' 등 4척의 구축함이 배속되었다. 이 소함대는 8월 1일의 어두운 밤을 틈타 출항했다. 마침 이날, 렌드바에서는 적함에 대해 보다 효과적인 공격을 가하기 위해 케네디 함장은 PT 109의 널빤지로 된 앞쪽 갑판에 37밀리 대전차포 1문을 설치했다. 해군 정보기관은 일본 함선의 접근을 탐지했다. 이 함선들의 진공을 저지하기 위해 사령부는 미군 구축함 6척과 출격에 참가할 수 있는 모든 PT정에 대해 해협 수역에로 출항하라는 명령을 내렸다. 이 명령은 동시에 일본 항공대가 PT정을 습격하기 위해 출동중임을 경고하는 것이기도 했다. 그러나 이 명령이 렌드바에 미처 전달되기도 전에 일본 항공대의 공격을 받았다. 25대의 급강하 폭격기가 습격해온 것이었다. 이때문에 '일본급행'에 대한 이날 밤의 대작전에 참가할 수 있는 PT정은 불과 15척 밖에 안 되었다. 그 중 1척이 케네디 중위가 지휘하는 PT 109였다.

저녁 무렵, 출동 명령을 받은 PT 109는 다른 PT정 3척과 함께 각기 제 위치에 들어갔는데, 그 중의 1척만이 간단한 레이저 장치를 갖고 있을 뿐이었다.

밤이 깊어지면서 4척의 PT정은 분산했다. 한편, 일본 함선은 목적지에 도달하여 하역을 마친 뒤 재편성을 하고 돌아가는 중이었다. 아무도 알지 못했으나 그 진로에서 몇 마일 떨어진 곳에 케네디 중위의 PT정이 있었던 것이다. 케네디 정(艇)의 감시와 일본 측의 선도 구축함 '아마기리'의 감시가 어둠 속에서 동시에 상대방을 알아차렸다.

"전원 배치 경보를 울려라!"케네디 정장이 소리쳤다. 경보가 모든 정내에 요란하게 울려퍼졌다.

두 함정은 너무 근접해 있었기 때문에 '아마기리'는 갑판포를 내려 PT 109에게 발포할 수 없었으며, PT 109 역시 어뢰를 발사할 수 없었다. '아마기리'의 함장은 PT 109에 격돌할 것을 결정하여 강철로 된 뱃머리를 케네디 정의 합판으로 된 선체 방향으로 돌렸다. PT 109의

한 승무원이 구축함의 접근을 보더니 처녀 마리아가 그려진 메달을 움켜쥐고 기도를 올리기 시작했다. "원죄 없이 잉태하신 마리아……."

백 야드……, 50야드……, 25야드…….

몇 초 사이에 모두가 끝났다. '아마기리'는 깊이 80피트인 PT 109의 선체를 들이받으며 두 동강이를 내고 선미 일대에는 타오르는 기름이 뿌려졌다. 케네디 함장은 조종실에서 내동댕이쳐져 강철의 가장자리에 등을 부딪치고 말았다. 승무원 하나는 압살(壓殺)되었다. 그의 시체는 발견되지 않았다. 기관실에 있던 한 승무원은 심한 화상을 입었다. 몇몇이 정외(艇外)로 던져져 '아마기리'의 스크루에 빨려들었다. PT 109의 선미 쪽은 물 속에 잠겼고 선수는 떠있었으나 케네디 정장은 그곳에 있는 연료가 폭발할 것을 우려하여 남아 있는 승무원에게 바다로 뛰어내리라고 명령했다.

승무원 가운데 두 사람이 죽었다. 케네디 정장과 그 밖의 승무원 10명은 유연(油煙)을 헤치며 바다 위에서 허우적거리고 있었다. 케네디와 같은 보스턴 출신의 승무원은 더 이상 견뎌낼 수 없다고 호소했다. 케네디 정장은 힘주어 말했다.

"보스턴 녀석이 이 무슨 창피스런 소리를 하는 거냐!"

불타오르는 화염이 가라앉자 케네디 정장은 선미의 반쪽을 잃은 배 위로 승무원들이 오르도록 명령했다. 그리고 싸울 작정이냐, 아니면 단념할 작정이냐고 물었다. 케네디 정장은 다시 이렇게 덧붙여 말했다.

"책에는 이런 상황에서 어떻게 대처해야 하는가 하는 것은 하나도 씌어 있지 않다. 자네들 중에는 가족이 있으며 그 중에는 아이가 있는 자도 있다. 자네들은 어떻게 하고 싶은가. 나에게는 잃어야 할 것이 아무것도 없네만."

승무원들은 싸우겠다면서, 적어도 살아남는 쪽을 택했다. 이튿날 아침, 그들은 부근을 비행중인 항공기에게 신호를 보냈으나, 케네디 정장은 적기에게 발견될 것을 우려하여 신호를 중지시켰다. 한편, 겨우 침몰을 모면한 선수 쪽도 부양력을 차츰 잃어가고 있었다. 케네디 정장은 생존자 가운데 9명에게 각각 흩어지지 말도록 널빤지 하나에 매달려 모두 프람 프징 섬까지 헤엄쳐가도록 명령했다. 케네디 자신은 심한 화상을 입은 한 승무원을 데리고 가기로 했다. 그는 그 승무원의 구명대 끝을 입에 물고 3마일 반이나 되는 프람 프징 섬을 향해 헤엄치기 시작했다. 승무원 가운데 하나가 생환할 수 있겠느냐고 물었다. 그러자 케네디 정장은 이렇게 대답했다.

"할 수 있다. 우리는 틀림없이 살아서 돌아간다."

그들은 지칠 대로 지친 몸으로 섬에 도착했으며 정글에 은신했다. 일본군이 이 일대에 출몰하고 있었다. 그러나 오스트레일리아 군의 연안 감시소도 있었다. 브라켓 해협 건너편의 고지에 지점을 찾아내어 거기서 일본군 기지의 동정을 살피던 장교가 있었는데, 그는 아서 레지널드 에번즈 중위였다. 그는 전날 밤, PT 109가 불을 뿜고 있는 것을 보았으며, 이튿날은 선체가 바다 위에 떠돌고 있음은 보았다. 그러나 거리가 너무 멀어 그것이 무엇인지 확신을 가질 수 없었다.

38마일 떨어진 룬베리의 PT 기지에서는 케네디 중위와 조지 로스 소위의 PT 109 탑승을 알고 있던 풀 페이가 자기의 누이동생에게 편지를 썼다.

'조지 로스는 대의를 위해 목숨을 잃었다. 그는 가장 순수한 의미에서의 이상주의자였다. 때문에 그는 우리 가운데 누구보다도 강했으며, 이 대의를 믿고 있었다. 대사의 아들인 존 케네디 역시 같은 주정에 탔으며, 그도 또한 목숨을 잃었다. 국민이 꿈꾸는 그런 뛰어난 사람들을 전쟁으로 잃었다고 말하는 사람이 있는데, 매우 잔인한 사실을 더욱 과장해서 말했다 하여 그 사람을 탓할 수는 없다.'

그러나 이것은 페이가 잘못 생각한 것이었다. 케네디와 로스는 모두 무사했으며, 그들은 승무원들의 구출 수단을 생각하고 있었다. 두 사람은 야간 초계 임무중인 PT정을 잡기로 결정했다. 케네디 정장은 바다에 부침하는 전투용 램프에 의지삼아 해협 수역 안으로 헤엄쳐 갔다. 아군의 배를 만날 수 있으리라고 생각했기 때문이었다. 그러나 해협의 조류는 굉장히 변덕스럽다. 아침이 되자 레오라바라는 조그만 섬으로 밀려나가고 있었다. 겨우 부하들이 있는 곳으로 헤엄쳐 되돌아오기는 했으나 지칠 대로 지쳐 있었다. 바닷물을 토하고 거의 의식을 잃을 지경이었다. 한참 뒤, 의식을 회복한 존은 로스에게 다음날 밤에 똑같이 해보도록 명했다. 로스는 케네디의 경험을 살리면서 같은 루트를 헤엄쳐갔는데, 이번에는 전보다 편했다. 그러나 PT정을 만나지는 못했다. 케네디 중위는 승무원들을 가까이 있는 오라사나 섬으로 옮기기로 했다. 그곳으로 옮긴 뒤 로스와 함께 가까이 있는 나르 섬을 탐색해보았다. 이 섬에서 자기들의 기지 머리 위로 솟아 있는 산이 보였다. 그러나 보이기만 할 뿐 더 이상은 별대책이 없었다.

그 뒤, 에번즈 연안 감시장 밑에서 근무하는 두 정찰병이 멀리서 케네디와 로스를 보았다. 그러나 서로가 상대방을 일본병으로 착각했다. 두 정찰병은 도망쳤으나 다행히도 오라사나 섬에 있던 케네디의 부하들과 맞부딪혔다. 그들 가운데 하나인 레오나드 톰 소위는 "미국인이다, 미국인!" 하고 소리쳤다. 케네디가 해군용 나이프로 코코야자 열매에 새긴 메시지를 갖고 현지인이 렌토바의 PT 기지로 향했다. 그 메시지는 이러했다.

'현지인은 위치를 알며 안내할 수 있음. 생존자 11명은 소정을 필요로 함.   케네디.'

에번즈가 이 메시지를 받았다. 그는 다시 정찰병을 보냈다. 정찰병은 식량과 메시지를 갖고 왔는데, 이 메시지는 '국왕 폐하의 부대……'라는 말로 시작되고 있었다. 케네디는 싱긋 웃으며 로스에게 말했다. "이런 글이 있으니 영국군에게 줘야겠네."

승무원들은 밤중을 틈타 몇 척의 PT정에 수용되어 8월 8일, 겨우 렌토바로 돌아갈 수 있었다. PT 109가 침몰한 지 1주일 만이었다.

하이아니스포트에서는 존이 구출되었다는 소식을 들은 친구가 로즈에게 전화를 걸었다.

"존이 살아났대요." 하고 그 여자친구는 말했다.

"무엇에서 살아났다는 겁니까?"

어머니는 의아해하며 물었다.

아버지 조셉은 며칠 전에 PT 109가 침몰했다는 말을 들었으나 로즈에게 그 이야기를 하여 놀라게 하고 싶지는 않았다. 로즈는 조셉이 승마장에 있는 것을 알아내어 이 소식을 알렸다.

"살았다."

존 케네디는 구출되었으나 부상을 입고 있었다. 존이 입원한 기지의 병원에는 같은 보스턴 출신의 동료 에드워드 매클로크린이 있었다. 그는 훗날 보스턴 시의회 의원이 되었는데 존이 산호에 의한 극심한 절상(切傷)을 입고 있음을 알았다. 그는 "존은 그것을 별로 말하지 않았다."고 회상한다.(존은 그 뒤에도 여기에 대해 별로 언급하지 않았다. 매클로크린이 어느 정치적 모임에서 존을 소개하여, 그의 전쟁 경력에 대한 이야기를 시작했을 때, 존은 테이블 밑에서 남몰래 매클로크린을 발로 찼다는 것이다.)

전지에서 부상을 입거나 병에 걸린 일부의 승무원은 휴양을 위해 교대제로 후방지대에 후송되었는데, 정장인 존은 그렇지 않았다. 그는 기지에서 떠나는 것을 거부했다. 그가 소속한 PT정의 대장 알 클라스터가 말했듯이. "존의 끝까지 싸우겠다는 결의는 더욱더 굳어졌다——전부터 결의는 굳었었지만."

존은 새로운 PT 59의 정장이 되었다. 이것은 중병기를 가진 포함으로 개조되어 있었다. 따라서 보다 유력한 공격정으로 활용할 수 있었는데 다루기는 전보다 성가신 편이었다. PT 59는 이 수역 안의 정글로 가려진 많은 섬의 해안을 따라 적의 주정을 찾아다녔다.

"이것은 참으로 위험하며 거의 엄호조차 없는 싸움이었으나 존은 끝까지 버텨냈다."고 클라스터는 말한다.

"마지막에는 존이 너무나 위험을 무릅써서 승무원들은 그와 함께 출동하기를 꺼리게 되었다."

한때, 존이나 그 밖의 모험을 좋아하는 PT 정장들의 일부는 강의 상류에 있는 방비가 견고한 일본군 주정 기지를 대담하게도 대낮에 공격할 계획을 세웠었다. 기지에 있던 승무원의 일부는 이 시도에 회의적이었으며 그 중의 하나는 클라스터에게 말했다.

"저 케네디는 그만두게 해야 돼. 그는 너무나도 무모해. 우리 전부를 전사시켜버릴 모양이야."

클라스터의 회상에 의하면, 이 일로 그가 존에게 이야기를 꺼냈을 때, "존은 '나는 임무를 수행하기 위해 모든 일을 시도할 작정이다.'라고 대답했다. 이것은 이를 악물며 진지하게 승부를 하는 자가 하는 말이었다."

그러나 이 계획은 실현되지 못했다. 하지만 존은 11월에 들어서도 해상 초계 임무를 계속했다. 언젠가 그는 기지에서 우연히 위저 와이트를 만났다. 존은 그를 야간 초계 임무에 데려갔다. 후에 위저는 다른 면에서 존을 도와 주게 되었다. 존이 치룬 마지막 큰 전투는 포위당한 해병대 87명의 구출이었다. 그 무렵, 존은 말라리아로 시달리고 고질적인 척추 부상도 더욱 악화되고 있었는데, 체중은 125 파운드로 내려갔다. 11월 18일, 존도 마침내 병에 굴복하고 말았다. 이날의 PT 59 항해 일지는 케네디 중위가 '랜브의 의사 지시에 따라 본 주정에서 떠나다.'라고 적혀 있다.

존은 남태평양에서 9개월간 있었다. 그리고 PT 109에서의 영웅적인 활약에 대해 해군·해병대 훈장이 수여되었다. 병에 걸리고 전상을 입었으나 그의 기지는 여전했다. 1943년 11월 14일, 해군에 입대한 직후 동생 로버트에게 그는 이렇게 편지를 썼다.

'로버트에게,

집에서 너의 선서식에 관한 기사를 오려서 보내왔다. 거기에 비친 정말 어린아이 같은 너의 모습에 감동되었다. 그리고 네가 나의 런던 시절의 체크무늬 윗옷을 입고 있어 더욱 고마웠다. 네가 나의 멋진 윗옷을 입고 한가롭게 돌아다니건만 나는 이런 지독한 곳에서 무엇을 하고 있는지 나 자신도 알 수 없는 형편이구나. 그러나 생각해보면 바로 그 때문에 와있는 것이다. 다시 말해서 내 누이동생이나 아우가 안전하고 무사하게 살 수 있게 하기 위해서인 것이다. 그러나 솔직히 말한다면 나는 그런 견해에 전적으로 찬성할 수는 없다. 적어도 네가 안전한 것은 나에게 있어서도 썩 좋은 일이지만 내 윗옷은 안 된다. 알겠느냐, 안 된다……. 너의 눈초리는 날카롭고 차갑지만, 그것은 상대방을 향해 돌진하는 저 엄청난 그로턴 학교(명문의 법률학교)의 풋볼 후위 선수를 해치울 것을 생각하고 있기 때문인 줄로 안다. 너는 2월까지 그로턴에 갈 모양인데 그것은 매우 좋은 일이다. 훗날, 어딘가 딴데라도 갔을 때, 등이 안 되겠다느니, 풋볼의 무릎이 어쩌니 하여 병실로 강제입원을 당할 씨앗은 밀턴, 그로턴, 그리고 어쩌면 초트 학교의 운동장에서 뿌려지기 때문이다.

그런데 로버트야, 그로턴의 학생 따위는 아무래도 좋으니 의기소침한 형과의 연락은 언제까지나 계속해다오. 나는 대위가 되기 위한 신체검사를 얼마 전에 받았다. 헛기침도 해보고 눈을 멀뚱거리며 눈동자를 굴려보기도 하고 몇 번이나 목쉰 소리도 내보았지만 모두 소용이 없었다. 여기서는 호흡만 할 수 있으면 어디서나 훌륭하게 현역으로 근무할 수 있다고 한다. 그런데 그들이 말하는 어디서나라는 것은 모로코도 아니거니와 수영이나 테니스 클럽도 아닌, 현재 있는 바로 그곳이 어디서나라는 것이다.

안녕, 잭으로부터'

그로부터 3일 후에 존은 PT 59의 지휘를 남에게 맡기고 본국으로 향했다.

장남, 마침내 전사(戰死)

시간은 흘러 세계는 점점 전쟁의 소용돌이로 말려들고 있었다. 둘째인 존은 치료를 위해 귀국했으며 3남 로버트가 입대했다. 장남 조셉은 유럽에서 고물의 대잠수함용 초계기를 타고 여전히 위험한 임무를 수행하는 중이었다. 세번째 아이인 로즈메리는 카톨릭계 학교의 기숙사에 있었으며 네번째 아이 캐서린은 케네디 집안이 영국에 있는 동안 런던에서의 스타였는데 다시 그곳으로 돌아가 있었다. 그러나 그녀는 아버지 조셉의 가슴을 더욱 아프게 했다.

케네디 집안에서 '킥'으로 불리던 캐서린은 워싱턴의 〈타임스 해럴드〉 기자를 그만두고 미국 적십자사에 들어가 다시 런던으로 파견되었던 것이다. 그녀는 나이츠브리지의 한스 클레센트 클럽에서 여주인 역을 맡고 있었다. 이 클럽에는 가정적 분위기에 굶주린 군인들이 잇달아 찾아왔는데 캐서린은 그들에게 커피와 도너츠를 대접하고 또한 케네디의 집 스타일의 활발한 점을 보여주기도 했다. 이곳에서 그녀는 아버지가 대사였던 시절부터 사귀었던 사람을 만났다. 그 중의 한 사람은 빌리(윌리엄) 하팅턴이었다. 전에 그는 그녀를 다른 런던, 즉 왕실에 데려간 적이 있었다. 그는 왕좌에 오를 엘리자베스 공주의 구혼자가 될 자격이 있다고들 했다. 미남이며 멋쟁이인 윌리엄 존 로버트 캐벤디시(하팅턴 후작)는 당시 콜드스트림 경비대장이었다.

하팅턴 가(家)의 배경은 케네디 집안과는 매우 대조적이었다. 이 집안 선조의 한 사람인 초대 데본셔 공은 찰스 2세 당시, 정부 안의 카톨릭 세력에 항의하여 추밀원에서 물러났다. 윌리엄 하팅턴의 부친은 프리메이슨(동지적 결사로서 반카톨릭의 오랜 역사를 가졌다.)의 지부장이었다. 하팅턴 집안에서의 프로테스탄트의 전통은 케네디 집안에서의 카톨릭 교도의 전통처럼 뿌리 깊은 것이었다. 그러나 이러한 배경 아래서도 윌리엄과 캐서린은 공습으로 파괴된 런던에서 로미오와 줄리엣처럼 서로 사랑했다. 윌리엄은 1944년에 국회의원에 입후보하여 실패했었는데, 이때 캐서린이 그를 많이 도왔다. 그들은 서로 깊이 사랑하고 있었다. 두 사람은 결혼을 약속했으나 결혼 계획은 종교가 다르다는 암초에 부딪쳤다. 아이가 태어나면 종교 교육을 어느 쪽으로 할 것이냐로 의견이 갈라졌으나 결국 서로가 양보하여 1944년 5월, 종교의식이 배제된 결혼식을 올렸다.

캐서린을 무척이나 사랑하는 오빠 조셉이 아버지 구실을 했다. 미국에 있는 케네디 집안의 양친은 축하를 보내지 않았다. 그러나 윌리엄의 하팅턴 집안의 양친은 축하를 보냈다. 대서양을 사이에 둔 피안(彼岸)에는 침묵만이 있었다.

캐서린은, 그녀가 말하는 '결혼 전의 괴로웠던 나날들'의 무렵에 오빠 조셉이 보여준 굳굳한 격려를 잊지 않았다.

그녀는 오빠를 찬양하는 다음과 같은 글을 썼었다.

'처음부터 그는 나에게 현명하고도 유익한 충고를 해주었다. 내가 마음을 정했다고 느낀 뒤로는 언제나 내 편이 되어주었다. 그는 끊임없이 내게 안심하라고 해주었으며, 나 자신의 결정에 대한 자신을 언제나 새롭게 해주었다. 그는 정신적인 용기를 다분히 지니고 있었다. 그는 내가 택한 길이 옳다고 느낀 뒤로는 추호의 망설임도 없었다. 더구나 그는 나의 결정에 대한 주요한 책임자라고 불릴는지 모른다. 그는 가능한 한 모든 것을 협력해 주었다. 모든 점으로 보아 그는 말할 나위도 없이 좋은 오빠였다. 마지막에 가서는 케네디 집안으로서도 최선의 길이 될 것이라고 격려하면서 자기 자신의 생각에 따라 누이동생을 위해 헌신해주었다. 그리고 사실 그의 기대는 옳았었다.'

캐서린과 윌리엄은 런던에서 1개월의 신혼생활을 보냈다. 윌리엄이 경비대로 돌아가자 캐서린은 하이아니스포트의 케네디 집안으로 돌아갔다. 연합군의 노르망디 상륙을 위해 수송선단이 집결중이었다. 그로부터 2개월이 지나자 윌리엄은 프랑스 전선에서 탱크의 엄호를 받으면서 수색대를 지휘하고 있었다. 마치 산책이라도 하듯이 한 손에 모자를 들고 느릿하게 걷고 있었다. 그리고 부하를 보고 마치 문득 생각난 것처럼 말했다.

"자아, 힘내라. 어서."

그러나 죽음이 곧 그를 찾아왔다. 후에 캐서린은 친구에게 쓴 편지에 이렇게 썼다.

'하느님은 나의 문제에 대해 하느님답게 배려해주셨다고 생각합니

다. 그렇지요?'

그 해 여름, 하이아니스포트의 케네디 가에서는 남매 가운데에서 장남인 조셉만이 집에 없었다. 조셉은 하버드 대학에서는 평화 그룹에 참가하고 있었다. 또한 대통령을 꿈꾸는 청년이었다. 그리고 "영국은 미국의 싸움을 도맡아서 싸우고 있는 것이 아니다. 이 전쟁은 우리의 것이 아니다."라고 말한 적이 있었다. 그러나 케네디 집안에서 실제로 싸우고 있는 자는 바로 그였다.

카틀러 윙스 상을 받고 졸업한 뒤, 조셉은 카리브 해의 초계 비행에 종사하고, 또한 대잠수함의 임무를 띤 4발 폭격기 리베레이터의 중대를 신설하는 데 협력했다. 그 뒤, 영국으로 날아가서 비스케 만의 바다 위에서 적의 잠수함을 탐지해내고 추격하는 임무에 종사했다. 그가 소속한 편대 VB 110은 영국 데본셔 주 덩크스웰의 영국 공군 기지에 주둔했다. 처음으로 이곳에 왔을 때는 모든 것이 지독한 상태였다. 숙사의 난방은 조그만 코크스 스토브뿐이었으며 샤워를 하려면 진창 길을 반 마일이나 가야만 했다. VB 110 편대는 1943년 말까지 133회나 출격했다. 1944년 4월까지 이 편대는 기수의 반이나 잃었다. 조셉은 대위로 승진했으며 5월에는 교대 근무로 귀국하게 되어 있었다. 그러나 그는 이것을 거부하여 부하에게도 자기와 함께 머물도록 설득했다. 나치 잠수함을 추격하여 집결중이던 노르망디 상륙 연합 함대에의 접근을 막으려는 36대의 다른 초계 폭격기 편대에 참가하기 위해서 였다. 그리고 캐서린의 남편은 이 함대와 함께 프랑스로 건너갔다.

노르망디 상륙 후, 조셉은 이제 자기와 함께 머물도록 부하에게 부탁할 수 없다고 느꼈고 부하들은 귀국했다. 그도 갖고 돌아갈 짐을 모두 꾸린 뒤였다. 그러나 수많은 출격을 해온 그는 또 다른 출격에 참가하겠다고 자청했다. '안빌' 작전에의 참가였다.

프랑스 침공과 거의 동시에 로켓탄에 의한 히틀러의 필사적인 런던 공격이 시작되었다. 로켓 폭탄 V1은 공중에서 포착할 수는 있었으나 그대로 역시 영국인에게는 통렬한 타격을 주었다. 또한 V1, V2의 공장과 그 발사 기지에 대한 폭격은 충분한 효과를 올리지 못했다. 더구나 희생은 놀라울 만큼 컸다. 로켓을 포착하려다가 목숨을 잃은 조종사의 수는 거의 3천 명이나 되었다. 그래서 연합군 사령부는 다른 계획을 생각해냈다. 그것은 무인기를 만들어 폭탄을 실어 무전으로 로켓 기지까지 유도한다는 것이었다. 이 육해군의 공동작전 계획에 따라 리베레이터 형 폭격기는 모기로부터 전자 장치로 분리되어 비행할 수 있도록 개조되었다. 리베레이터 PB4Y, N · 32271은 임무를 위해 준비되었다. 그러나 리베레이터기는 단독으로는 이륙할 수가 없었다. 폭약을 다량으로 실은 무거운 리베레이터를 조종하기 위해서는 2명의 조종사가 필요했다. 조종사는 해안 가까이에서 로보트기를 모기(母機)에 맡긴 채 낙하산으로 탈출하도록 되어 있었다. 조셉 P. 케네디 주니어 대위는 윌포드 J. 윌리 대위와 마찬가지로 이 리베레이터의 탑승을 지원했다. 윌리는 충성스런 해군으로서 세 아이의 아버지였다.

2주간에 걸쳐서 두 사람은 탑승기를 상세히 점검했다. 비품을 테스트하고 폭약 대신의 것을 탑재하여 비행함으로써 임무 수행의 예행 연습을 했다. 목표는 영불 해협 너머에 있는 노르망디의 V2 발사 기지였다.

1944년 8월 12일 오후 6시 조금 전에 제임스 심프슨 소위는 리베레이터 기의 장비 점검을 마치고 조셉과 악수하며 말했다.

"그럼 잘 다녀오십시오. 성공을 빌겠습니다. 당신과 함께 가고 싶어 못견딜 지경입니다만."

조셉은 돌아보며 고맙다고 인사했다.

"기억해두게. 다음 번에 다시 갈 때는 자네와 함께일세. 그런데 만약 내가 돌아오지 못할 경우에는 남겨둔 내 생계란을 자네들이 먹어주게나."

이륙 3분 전인 오후 5시 12분, 조셉은 리베레이터 형 폭격기 B24의 엔진을 요란하게 가동시켜 비행장을 활주하기 시작했다. 그는 2만 2천 파운드의 폭약을 실은 기체를 가볍게 이륙시키면서 마지막 비행을 향해 상공을 날아갔다.

고도 수천 피트의 지점에서 조셉은 엄호기와 모기에 합류, 프럼링검 상공의 '에이블' 검문점으로 향했다. 조셉은 최초의 무전 콘트롤을 차례대로 점검했다. 이들의 항공기 편대는 '에이블' 검문점의 상공을 선회한 뒤 '베이커' 기지 및 베쿠르즈 시의 탑 방향을 향해 비행했다. 오후 6시 15분, 우측에 북해가 내려다보였고, 서쪽의 석양 아래로 잉글랜드의 도시며 강이 보였다. 운명의 오후 6시 20분, 조셉과 비행기는 깜박이는 별처럼 풍지박산이 되며 폭발했다. 원인 불명.

폭발은 1초에 두 번 일어났다. 사고 뒤에 그 일대를 수색했던 사람들은 들어올릴 수 있을 만큼 큰 것은 하나도 찾아내지 못했다. 아무런 단서도 없었다. 단 하나의 단서도 없었다…….

하이아니스포트에서는 전전(戰前)의 여름과 거의 다를 바가 없었다. 장남인 조셉과 로즈메리만을 빼고는 케네디 집안의 가족들은 모두 돌아와 있었다. 캐서린은 영국에서 돌아왔고, 전쟁으로 약간 쇠약하고 병든 존은 체르시 해군병원에서 치료를 받고 있었는데 주말이면 자택으로 돌아와 있었다──로버트, 에드워드, 딸들. 그들은 모두 집에 돌아와 있었다.

두 신부가 찾아온 날, 아버지 조셉과 어머니 로즈, 자녀들은 한 방에 모여 잡담을 나누고 있었다. 조셉이 딴 방에서 신부를 만났다. 그는 말없이 가족에게로 돌아와 짤막하게 말했다. 무서운 말이었다. 그는 무엇을 말했는지 기억하지 못했다. 그의 표정은 산산조각이 난 희망의 망령이었다.

이윽고 그는 모두에게 등을 돌려 긴 계단을 올라가 침실로 들어가더니 문을 열쇠로 채웠다. 그 뒤 몇 달 동안, 그는 그곳에 들어앉은 채 거의 밖으로 나오지 않았다. 그의 슬픔의 목소리는, 넓기만 한 저택에 메아리치는 레코드에 의한 교향악의 비통한 선율뿐이었다.

존은 가족과 친구들이 쓴 조셉의 추도문을 모으며 다녔다. 케네디 집안에서는 이것을 사제본(私製本)으로서 출판했다. 책의 표제(表題)는 《추억의 조(조셉)》였다. 세계가 일단 평화로워진 몇 년 뒤에 어떤 사람이 아버지 조셉에게 이 책에 대한 이야기를 했다. 그러나 조셉은 말했다.

"당신도 알겠지만 나는 아무리 세월이 흘러도 그 책은 읽을 수 없었소."

1946년, 최초의 만세

존, 하원에 입후보

존 케네디는 형 조셉이 전사한 그 순간부터 아메리카 합중국의 대통령이 될 운명이었다――이것은 흔히 말해왔던 것이며 또한 그렇게 믿어져 왔다. 장남인 형의 죽음으로 존은 실질적으로 상속인이 되었는데 처음에는 법정 추정 상속인이었다. 우연히 대역을 맡은 셈인데 대통령직도 대역임에는 변함이 없다는 것이었다. 이 해석에는 전설이 지니는 단순함이 있다.

그러나 존 피츠제럴드 케네디가 정계에 들어간 것은 그가 정계에 들어가고 싶었기 때문이다. 정계에 들어갈 수 있을 만한 금전적 여유가 있었기 때문이다. 두 세대에 걸쳐서 정계에서 활약해온 유력한 집안 출신이었기 때문이다. 정치를 권력의 근원으로 하고, 또한 가명(家名)을 역사에 남기는 수단으로 생각하는 아버지를 둔 존이 대통령이 되는 데 절대적인 요소는 물론 아니었다. 그러나 보잘것없는 원인이라 하여 무시할 수는 없었다.

마침내 전쟁이 끝나고 평화가 찾아온 1945년 당시의 존 케네디는 자기의 장래와 조국의 장래에도 똑같이 불안정한 것을 느끼면서 불안정한 사회에 복귀하는 수백만의 미국인 가운데 한 사람이었다. 존은 당연한 일이긴 하지만 전장의 영웅으로서 복귀했다. 그는 말라리아로 뼈와 가죽만 남은 앙상한 모습이었고 약으로 인해 피부는 누렇게 떠 있었다.

체르시 병원에 입원해 있는 동안, 그는 전사한 형의 추억집을 사

제판으로 편집했다. 쓰는 것에는 언제나 흥미가 있었다. 제대 후 그는
아버지의 친구 윌리엄 랜돌프 허스트가 경영하는 통신사(INS 통신. 현재는 UP통신과 합병)
에 취직했다. 그는 샌프란시스코의 국제연합 창립회의를 취재했으며
G1의 관점에서 이를 보도했다. 그가 쓴 것은, 편집자의 입장에서 본다면
좀 생경했다. 그 자신도 보도 활동에 머물러 있을 생각은 없었다. 그
당시 존은 "이 일은 너무나 피동적이라고 생각한다. 자기가 행동하는
것이 아니라 행동하는 사람에 대해서 쓰기 때문."이라는 감상이었던
것이다.

그런데 저널리스트가 되지 않겠다면 무엇을 할까. 정치는? 나쁘지
않다. 확실히. 그 당시의 일반 인식은 "나쁘지 않다."에 불과했었다.

"존이 조국을 위해 봉사하고 싶다는 생각을 갖게 된 것은 입원하고
있을 때였다. 전상(戰傷)에서 재기하기 시작할 무렵이었다고 생각한
다."고 존 케네디의 의원 활동의 초기에 측근이었던 윌리엄 서튼은
말한다. "그는 단순한 전상자는 아니었다. 후년에 그는 '조국이 여러
분에게 해줄 수 있는 것을 요구하지 말라.'고 말했는데, 이것은 입원
당시의 생각이 표출되었던 것으로 안다."

서튼이 말하는 대로 "여러분이 조국을 위해 무엇을 할 수 있는가를
찾아라."라는 것이었다. 그러나 존이 조국을 위해, 그리고 케네디 가를
위해 무엇을 할 수 있는가에 대해 어느 정도까지 아버지의 조언을
받았으며 지도를 받았느냐에 대해서는 말하는 사람에 따라 제각기
이야기가 다르다.

형의 죽음이 하나의 원인이었음에는 틀림없다. 조셉처럼 집념 덩
어리로 뭉쳐진 부친은 죽은 아들이 곧잘 입에 올렸던 야망을 결코 잊지
못할 것이다. 또한 슬픔도 작용하고 있었다——많은 세월이 흐른 뒤
에도 그는 자기 자식들에 대해서 묻는 사람들에게 이렇게 말하곤 했다.

"그 아이에 대해서라면 그녀(로즈)한테 물으시오. 그녀는 말할 수
있지만 나는 할 수 없소."

또한 다른 이면에는 막대한 부를 축적했으면서도 도저히 견뎌내기

어려운 손실에서 무엇인가 멸망하지 않을 좋은 것을 끌어내려는 심정이 작용했던 것도 틀림없다.

존은 다음과 같이 쓰고 있다.

'형 조셉의 죽음이 그를 아는 사람에게 있어서 더욱 가슴 아프게 느껴진 것은, 미래가 그를 위해 커다란 공업을 약속하고 있었음을 알았기 때문이다. 그의 출세는 보증되어 있었으며 성공은 의심할 여지가 없었기 때문에 그의 죽음은 만물이 지니는 본연의 모습에 가해진 타격처럼 느껴졌던 것이다.'

보스턴에는 다음과 같은 전설이 있다. 청년 존은 전상과 말라리아가 아직 완치되지 못했을 때, 아버지 앞에 불려가서 조셉의 손에서 떨어진 횃불을 집어들라는 명령을 받았는데 존은 두말 않고 동의했다는 것이다. 이것이 틀림없는 이야기라면 매우 흥미롭다. 그러나 인간으로서 성장하는 과정에 특히 중대했던 이 몇 해 동안에 존과 접촉해왔던 사람들 가운데 일부에 의하면 실제는 다소 꾸며낸 이야기라는 사실이다.

이에 대해 아버지 조셉은 이렇게 말하고 있다.

"형이 죽었기 때문에 국회의원이 되는 것은 너의 책임이라고 존에게 말했었는데, 존은 의원이 되는 것을 썩 원하지 않았었다. 그는 자기에게 그런 재능은 없다고 느끼고 있었다. 그러나 나는 꼭 의원이 되어야 한다고 타일렀었다."

후에 존은 아버지의 말이 사실이었다고 고백했다.

"그것은 말하자면 병역에 끌려나가는 것과 다름없었다. 아버지는 장남이 정계에서 활약하기를 원했다. 아니 '원했다'라는 말만으로는 아버지의 야망에 대한 설명이 불충분하다. 아버지는 강력히 요구했었다."

그러나 존의 친구들은 그가 아버지의 명령에 즉각 따르지는 않았다고 한다. 한 집안의 주춧돌이 되기를 진정으로 원했던 청년 조셉은 아버지가 믿는 신념의 열렬한 지지자로서 확고한 길로 들어섰다. 그러나 존은 아버지가 말하기 전까지는 주변의 상황에 끌려가고 있었다. 그는 탐색하기를 좋아하는 회색의 눈으로 전쟁에 시달린 세계와 그것이 직면하는 거대한 여러 문제를 지켜보고 있었다.

친구에게, 존은 자기에게는 참다운 정치철학이 없다는 것과 자기 자신의 정치강령이 없음을 솔직히 시인했다. 그는 말했다.

"많은 보수파 사람들을 만나보았으나 그들과는 공통점이 조금도 없다는 느낌이 들었다."

또한 그는 좌우 양파의 신봉자들은 너무나도 완고하게 자기 견해에 사로잡히고 있으며, 또한 신중한 검토도 않고 너무나 맹목적으로 지도자의 뒤를 따르려 한다고 느꼈다.

존은 전쟁 직전의 세계를 널리 보고 알고 있었다. 전쟁 그 자체도 체험했다. 군축 문제에 관해 어느 정도의 생각도 갖고 있었다. 그것은 매우 애매한 것이었다. 느낌과 생각한다는 것, 그리고 행동한다는 것은 제각기 별개의 일이었다.

윌리엄스 대학 정치학 교수인 제임스 맥그레거 번즈는 그의 저서 《존 F. 케네디―정치적 프로필》에서 다음과 같이 쓰고 있다.

'존은 우선 최초로 대결해야 할 수준 낮은 정치를 좋아할 수 있게 될는지 전혀 확신을 가질 수 없었다. 그가 속하는 사회 그룹 밖의 사람들과 접촉할 때는 수줍어하는 편이며 약간 소극적이고 자기 주장적이지 못했다. 연설가, 또는 사교가로서의 자기 재능에 관해서도 자신이 없었다.'

존은 아첨, 험담, 음모, 이튿날이면 버리고 말 선거 공약, 정치 보스의 좋았던 옛 시대에 볼 수 있었던 한가로운 지역 보스의 기행(奇行)을 싫어했다. 그는 이상주의자였다. 그러나 그럼에도 불구하고 누구나 이렇게 해서 정치라는 게임에 들어섰던 것이다. 그는 결국 정치 세계에 뛰어들기를 결심했다.

레모인 빌링스는 이렇게 말한다. 대개의 사람은 그가 정치를 택한 것은 "자기의 진가를 아버지에게 알리고 형 조셉을 앞질러, 어쩌면 아일랜드인으로서 과시할 수단이 되기 때문이었다고 생각한다. 그러나 사실 저널리즘과 교직을 곰곰이 생각했었는데 정치 쪽이 자기의 이상을 분명히 하기에 적합한 수단을 주리라고 판단했기 때문이다."

정치가에게는 지반이 필요했는데 존 케네디에게는 이것이 없었다. 그는 청년 시절을 뉴욕, 매사추세츠, 코네티컷, 플로리다의 여러 주와 해외에서 보냈었다. 그러면 도대체 본거지는 어디란 말인가 ? 케네디 집안의 현주소조차 뚜렷하지 못한 것이 아닌가.

운명은 뜻밖에도 하니 피츠의 정적이었던 마이켈 커레이의 형태를 빌려 존으로 하여금 의회에의 길로 나아가게 했다. 커레이는 산전수전을 다 겪은 고참 정치가로서, 도금(鍍金)이 된 그의 연설은 약간 퇴색하고 있었으나 그래도 1942년에 하원으로 선출되었었다. 45년, 그는 보스턴 시장의 자리를 차지하기 위해 의석을 포기했다. 그 뒤에 그는 전시 중에 사기 행위를 했다는 혐의로 시장 재임중에 투옥되었다. 판결 때, 그는 아홉 가지 병(모두 중병이며 그 중에는 임박한 뇌출혈도 포함되어 있었다.)을 앓고 있음을 강조하며 선처를 호소하기 위해 두 번이나 큼직한 셔츠를 입고 재판정에 나왔었으나 소용이 없었다——존은 커레이의 공석을 노려 하원의원에 입후보하기로 결정했다.

우선 그는 거주권을 확보하기 위해 보스턴의 정치가들이 몰려드는 베르비유 호텔로 주거를 옮겼다. 그 뒤 그는 같은 거리에 있는, 아무리 보아도 고상하다고는 할 수 없는 빌딩의 3층으로 옮겼다. 아래층에는 이발소, 양복점, 구두 수선 가게가 있었고, 창으로는 주의회 의상 옆의 주차장을 굽어볼 수 있었다. 조그만 침실과 두 개의 거실, 하나의 작은 주방이 그의 주거였다.

존이 이곳에서 사는 동안, 빌딩의 관리인인 조 머피는 언제나 아래층에서 오렌지 주스와 반숙의 계란으로 된 아침 식사를 갖다주었다. 머피 부인은 욕실에는 언제나 수건이 있고 침대는 정돈이 되어 있도록 배려했다. 거실에는 한 개의 소파와 몇 개의 안락의자가 있었는데, 소파는 낡아 한 쪽이 기울어졌으며 의자는, 커레이가 나도 늙었구나

하고 술회했던 것처럼 오래된 것이었다. 어떤 기자가 청년 후보자 존과 인터뷰를 하면서 그가 걸터앉은 안락의자의 팔걸이를 망쳐놓은 적이 있었다.

"이 의자는 조심해야 한답니다." 하고 존은 웃으면서 말했다.

어느 날, 어머니 로즈가 이곳에 찾아왔다. 그리고 이튿날 아침, 1대의 트럭이 나타나더니 방 안에 있는 것을 모조리 실어 가버렸고 새로운 비품이며 가구류가 들어왔다. 바닥에는 빈틈없이 융단이 깔리고 벽에는 바다를 달리는 범선 그림이 걸렸다. 이 집의 주소인 실드윈 거리 122 번지는 이 뒤로 줄곧 선거인 명단에 기록된 그의 현주소였다.

로즈는 입후보한 아들의 어지러운 방 안을 깔끔하게 할 수는 있었 겠지만 후보자 자신에게는 별로 손을 델 수가 없었다. 남태평양에서 싸웠던 전우이며 선거 운동을 도왔던 에드 매클로크린은 이렇게 말 한다.

"존은 마치 벽돌로 머리를 빗은 것 같아."

존이 몸에 걸친 옷은 값비싼 것이었으나 그렇게 비싼 것이냐고 확 인하기 위해서는 상표를 보아야만 했을 것이다. 언젠가 그는 선거 참모인 존 가르빈과 함께 미사를 보러갔다. 가르빈은 이렇게 말한다.

"나는 그의 바지 엉덩이 부분이 해어져 있는 것을 보았다. 그래서 나는 그런 바지를 입고 영성체의 자리에 나가면 몹시 우스꽝스러울 것이라고 주의를 주었다. 그러나 그는 '나는 이 옷을 좋아해. 윗옷 자락을 아래쪽으로 끌어당기면 돼.' 하고 대답했다. 나는 미사가 끝날 때까지 줄곧 진땀을 흘려야 했다."

존이 정계에 들어가기 위해 택한 선거구는 그와 마찬가지로 예의 범절이 좋지 못한 사람들이 사는 곳이었다. 매사추세츠 주 제11 국 회의원 선거구는 동부 보스턴, 찰스 강에서 섬머빌, 찰스타운, 캠브 리지로 뻗쳐 있었다.

이곳에 사는 사람들은 대개가 가난했다. 그들은 이민이거나 그 자 손이었다. 슬라브 인, 이탈리아 인, 그리고 물론 아일랜드 인도 있었다.

그들은 아파트에 살며, 수없이 많은 아파트는 마치 찬장에 둔 채 잊혀진 지저분한 붉은 조그만 상자처럼 거리의 모퉁이마다 빈틈없이 밀집되어 있었다. 1층은 아이들을 안은 켈리네 가족, 3층은 오브라이엔의 가족――이곳은 아일랜드 인의 아파트이다. 몇 블록 떨어진 끝머리에는 위층, 아래층에 요넬라, 굴리엘모, 리초의 가족이 살고 있다――이곳은 이탈리아 인의 아파트이다. 그리고 어디를 보나 아이들이 가득하다. 이러한 사람들은 많은 아이들을 키우는 모친에게 친근감을 느낀다. 또한 경력이나 배경이야 어떻든 간에 이러한 어머니의 아들로서 성공한 자에게 특히 이해가 많다. 녀석이 할 수 있는 일이라면 우리 아이도 어쩌면 할 수 있지 않겠느냐는 생각에서인지도 모른다.

　이 지역은 꽉 들어찬 답답한 곳으로, 잇달은 아파트가 끊겼는가 하면 그것은 쓰레기장이거나 형편없는 공장――그 중에는 훨씬 더 녹음이 많고 보다 더 땅값이 싼 남부지대로 공장을 옮겼기 때문에 폐옥이 된 곳도 있었다――만이 있는 형편인데 한편으로 이곳은 미국의 역사적 명소의 하나이기도 했다. 독립전쟁 초기의 옛 싸움터인 뱅커 힐, 애국자 폴 레비어가 영국군이 진격하는 신호를 보았다는 올드 노스 교회. 그리고 미국사상 걸출한 수많은 인물을 낳은 하버드 대학도 이곳에 있었다. 하기야 당당한 벽돌 건물의 교사와 느릅나무 그늘이 펼쳐진 교정은 제 11 선구거에 사는 대부분의 사람들에게 있어서는 별세계이다――그러나 이 지역에 사는 사람들은 하버드 대학과 그곳을 떠나간 사람들을 잊지 못한다. 몇 해 전, 이곳의 한 주부가 위층의 자기네 아파트에 찾아온 면접자에게 손짓으로 객실의 방석을 권하면서 말했다. "앉으십시오. 이것은 1946년에 존 케네디가 앉았던 것입니다. 아니, 그것은 아닙니다만, 그것과 똑같은 것입니다. 진짜는 간수해두었으니까요."

　제 11 선거구에 있는 건물의 계단을 이 구역이 생겨난 이후 아마 가장 많이 오르내렸을 존은――이곳에 땅을 갖고 있던 조부 P. J.보다 아마 더 많았을 것이다――언젠가 데이비드 파워즈와 함께 연설회장으로 가는 도중 뱅커 힐의 기념비, 올드 노스 교회, 그리고 마이 홈으로서 사는 사람이 아니고서는 알 리가 없는 모두 똑같이 생긴 아파트 앞을 지나갔다. 존은 말했다.

"이런 선거구야말로 내가 대변할 곳일세."

짐 커레이는 케네디 같은 명문 출신이라면 누구라도 선거 운동에 신경을 쓰지 말고 직접 워싱턴으로 가는 편이 좋다고 말했다. 그러나 존은, 그리고 조셉도 그렇게 생각하지 않았다. 케네디 집안의 사람들은 예상 못할 사태를 모두 검토하지 않고서는 모험에 나서지 않았다. 아니, 거의 전부라고 해야 옳겠다. 왜냐하면 잠깐이었지만 소동이 한바탕 벌어져 만사는 수포로 끝나는 것이 아닌가 싶은 일이 있었기 때문이다. 존 F. 케네디가 민주당원으로서 등록되어 있지 않다는 것이 막판에 가서야 판명되었기 때문이다. 필요한 등록은 마감시간 1분 전에 야단법석을 떤 끝에야 제출되었다.

존 케네디는 예비 선거에서 9명의 후보자와 겨루었는데 이기면 당선된 것이나 다름이 없었다. 후보자 가운데 한 사람은 이 지역에서 인기가 높은 마이크 네빌이었다. 또 한 사람은 전에 육군 여군 부대의 소령 캐서린 팔베였다. 그녀는 하얀 군복의 정장 차림으로 선거운동에 나서기를 좋아하여 곧잘 존을 '가엾은 부잣집 도련님'이라고 불렀었다.

다른 사람들은 존을 '돌팔이'라느니 '풋내기'라고 불렀다. 마이크 네빌은 그런 말을 해도 선거전에는 별로 영향이 없을 것으로 보았다. 그는 말했다.

"도대체 어떻게 해서 백만 달러를 가진 상대방을 쓰러뜨리느냐."

아버지 조셉은 제멋대로인 디아로즈(政治 보스) 시대의 흔적이 이 선거운동에 영향을 미치는 일이 없도록 배려했다. "새로운 세대는 지도자 잭 케네디를 워싱턴으로 보낸다."——이것이 선거의 슬로건이었다.

이 지도자 존 F. 케네디를 키우기 위해 부친인 조셉은 구세대에서 어떤 인물을 차용해왔다. 그는 조카인 조셉 케인으로서 보스턴 정계의 베테랑이었다.

케인의 두통거리 가운데 하나는 당년 83세의 하니 피츠였다. 투지만만한 이 노인은 손자인 존을 내세우기 위해 언제 어디서나 난데없이 모습을 나타냈다. 그러나 케인은 자기들의 노랫소리에 〈귀여운 아데린〉의 노래가 들어가는 것을 원하지 않았다. 다음 이야기는 몇 번이고 보도되었다. 언젠가 케인은 선거 전략회의의 자리에 피츠가 찾아오는 것을 보고 고함을 쳤다.

"저 녀석을 여기서 몰아내라."

존은 깜짝 놀라 케인을 바라보았다.

"누구 말인가? 할아버지를 말인가?"

그러나 일부에는, 제11선거구에서는 하니 피츠 편이 하버드 사투리로 말하는 28세의 백만장자보다 사람들에게 동료로서 환영을 받는 것이 아니겠느냐고 보는 사람이 있었다. 그때까지 존이 활동하던 세계는 이 지역 사람들에게 있어서는 매우 인연이 먼 것으로, 설사 그가 다른 유성에서 살았다 해도 이 정도는 아닐 것이라고 여겨질 정도였다.

정계의 베테랑은 종래의 방식으로라면 정계에 들어서는 것은 저변——아마도 주의회일 것이다——부터 시작되어야 하는데 존은 그렇게 하지 않았다고 불평을 했다. 또한 존은 그들의 대부분과는 달라서, 진짜 아일랜드 인이 아니라 '하버드의 아일랜드 인'이라면서 트집을 잡았다. 그들의 말에 의하면 조셉 케네디는 돈이 얼마든지 있었기 때문에 자기 운전사라도 국회에 보낼 수 있다고 자랑했다는 것이다. 그들 가운데 한 사람은 존을 보고 내뱉듯이 말했다.

"자네는 지독한 떠돌이 정치가일세."

이와 같은 정계 베테랑들의 분노는 더욱 높아지기만 했다. 청년 후보 케네디가 그들의 수다스러움을 우습게 여기고 그들을 무시했기 때문이었다. 서튼은 이렇게 말했다.

"존이 시인하고 받아들인 핸디캡의 하나는, 공적 생활로 활약하는 거의 모든 사람을 그의 적으로 돌리고 말았다는 것이다."

존의 선거 운동

오랜 직업적 정치인을 모두 경원한 존은, 6월의 예비 선거가 있기 몇 달 전부터 대규모의 개인적인 조직 결성에 착수했다. 이 조직의 핵심은 초트와 하버드의 두 학교 및 해군 시절의 친구 가운데서 뽑았는데, 그 가운데 민주당 지지자와 공화당 지지자, 그리고 자유주의자와 보수주의자가 함께 섞여 있었다. 그는 정치 경험이 없고 이데올로기에 정력적인 청년을 원했다. 그들의 대부분은 전쟁에서 복귀한 지 얼마 안 되었으며 고참의 얼굴과 부패한 정치에 싫증이 난 사람들이었다. 이리하여 간부가 선출됨에 따라 그들은 다른 사람의 설득에 힘쓰고 많은 자발적인 협력자를 포섭해나갔다.

선거 운동에서 재정부장을 맡았던 존 드로니는 말한다.

"존이 등장했을 무렵에는 대중 선동가의 시대가 끝났지만, 그들은 아직 그것을 깨닫지 못하고 있었다. 존은 당시의 모든 정치가와는 정반대의 입장에 서 있었다. 그는 마지막의 시작, 새로운 시대의 선구자였다."

후에 케네디의 저널리즘 대책 담당이 된 존 가르빈은 말한다.

"존은 전형적인 프로 정치인과 전혀 달랐다. 그는 정계에서 통용되는 이론이라든가 보전이니 하는 것을 철저히 피했다. 그에게는 아첨이 없었다. 그의 선거 운동은 최초의 첫날부터 새로운 방법, 새로운 사고 방식, 새로운 선거 운동 방식에 대한 실험이었다."

해군 조선소의 노동자 조 레이히에 의하면, 앙상하게 생기고 얼굴의 근육이 축 늘어진 존은 겉으로 보기에는 그리 '매력적인 후보자'는 아니었다. 레이히는 존이 '작은 브레인 트러스트'로 불렀던 모임의 어엿한 한 사람이었다.

레이히는 계속해서 말한다.

"그가 말을 걸어왔을 때 문득 이렇게 생각했다. '이 사내는 무엇인가 먹을 것이 필요하다.' 그래서 어머니에게 그를 소개했다. 어머니는 그에게 물었다. '이건 지독하군요. 이발소에 간 적이 있나요?'" 그러나 존에게는 사람을 사로잡는 백만 달러의 미소가 있었다."

선거 그룹의 모임에서 레이히는 이렇게 털어놓는다. "케네디에 대한 반대가 극심했기 때문에 친구들이 나에게서 떨어져나가기 시작했다. 이 지역에는 한 번도 살았던 적이 없는 백만장자의 풋내기와 어떻게 내가 손을 잡은 것인지 그들로서는 이해가 되지 않았다. 마이크 네빌은 나를 보고 비민주적 반역자라고 말했다."

존이 베르비유 호텔에 선거 사무소를 차렸을 무렵, 아버지인 조셉 역시 리츠 카르턴 호텔에 작전 본부를 차리고 있었다. 그는 무대 이면에서의 공작을 하기 위해 이 호텔에서 선거전에 단련된 직업적 정치 인물들을 자기 산하에 불러들였다. 존이 모은 젊은 친구들——때로는 뱅커 힐 갱이라고 불렸다——은 참으로 훌륭했다. 그러나 아버지는 젊은이들도 조셉 케인 같은 사람에게서 구식이며 촌스럽기는 하지만 실제적인 선거 전술의 일부를 배우고 이용할 수 있다고 판단했다. 선거 구호를 생각해낸 사람은 케인이었다.

데이비드 파워즈는 중국, 버마, 인도 전선에서 귀환한 지 얼마 안 되며 미망인이 된 자매와 아들 여덟 명과 함께 살고 있었는데, 하루는 찰스타운의 자기 집 문을 두드리는 소리를 들었다. 문을 열자 '키가 크고 비쩍 마른 미남자'가 손을 내밀며 말하는 것이었다.

"내 이름은 잭 케네디입니다. 나는 하원의원 입후보자입니다. 협력을 부탁드릴 수 있을는지요?"

찰스타운 해군 조선소에서 파워즈와 함께 신문을 팔고 있던 서튼이 존에게 이 방문을 권했던 것이다.

파워즈는 계속해서 말한다.

"마침 이날, 찰스타운의 술집에서 이 도시 출신의 존 코터라는 청년이 출마한다는 소문이 나돌고 있었다. 찰스타운의 사람들은 결속이 굳기로 유명하다. 나는 존에게 말했다. '천만의 말씀. 협력한다면 존 코터에게 할 거요.' 이 말에 존은 미소를 지었다. 그리고 '오늘은 전사자의 어머니 모임에서 얘기하기로 돼 있는데 당신도 함께 가지 않겠소?'라고 말했다.”

거기에는 수백 명의 여성이 모여 있었다. 파워즈는 존이 성실하고 솔직하게——그러나 어색하게 하는 이야기에 귀를 기울였다. 그런 장소에 익숙한 연설가가 으레 하듯이 끝부분을 강조하여 고양시키는 행동은 하지 않았다. 파워즈에 의하면 존은 “무뚝뚝한 말투에 가끔 더듬거리기도 했다.”는 것이다.

“그런 뒤, 그는 여성들을 응시하며——진정에서 우러나온 솔직한 호소라는 것은 직감으로 알 수 있다——말했다. ‘여러분의 심정을 나는 이해한다고 생각합니다. 나의 어머니도 전사자의 어머니랍니다.’ 전사자 아들을 둔 찰스타운의 어머니들은 그의 주위를 에워싸듯이 몰려들었다. 뒤쪽에 있던 나는, 그녀들이 존에게 자기들의 아들인 마이크며 존이며 딘 같은 느낌이 든다고 말하는 것을 들었다. 그녀들에게서 그를 떼어놓는 데 30분이나 걸렸다.”

연설이 끝난 뒤 둘이서 함께 거리를 걷고 있을 때 존은 그에게 “내가 한 일을 어떻게 생각하시오 ? ” 하고 물었다.

“이런 일은 본 적도 없소.”라고 파워즈는 대답했다.

“그렇다면 협력해주겠소 ? ”

“벌써 협력하기 시작했소.”

두 사람은 악수를 했으며 이것이 우정의 시작이었다. 이 우정은 파워즈가 존의 뒷차를 타고 텍사스 주의 댈러스 시내를 통과하는 날 (존 케네디가 암살당 한 곳이 댈러스였다.)까지 계속되었다.

전전에 매사추세츠 주의 변호사 시험에 합격했던 드로니 역시 제대한 직후였는데 친구로부터 케네디를 지지해달라는 부탁을 받았다.

드로니는 말한다.

“나는 존을 만나러 갔는데 선거 운동에는 결코 관여하지 않겠다고 작정했었다. 나는 그에게 ‘나는 정치에 대해서는 거의 아무것도 모른다. 변호사 개업에 전념하고 있는 중이다.’라고 말했다.”

“그렇습니까.” 하고 존은 말했다. “나는 기자가 되고 싶었으나 형이 전사했습니다. 아버지는 형의 뒤를 잇는 것이 최선이라고 생각합니다. 당신은 변호사가 되려고 했으며, 나는 기자가 되려고 했습니다. 그러나 변해야 할 방향으로 사태를 바꾸어야겠다는 생각이 있다면 하고 싶지 않은 일도 해야만 합니다."

"이야기는 간단했다. 내 마음은 10초 만에 달라졌다. 그는 나에게 친구 몇 명을 모아달라고 부탁했다. 4, 50명의 옛 전우를 모았는데, 그는 그들을 모두 동지로 만들었다."

존이 드로니에게 선거 운동의 재정부장을 맡아달라고 부탁했을 때, 드로니는 산수 계산이 서툴기 때문에 안 된다고 거절했다. 그러나 존은 반박했다.

"그런 것은 신경쓸 게 못 돼요. 필요한 회계사는 모두 아버지한테 있습니다. 신용할 수 있는 사람이 필요한 겁니다. 하지만 아버지가 승낙을 해야 합니다."

아버지는 누구에 대해서나 승낙이 있어야 했다. 아들이 모아온 선거 운동의 간부들은 모두 아버지의 개인 면접을 받아야만 했다. 선거 운동의 여러 가지 과정도 모두 그의 생각 하나로 변경될 우려가 있었다. 그러나 아버지가 신경을 쓴 것은 전술뿐이며 그 본질적인 면에는 간섭하지 않았다. 정책에 관해서는 대부분의 면에서 양자 사이에 날카로운 대립이 있었다. 존은 아버지에게 말했다.

"우리 두 사람은 각각 다른 세대의 대변자입니다."

콜버트는, 존이 아버지에게 "입후보자는 아버지가 아니라 저입니다. 아버지 방식대로가 아니라 제 방식대로 선거를 하겠습니다." 하면서 다투는 것을 들었다고 한다.

콜버트는 또 이렇게 계속했다.

"그것과는 다른 문제이지만, 둘이서 격렬하게 언쟁하고 있을 때, 존은 정중하나 의연한 어투로 아버지에게 방에서 나가달라고 부탁하는 것을 들은 적이 있다. 아버지는 화가 난 체했으나 아들에게 자기와 맞설 조성이 있음을 알고 기뻐하는 눈치였다."

부친의 영향력은, 사람들이 믿고 있는 만큼 큰 것은 아니었으나 많은 사람이 생각하는 정도로 작은 것도 아니었다.

드로니의 이야기는 계속된다.

"아버지는 존에게 자신에 대한 것은 스스로 결정토록 했다. 그러나 존이 부친을 필요로 할 때에는 언제나 그 자리에 있었다. 이것이 극히 중대한 일이었다."

"우리는 모두 햇병아리 같은 풋내기 아마추어였다. 잘못을 한없이 범할 위험이 있었다. 상대방은 산전수전을 다 겪은 베테랑이기 때문에 우리를 짓밟을 뿐만 아니라, 당선되어도 기술상의 문제를 들고 나와 영관(榮冠)을 빼앗아갈는지도 모르는 일이었다. 때문에 조심하고 또 조심해야만 했다. 아버지인 조셉은 존이 당선되면 상대방이야 누구이건 그 영광을 빼앗아가게 두지는 않겠다고 말했었다."

아버지는 존이 돈벌이가 될 광고 일을 맡겨준 일이 있는 보스턴의 존 L. 라우드 대리점으로 하여금 존의 선전을 하게 했다. 하버드 대학 법학부 출신이며 후에 6년간에 걸쳐 존 케네디의 주요 고문이 된 마크 도르턴은 선거 운동의 책임자가 되었다. 존은 전우인 '빨갱이' 페이 (앞장에 나왔던 폴 페이를 말한다.)를 끌어들여 운동원의 한 사람으로 참여시켰다.

아버지 조셉이 존에게 형의 뒤를 잇도록 말했을 때 느꼈던 우려는 존이 보스턴의 가두에 선 선거 운동 개시 첫날째에 산산조각이 나다시피 무산되기 시작했다.

조셉은 동부 보스턴의 마벨릭 광장에 서 있었다. 이곳은 패트릭 케네디의 말하자면 옛 기반이었는데, 오랜 세월이 이곳을 거친 이탈리아 인의 거리로 바꾸어 놓았었다. 그는 존이 한 구석에 몰려 있는 한 무리의 사람들에게 다가가는 것을 지켜보고 있었다. 그들은 주머니에 손을 찌른 햇볕에 그을린 사람들로, 여위고 머리를 손질조차 하지 않은 존을 수상쩍다는 듯한 눈으로 보고 있었다. 그러나 존은 활짝 웃으며 손을 내밀고는 자기에게 투표해 달라고 부탁했다. 그들도 곧 얼굴에 미소를 띠며 그에게 말을 걸기 시작했다.

"이러한 일이 일어날 수 있느냐 없느냐의 어느 쪽에 걸겠느냐고 한다면, 나는 결코 일어날 수 없다는 쪽에 걸겠다."

아버지는 이렇게 말했다. "존에게 그런 면이 있는 줄은 꿈에도 생각하지 못했다."

처음 한동안 존의 연설은 서먹서먹한 듯했다. 무엇보다도 차분하지 못했다. 그는 안색이 나쁘고 여위었으며 긴 하루가 끝난 뒤에도 그의 얼굴은 등의 통증으로 일그러져 있는 때가 많았다.

"존은 그렇게 신경과민 체질은 아니었다."

도르턴은 그렇게 설명하고 있다.

"오히려 피로와 긴장 때문에 그러했었다. 몸은 아팠으며 하루의 일정은 고되었다. 그 사람만큼 직접 차를 많이 운전한 사람은 그렇게 흔하지 않을 것이다."

또한 매클로크린은 이렇게 말한다.

"존은 사회적 지위가 낮은 사람들과 함께 걸으며 그들을 이해할 수가 있었다. 마치 평생을 두고 그들과 함께 살아온 것 같았다. 그는 교육을 받지 못한 사람에게 말을 걸었는데, 참다운 정치적 본능——아니, 직감이라는 것을 지니고 있었으며 그들의 말에 귀를 기울였다. 그들에게 있어서 존은 그들 자신이 되고 싶다고 생각했던 것, 자기들 집안에서 나와주었으면 했던 바로 그 사람이었다. 그는 그들 사이에서 자랐다고 여겨질 만큼 허물없이 그들 사이로 파고들었으며 그들을 이해할 수 있었다. 이러한 것은 소질이 있느냐 없느냐의 문제이겠는데, 그에게는 이런 소질은 선천적이었다."

아파트의 골짜기 같은 어두운 계단을 뚜벅뚜벅 올라가서는 비좁은 방에서 생활하는 사람들과 이야기를 나누며 문전에서 쫓겨나지 않으려고 신경을 쓴다는 것이 처음 한동안은 싫은 일이었다. 언젠가 그는 친구에게 이렇게 털어놓았다.

"형이 살아 있었더라면 이런 일은 결코 하지 않았을 것이다."

그러나 사람들과 접촉할 때는 이런 소극적인 모습은 결코 보이지 않았다. 또한 존이 자유로운 생활을 해왔다는 것에 대해 분개하는 사람은 거의 없었다. 존이 싱긋 웃으면서 "나는 험악한 길을 걸어오지 않았어." 하고 말하면 그들도 선뜻 웃어주었다.

존 케네디가 부자였다는 것이 어쩌면 그에게 플러스였을지도 모른다. "가난한 사람들은 이렇게 생각했었다." 하고 드로니는 설명한다.

"존 케네디가 정계에 나서서 치러야 할 대가를 치르려 해도 그것은 돈 때문에 하는 것은 아니다. 남의 것을 빼앗는 일은 결코 하지 않을 것이다——이러한 말을 나는 곧잘 들었다."

느리기는 했으나 존은 차츰 꾸밈없는 솔직한 연설 방식을 익히기 시작했다. 이것은 호들갑스럽고 구태의연한 연설에 싫증을 내던 사람에게 참신한 느낌을 주기에 충분했다. 존은 다른 모든 후보자를 마치 존재하지 않는 것처럼 무시하며 전쟁에서 돌아온 사람과 머지않아 돌아올 사람의 취직, 주택 문제, 또한 집세의 의료비 인하의 필요에 관해 연설했다. 이것들은 가난한 제 11 선거구에서는 참으로 절실한 현실의 문제로서 표를 모으기에는 안성맞춤의 호재였다.

그러나 존은 등의 통증으로 고생하고 있었다.

서튼은 말하고 있다.

"정력적인 청년 존도 거리를 달리거나 계단을 오르내리다보니 등을 혹사하고 지칠 대로 지쳐 얼굴을 찡그리며 돌아올 때가 몇 번 있었다. 우리는 그가 괴로워하는 것을 알았으나 그에게는 그것을 극복하고 나아가는 의지가 있었다. 때로는 통증으로 말미암아 짜증스러워져 걸핏하면 나를 야단치기도 했다. 그러나 언제나 후에 나에게 사과하러 왔다. '빌리, 알겠지만 나의 개인의 심정에는 변함이 없네.' 값비싼 대형차를 갖고 들어올 수는 없었다. 이 구역 사람들은 몹시 가난했기 때문에 그런 짓을 하면 자기가 부자라는 것을 과시하는 것이 되는 것이 뻔하기 때문이었다. 그렇기 때문에 존은 되도록이면 걷곤 했다. 걷고 걷고 또 걸었다."

비좁은 골목을 걷는다. 하역 노동자에게 말을 걸면서 부두를 걷는다. 공장에도 홀로 걸어서 간다. 시큼한 냄새가 나는 아파트의 계단을 걸어서 올라간다. 언제나 걷는다. 그러나 혼자가 아니다. 어딘가에 갈 때에는 그 전에 부근을 안내해주는 간부 운동원의 한 사람을 정해둔다. 이 전술은 훗날에도 계속 사용되었다.

가족이 모두 응원

존은 가족을 모두 선거에 끌어들였다. 선거전이 진행됨에 따라 케네디 일족은 코만치 족의 습격 부대처럼 보스턴을 에워쌌다.

해군에서 제대한 직후였던 로버트는 군복을 입고 참가했으며 보스턴의 빈민가에 뛰어들었다. 그는 1945년 가을, 진수한 구축함 조셉 P. 케네디 주니어에 근무하여 어엿한 뱃사람으로서 돌아온 직후였다.

"로버트는 언제나 가장 어려운 일을 했다."

데이비드 파워즈는 말한다.

"로버트는 존을 당선시키기 위해 헌신적으로 일을 했는데, 형을 위해 이만큼 전력한 예는 미국의 선서사상 없을 것이다. 형을 당선시키기 위해 로버트만큼 많이 활약하고 용기를 보이며 많은 희생을 치른 사람은 없다."

로버트는 동부 캠브리지에 선거 사무소를 개설했는데, 이곳은 마이크 네빌의 지반이기 때문에 존은 5대 1로 진다 해도 성공이라고 생각했다. 로버트는 많은 사람과 악수하고 스파게티를 먹으며 형에 대한 이야기를 했다. 또한 사무소에서 나와 건너편 거리의 공원에서 아이들과 소프트볼을 하며 놀았다. 동부 캠브리지의 개표 결과는 네빌이 간신히 케네디를 앞지르는 정도였다.

어머니인 로즈는 케네디 일족의 젊은 사람들에게 지지 않을 정도로 정력적으로 아들을 돕기 위한 싸움에 뛰어들었다. 그녀가 문을 노크하면 주부들은 로즈에게 경의를 나타내기 위해 급히 침실로 가서 옷을 갈아입었다. 그녀는 이탈리아 인에게는 이탈이아 어로 자기가 보스턴 북부에서 자랐을 때의 일을 간단히 이야기했다. 도체스터에서는 도체스터 고등학교 재학 당시의 추억을 이야기했다. 그녀는 자기 아이들에 대한 이야기도 하며 소중히 간수해 두었던 종두(種痘), 충치, 소아병의 치료에 관한 기록을 보였다.

상류 부인과 이야기를 할 때는 우선 존에 관해서, 그리고 그가 얼마나 훌륭한 의원이 될 것이냐에 관해 조금만 이야기한다. 그러나 그것이 끝나면 "지난 달, 제가 파리에서 보고 온 새로운 옷에 대한 얘기를 하게 해주세요!" 하는 것이었다. 이것은 매우 효과적이었다. 이러한 여성들은 존을 위해서가 아니라 로즈를 위해 투표했다. 그러나 어떻든 간에 케네디의 표가 되는 것이다.

가르빈은 말한다.

"케네디 부인은 우리가 사무실로 쓰는 호텔에 오면 발로 차듯이 신발을 벗고는 침대에 누워버렸다. 몇 시간이나 계속해서 악수를 하거나 얘기를 한 뒤이기 때문에 몹시 지쳐 있었다."

어머니 이상으로 여기저기를 찾아다닌 사람은 존뿐이었다. 이 지역에서는 '자택 파티'를 여는 전통이 있었다. 노동자는 주부를 동원하여 이웃사람들을 차와 쿠키의 모임에 초대했다──거기서 후보자와 이야기를 나누게 되는 것이다. 존은 허물없이 들어와 부엌으로 가서, 무척 마시고 싶었던 우유를 꺼내 마신 뒤 그곳 사람들에게 머나먼 고향에 있는 친척의 안부를 묻는다. 그리고는 등을 구부리고 객실로 들어가 한쪽 발을 의자의 팔걸이에 걸친 채 신변 잡담을 하는 것이었다.

한편, 딸들은 케네디라는 글자를 가득히 쓴 검은 펠트제 스커트를 입고 모든 선거구의 집집마다 찾아가 벨을 울렸다. 유니스는 좋아서 했으나 패트리시아와 진은 싫어했다. 케네디 집안의 오랜 여자 친구 헬렌 키즈는 "그런 옷차림을 한 아가씨들은 무척 멋이 있었으나 진과 패트리시아 양은 그런 것을 입으면 바보스럽다고 생각한 모양이었다." 라고 말했다.

젊은 딸들은 아버지의 눈을 속이는 것을 재미있어 했다. 아버지는

키즈 부인과 딸들이 함께 있으면 밖에 나가 선거를 위해 활약하는 줄로
여기고 있었다. 키즈 부인은 이렇게 말한다.

"그녀들이 문을 열고 나가면, 아버지는 '어디로 가느냐.'고 묻는다.
그녀들은 '아빠, 헬렌과 함께예요.' 하고 대답한다. 아버지는 '그래
좋다.' 하고 대답한다. 그러나 우리는, 수영이나 그 밖의 다른 것을
하러 갔다. 그는 딸들이 나와 함께라면 선거 운동을 하는 줄로만 여기고
있었다. 패트리시아 양과 진 양은 정말 내성적인 아가씨들이었다. 호별
방문으로 여러 집의 벨을 울려야 할 때 오후의 영화관으로 들어가버
린다. 내게 그것을 들키면 그녀들은 '아빠한테 이르지 말아 줘요.' 하고
호소했다."

드물기는 했으나 보스턴에 케네디 집안이 한꺼번에 몰려든 것에 대해
분개하는 불평분자가 있었다. 뱅커 힐 거리의 주병부대(州兵部隊) 본
부에서 청중의 한 사람이 케네디 집안의 일로 질문을 하려고 했다.
눈을 부릅뜨고 그 사내에게 말했다.

"케네디 집안의 누구에 대해서이건 사과해야 할 일은 없다. 나는
지금 선거를 위해 싸우고 있다. 문제를 여기에 한정시키자. 나의 집안에
대해서 얘기하고 싶다면 밖에서 당신을 만나겠다."

젊어서 죽은 조셉의 추억은 끊임없이 그들을 따라다녔다. 도르턴은
이렇게 말한다.

"존이 감정을 드러내는 일은 드물었다. 그러나 어느 날 아침, 함께
미사에 갔다가 나가려고 일어서자, 존이 나에게 '잠깐 기다려주게나.
조셉을 위해 촛불을 올리고 싶으니까.' 라고 말했다. 존답지 않은 일이기
때문에 깜짝 놀랐다."

또한 언젠가 존은 도르턴과 함께 차를 탔는데 도르턴이 말을 하고
있었다. 그런데 문득 보니 존의 마음은 먼 딴데 있는 듯했다.

"그는 나를 보더니 '미안하게 됐네. 자네 말은 듣지 않고 조셉의
일을 떠올리고 있었다네.' 하고 말하는 것이었다."

운동원들이 대활약을 하여 선거전이 한창 무르익자 존은 더욱더

두드러지는 인물로 떠올랐다.

　서튼은 말한다.

　"존은 보스턴 정계에서 참신한 존재였다. 비 오는 날 창으로 스며드는 한 줄기 햇살 같은 것이었다. 그는, 정치란 사기꾼과 허풍쟁이가 판을 치는 추악한 것으로 여겼던 사람들의 표를 모으고 있었다."

　존 케네디는 창으로 스며드는 햇살이었는지도 모른다. 그러나 동시에 그는 쉴새없이 문을 노크하며 유세하러 다니는, 지칠 줄 모르는 후보자였다. 제 11 선거구의 어느 곳에서도 케네디를 만날 수 있었다. 케네디의 친척, 케네디의 동급생, 케네디의 전우.

　"그에게는 선전 담당 비서는 필요없었다."고 한 운동원은 말한다. "거리에는 125명의 전우가 있는데 그들이 진짜 선전 담당 비서이다."

　선거전에서의 케네디 파의 활약을 지켜보던 사람들은 훗날에 흔히 '자가노트'(원래는 인도의 신. 이 신상을 실은 거대한 수레 아래 사람들은 극락왕생을 꿈꾸며 몸을 던졌다고 전해지는데 비유적으로는 강력한 기관이란 뜻이 된다.)라든가 '기름을 잘 친 기계'라든가 하는 말로 비평한다. 그러나 이러한 말들은 비유에 적당하지 않다. 하기야 타인의 방식을 채택하고 또 개량하여 매우 능률적으로 전문적 선거 전술이 오랜 세월을 통해 안출되었다는 것만은 사실이다. 1946년에 존이 보였던 것은 그의 모든 성공의 비결인 '잘 견뎌낸다'라는 것이었다. 시행착오를 거쳐 완성된 교묘한 조직력도 그렇거니와, 그의 돌파구는 단순한 개인 대 개인으로서 마지막을 만세로 끝내는 그러한 정치 대신에, 개성 대 개인의 정치를 보여준 데에 있었다. 존이 친구를 포섭할 수 있었던 것은 그들이 그를 좋아했기 때문이지, 그가 그들에게 무엇인가를 해주었기 때문이거나 그들의 충성을 돈으로 샀기 때문은 아니다.

　그는 제대한 지 얼마 안 되는 청년과 가족 가운데 누군가가 군대에 가 있는 사람들에게 접근했다. 그들 모두에게 있어서 그는 정치가가 아닌 전장 영웅으로 비쳤다. 백만장자에게는 투표하지 않는 사람도 PT 109의 정장이라면 납득할 수 있었다. 청년들은 꿈을 안고 싸움터에서 돌아왔다. 그들은 가난에는 이제 신물이 나 있었다. 존은 그들을 찾아와서는 그들에게 한 줄기 희망과 그들이 지향할 목표를 제시해준 부자 청년이었다.

　그러나 어쩌면 그는 여성의 마음을 가장 잘 사로잡았는지도 모른다. 뱅커 힐 회의 회장이며 콜럼부스 회의 회원(교단세 모두 사)이기도 한 워렌 매컬리는 회원의 한 사람으로서 존을 후원하여 찰스타운의 사람들과 존이 잘 접촉할 수 있도록 협력했다. 매컬리는 말한다.

　"그는 여위고 얼핏 보아서는 옷차림이며 체면에 구애되지 않는 듯했다. 머리 한가운데쯤 되는 부분의 머리칼이 언제나 튀어나와 있었는데 그것을 이마로부터 신경질적인 듯한 손짓으로 쓸어넘기는 버릇이 있었다. 그러나 그의 무관심해보이는 외관 때문에 절대로 그의 아버지가 손상되는 일은 없었다. 어떤 연설회에서 나는 나이가 지긋한 두 여성 뒤에 앉아 있었는데, 그녀들은 존이 여위고 옷은 다림질을 해야 할 그런 형편임을 보고는 동정하고 있었다. 그는, 무엇인가를 해주고 싶은 그런 느낌을 주는 청년이었다. 우리는 그를 사람들이 있는 곳으로 데리고 갔는데 우리가 표를 모았던 것이 아니라 자기 스스로 표를 모았던 것이다."

　존은 자유롭게 쓸 수 있는 수백만 달러의 돈이 있었지만 선거 때나 평소 때도 언제나 주머니에는 현금이 거의 없는 것 같았다. 언젠가 어머니인 로즈가 택시 운전사에게 이번 선거를 어떻게 생각하느냐고 묻자, 운전사는 "존 F. 케네디라는 이름의 젊은이, 전장의 영웅에게 투표할 작정이오. 존의 아저씨는 북부 보스턴 출신으로 내 할아버지와 개인적으로 아는 사이였소." 하고 대답하는 것이었다.

　"그 말을 들으니 기쁩니다." 하고 로즈는 말했다. "내가 그의 어머니랍니다."

　"만나서 반갑습니다." 하고 운전사는 말했다. "아드님을 만나면 어제의 택시값 1달러 85센트를 아직 받지 못했다고 좀 주의를 주셨으면 합니다."

　언젠가 콜버트는 존과 점심 식사를 하러 갔다. 존은 식사값 1달러

95센트를 치르려고 온 주머니를 뒤져보았으나 돈이 없었다. 콜버트는 또나고 웃으면서 놀라지 않았다. 그리고 자기 주머니에 손을 넣어보았다. 역시 빈 주머니였다.

"걱정 말게." 하고 존은 말했다. "내가 처리하겠어." 존은 웨이트리스를 불러 "나는 조셉 P. 케네디 대사의 아들인 존 F. 케네디요, 이 가게에 외상구좌를 텄으면 하니까 오늘 점심값은 거기에 달아주세요."

"댁이 그러시다면 저는 그레타 가르보(당식의 유명한 인기 여우)예요." 하고 웨이트리스는 대답했다. "그러니 값은 치러주셔야 해요."

그는 신분증명서를 보여달라는 말을 들었다. 그러나 그것을 갖고 있지 않았다. 결국 콜버트의 신분증을 보여 점심값 1달러 95센트를 외상으로 달아야만 했다."

독주하는 케네디

한편, 리츠 카르턴 호텔의 본부에서는 거액의 돈이 선거 운동에 쓰이고 있었다. '당선에는 세 가지가 필요하다."고 케인은 말했다. "첫째가 돈, 둘째가 돈, 셋째도 돈이다."

매사추세츠 주에서의 의원 선거 사상 이렇게 선전이 치열하게 전개되었던 적은 없다. 게시판, 포스터, 자동차의 스티카, 팜플렛 등 거리는 종이의 홍수였다. 존은 자기 선거 스티커를 붙인 자동차를 보는 것을 좋아했다. 때때로 그는 자동차의 뒤를 따라가서 운전하는 사람에게 고맙다는 인사를 했다. 하루는 가르빈이 존과 함께 차를 탔는데, 존은 몇 마일이나 옆차를 뒤따라가서 겨우 신호대가 있는 곳에서야 앞차 옆에 나란히 설 수가 있었다. 존은 차창 너머로 운전하는 사람에게 말했다. "내 스티커를 붙여 주어 고맙다는 인사를 하고 싶었습니다."

가르빈은 그때 일을 이렇게 말한다.

"그 사내는 어이가 없는 모양이었다. 그러나 말뜻을 알아듣자 '케네디 씨, 당신의 스티커를 달 수 있다는 것을 영광으로 생각합니다.' 하고 대답했다. 존은 나를 돌아보며 말했다. '이런 사람이 나를 위해

표를 벌어 준다네.'"

케네디의 이름이 온 선거구를 뒤덮듯이 되자, 사람들은 '자택 파티'에의 초대장을 자진해서 보내달라고 하기에 이르렀다.

"사람들이 모여 있는 곳에 존이 나타나면 마치 영화 스타가 등장하는 것처럼 소란스러웠다. 곳곳에서 여자의 한숨 짓는 소리가 들렸다."라고 매클로크린은 말했다. "밤마다 우리는 리츠의 본부에서 오전 1시에 삶은 달걀을 먹고 하루를 마감했는데, 봄이 끝날 때까지 그 일은 계속되었다. 연이은 파티로 다른 후보자들은 초주검이 되다시피 했다."

'자택 파티'가 이처럼 크게 성공한다면 여성만을 위한 티 파티를 해보지 않겠느냐? 드로니는 그런 생각은 터무니없는 것이라고 여겼다. 티 파티는 고상하지만 이 선거구는 거친 곳이다.

"늘 그랬지만 나는 철저하게 잘못 생각하고 있었다."고 드로니는 말한다.

석판 인쇄된 초대장이 선거 명부에 실려 있는 모든 여성에게 보내졌다.

"이 파티가 있기 전에 미용사는 하루 24시간 줄곧 일을 해야만 되었다. 미혼여성은 누구에게나 멋진 일이 일어날지 모른다는 희망과 꿈에 부풀어 있었다."

가장 멋있는 옷으로 차려 입은 수백 명의 여성들이 줄을 이었다. 행렬은 캠브리지의 코만다 호텔 로비에서부터 거리를 지나 부근의 공원까지로 이어졌다. 여성들은 저마다 무도장에 들어가, 스테이지에 올라가 후보자와 악수했다. 남자는 흰 나비 넥타이와 연미복의 정장으로, 나란히 선 접수처의 맨 앞에는 전 주영 대사 내외가 있었다. 아버지 조셉이 아들을 위해 공식 석상에 나타난 것은 이번 한 번뿐이었다.

이처럼 사람이 모이는 것을 본 어느 고참 정치가는 소리쳤다.

"이렇게 되리라고는 정말 생각조차 하지 못했다. 저 애송이는 쉽게 당선될 것이다."

"때때로," 하고 드로니는 말한다. "여성이 존을 보고 대통령이 되어달라고 하는 말을 들었다. 꿈 같은 이야기였다."

〈보스턴 포스트〉지의 여론 조사에 의하면, 존은 다른 후보자의 득표를 모두 합친 것만큼 득표할 것이라는 예상이었다. 그러나 아버지는 이러한 사실을 좀더 확인하고 싶었다. 그는 뉴욕의 〈데일리 뉴스〉 신문사의 투표 조사 그룹을 동원시켜 득표 예상을 확인하려고 했다. 조사원들은 마치 유망한 대통령 후보를 조사라도 하듯이 제 11 선거구를 철저히 다니면서 조사했다. 그들은 결국 처음의 여론조사를 확인한 데 불과했다. 존은 다른 후보자보다 훨씬 앞서고 있었다.

선거까지는 아직 며칠이 남았다. 아버지 조셉은 아들에게 휴양을 위해 하이아니스포트의 집에 돌아가 있으라고 권했다. 그러나 존은 결코 기세를 늦추지 않았다.

"프랭클린의 '일찍 일어나고 일찍 잔다.'는 교훈을 존이 지키는 것은 더 이상 예정을 짤 수 없는 그런 때뿐이었다."

측근 중 어느 한 사람이 한 말이었다.

선거의 결과는 완전한 일인 독주였다. 존은 차점인 네빌에 비해 거의 배가 되는 득표를 하였다. 어느 투표구에서도 득표는 다른 후보자를 압도하였다. 다만 제 3 위인 존 코터의 지반인 찰스타운의 제 2 투표구만이 달랐다. 제 11 선거구가 선출하는 새 의원으로서는 훌륭한 출발이었다.

보스턴 정계에 새바람이 불어 최초의 승리의 대해 만세의 축배를 들었을 때, 케네디 선거 본부는 기쁨의 폭풍으로 뒤덮였다. 낡은 시대도 잊지는 않았다──하니 피츠는 테이블에 올라가 지그를 추었으며 〈귀여운 아데린〉을 노래불렀다. 그러나 존 케네디의 승리는 아일랜드인이 또다시 공직에 진출했다는 것만은 아니었다. 또한 이것은, 조용히 구석에 앉아 아들의 지지자들이 당선을 축하하는 광경을 지켜보는 사나이의 승리도 아니었다. 이것은 정치 논쟁, 표의 거래, 헛된 공약에 의존하지 않고 당선한 존 F. 케네디의 승리였다. 그가 이긴 것은, 상류계급 출신의 청년이면서도 혜택받지 못한 선거구에 가서 그곳에 사는 가난하고 지친 사람들에게 그들 가운데 아무도 예언할 수 없고 또 안내인도 없는 미래를 위한 투표를, 자기를 믿고 던져달라고 부탁했기 때문이었다. 그리고 그들은 그에게 신뢰의 표증을 주었던 것이다.

당선 축하 파티를 지켜보던 조셉 레이히는 말한다.

"존과 친한 사람들이 많이 있어 그들이 존을 만들었다고 한다. 그러나 내 생각은 그렇지 않다. 존은 스스로 자기 자신을 만들었을 뿐만 아니라 그들까지도 만들었다는 말을 하고 싶다."

캐서린의 죽음

존 케네디의 요란스러운 선거전과 승리에서 떠나 있던 케네디 집안의 식구가 하나 있었다. 누이동생인 캐서린이었다. 그녀는 영국을 제2의 모국으로 삼았다. 망부의 집은 제2의 집이었다. 친구들은, 그녀는 케네디 가보다 캐빈디시 집안의 사람이 되었다고 비평했다.

남편이 살아 있었더라면 그녀는 그 직함으로 보아 엘리자베스 여왕의 뇌관장이 되었을지도 모른다. 귀족의 미망인으로서, 그녀는 런던 싱류사회의 여러 그룹 사이를 오고갔는데, 이것은 오로지 미망인으로서 바치는 소박하고 경건한 심정과는 대조적이었다. 영국 귀족의 광대한 저택에 초대받은 주말 파티의 손님들이 일요일 아침 늦게까지 잠들고 있는 사이에 캐서린 케네디 하팅턴은 6시 미사에 참례하기 위해 카톨릭 교도의 하인들과 함께 규칙적으로 일어났다. 그녀는 자기 집에서도 신앙을 잊지 않았다.

캐서린은 미국에 있는 가족들과 소원해진 것은 아니었다. 이를테면 1948년, 그녀와 그녀의 아버지는 리비에라에서 만나 휴일의 하루를 함께 보낼 것을 계획했었다. 아버지는 파리에 있었다. 그녀는 비행기로 갈 참이었다. 그녀의 친구이며 영국에서 가장 부유한 귀족의 하나로 불리던 피츠윌리엄 경이 아버지를 만나러 가는 캐서린을 쌍발 비행기 '데하비랜드 다브'로 리비에라까지 데려다주겠다고 제의했다. 피츠

윌리엄 경은 런던의 스카이웨이스 회사에서 그 비행기를 전세냈다. P.A. 타우젠트 대위가 이륙 때 조종을 맡아 기수를 남으로 돌렸다. 5월 13일의 일이었다.

프랑스 중부는 악천후로 보도되고 발랑스 주변의 구릉지대에서는 온종일 뇌우가 계속되었다. 오후 6시, 구름 속에서 잡가기 1대의 비행기가 나타나는 것을 한 농부가 목격했다. 한쪽 날개는 없었다. "비행기는 나타나는가 싶더니 지상을 향해 산 저편에서 똑바로 추락했다."고 그 농부는 말했다. 그와 그의 아버지는 한 시간에 걸쳐 대파한 기체를 수색했다.

타우젠트 대위와 무전사는 조종석에 내던져져 있었다. 피츠윌리엄 경은 객석에 있었다. 그러나 캐서린은 기내에서 동댕이쳐져 있었다. 농부의 말에 의하면 마치 잠든 것처럼 땅 위에 누워 있었다. 그러나 그녀는 이미 숨져 있었다. 모두가 죽었다. 캐서린의 신원은 여권에 의해 밝혀졌다. 이 사실은 즉시 파리에 있는 아버지 조셉 케네디에게 연락되었다. 그는 기자에게 "아무 계획도 없다. 아무 계획도 없다."라면서 말문을 열지 못했다.

그는 사고가 일어난 르코랭 산 가까이 있는 프리바 마을로 급히 달려갔다. 그는 딸의 주검을 싣고 소가 끄는 수레가 가파른 길을 천천히 내려가는 것을 지켜보고 있었다.

케네디로 불리는 명문의 사람

첫 등원

곧 눈이 내릴 것을 암시라도 하듯이 싸늘한 겨울 바람이 불고.있었다. 바람은 하얀 별 모양으로 보이는 알링턴의 언덕을 넘어 포토맥 강을 건너 링컨 기념관을 감싸고 물그림자가 비치는 연못의 물결을 일게 하고 워싱턴 기념탑이며 화이트하우스를 재빨리 스쳐 미국의 심장부인 국회의사당——국민의 숨결을 사로잡기라도 하듯이 두 날개를 펴며 우뚝 솟은 돔——으로 향했다.

매사추세츠 주 제11 선거구의 신참 국회의원은 햇볕에 잘 그을은 얼굴에 큼직한 웃음을 떠올리며 성큼성큼 기세 좋게 빌딩의 정면 세 단을 오르고 있었다. 그는 겨울바람으로부터 몸을 지키기 위해 플란넬제의 그레이 양복 위로 캐시미어의 검정외투를 걸치고 있었는데, 모자는 쓰지 않아 흐트러진 머리칼이 바람에 날리고 있었다. 1947년 1월 3일, 제80회 정기의회가 열리는 날이었다. 존 케네디는 바로 그 의사당에 온 것이다.

이보다 몇 시간 전에 존의 비서들은 스타트라 호텔 로비에서 그가 오기를 안타깝게 기다리고 있었다. 그들은 전화로 민주당의 하원 원내 총무인 존 매코믹에게 케네디 새 의원이 당 의원총회에 출석하기 위해 곧 나타날 것이라고 전화해두었던 것이다.

그런 참에 방금 팜비치에서 돌아와 몹시 배가 고픈 존이 문을 열고 성큼 들어섰다. "아침 식사는 달걀로 하세." 하고 그는 말했다. 비서들은 반대했다. 매코믹 원내 총무는 한 시간마다 전화를 걸어왔다. 아침 식사는 나중에 해도 된다, 우선 위로 올라가 옷을 갈아입어야 한다고 비서들은 채근했다.

"밖에 나가 드러그스토어에서 달걀 한 개 얻어다주게나." 하고 존은 양보하며 말했다. 주변의 사람들은 존에게 급히 아침 식사를 마치라고 서둘렀다. 특히 빌리 서튼이 그랬다.

"빌리, 어째서 그처럼 서두르는가?" 하고 존은 말했다. "올해는 위대한 해가 된다는 것을 자네는 모르는 모양이로군……그런데 매코믹 씨가 이 워싱턴에 온 지는 몇 해나 되나?"

"28년 정도."

"그런가." 존이 말했다. "내가 없어도 그토록 오래 이곳에 있었는데 앞으로 15분을 기다리지 못하다니 이상하지 않은가?"

이날 하루의 행사는 쉴 틈도 없이 잇달아 계속되었다. 의원총회, 4백 35명의 하원의원 가운데 한 사람으로서의 선서. 이것이 겨우 끝난 뒤 존은 비서들과 함께 기자 클럽에 나타났다. 이곳에서 조셉은 한 명의 신참 의원을 보았다. 두 사람은 사이좋게 악수를 하고 서로 농담을 나누었다. 매사추세츠 주에서 선출된 존 케네디는 캘리포니아 주 출신의 리처드 닉슨을 만난 것이었다.

커다란 기대를 짊어진 사람. 그러나 존 케네디는 겨우 29세였다. 아직 아버지의 아들로서 뚜렷이 정해진 길에는 들어서지 못하고 있었다. 더구나 무척 어려보였다. 언젠가 그는 자신을 만나러 온 친구를 보고 엘리베이터로 내려오면서 "그런데 자네는 어떻게 생각하나. 엘리베이터에 탄 사람이 내게 4층으로 가자고 하지 않겠나."(4층은 방청석으로 케네디를 엘리베이터 보이로 잘못 보았다는 말) 하고 말했다.

또한 이런 일도 있었다. 고등학교 풋볼 팀의 연습을 보다가 유니폼을 빌려 연습 시합에 참가하고 싶다고 했다. "이봐, 너." 하고 하프백(中衛)이 그에게 고함쳤다. "여기 와서 패스를 막아라." 존은 시키는 대로 했다. 몇 분 뒤, 팀의 감독이 하프백에게 물었다 "저 국회의원의 풋볼 실력은 괜찮나?"

"별명이 국회의원인가 보죠 ? " 하고 하프백이 말했다. "감독님, 녀석은 앞으로 연습을 많이 해야겠습니다. 그런데 지금 몇 학년인가요 ? "

전쟁 전에 아버지 조셉은 제임스 스튜어트가 주연하는 희극 영화 〈스미스 씨, 워싱턴에 가다〉가 미국 상원에서 고약한 짓을 하고 있다는 인상을 외국인에게 준다 하여 여기에 항의하는 전보를 런던에서 영화 검열 위원회에 보낸 적이 있었다. 그러나 지금 워싱턴에서는 이 부친의 아들 존을 스튜어트가 주연하는 젊은 신인의 상원의원——성실하고 내성적이며 수줍음을 잘 타는 청년——과 비교하고 있었다.

"존이 스튜어트 형(型)의 사내였던 적은 평생을 통해 한 번도 없었다."고 서튼은 말한다. "그는 머리가 좋고 뱃심좋은 사내이며, 우리는 싸우고 있는 것이다, 무슨 일이 있어도 해나가자, 하는 투지를 우리에게 심어주었다."

그러나 의원의 초기 무렵의 존은 지저분하다고까지는 할 수 없어도 아무렇게나 입은 듯한 옷차림으로 남의 이목을 끌었다. 그는 노란 스웨터를 입고 한 손에 예비 구두를 들고 와이셔츠는 세 장, 양말 세 켤레, 내의 두 벌이 든 가방을 들고 시내에 나타났다. 갈색 바지에 낡은 윗옷을 입고 와이셔츠의 뒷자락은 삐져나온 채로 하원의 의원석에 앉는 적도 있었다. 서튼은 그가 하원에서 한 첫 연설을 기억하고 있다.

그는 "의장." 하고 불렀다. 공화당 의원이 압도적으로 많았던 당시의 의회에서 공화당 출신의 하원의장 조 마틴은 그를 지명했다. 존은 연설의 초고를 꺼내려고 윗옷 주머니에 손을 넣었으나 없었다. 주머니마다 찾으면서 그는 방청석에 있던 서튼 쪽을 보았으나 서튼 역시 어디 있는지 모르겠다는 신호를 보내는 것이었다.

같은 주에서 선출된 민주당 출신의 신인이 난처한 입장에 몰렸음을 눈치챈 마틴 의장이 "케네디 씨는 초고를 찾는 중입니다." 하고 의원들에게 양해를 구했다. 존은 바지 뒷주머니에서 겨우 초고를 찾아냈다. 연설은 시작되었으나 그것은 선출된 의원의 연설이라기보다 부질없이 심각한 체 하는 틴에이저의 연설 같은 것이었다.

회의가 끝난 뒤 서튼과 함께 걸으면서 존은, "자네가 그 연설문을 내게 써준 것이 생각나지 않더군." 하고 말했다.

"다른 의원들도 자네가 한 연설을 기억하지 못할 걸세." 하고 서튼은 대꾸했다.

청년 의원 존은 조지타운에 살림을 차려, 가정부 한 사람과 아버지의 친구 아서 클로즈에게서 인계받은 하인 하나를 고용했다. 집에서는 의회에 있을 때보다 모두 잘 되어 갔다. 하원의 신인은 실력있는 의원이 되는 데에 필요한 권력, 상위의 서열, 돈을 빌릴 시간을 가질 필요가 없었다. 그는 많은 면에서 아버지가 지니는 긍지와 편견을 이어받았는데, 거기에서 벗어나려면 아직도 많은 시간이 걸려야만 했다. 하원 의원 시대를 통해 그의 의원으로서의 활동에 관해서 말할 수 있는 최대의 것은, 빈민 선거구의 심정을 반영하고 있었다는 것이다. 그는 선거구의 사람들에게는 농촌 원조가 필요하지 않았기 때문에 이를 지지하지 않았다. 그는 아버지의 방식대로 외교 정책에 관해서는 보수파로서 투표했는데, 대외 원조에 대해서는 수익국도 출자한다는 조건으로 찬성표를 던졌다. 그는 주택 증설, 노동자, 근로자 원조의 법안을 강력하게 지지했다. 전반적으로 말해서 초기 무렵에는 자유주의파도 아니고 보수파도 아니었다. 그는 투쟁파로 규정되는 것을 싫어했으나 구태여 말한다면 실천파였다.

두각을 나타내다

그러나 남태평양의 영웅이 단순한 의원 이상의 인물이 되리라고 암시케 하는 사건이 초기 무렵에 한 번 있었다. 커레이 보스턴 시장이 건강상의 이유로 보석을 신청했으나 기각되고 옥살이를 할 때의 일이었다. 그는 트루먼 대통령에게 감형 청원서를 제출하여 보석이 되도록 힘써 달라고 정계의 친지들에게 부탁했다. 매사추세츠 주 출신의 의원은 한 사람만 제외하고는 모두가 청원서에 서명했다. 그 한 사람이 존 케네디였다. 하니 피츠의 손자인 그는 오랜 원한을 복수하기 위해 그랬던 것은 아니다. 그는 병이라는 커레이의 청원 이유를 믿지 않았을 뿐이었다.

그리고 또한, 부친 조셉의 조셉다운 점은 자기를 통해 아들에게 압력을 가하려는 모든 시도에 저항했다는 점이다.

그 무렵의 존은, 후에 태프트 하틀리 법으로 알려지게 된 하트레이 법안을 심의하는 노동위원회의 일원이었다. 그는 마크 도르턴이나 그 밖의 보스턴 동료에게 협력을 요청하며 그들을 불러모았다.

"존의 태도에서 늘 탄복하는 것은," 하고 도르턴은 그때를 회상하며 말했다. "아무리 대담한 아이디어라 해도 환영한다는 것이다. 대담하면 대담할수록 그는 좋아했다. 의원 생활을 시작한 지 3, 4개월 후에 우리는 하트레이 법안에 반대하는 독자적인 이견서를 썼다……. 이것을 타이핑하고 있는 사이에 케네디가 별도로 보고서를 제출한다는 소문이 나돌았다. 고참 의원들의 반응이 어떠할 것인지 충분히 상상할 수 있었다. 별도로 보고서를 제출한다는 넉살 좋은 녀석은 누구냐. 태프트 상원의원은 이것이 케네디의 사무실에서 행해지고 있음을 알았으나 젊은 친구가 정치를 진면적으로 개조하려고 시도하는 짓을 보고 재미있다고 여겼을 것이다."

존은 또한 의회 운영위원회에도 반대를 확대시켰다.

도르턴은 그와 함께 공청회에 갔다.

"의원들에게 연설하는 젊은 사내가 있었는데 그 뒤에 두세 개의 빈 자리가 있었다. 존과 나는 거기에 앉았다. 존은 나에게 말했다. '저 사내가 하는 말을 잘 듣게나. 그는 틀림없이 출세할 걸세.' 그래서 나는 귀를 기울였는데 그는 매우 인상적이었다. 그는 연설을 마치고 자리에 앉으려다가 무심코 돌아보았다. 그때 존이 일어났으며, 나도 일어났다. 존이 말했다. '마크 캘리포니아 주의 리처드 닉슨과는 만나두는 편이 좋겠네."

닉슨의 방은 하원 사무국의 빌딩에 있는 케네디의 방에서 홀을 사이에 둔 곳에 있었다. 그런 뒤 몇 주 후, 닉슨과 케네디 두 사람은 펜실베이니아 주의 태프트 하틀리 법안 토론회에 갔었다. 이름이 알려지지 못한 두 사람의 연설을 들으러 온 사람은 극소수였다.

존은 다른 동부 출신의 의원과 마찬가지로 의회를 자주 결석했는데, 그 결석이 너무 많다 보니 남의 관심을 끌 정도였다. 그는 선거민과의 접촉을 유지하기 위해 자주 매사추세츠 주로 돌아갔다. 어떤 의미에서는 케네디 집안 같은 과거를 지닌 아일랜드 인 출신의 정치가로서 그는 한시라도 선거 운동에서 떠나지 않았다. 그러나 그의 방식과 동기는 종래의 것과는 달랐다.

당시 볼 수 있었던 구식 스타일의 보스턴 지역 지도자 한 사람은 이를 다음과 같이 설명한다.

"이 도시에서는 정치가라고 하면 술취한 선거 주민이 내일의 출근 시간에 늦지 않도록 유치장에서 꺼내주기 위해 한밤중에 잠옷 위에 외투를 걸치고 경찰서로 찾아오는 사내를 뜻했었다. 그러나 케네디는 그 따위 짓을 하지 않았다. 내가 아는 한 그는 누구의 장례식에도 돈을 낸 적이 없으며 초상집에서 밤샘을 하는 일도 드물었다. 또한 남의 취직을 알선하는 일은 한 번도 없었던 듯했다."

신인 의원에게는 별로 해줄만한 대단한 일이 없었다. 그러나 자기에게 협력한 사람, 자기에게 투표를 했거나 또 투표할지도 모를 사람을 돌보아 준다는 것은 케네디 스타일의 한 방식이기도 했다.

서튼의 남매 가운데 하나는 보스턴의 가난한 지역에서 교사를 하고 있었다. 언젠가 그녀는 존에게 교실에서 서커스의 이야기를 해주었을 때 있었던 일을 들려주었다. 아이들에게 서커스 구경을 한 아이는 손을 들라고 하자 40명 가운데 아무도 손을 들지 않았다는 것이다. 존은 이 말을 듣자 그녀를 한 구석으로 데리고 가서, 이번에 서커스가 거리에 들어오면 그녀가 클래스의 모든 학생을 데리고 가서 아이들이 원하는 것은 무엇이건 사주고 계산은 자기 이름으로 하라고 부탁했다. 그녀는 존이 이 일을 기억하리라고는 생각하지 않았으나 아무튼 그대로 했다. 그녀는 존에게서 비용 전액을 지불하는 수표와 편지를 받았다. 그러나 편지에는, 나중에야 그 학교가 공화당원인 존 매코믹의 지반에 속했음을 알았으며, 그렇기 때문에 이 일은 결코 입 밖에 내지 말아달라고 씌어 있었다.

아버지 조셉은 아들이 정계에서 성공할지 어떨지 여전히 회의적이었다. 또한 그는 존에게 커다란 고통을 주고 있는 척추부상에 대해서도 걱정이었다. 그래서 그는 아들을 위해 다른 길을 생각했다. 존을 신문의 편집장으로 만들려고 생각을 한 것이다. 때로는 〈뉴욕 선〉지를 사들이려고도 했으며, 또 〈보스턴 포스트〉지를 손에 넣으려고 꾀하기도 했다. 그러나 존의 장래는 걱정할 필요가 없었다. 존은 1948년에 경쟁자없이 입후보하여 주 내에 확고한 선거 기반을 구축할 수 있었다.

국회의원으로서의 그는 일정한 틀에 박히지 않은 것처럼 자유스러워 보였다. 그러나 용기가 결여되는 일은 없었다. 카톨릭 교도인 존 케네디는 1949년에 교구의 부속학교에서 사용하는 버스며 서적, 보건 시설비 등을 정부가 원조하는 법안을 제출했다. 이것은 위원회에서 부결되었다. 백만장자의 아들인 존 케네디는 예산의 대폭 삭감론자에게 동조하여 이렇게 질문했다.

"국채가 2천 5백 80억 달러 이상이나 되는데, 이런 대폭적인 적자를 언제까지나 계속하겠는가 ? "

또한 가난한 사람들의 대변자이기도 한 그는, 주택 법안을 제출했는데 재향군인회 연맹에서 이를 공박했다. 그는 이렇게 대꾸했다.

"미국 재향군인회 연맹은 조국에 보탬이 되는 건설적인 사고 방식을 1918년 이후 가진 적이 없었다."

1950년에 3선으로 입후보한 존은 예선에서 5명의 경쟁 후보자를 완전히 압도했다. 그의 득표수는 대립 후보자의 총득표수보다 5배가 넘었다. 다음에 그는 공화당 입후보자 빈센트 J. 셀레스트——보스턴의 젊은 변호사——에게 눈을 돌렸다. 셀레스트는 1946년에 있었던 케네디의 선거전을 놀라운 눈으로 지켜보았었다. 그에게 특히 인상적이었던 것은 케네디가 인쇄한 플래카드의 수였다. 셀레스트는 1950년에

이 낡은 플래카드들을 모아 그 뒤쪽에 자기의 슬로건을 인쇄했다. 그러나 운수 사납게 바람으로 플래카드가 쓰러지면서 한쪽에는 '빈센트 셀레스트를 국회로', 다른 한 쪽에는 '새로운 세대는 지도자 잭 케네디를 보낸다.'라는 글귀를 읽을 수가 있었다.

셀레스트는 전력을 다하여 싸웠다. 그러나, 그가 직접 말했듯이 "의회의 경우에서조차 존 케네디와 선거전을 하는 것은 유령과 싸우는 것이나 다름이 없다. 그는 어디에서나 있으며 또 어디에도 없다. 그의 선거원은 밤낮으로 활동하며 그에게 고용된 자들은 말하자면……멋진 일을 한다."

그는 존이 아니라 그의 아버지와 싸우는 것처럼 느꼈다고 말했다. "그러나 나는 충분한 경의로써 말하고 있는 것이다. 아버지 조셉은 엄청나게 유능한 정치가, 그 사나이의 뒤에 버티고 있는 유능한 사나이이다."

마크 도르턴은 그 무렵의 추억을 이렇게 말했다.

"조셉 씨는 선거 운동 전체에 대해 매우 잘 알고 있었다. 그래서 중요한 결정은 그가 내렸다. 그는 우리의 견해를 구하고 우리의 생각과 결정을 대폭적으로 시인해주었다. 그는 온갖 좋은 의미에서도 항상 선거 운동의 중심 인물이었다. 매우 큰 도움이 되었다. 그는 전화로 우리를 불러내어 선거 운동의 진전 상황에 관해 상당히 자세히 이야기했다. 그는 선거 상황의 모든 면을 알려고 했으며 두 시간이나 줄곧 전화로 얘기했는데 이것은 나를 난처하게 한 것 중의 하나이기도 했다."

셀레스트는 자기가 케네디의 돈과 싸운다고 느꼈으며, 또한 그렇게 말로 표현하기도 했다. 그러나 존은 1950년의 선거전에서는 한 푼도 쓰지 않았다고 반론한다. 그는 거의 5대 1로 셀레스트를 무찔렀다. 더구나 이곳은 민주당의 지역이었다.

그 무렵에 존 케네디는 '케네디는 매사추세츠 주를 위해 보다 더 많은 일을 한다.'라는 구호로 제11 선거구만이 아니라 주 전체에 걸쳐서 선거운동을 벌였다. 분명히 이 청년 의원은 무엇인가 커다란 것을 마음에 그리고 있었다.

"정치 프로는 대기 시간이 너무 길어 출발이 뒤진 것 같다."고 그는 그 당시의 일에 대해 말하고,

"내가 상원의원의 선거 운동을 시작한 것은 4년 반이나 그 이전부터였다. 그러나 경쟁 후보자인 헨리 캐봇 로지 주니어는 선거일의 2개월 전에 겨우 활동하기 시작했다."

존이 워싱턴에 있는 동안은 프랑크 몰리세가 존의 옛 주거 겸 사무실이었던 보스턴의 보드윈 가 122번지에 신설된 선거본부의 사무장이 되었다. 그러나 매주 목요일마다 존은 매사추세츠 주에 있는 3백51개의 도시 가운데 하나나 그 이상에서 연설하기 위해 비행기로 나타났다. 그는 쉴새없이 활동했다. 어떤 날씨에도 밤낮을 가리지 않고 비행기 안이나 자동차 안에 있었으며 식사로는 햄버거를 쫓기듯이 먹고 지방의 싸구려 호텔에서 묵는 것이 예사였다.

한 보스턴의 친구는 그 분주함을 이렇게 설명한다.

"존과 함께 시속 80마일로 차를 몰아도, 그는 다음 도시에의 도착 시간이 벌써 10분이나 늦었다면서 더욱 속력을 내라고 계속 재촉한다. 오토바이를 탄 경찰관이 추적하기 시작한다. 그래서 차를 세워 내린다. 그가 빠른 말로 경관에게 떠들어대면 기적적으로 방면해준다. 다시 몇 마일을 더 가면 빨간 신호가 명멸하며 벨이 울리는 철로의 건널목에 다다른다. 존은 말한다. '어서 오너라. 저 열차를 앞지르고 말겠다.' 그래서 속력을 올려 건널목으로 달려든다. 그러나 기관차가 먼저 와서 바로 몇 인치 앞을 통과한다. 자칫하면 충돌할 뻔한 것이다. 존은 너무 분해 이를 악문다. '경찰관과 말하느라 시간을 빼앗기지만 않았더라면 우리가 이겼을 텐데.' 하고 투덜댔다."

운동원인 존 가르빈은 주말에 렌터카로 던빌에 갔을 때의 일을 떠올린다.

"안개가 자욱한 날씨였다. 존이 운전석에 앉았다. 그는 '무척이나 빨리 차를 몰았다. 도착하자 존은 턱을 어루만지며 이 정도라면 깎아야

하겠다고 말했다. 가르빈은 드러그스토어에 뛰어들어 쉐이빙 크림이니 면도날이니 하는 것을 사야만 했다. 함께 볼링장에 들어가 남자용 화장실을 찾아냈다. 이곳 수도는 냉수밖에 나오지 않았다. 외투를 입은 채 거울을 보고 존 케네디 의원은 선 채 수염을 깎았다.” 가르빈은 이렇게 회상한다.

“볼링을 하던 사람이 들어와서 한 사내가 수염을 깎고 있는 것을 보고 무엇 때문에 자기들이 이곳에 들어왔는지를 잊는 적도 있었다.”

존은 차츰 의회생활에 진력이 나기 시작했다.

“우리는 의회에서는 단순한 졸병에 불과해.” 하고 그는 말했다. “미국인은 우리에게 별로 관심이 없다. 위태로운 일은 너무나 많으며 보수는 극히 적거든.”

존의 목소리에 세상 사람들은 거의 귀를 기울이지 않았으나, 부친 조셉의 목소리는 드높았으며 또렷이——그리고 문제가 될 정도로——울려퍼졌다. 그때문에 아버지의 존재가 아들의 공적인 생활에서 성가시게 될 가능성이 생기기 시작했다.

1950년 12월, 아버지 조셉은 버지니아 대학생 토론회에서 연사로 초빙되었다. 토론회의 의장은 이 대학의 법학생이었던 아들 로버트였다. 로버트는 아버지를 청중에게 소개했다. 조셉은 미국의 외교정책을 연제로 택했다. 그는 한국전쟁에 관해 독자적인 지론이었던 고립주의적 입장을 취했다. 그는 미국이 너무 깊이 개입했다고 말했다. 그는 한국과 그리고 현실적으로 보아 우리의 방위권 내에 둘 계획이 없는 아시아의 모든 지점——이 가운데에는 인도차이나도 포함될 것이다——에서 철수할 것을 주장했다. 계속해서 소련이 유럽으로 진출할 경우, 미국은 그것을 저지할 수 없을 것이며, 또한 저지하려고 시도해서도 안 된다고 열변을 토했다.

“우리의 정책은 정치적으로나 정신적으로 파산한 정책이다.”라고 그는 언명했다.

명문 출신끼리의 대결

그로부터 3개월 후, 자비로 1주간에 걸쳐 유럽을 방문, 북대서양 조약기구를 시찰하고 귀국한 존 케네디는 상원의 외교위원회와 군사위원회에서 증언해달라는 요구를 받았다. 두 위원회가 모두 유럽에서의 미군의 군사력 증강 여부에 대해 검토하고 있었던 것이다. 존은, 공업화된 유럽을 포기할 수 없다고 주장했다. 유럽은 미국에 있어서 너무나 중요한 존재이다. 따라서 유럽에 주둔하는 미군 병력은 충분히 유지되어야 한다고 증언했다.

증언을 마치자, 월터 조지 상원의원이 그에게 부친이 버지니아에서 행한 연설을 읽었느냐, 읽었으면 그것에 반대하느냐고 물었다. 존은 부친의 견해는 이해할 수 있다고 말한 뒤 이렇게 덧붙여 말했다.

"그를 비롯하여 그 밖의 많은 미국인에게 그것은 거의 희망이 없는 일로서 다만 손실만 자초하기 때문에 병력을 투입하는 것처럼 생각되고 있는 것입니다."

그리고는, "그러나 그럼에도 불구하고," 하고 그는 말을 계속했다. 유럽은 유지되어야 하며, 또한 유럽은 병력을 투입하여 위험을 범할 만한 값어치가 있다면서 자기의 견해를 피력했다. "아버지의 입장에 대해서는 당신이 직접 그에게서 들어야 한다고 생각한다."

이 아버지 대 아들의 타협은 그것이 유지되는 한 훌륭한 타협이었다. 케네디 집안과 친한 한 사람은 이 문제를 다음과 같이 설명한다.

"조셉은 제2차 세계대전에 반대했다. 루즈벨트와 의견이 상충되었다. 그는 많은 사람들에게 초보수자로 비쳤었다. 그는 이러한 모든 요소가 아들의 장래에 상처를 입힐 우려가 있음을 이해했다. 아마 그는 전면에 나서기를 원했던 모양이다. 그러나 아들을 위해 자기의 소망을 감추었다. 때로는 두 사람 사이에 날카로운 의견 대립이 있다고는 해도, 나는 부친의 조언이 없었더라면 그처럼 명민하고 유능한 존은 태어나지 못했으리라고 진정으로 믿는다."

독일에서의 미국의 존재를 강화하기 위해 그곳으로 파견된 병사중

케네디 집안의 출신이 있었다. 1951년, 에드워드는 하버드 대학 1학
년이었다. 그는 스페인 어에서 낙제 점수를 받을 우려가 있어 급우
중의 한 사람에게 자기 대신 시험을 치러달라고 부탁했었다. 이 일로
두 사람은 모두 퇴학을 당했는데 이 치욕은 케네디 집안의 다른 사
람에게까지 미치고 말았다. 에드워드는 육군에 입대하여 독일로 파
견되어 병역에 복무하고 만기제대를 한 뒤 하버드에의 복교가 허락
되었다. 아버지 조셉에게 이 아들의 행실은 가슴 아픈 실망이었다.
그러나 그는 동정심이 없는 사나이는 아니었다. 이 사건이 있은 지
얼마 뒤, 그는 부정행위로 학교에서 쫓겨난 육군사관학교 생도들에게
구원의 손길을 뻗쳐 그들이 전교한 학교의 학비를 부담해주었다. 조
셉의 한 급우는 말한다.

"조셉이 말할 수 없는 억지를 부리기는 했으나 부정직, 부도덕하다고
여겨지는 짓은 결코 하지 않았다. 그렇기 때문에 에드워드의 대리 시험
사건은 그에게 있어서 큰 충격이었다."

전후 몇 년 동안에 아버지 조셉은 재산을 더욱 늘렸다. 그는 부동산을
거래했다. 이 거래로 4백 퍼센트의 이익을 얻기란 드문 일이 아니었으며
또 1달러에 50센트의 비율로 저당 물건을 살 수도 있었다. 이어서 그는
석유 사업에 손을 댔다. 세금의 지불이 많아졌다는 것이 하나의 원
인이다. 석유 사업은 자원의 보호라는 입장에서 세법상의 특전이 인
정되었기 때문에 그의 손에 들어오는 방대한 금액을 더욱 많이 자기
주머니에 챙길 수가 있었다. 그는 팜비치에서 유유자적하게 지내며
한가로이 수영장 옆의 전화로 거래했다. 그가 친구에게 말했듯이
"이곳에 엉덩이를 깔고(눌러 앉아) 생각을 할 수 있게 된 뒤부터는 진짜
돈벌이가 시작되었다."는 것이다.

조셉이 흔히 사용하는 천한 표현은 어휘가 상당히 풍부하여 그 중
에는 이맛살을 찌푸리게 하는 것도 있었다. 언젠가 가정 환경이 유
복했던 며느리 재클린 케네디가 시아버지에게 말했다.

"아버님은 아이를 위해 할아버지의 이야기 같은 것을 쓰셔야 한다고

생각해요. 이를테면 '뱃심 좋은 오리'라든가 '전화 부스에서 도저히 나올 수 없었던 당나귀' 같은 것이 어떻겠어요."

기습을 당한 조셉은 그 자리에 못박힌 것처럼 잠시 말문이 막혔으나 곧 큰소리로 웃기 시작했다(이 두 가지 이야기는 친한 말을 고상하고 품위있는 표현으로 비유 / 한 예. 며느리가 시아버지의 말투를 슬쩍 빗대어 나무란 것이 된다.).

조셉의 정치에 대한 정열은 너무나 컸으며 도저히 버릴 수 없는 것이었다. 존의 선거 운동이 시작될 적마다 그는 나서서 그 대부분을 지휘했다. 1952년 당시 존은 이미 보다 높은 공직을 목표로 거의 4년 가까이나 선거 운동을 계속하고 있었다. 남은 문제는 다만 어떤 공직을 택하느냐는 것뿐이었다. 한때, 그는 매사추세츠 주지사 선거에 출마할 것을 생각하고 있었다. 그러나 여기서도 다시 주 최고 행정관으로서의 보수와 주 의회에서 이 주의 점점 악화돼가는 경제 상태 개선을 위해 할 수 있는 가능성을 비교하고 검토하지 않을 수 없었다. 존이 노린 나머지 하나의 목표는 공화당원 헨리 캐봇 로지가 장악하고 있는 상원의 의석이었다. 그러나 주 내의 민주당원은 아무도 자기가 인망이 높은 로지와 대결할 수 있을 정도로 강하다고는 생각하지 않았다. 로지는 보스턴의 명문 출신으로 선조 대대로 이어온 재산과 가명이 높은 세련된 신사였다.

1952년, 민주당 출신의 폴 데버 지사가 공연히 로지와 싸울 위험을 범할 가치가 없다고 판단했지만, 제11 선거구의 빈민가에서 세 번이나 당선된 하원의원 존 케네디는 그야말로 다시 없는 기회라고 판단했다. 당시 34세의 존은 입후보를 선언했다. 이번에는 아일랜드 출신이 출마한 것이었다.

구태의연한 생각에 사로잡혀 있던 민주당원들은 존이 미쳤다고 생각했다. 로지는 아더 클록을 통해 조셉에게 '어차피 이길 수는 없으니까 존에게 헛된 돈을 쓰지 못하도록' 하는 것이 좋지 않겠느냐는 의사를 전해왔다.

로지는 호언장담 했다. "30만표의 차이로 이겨 존의 콧대를 꺾어 놓겠다."고. 거의 누구나가 그의 말을 믿었다. 거의 누구나가……

이 비관론에는 그만한 이유가 있었다. 아일랜드 출신의 시장, 아일랜드 출신의 하원의원을 갖는다는 것은, 아일랜드 출신의 쿡, 아일랜드 출신의 할멈을 갖는다는 것과 마찬가지로 아무런 지장도 없다. 그러나 매사추세츠 주가 선출하는 거장 미국 상원의석은 영국 상원의 의석과 같은 것이었다. 여기에 출마하려면 우선 명문 출신이어야 한다.

그것이야 어떻든 간에, 하니 피츠는 1916년에 로지 상원의원의 아버지와 싸워 패했었다. 그는 아일랜드 인답게 명망이 높은 이 대항후보자를 개인적으로 공격하면서 싸웠다. "로버 발론(강도 귀족이란 뜻, 자기 영지 내를 통행하는 나그네를 무기로 위협하여 털었던 유럽의 귀족)은 지금도 여전히 그의 최고의 이상이며 최대의 친구이다."라고. 그러나 아일랜드 인에 대한 이 호소도 로지의 가명과 재산 앞에서는 무력했다. 조셉 케네디가 말했듯이 "내가 보스턴에서 자랄 때 늘 듣던 말은 로지의 할아버지가 남부 보스턴의 '천국의 문' 교회의 창에 스테인드 글라스를 끼우는 일에 얼마나 애를 썼는지 아느냐는 것이었다. 그런데 1952년이 되어도 사람들은 아직도 이 스테인드 글라스의 얘기를 했다."

그래서 아버지 조셉은 아들에게 충고했다. "그를 패배시킨다면 최대의 적을 패배시킨 것이 된다. 어째서 다른 사람을 노리지 않느냐."

어째서? 그것은 데버 자신이 말했듯이 존 케네디는 아일랜드 출신의 최초의 '명문의 사람'이 되었기 때문이다.

그러나 존 케네디의 객관적인 눈에는 이러한 비관론이나 낡아빠진 논의는 말장난에 지나지 않았다. 이것은 '명문 출신'과 '아일랜드 인'끼리의 싸움이 아니었다. 존 케네디 대 캐봇 로지의 싸움이었다. 두 사람이 모두 백만장자의 아들이며, 두 사람 모두 하버드 출신에, 또 모두가 이미 의회의 산전수전을 겪어 온 사나이. 이 두 사람은 각자의 할아버지가 결코 평등해질 수 없었던 면에서 평등했었다. 다만 한 가지 다른 점은 민주당원과 공화당원이라는 것이었다. 그리고 민주당이 지배하는 매사추세츠 주의 운명이 내리막길에 있다는 것은 공화당에 유리하게 작용하는 것 같았다. 더구나 공화당의 로지 집안은 일찍이 민주당의 표를 자기 편으로 탈바꿈시킴으로써 아일랜드 출신의 후보를 무찔렀던 것이다. 이번 선거에 한해서만은 존도 사전준비를 했으며, 조셉이 그 효과를 조사했다. 조셉은 여론 조사를 시켰다. 매사추세츠 주 출신인 나머지 1명의 공화당 상원의원인 리베렛 솔턴스토르보다는 로지 편이 상대하기에 좀 나은 편이었다.

존은 젊은 변호사 마크 도르턴에게 다시 선거 운동을 맡아달라고 부탁했다. 이번에는 수당이 있었다. 선거 운동의 원맨은 여전히 조셉 케네디였다. 선거 운동을 시작한 지 얼마 안 되어 조셉은 도르턴과 대결하여 도르턴에게, "자네는 케네디 집안의 돈 1만 달러를 썼는데 무엇 하나 해놓은 게 없다."고 힐난했다. 도르턴은 그 후 두 번 다시 돌아오지 않았다. 도르턴 대신 버지니아 대학 법학부 대학원을 갓 나온 26세의 청년 로버트 케네디가 등장했다.

로버트는 1946년에 있었던 형의 선거전에서 이미 첫 경험을 치룬 터였다. 1952년이 되자 그는 존에게 있어서는 홍하느냐 망하느냐의 선거전——그리고 어쩌면 자기에게도 전국적인 명사가 될 문이 열릴 지도 모를 선거전에 사람들의 열의와 날카로운 지도력을 끌어늘였다.

로버트의 결혼

그때까지의 로버트는 큰형의 유물이라고도 할 수 있을 둘째형의 생활을 뒤따르려고 노력해 왔다. 존의 최초의 선거전에서 활약한 뒤, 하버드에 들어가 그곳에서 풋볼의 정규 멤버가 되었는데, 이것은 두 형이 누구도 하지 못한 일이었다. 같은 방을 썼던 케니 오도넬의 회고담에 의하면 풋볼 시합 때 그는 스크럼으로 맹렬한 블록을 시도했으나 곁에 놓였던 운동용구 운반용 손수레에 부딪치고 말았다는 것이다. 그는 그 뒤, 세 번이나 스크럼으로 센터의 위치에 섰는데, 세번째 가서는 마침내 쓰러지고 말았다. 그는 들것에 실려나갔다. 다리가 부러졌던 것이다.

버지니아 대학에서의 로버트는, 학생 토론회의 책임자가 되어 아버지 조셉을 연사로 초빙했었다. 그는 조셉 매카시 상원의원이나, 또 훗날 흑인으로서는 처음으로 노벨 평화상을 수상한 랠프 번치를 초빙하는 절충도 했었다. 번치의 내교는 젊은 법학도인 로버트에게 성가신 법률 문제를 주었다. 버지니아의 주법은 영화관 같은 공공연한 장소에서 흑인과 백인이 동석하는 것을 금하고 있었다. 그러나 최고재판소는 이 법규가 고등교육 기관에는 적용되지 않는다는 판결을 이미 내린 바 있었다. 번치는 청강석을 흑인과 백인으로 격리시킨다면 갈 수 없다고 주장했다. 로버트는 동석을 주장한 결의문을 회람시키려고 시도했다. 그러나 남부 출신의 학생은 여기에 서명하면 귀향했을 때 골치아프게 된다는 이유로 거절했다. 로버트는 분개했다. 그는 두 학 생과 함께 장문의 공개장을 기초하여, 버지니아 주법은 대학시설에는 적용되지 않음을 제시하기 위해 최고재판소의 판례를 인용했다. 버 지니아 대학 총장은 동석해서 모임을 갖는 것을 공인했다. 결국 번치는 대학에 왔다. 로버트 케네디는 흑인 문제의 최초의 싸움에서 이겼던 것이다.

그는 버지니아 대학생으로서 초기에는 별로 두드러진 것이 없었다. 이곳에서 그와 사귀게 된 한 여대생은 "그는 너무나 친구를 만들지 않았다. 그는 지도자로서의 뚜렷한 소질을 지니지 못했다."고 했다. 그러나 청년 로버트는 책과는 별도로 마음에 작정한 것을 갖고 있었 는지 모른다.

1944년, 19세 때 그는 캐나다의 트랜브란 산으로 스키를 하러 갔는데, 여기서 에셀 슈켈 양과 만났다. 그녀는 맨해턴빌의 성심여학원에서 로버트의 누이동생 진과 같은 방을 썼는데, 이 학교는 케네디 집안 같은 사회적 지위를 지닌 카톨릭 교도의 딸들이 다니는, 말하자면 하버드 같은 곳이었다. 그녀는 시카고에서 태어나 뉴저지 주와 부호 들이 사는 뉴욕 교외의 웨스트체스터 군에서 자랐다. 그녀는, 로버트가 내향적인 데 반해서 외향적이었다. 때문에 그녀는 좋은 점수를 따기 위해 공부해야만 했다. 로버트보다 열심히 공부했다. 언젠가는 존의

저서 《영국은 어째서 잠들었느냐》에 대한 논문을 써서 A학점을 받은
적이 있었다.

그러나 그녀는 체육도 좋아했으며 부잣집 딸이었다. 그녀의 부친은
개인 회사인 그레이트 레이크스 카본 회사를 소유하고 있었다. 에셀은
로버트에게 첫눈에 반해버렸다. "그는 멋지다고 생각했다."고 그녀는
말한다. 가정 환경이 좋은 아가씨들 사이에서 '멋지다'라는 평은 아
이스크림에서 5백달러의 디오르 제품인 드레스에 이르는 모든 것에
대해 나오는 말이다.

"로버트는 몇 주 동안 나를 따라다녔는데, 그런 뒤 나와 자매인
패트리시아와 사랑하게 되었다." 그러나 패트리시아는 그 뒤 누군가와
결혼했다. 그리고 "로버트는 고맙게도 나에게로 돌아와주었다."

1950년 6월 17일, 토요일 머리를 단정히 뒤로 빗어넘긴 로버트 케
네디와 에셀 슈켈은 보스턴 칼리지의 테렌스 L. 코놀리 신부의 주재로
결혼했다. 케네디 집안에 자녀 결혼식을 추기경이 주재하지 않은 것은
드문 예였다. 신랑의 들러리는 존이었다.

젊은 두 사람은 하와이로 신혼 여행을 떠났으며, 학교 근방의 침실이
셋이나 되는 셋집으로 옮겼다. 두 사람은 평소에 열심히 공부를 했으며
토요일 밤이면 대개의 경우 파티를 열었다. 학교 사람들의 로버트에
대한 평가는 무척이나 차이가 있었다. 그러나 에셀에 대해서만은 누
구나 멋지다고 했다.

"(교실) 밖에서는, 그는 매우 건방졌다."고 한 교수는 말한다. "그는
대부분의 사람을 자기의 시간을 허비하면서까지 사귈 필요는 없다고
생각하는 모양이었다. 그는 시간 낭비를 피하는 듯했다. 그는 앞일을
생각하고 있었다. 단순한 변호사가 되겠다는 뜻은 추호도 없었던 것
처럼 생각된다."

로버트는 졸업한 뒤 브루클린의 정부 조사기관에 연봉 4천2백 달러로
취직했다. 존이 매사추세츠 주에서 선거 운동의 지휘를 맡아달라고
부탁했을 때 그는 25세였다. 로버트는 가고 싶지 않았다. 그러나 형의

부탁이 아닌가. 케네디 가의 전통대로 형제를 위한 일이었기 때문에 당연히 동참했다.

선거 운동의 운영에서 그는 클래스에서 으뜸이었다고 할 수 있겠다. 아버지는 다음과 같이 로버트를 평가했다. "로버트는 존보다 노골적으로 말하고 행동했다. 존은 언제나 남을 설득하고 난 뒤 하게 하는 편이지만, 로버트는 이것저것을 하라는 식으로 남에게 명령하는 편이었다. 로버트는 내 자식들 중 가장 나를 많이 닮았다. 나는 그 자리에서 결심하여 목적을 향해 나아가고 그것을 남에게 지시하는 편이다. 그런 점에서 로버트도 나와 같다."

로버트는 일찍부터 선거 본부에 왔었는데 그가 왔을 때 본부의 활동은 충분히 조직되지 못하고 있었다. 운동원인 존 드로니는 말한다.

"로버트가 올 때까지는 혼란 상태 같았다. ……그는 워싱턴의 근무처를 버리고 왔었다. 나는 거기에 상당한 무리가 있었으리라고 생각한다. 그는 이곳에 와서 선거 운동을 인계받았다. 우리는 비로소 전진하기 시작했다."

로버트가 선거 운동을 시작했을 때 데이비드 파워즈도 보스턴에 있었다. "이런 일은 아직 본 적이 없다."고 파워즈는 회상한다.

"로버트는 가장 빨리 본부에 나왔으며 가장 늦게 철수했다. 선거 운동이 대성공을 거둔 것은 그가 맹렬하게 활동했기 때문이라고 생각한다. 로버트는 말하자면 운동 전체의 리듬을 결정했다. 보스턴에서 찰스타운으로 가는 도중 다리에 얽힌 일이 생각난다. 로버트는 찰스타운의 선거 운동원에게 '이 다리에 큼직한 간판——존의 간판 가운데 하나——을 세우고 싶습니다.' 하고 말했다. 이곳은 그런 장소로서는 썩 훌륭했다. 그러나 로버트가 원한 곳에는 사다리가 완전히 미치지 못했다. 그러자 로버트는 그곳으로 차를 몰아 직접 사다리의 꼭대기, 즉 마지막 가로대 위에 섰다. 그의 몸은 망치와 못만이 지탱하는 형편이었다. 이렇게 해서 그는 형의 간판을 세웠다."

적어도 존은 동생의 헌신적인 노력과 능력을 결코 잊지 않았다.

"로버트는 무서울 정도로 맹활약했다."고 존은 말한다. "나는(상원의원 선거전에서) 이런 장면을 기억하고 있다. 몇 명의 정치가가 우리 본부에 와서 잡담을 계속하고 있었다. 로버트가 마침내 그들에게 말했다. '여기 봉투가 있소. 여기에 보낼 곳과 이름을 쓰고 싶은 생각은 없소? 그렇다면 상관없지만 그렇지 않으면 밖에서 기다려주시오.' 그들은 봉투의 겉봉에 쓰기 시작했다."

"매사추세츠 주의 정치가는 모두 로버트의 말에 분개했다."존은 말한다. "그러나 우리는 사상 최고의 조직을 가졌다. 달걀을 깨지 않으면 오믈렛을 만들 수 없다."

"이런 정치가들은," 하고 로버트는 비평한다. "그저 앉아서 선거 얘기나 하고 회장에서 사진 찍히기나 바라고 있을 뿐이다."

평생을 정치에 바친 랠리 오브라이언이 선거 전술을 기획했다.

로버트는 조직을 결속하는 데 최고의 사람이었다. 주 내의 모든 도시에 있는 케네디의 운동원과 전화로 연락을 취하고 확인했다. 또한 기획의 명수이기도 했다. 그런데 언젠가 케네디 집안의 사람이 없었을 때 로버드가 무대 뒤에서 니의 언설을 했다. 그 연설은 이런 내용이었다.

"나의 형 존은 이곳에 올 수 없습니다. 나의 어머니도 올 수 없습니다. 내 누님인 유니스도 올 수 없습니다. 내 누님인 패트리시아도 올 수 없습니다. 내 누이동생인 진도 올 수 없습니다. 그러나 존이 이 자리에 왔더라면 로지의 의회 활동은 성적이 매우 나쁘다고 했을 것입니다. 끝까지 들어주셔서 감사합니다."

티 파티

이번 선거 운동도 언제나 마찬가지 식으로서, 케네디 일족은 보스턴에서 피츠필드, 하버힐에서 폴리버에 이르기까지 주 내의 곳곳에서 활약했다. 어머니 로즈는 싸움이 계속되는 한 잠시도 전열에서 떠나지 않았다. 그녀는 여성에 대한 선거 운동의 다정하고 정숙한 중심 인물이었다. 처음에 남편 조셉은 반대했으나 후에 가서는 선거 운동원

가운데 전사자의 어머니가 있다는 것도 괜찮겠다는 생각을 받아들이게
되었다. 그러나 그것에 대해 로즈 자신이 자기는 정식 연설을 한 적도
없으며 그 방법도 모른다고 변명하기 시작했다. 케네디 집안의 고문인
조니 파워즈가 그녀를 설득시켰다.

"그런데 당신은 의원, 그리고 시장의 따님이 아니셨나요? 당신은
의원의 어머님이십니다. 그리고 대사의 아내이십니다. 때문에 무엇인가
얘기해야 합니다."

마침내 그녀도 동의했다. 하지만 그녀의 정치적 발언은 드물었다.
그러나 그녀가 여성 유권자들에게 어필하는 효과는 매우 컸다. 그녀는
청중이 되고 싶어하는 여성의 상징이었다. 그러나 그녀의 선거 운동이
노력없이 행해진 것은 아니었다. 로즈는 선거 운동의 하루를 검정
드레스를 입고——이 드레스만이 온종일 바뀌지 않았다——시작한다.
그러나 사교계가 있는 보스턴 교외의 체스넛 힐에 갈 때는 검정 드
레스에 적어도 진주 목걸이를 세 겹으로 하고 값비싼 반지 몇 개, 모피
목도리, 옷차림에 어울리는 유행의 모자가 따르게 마련이다. 이와 같은
상류층 여성들이 모이는 데에서는 전 주영 대사 부인으로서 위엄있게
소개되었다.

자동차 안으로 돌아와, 이번에는 도체스터, 록스벨리에 사는 '바닥에
빈틈없이 융단을 깔아놓는 수준'의 아일랜드 출신자(아일랜드에서 온 이민 가운
데 중산층을 이룬 사람들을
뜻하는 아일랜드 은어)에게 가는 도중 그녀의 옷차림은 미묘하게 바뀐다. 진주는 두
겹이 되며 반지는 하나나 둘, 모자도 최신형이 아니었다. 이곳에서는
보스턴 시장이며 의원이었던 고(故) 존 F. 피츠제럴드의 딸로서 소
개된다.

다시 자동차로 돌아와, 남부 보스턴이나 북부 보스턴의 이탈리아
인 거리에 있는 아파트를 방문한다. 이때는 전사자의 어머니답게 작은
검정 모자를 쓰고 진주 목걸이는 단 하나, 간소한 결혼 밴드 하나가
된다.

어머니 로즈가 프리 마돈나이고 딸들이 합창단이라고 한다면, 티

파티는 바로 무대였다. 티 파티, 다시 말해서 접대 모임은, 보스턴 지대에서는 정치적 전술로서 인정되고 있었다. 그러나 케네디 집안이 한 것 같은 방법은 아무도 시도하지 않았다. 케네디의 가장 대규모적인 티 파티의 하나는 로웰에서 열렸다. 이 파티 준비에는 거의 8주간이나 걸렸다. 우선 최상류의 사회적 명사의 리스트를 만든다. 여기에 저명한 단체에 속하는 여성이 참가한다. 그리고 정치적으로 활약하는 사람들이 들어와 마무리를 짓게 된다. 이 하나의 티 파티를 위해 케네디 집안은 6천 회나 공시하고 다녔으며 은쟁반 50개를 빌리고 회장의 장식을 위해 현지의 충실한 케네디 지지자들을 동원했다. 회장은 넓지 않았다. 회중이 당황해야 할 그런 넓은 홀로 할 이유가 어디에 있겠는가. 어떤 여성 운동원은 말한다.

"조그만 회장에 커다란 모임——이것이 우리들의 방침입니다."

파티 방법은 간단했다. 접대하는 케네디 집안의 여성들이 한 줄로 나란히 선다. 존의 연설은 결코 10분 이상 걸리지 않는다. 내용은 정치 논쟁에 대해 언급하지 않고, 자기 자신에 관해 알기 쉽고 간단한 것을 간추려 이야기하며 지지를 청할 뿐이었다. 그것이 끝나면 티 파티 위원회의 매력적인 여성들이 초대객에게로 가서, 가정에서 커피 파티를 열어 보다 더 많은 사람의 표를 모아달라고 부탁하는 것이었다.

이 효과는 놀랄 만한 것이었다. 케네디 운동원이었던 한 사람은 이렇게 말한다.

"존 의원을 위한 티 파티에 출석해달라는, 예쁘고 각인(刻印)이 든 초대장이 조셉 P. 케네디 부인에게서 오면, 사람들은 앞다투어 그것을 얻으려고 했다. 그리고는 밖에 나가 새 드레스를 산다. 이것은 거의 광적이며 믿을 수 없을 정도였다."

존이 이것을 가장 잘 설명한다.

"묘하게도 매사추세츠에서는 남자보다 여자의 수가 많으며, 또한 여자가 오래 산다. 나의 조부 고(故) 존 F. 피츠제럴드는 36년 전에 나의 지금의 경쟁 후보자의 조부 헨리 캐봇 로지를 상대로 상원의원 선거에 출마했는데, 그때는 여성의 선거권이 인정되지 못했기 때문에 겨우 3만표 차이로 패했었다. 여성 유권자의 호의를 표로 연결할 수 있다면 충분히 뒤진 것을 회복할 수 있으리라 생각된다."

이 연설은 간단하고 솔직하며 더구나 상대방의 자존심을 만족시켰다. 여성들은 이를 좋아했다. 이리하여 그는 초대장으로 당선될 수 있었는데 이는 거의 전적으로 여성의 힘이었다. 로버트는 말한다.

"우리는 티 파티를 스물세 번이나 가졌으며 6만 5천에서 7만의 여성을 모았다. 우리는 여성층을 집중적으로 공략했다. 그 까닭은, 여성은 선거 운동에서 활약을 많이 하나 남성은 잡담을 할 뿐이기 때문이다."

부인들은 존의 자세에 매혹되었다. 이에 대해서 존의 측근은 말한다. "그는 전적으로 정치적 동물이었다. 그는 많은 사람에게 그가 지닌 많은 면을 보였다. 그를 잘 안다는 사람도 그의 한 면이나 두 면을 알고 있을 뿐이다."

하버드 대학에서 그를 가르쳤던 아서 홀캄 교수는 말한다. "아직 대학원에 들어가지 않았는데도 무슨 무슨 운동의 투사라고 자처하는 자는 한 클래스에도 몇 명씩이나 있는 법이다. 그들은 사상에 따라 행동하도록 속박되어 있다. 사상은 그들에게 있어서 그들의 일거일동을 지배하는 결정적인 요소이다. (중략) 나는 존 케네디를 대단한 정치가, 참으로 대단한 정치가라고 생각한다."

치열한 선거 운동

그러나 존 케네디에게는 획득할 수 있는 한 모든 협력이 필요했다. 이것이 솔직한 상황이었다. 그의 선거 운동은, 되도록 많은 사람과 만나면서 주 내를 뛰어다니는 의원 케네디를 중심으로 전개되었다. 한 지역에서 선거민과 접촉하는 중심 인물은 '세크리터리(書記)'라 불렸다. 이 지역 안의 정규의 당 '체어맨(議長)'의 감정을 상하지 않게 하기 위해서이다. 그러나 그래도 데버 지사가 이끄는 당의 주 지부는

케네디 파가 새로이 파고들었다는 것과 그들이 오로지 케네디의 당
선에만 극성을 부리는 데 분개했었다. 한편, 주의 민주당은 당시 전
체적으로 난처한 입장에 놓여 있었다. 아이젠하워의 위신이 차츰 높
아지고 있었던 것이다. 주 정부를 장악하고 있다고는 하나 민주당은
초조했으며 케네디의 선거 운동에 편승하려고 했다. 데버 지사는 당
지부장으로서의 그의 전단을 그의 전단과 함께 케네디의 선거 운동
원으로 하여금 배부시키려고 했다. 그러나 케네디 파는 데버 파와의
합류를 원하지 않았다. 결국 타협이 이루어졌는데, 전단의 겉을 누구로
하고 뒤쪽을 누구로 하느냐 하는 것으로 다시 승강이를 하는 형편이
었다. 두 파 사이의 알력은 높아가기만 했다. 마침내 데버 지사는 조셉
케네디를 거칠 경우에만 케네디 조직과 절충을 하지만 그 이외는 모두
거부하겠다고 언명했다. 이것은 존에게 매우 유리한 것이었다. 케네디
파의 한 사람이 말했다.

"존의 아버지는 데버에게 이렇게 말할 것이다. '저 녀석들은 풋내기
애송이의 집단이지만 나로서는 어쩔 수가 없다. 그러나 아무튼 불러서
아던을 치주겠다.'"

조셉이 존을 혼내줄 생각이 없었음은 분명하다. 그러나 존도 이제는
아버지의 말에 얌전히 귀를 기울일 아들은 아니었다. 그러나 아버지가
아직도 현명한 고문으로 생각되고 있음에는 변함이 없다――선거 운동
중, 하루는 조셉이 우스터에서 열리는 티 파티의 초대객 리스트를 보고
이것은 '레이스가 달린 커튼 수준(아일랜드에서 이
민 온 저소득층)의 아일랜드 출신자의
피크닉'이라고 비평하여 다른 사람도 넣도록 조언했다. 로버트를 선거
운동의 책임자로 한 이유 중 하나는 조셉과 존 사이에 그를 완충 지대로
삼기 위해서였다. 케네디 집안의 사람을 조종하기 위해서는 케네디
집안의 식구가 필요했었다.

조셉 자신도 이 점에 대해서는 다음과 같이 말하고 있다.

"존은 나에게 무엇인가를 물으려 할 때는 언제나 나를 만날 수 있음을
알았었다. 그리고 나는 나 자신이 생각한 그대로를 말했다. 그러나

나는 나이 많은 사람이 아이들이 하는 일에 끼어들어서는 안 된다는 것을 강하게 느끼고 있었다."

그러나 말은 이렇게 해도 그가 개입하지 않은 것은 아니었다.

케네디의 선거 운동으로 주 내의 도시나 마을이 모두 들끓고 있을 때, 대통령 후보를 선출하는 공화당 전당대회가 열렸다. 누가 선출될 것인가. 보수파의 총아인 A. 태프트인가. 아니면 전쟁의 영웅이며 온건한 드와이프 데이비드 아이젠하워 원수인가. 누가 선출되건 누군가는 난처한 입장에 몰릴 것이라고 아버지 조셉은 생각했다. 이 누군가는 공화당원이었다. 로지는 아이젠하워의 선거 운동을 함께 했기 때문에 그는 전국적으로는 온건파의 리더격인 셈이었다. 그러나 매사추세츠 주의 태프트 지지파에게 있어 못마땅한 녀석이 될 것이 아니겠느냐는 것이었다. 조셉은 유명한 태프트 파의 간부에게 가보았으나 얻은 것은 실망뿐이었다. '케네디에 대한 중립파'(로지에게는 반대할지라도 케네디에게는 투표하지 말라는 운동)가 조직되어 태프트 지지파에 대한 편지 작전이 시작되었다.

타협을 해야 할 다른 분야도 있었는데 바로 종교 문제였다. 조셉 케네디는 유태인 반대주의자라는 소문이 조금씩 나돌고 있었다. 적어도 그는, 그렇게 해석될 발언을 한 적이 있었다. 이에 대한 변호로서 그는, 박해받는 독일의 유태인을 구출할 대담한 계획을 제2차 대전 전에 제창했음을 지적하고 또한 팜비치 골프 클럽에서 그리스도 교도는 아마 자기뿐일 것이라고 자랑도 했었다. 그러나 그럼에도 불구하고 전후의 재미 유태인 사이에서는 유태인 문제에 관해 풍겨지는 아버지 조셉의 이미지는 감정적으로 그들의 마음속에 강력히 각인되어 있었다. 아들인 존은 이것을 무시할 수가 없었다. 그는 그런 인상을 씻기 위해 유태인 거리로 들어갔다. 보스턴의 유태인 지도자 수백 명이 참석한 오찬회에서 존은 자기가 유태인의 벗이라는 자격을 말한 뒤, 그 한 예로서 1951년의 이스라엘 방문을 들었다. 이야기를 마친 그는, 문제에 회답이 아직 나오지 않았다고 그들이 느끼고 있음을 표정에서 눈치챌 수 있었다. 그래서 마침내 그는 다음과 같이 물었다.

"이 이상 어떻게 하라는 것입니까? 잊지 말아주십시오. 상원의원에 입후보한 자는 바로 나지 아버지가 아니라는 것을."

그럼에도 불구하고 로지 파의 일부 사람들은 보스턴의 유태인이 케네디 지지로 기울어지는 것을 다음과 같이 표제의 전단(傳單)으로 저지하려고 하였다.

"케네디가 유태인 반대의 견해를 갖고 있었다는 것은 나치의 공식 문서가 증명하고 있다."

이 주장은 간접적인 정보에 의거하고 있었다. 케네디의 선거 본부에서는 즉각 '로지, 부끄러움을 알라.'라는 표제가 달린 응수의 전단을 인쇄했다. 이 전단은 또한 현직 상원의원 로지가 위스콘신 주에서 매카시 의원을 지지하고 매사추세츠 주에서는 매카시의 방식을 지지했다고 공격했다."

이 일은 그때까지 거의 밝혀지지 않았던 사실, 즉 존은 아버지의 옛 친구인 매카시에 반대하고 있음을 시사하고 있었다.

케네디의 선거 운동원들은 야릇한 모임으로 이루어진 집단이었다. 서기에는 하버드, 프린스턴, 조트 내학 출신의 인텔리가 있었다. 또한 이민들의 저마다 태어난 나라에 따른 가지각색의 보스턴 빈민가 각 지역의 기(旗)가 있었다. 무엇인가 사업을 하려는 부잣집 사람도 있었다. 차를 마시는 시간에 잠시 휴식을 취하는 상류 사회의 여성이 있는가 하면, 커피로 한숨 돌리는 일반 가정의 주부도 있었다. 또한 존이 좋아하는 〈내 마음의 마음〉이란 노래를 부르면서 주 내를 순회한 케네디 합창단도 있었다. 더구나 케네디 일가, 그리고 존. 존은 선거전의 막바지에 와서는 등의 통증을 가볍게 하기 위해 지팡이를 짚고 있었다. 그의 한 친구가 말했듯이 "그는 가지고 있는 모든 것을 주었다. 그러나 그때 가서도, 선거전의 마지막 1주일이 되고 나서조차……그는 언제나 일종의 밝음을 유지하고 있었다."

누구나가 쉴새없이 움직이고 있었다. 그리고 그들이 하는 일은 모두가 대규모적이었다. 존의 상원의원 입후보 지명을 청원하기 위해서는

2천5백 명의 서명이 필요했다. 그들이 얻은 서명의 수는 그 백 배인 26만 2천3백24명이었다. 로버트는 등록된 민주당원의 리스트에 실린 수가 적은 것을 알았다. 그는 운동원에게 리스트를 잘 조사해보라고 명했다. 민주당원의 투표자 10만 명이 빠졌음을 알게 되었는데, 그들의 대부분은 존에게 투표함직한 사람들이었다. 누군가가 존의 전력을 더 이용해야 한다고 제안하자, 로버트 밑에서 일하는 운동원들은 형 조셉과 동생 존의 사진을 넣어 잡지에서 전재한 PT 109의 이야기를 담은 8페이지 타블로이드판 팜플렛을 인쇄했다. 그들은 주 내의 모든 가정에 90만부의 이 인쇄물을 돌렸다. 존이 어머니와 누이동생들에게 자기의 지지자를 확보하기 위해 표면에 나서서 매사추세츠 주의 사람들과 악수를 해달라고 부탁하자, 그녀들은 존을 위해 감연히 나섰다. 로즈는 바쁜 가정에서, 유니스는 사회사업의 현장에서 진은 케네디 집안 소유의 시카고 상품 마켓에서, 패트리시아는 그녀의 직장인 뉴욕의 텔레비전 방송국에서 달려왔다. 선거전이 끝날 때까지 약 2백만 명의 매사추세츠 주의 사람들이 케네디 집안의 누군가를 만났다.

로버트의 아내인 에셀 슈켈 케네디까지도 선거 운동 분위기를 고양시켜 주었다. 9월 23일, 그녀는 폴리버에서 존을 위해 선거 운동에 참가했다. 이튿날인 24일, 그녀는 둘째 아들을 낳았으며 조부의 이름을 따서 조셉 패트릭이라고 이름지었다. 로지 지지자의 한 사람은 말했다. "케싱 대주교(훗날의 추기경)가 선거 직전에 로버트와 에셀 사이에 태어난 아기에게 세례를 주고 평일이건만 이를 축하하는 성대한 잔치가 베풀어졌을 때, 우리는 로지의 시대가 끝났음을 예견했다."

접전, 로지 패하다

매사추세츠 주에서의 1952년의 선거 당일은 날씨가 화창하고 약간의 바람이 있었다. 보스턴, 킬비 거리에 면한 케네디 선거 본부에서나 거기에서 거리 하나를 사이에 둔 로지의 선거 본부에서도 개표를 기다리고 있었다. 개표 결과는 서서히 누적되고 있었는데, 이러한 표는

아이젠하워, 아이젠하워 하며 환성을 올리는 것처럼 보였다. 아이젠
하워라는 이름이 지니는 매력, 유럽의 경우와 마찬가지로 한국에서도
전쟁을 종결시킬 것이라는 기대——이러한 것이 미국 전토의 투표함
속에 그의 지지표를 대량으로 던지게 했던 것이다. 어쩌면 이것은
아이젠하워에게 출마를 설득했던 헨리 캐번 로지로서는 축복이 되리
라고 여겨졌었다.

　그러나 놀랍게도 로지와 케네디의 씨움은 시소 게임이었다. 너무나도
막상막하였다. 존만이 자신을 가진 것 같았다. 그는 지지자 사이에 서서
〈내 마음의 마음〉을 노래하고 있었다. 선거전 기간에 했던, 이것을
노래하겠다는 약속을 지켰던 것이다. 그것을 들었던 한 사람은 이렇게
회상한다.

　"물론 그는 노래다운 노래를 부르지 못했다. 그는 완전히 음치였다.
그와 박자를 맞추어 로버트가 불렀다. 그러나 로버트의 노래 실력은
더 형편이 없었다."

　때때로 긴장감을 풀기 위해 존이나 로버트도 거리로 나가 종종걸
음으로 걸었다. 존은 이따금 능의 봉승을 풀기 위해 네이블 위에 걸
터앉아 허리를 펴보거나, 또는 신통치 못한 자기 득표를 무시하며
'아이젠하워는 로지에게 무슨 일을 맡길까' 하고 생각해보기도 했다.

　로버트는 테이블 위에 서서 가장 새로운 개표 결과를 모인 사람들
에게 읽어주고 있었다. 여전히 숨가쁜 접전이었다. 11시. 12시. 여전히
접전.

　"그날 밤, 아니 이튿날 새벽 한 시쯤 되자," 하고 로버트는 말한다.
"누구나 존은 패배했다고 생각했다. 표가 차츰 떨어지고 있었다. 민
주당은 모두 패한 것처럼 보였다. 많은 사람들이 선거 본부에서 철
수했다. 새벽 한 시부터 네 시까지는 거의 극소수의 사람만이 남았다.
그러나 다섯 시쯤 되자 다시 그 사람들이 돌아오기 시작했다."

　오전 7시 25분, 거리 하나를 사이에 둔 로지 선거 본부에서 한 떼의
사람들이 나왔다. 백 명쯤 되었다. 케네디 측 사람들이 로지를 발견하여

창가로 몰려들었다. 고함 소리가 일어났다.

"저기 로지가 걸어간다……저기로 걸어간다……차를 탈 참이다……존, 당신 상대가 나간다……."

10분 뒤, 전화벨이 울렸다. 전보다.

'귀하에게 축하의 인사를 함과 동시에 상원의원 재임 중 귀하가 용기있고 성실한 공공 봉사의 노력에서 빚어진 모든 만족을 얻을 것을 희망함.

헨리 로지'

121만 1천9백85표 대 114만 1천2백47표로 존 케네디는 로지를 굴복시켰다. 매사추세츠 주에서는 아이젠하워가 20만 8천표의 차이로 스티븐슨에게 이긴 것을 생각한다면, 존 케네디의 당선은 대승이라고 할 만했다.

존 케네디는 바야흐로 매사추세츠 주에서 선출된 최고의 민주당원이며 또한 이 주에서 민주당 당원으로서 상원의석을 획득한 적이 있는 겨우 세 사람 가운데 하나였다. "저 꼴보기 싫은 티 파티 때문이다."고 로지는 투덜거렸다. 이후 케네디는 '헨리 캐봇 로지를 7만 5천 잔의 찻잔에 빠뜨린 사내'로서 널리 알려졌다.

로지는 말했다.

"드디어 피츠제럴드 가는 로지 집안에 대한 복수를 끝냈어요."

카메라 플래시가 눈 앞에서 잇달아 터지는 가운데 존은 백여 명의 사람과 악수했다. 누군가가 〈내 마음의 마음〉의 레코드를 걸었다. 존은 조용히 누군가에게 말했다.

"무척 기쁘다. 행복하다."

모두가 로지의 전보를 읽었다. 존 케네디는 테이블 위에 올라가서 환호하는 사람들에게 말했다.

"어제 밤늦게까지 이곳에 남아주신 데 대해 모든 여러분에게 감사드립니다. 하지만 우리는 모두 남아 있어도 괜찮았다고 생각합니다.
나는 이제 집으로 돌아가 자도록 하겠습니다."

1956년 전후

존의 결혼

——존, 그대는 여기 있는 재클린을 그대의 법률상의 아내로 맞이하겠습니까 ?

저마다의 궤도를 에워싼 별들이 단순한 우연으로밖에 생각되지 않는 숙명적인 만남을 하듯이 그들 두 사람도 인생의 만남을 가졌다. 1948년, 동아일랜드의 결혼 파티 자리에서 두 사람은 한 번 만날 뻔했었다. 둘은 혼잡한 실내의 바로 반대쪽 구석에 있었다. 존의 친구가 둘을 소개하려고 했으나, 그녀 쪽이 '매력적인 사람' 진 타니와 이야기를 시작하고 말았다. 그리고 그녀가 혼자 있게 되었을 때는 존이 이미 차를 타고 돌아가버린 뒤였다. 그러나 2년 뒤, 두 사람은 마침내 운명적으로 조우했다. 바로 그 당시의 친구였던 찰스 바트렛이 조지타운의 자기 집에 두 사람을 초대했던 것이다.

"나는 식탁의 아스파라거스 너머로 데이트를 신청했다."라고 존은 말하고 있다.

——재클린, 그대는 여기 있는 존을 법률상의 남편으로 섬기겠습니까 ?

"그때는 이른 봄이었다."
바트렛은 기억을 더듬는다.

"존 케네디가 매사추세츠 주에서의 선거 운동에 진력하기 시작했을 때였으며, 재클린은 유럽으로 여행할 참이었다. 그러나 일은 그곳에서 시작되었다. 우리는 함께 앉아 이것저것 잡담을 나누었다…….

……두 사람은 동시에 돌아가게 되었다. 나는 거리 건너편에 세워둔 자동차까지 그녀를 전송했다. 존이 약간 수줍은 듯이 다가와서는 '어디 가서 뭘 좀 마시지 않겠습니까?' 하고 말했다. 재클린은 대답을 하려다말고 눈을 아래로 내리깔았다. 나 또한 눈을 떨구고 말았다.

길가를 걸으면서 재클린의 차를 본 듯싶은 청년이 그녀가 나오기를 기다리고 있었다. 그것을 보고 있던 재클린은 마시러 갈 수 없다고 대답할 수밖에 없었다."

그래서 존 케네디는 선거 운동을 위해 매사추세츠 주로 갔으며, 그녀는 유럽으로 갔다.

——내가 방금 축복한 이 성스러운 결합의 증인이 되기를 이곳에 계신 모든 분에게 부탁드리는 바입니다. 사람은 천주님께서 함께 맺어주신 사람에게서 떠나시는 안 됩니다."

"무척이나 오랜 기간의 구혼이었습니다."
하고 재클린은 그때를 회상하며 말한다.

"저는 그때 유럽으로 갔으며, 존은 여름부터 가을에 걸쳐 매사추세츠 주에서 선거 운동을 했기 때문에 6개월 동안 우리는 만나지 못했습니다. 6개월 뒤에 우리 두 사람은 돌아왔습니다. 존은 의사당으로, 그리고 저는 조지 워싱턴 대학의 졸업반에. 하지만 그 뒤에도 가끔밖에는 만나지 못했어요. 그는 1주일의 절반은 매사추세츠 주에 돌아가 있었으니까요. 매사추세츠 주의 굴 요리 가게에서 다음 수요일에 워싱턴에서 영화를 보러 가지 않겠느냐는 전화가 걸려 온 적이 있었어요. 장거리 전화이기 때문에 수화기에서 몇 번이고 동전 소리가 들렸죠. 그는 서부극과 남북전쟁의 영화를 좋아했어요. 그는 '과자와 꽃' 같은 타입은 아니었기 때문에 때때로 저에게 책을 선물로 주었어요. 샘 휴스턴(^{19세기의 미}_{국 개척자})의 일생을 그린 《위대한 유리》라든가 존 바컨(^{스코틀랜드}^{의 역사가,}_{소설}_가)의 《순례의 길》 등을 받았습니다."

존 케네디의 해군 시절의 옛 친구이며 선거 운동의 참모인 폴 페이가 결혼식과 재클린의 의부인 휴 오킨클로스가 뉴포트의 클럽베이 클럽에서 베풀어준 독신자 만찬회에 와주었다.

페이의 추억에 의하면——

"우리들 18명이 자리에 앉았으며 나는 당시의 상원의원 옆자리에 앉았다. 내게는 누이동생이 다섯이나 있고 독신자 만찬회에는 여러 차례 나왔기 때문에, 그가 '여보게, 외교 의례에 의하면 일을 어떻게 해나가는지 가르쳐 주지 않겠나?' 하고 물었다.

그래서 나는 '우선 무엇보다 신부에게 축배를 들고 컵을 난로에 던지는 것일세.' 하고 대답했다. 그렇지, 탁상에는 예쁘장한 크리스탈 글라스가 나란히 있었다. ……상원의원은 일어서더니 '나의 미래의 아내, 재클린 부비에에게.' 하면서 잔을 비우고는 '모두들 컵을 난로에 던져주십시오.' 하고 말했다. 18개의 컵이 난로에 던져지고 깨졌다. 오킨클로스 씨는 얼굴이 파랗게 질리다 못해 잿빛이 되어버렸다. 거의 짓이겨진 목소리로 웨이터를 부르더니 컵을 가져다달라고 부탁했다. 컵이 오고 포도주를 따르자, 상원의원이 일어나서 '이것은 이제 관례가 아닌 줄 압니다만 재클린 부비에에 대한 애정이 나를 압도해버렸습니다. 재클린 부비에에게 제 2 의 축배를.' 하고 말했다. 모두가 포도주를 마시자 그는 '컵을 난로에.'라고 하는 것이었다. 두 번째 축배를 든 결과 이번에 식탁으로 갖고 온 컵은 싸구려 집에서 파는 물컵이었다."

결혼식. 고색창연한 갈색 돌로 된 고딕 첨탑의 뉴포트에 있는 성 마리아 로마 천주교회. 3천 명의 군중이 경비선을 무너뜨려 신부를 거의 짓눌러 버릴 것만 같았다. 20년 동안에 걸쳐 이 오랜 항구 도시에서 행해진 가장 열광적인 결혼식이었다. 존 케네디 상원의원은 치아를 드러내며 싱긋 웃었다. 재클린은 군중에게 앞으로 앞으로 밀려와서 약간 조심스러운 얼굴이었다. 초대객은 약 8백 명이었다. 그 중에는 로드아일랜드 주의 상원의원, 메인 주의 페인 상원의원, 코네티컷 주의 퍼셀 상원의원, 매사추세츠 주의 솔틴스트르 상원의원, 뉴욕 주의 키 매코널 상원의원, 펜실베이니아 주의 갤라한 하원의원, 페루 대사, 그리고 모턴 다우니, 아서 클로크, 버나드 김블, 아서 반더빌트 등의 옛 친구가 있었다.

신부. 미스 포터 학교와 채핀 학교 출신. 바서 대학, 소르본 대학, 조지 워싱턴 대학의 'A 마이너스' 학생이었던 재클린은 최근에 워싱턴의 〈타임즈 해럴드〉 지의 카메라우먼이 되었다. 부친은 미남이며 부호인 공화당원이며 카톨릭 교도인 존 부비에 3세였는데, 그는 1년 내내 햇볕에 그을린 모습의 증권업자로서 사람들은 그를 '검은 잭' 또는 '아라비아의 촌장'이라 불렀다. 그와 그의 아내 자네트는 재클린이 11세 때 이혼했다. 그녀는 그 뒤 오킨클로스와 재혼했으나 부비에는 재혼하지 않고 혼자 살고 있었다. 그러나 재클린이 결혼한 때는 병이 깊어서 결혼식장에 딸의 손을 잡고 인도할 수가 없었다(그는 1957년에 사망했다).

뉴욕 주의 부호들이 사는 파크 아베뉴에서 자란 재클린은 여름을 이스턴 햄프턴에서 보내고 세 친구 및 샤프론과 함께 유럽을 여행했다. 18세 때 뉴포트 사교계에 데뷔하여 데뷔턴트(처음으로 사교계에 나온 여자)의 여왕으로 지명되었다. 지금 그녀는 21세였다. 상아 빛깔의 실크의 타프트, 잘 어울리는 보디스, 불룩한 스커트를 입고 할머니가 사용했던 장미빛 레이스의 베일에 레이스의 면사포를 쓰고 있다. 핑크와 흰 난의 꽃다발을 쥐었으며 의붓아버지의 팔을 잡고 천천히 성당의 중앙선을 걸어갔다.

신부의 들러리는 모두 핑크의 타프트 가운을 입고 있었다. 메이트론 오브 오너(기혼자의 들러리)는 신부의 언니인 마이켈 T. 캔필드 부인. 일찍이 망명 폴란드 왕실의 황녀가 될 예정이던 사람이다. 메이드 오브 오너(미혼 들러리)

는 뉴포트의 니나 G. 오킨클로스 양과 버지니아의 매클린 양. 두 사람은
모두 핑크빛 허리띠를 두르고 그것에 맞춘 튜더모를 썼다. 다른 들
러리는 에셀과 진 케네디, 조지타운의 저녁 식사를 마련한 마더 바트렛,
미스 포트 학교의 기숙사에서 같은 방에 있었던 낸시 타커맨 양 등
옛 친구들이었는데 모두 붉은 허리띠에 튜더모를 쓰고 있었다.

신랑. 어제 허치볼 게임에서 장미밭에 뛰어들어 얼굴에 찰과상이
있다. 신랑의 들러리는 로버트였다. 결혼식의 안내역은 지금까지 신
랑의 인생에서 갖가지 사건에 관여해온 사람들이었는데 상원에서는
조지 A. 스메이서즈, 존과 재클린을 소개한 찰리 바트렛, 해군 시절과
하버드 이후의 친구인 토버트 맥도날드와 제임스 리드, 거기에 '데드
(붉은)' 페이, 레모인 빌링스, 찰스 스폴딩, 에드워드, 그리고 재클린의
가족이었다. 모두 연미복 차림에 줄무늬 바지를 입고 있었다.

보스턴의 테너 가수 루이지 베너가 미사 때 〈아베 마리아〉와 〈파니스
안겔리커스〉를 불렀다. 그의 목소리는 크고 단조로운 커싱 대주교의
목소리와 대조적이었다. 대주교는 케네디 집안의 오랜 친구이며 기쁠
때나 슬플 때나 케네디 가를 정신적으로 이끌었다. 그의 코먹은 듯한
목소리의 훈사는 대성당에 울려퍼져 앞에 선 두 젊은이에게 미래의
불길한 뉘앙스를 암시하는 듯했다.

"희망과 절망, 성공과 실패, 기쁨과 고통, 그리고 환희와 슬픔의
미래는 그대들의 눈에서 가려져 있다. 아다시피 이러한 일은 모두
인생에 혼재(混在)해 있으며 그대들에게 닥칠지도 모른다. 그렇기 때
문에 그대들은 앞길에 무슨 일이 있건 알지 못한 채 좋아지건 나빠지건,
부유해지건 가난해지건, 병에 걸리건 건강해지건 간에 죽는 그날까지
서로 의지하며 살아야 한다……."

확실히 이러한 말은 매우 중요한 것이다. 이러한 말들은 준엄한
의무를 포함하기 때문에 결혼 생활을 자기 희생의 위대한 원칙을 바
탕으로 한다는 것이 안정을 위해서도 가장 바람직하다. 그대들은 마

음으로나 가슴으로나 또한 애정으로나 하나인 것이다. 이 공동의 인생을 지키기 위해서 앞으로 어떠한 희생이 필요하다 해도 항상 관용의 마음으로 희생을 치러야 한다. 그리고 만약 사랑이 완전하다면 희생 또한 완성될 것이다. 천주님은 이 세상을 사랑하시어 그 독생자를 보내주셨다. 그리고 천주님의 아들께서는 우리를 사랑하시며 우리의 구원을 위해 스스로를 바치셨다. '벗을 위해 한 목숨을 바치니 아무도 이보다 더한 사랑을 갖지 못하리라.'"

마지막 축복을 보내기 직전에 대주교는 교회 뒤창에 가득 찬 스테인드 글라스——거기에는 십자가와 그리스도의 생애가 그려져 있었다——에 등을 돌려 두 사람과 그 증인들에게 고했다.
"——이테 미사 에스트(가거라, 미사는 끝났도다). 평화로운 가운데 나아가거라."

매카시 의원과의 관계

결혼식이 끝나고 큼직한 떡갈나무의 문이 열리자 기쁨에 잠겼던 사람들이 스프링 거리에 넘쳐흘렀다. 그 뒤, 나라간셋 만을 굽어보는 오킨클로스 소유의 3백 에이커나 되는 하머스미스 농장에서 리셉션이 열려 1천2백 명의 손님이 참석했다. 그들이 도착하자 자동차의 행렬은 반 마일이나 계속되었다. 재클린과 존——그는 등이 아팠으나——은 세 시간이나 줄곧 선 채 손님을 맞았다. 두 사람은 잔디 위의 양산이 달린 테이블이며 차양으로 가려진 테라스에서 손님과 이야기를 나누었다. 조셉 케네디는 "고마운 일이오. 마침내 우리 집안에 새 사람을 맞게 되었거든." 하며 좋아했다고 친구는 말하고 있다.

케네디 집안과 반드시 조화된다고 할 수 없는 또 하나의 관계가 있었다.그것은 이 집안과 조셉 매카시 상원의원과의 결부였다. 매카시 의원은 아버지 친구인 동시에 한 아들(로버트를 말한다.)의 고용주이자 또 하나의 아들(^{존 F.}_{케네디})의 동료이기도 했다. 일찍이 미국 상원에 자리를 차지했던 가장 문제가 많은 사나이와 관련이 있었다. 해서 이 집안의 세 사람은 모두 상당히 호된 비판을 받게 되었다.

조셉 매카시를 하이아니스포트와 팜비치에 초대하거나, 그를 워싱턴으로 방문하기도 한 사람은 아버지 조셉 케네디였다. 미국 상원의 정부 활동 조사 소위원회 위원장이며 극단적인 보수파인 매카시는 '맨발족'의 소프트볼 팀에 들어가 조셉 케네디 집의 잔디 위에서 유격수를 맡았었다. 많은 사람이 두려워하고 싫어하는 공화당원 매카시가 민주당원 케네디의 보트에 초대받은 손님이 되어 수영을 하다가 한 번은 익사할 뻔한 적도 있었다. 조셉 케네디에게 있어서 매카시는 언제나 유쾌한 사나이였으며 결코 까다로운 사람은 아니었다. 누군가가 그와 대립을 해도 결코 기분을 나쁘게 하지 않았다. 남을 욕한 적도 없는 사나이였다.

아들들은 아버지의 정치적 견해에 영향을 받고 있듯이 아버지의 친구들이나 동조자에게서도 영향을 받았다. 매카시는 로버트 케네디의 큰딸의 대부였다. 루이빌(^{켄터키 주}_{북부의 도시}) 청년 상공회의소가 만찬회를 주최하여 미국 전역에서 뽑힌 10명의 뛰어난 젊은이 가운데서 로버트가 표창을 받았을 때, 텔레비전 해설자인 에드워드 마를로가 매카시를 비판한다는 말을 듣자 로버트는 밖으로 나가버렸다. 후에 매카시가 죽었을 때, 로버트는 장례식에 참석했다.

상원의원인 형을 돕는 일이 끝났기 때문에 로버트는 사법성의 자기 직책으로 복직했다. 상원 조사위원회의 프란시스 프라나건이 "위원회는 헐값의 젊은 변호사를 필요로 한다. 내가 찾는 사람은 무보수로 일해 줄 청렴한 변호사이다."라고 했다.

그러자 한 친구가 "마침 좋은 청년이 있다."고 했다. 프라나건에게 있어서 케네디라는 이름은 아무래도 좋았다. 그는 이렇게 말한다.

"한 시간인가 두 시간 후에 로버트 케네디가 모자를 들고 찾아왔다.

내가 '자네는 잭 케네디와 관계가 있지 않은가.' 하고 말하자 그는 '네, 동생입니다.' 하고 대답했다. 우리는 한 시간쯤 이야기를 나누었다. 수요일이었기 때문에 다음 월요일부터 일해달라고 그에게 부탁했다. 그러자 그는 '그렇게는 안 되겠습니다. 그만둘 때는 사법성에 2주일 전에 예고를 해야 하기 때문입니다.'라는 것이었다.

'괜찮네. 내가 어떻게 잘 해볼 테니까.' 하자, 로버트는 '그렇지 않습니다. 그런 방법은 좋아하지 않습니다.'라고 했다. 그래서 2주일 후에야 일하러 왔다. 이것으로 그가 어떠한 청년인지 알 수 있을 것이다."

매카시 소위원회의 신문 발표 자료 제 6 절을 보면 '위원회는 존 케네디의 동생, 27세의 로버트 케네디를 고용했다.'라고 적혀 있다.

매카시는 이 위원회의 새 의장이며 그가 추구하는 주제는 공산권의 여러 나라에 물자를 수송하는 선박회사의 문제였다. 정보 관계기관을 통해 위원회는 동구라파 여러 나라와 중공 사이의 교역에 종사하는 외국 선박의 상세한 리스트를 받았다. 조사 담당의 젊은 변호사 로버트 케네디는 증인이 되고, 매카시가 그에게서 증거를 끌어내는 것이었다. 공산권의 무역에 사용되는 선박이 동시에 미국의 원조물자 수송을 위해 고용되고 있는 모양이었다. 기록을 보면——.

위원장 : 로버트 군, 자네는 4척의 프랑스 선박이 중공으로 물자를 수송한다고 말했지 ?

케네디 : 매카시 상원의원님. 한국 전쟁이 시작된 이후로 4척의 프랑스 선박이 중공으로 갔습니다. 그 가운데 3척은 프랑스 정부의 소유입니다. 그리고 그 중의 2척은 1952년에 중공으로 갔으며, 나머지 1척은 루마니아의 콘스탄차에서 중공으로의 공산권 내 무역에 종사했습니다.

위원장 : 그러한 선박은 미국에서 사들인 것입니까 ? 알고 있었습니까 ?

케네디 : 그렇습니다. 프랑스 정부 소유의 3척은 우리 나라에서 판

것입니다. 확실히 프랑스 정부는 전부 4척을 사들였습니다만, 그 가운데 3척이 중공과의 무역을 위해 취항하고 있습니다……

위원장 : 케네디 군. 당신한테 질문하고 싶습니다. 영국 소유의 선박이 공산권으로 수송하고 있다는 사실은 확인되었습니까?

케네디 : 그렇습니다, 상원의원님.

소련권과의 무역에 관한 소위원회의 보고를 제출한 뒤 로버트 케네디는 사표를 냈다. 표면상의 이유는 개인 법률사무소에서 일한다는 것이었는데, 행정 능률을 검토하는 후버 위원회에서 일을 하기 위해서였다. 공식적인 사유는 밝혀지지 않았으나, 주된 이유는 매카시의 주임 보좌관 로이 콘을 싫어했기 때문이었다.

로버트는 매카시에세 이렇게 써보냈다.

'나는 위원회와 결부된 일을 좋아했습니다. 당신들과 일할 기회를 주신 데 대해 감사하고 있습니다. 과거 7개월 동안, 당신이 보여주신 친절에 대한 나의 진정한 감사를 받아주시기 바랍니다.'

매카시는 이렇게 대답했다.

'당신이 위원회에서 떠나는 것에 매우 유감스럽다고 말할 필요는 없을 것입니다. 함께 이야기를 나누었듯이 당신이 프라나건 씨와 전 위원회와 함께 보고를 완성하기 위해 여름에는 다시 위원회로 돌아올 것을 고려하기를 진정으로 기대합니다.'

로버트 케네디는 다시 자유로운 변호사가 되었다.

존 케네디 상원의원은 자기 집과 매카시와의 특수한 관계 때문에 많은 어려움을 당하고 있었다. 극단적인 극우파 성격이 꼭 나쁘다고는 생각지 않았다. 그는 선거구의 어느 여성에게 다음과 같은 편지를 보냈다.

'국제 전선에서의 진출과 마찬가지로 국내에서의 공산주의의 위협에도 조심해야 한다고 항상 믿고 있습니다. 그러나 죄인을 벌함에 있어서 무고한 자는 보호한다는 우리의 전통적 입장은 조심스럽게 유지되어야 한다고 생각합니다.'

상원에서의 케네디는, 매카시즘적 의안에 대해서는 일관하여 반대 표를 던졌다. 통신 도청법의 확대, 학생과 노동조합 지도자에 대한 충성 서약의 의무화, 그리고 헌법 제5조 수정에 의한 증인의 묵비권 포기를 강요하는 법안 등에 반대했다. 또한 매카시의 반대에도 불구하고 제임스 코난트(당시 하버드 대학 학장)의 서독 주재 대사 임명을 승인했다. 뿐만 아니라 매카시가 공격하던 찰스 보렌의 소련 주재 대사 임명에도 찬성표를 던졌다.

케네디 집안에서는 말썽이 많은 위스콘신의 친구(매카시 의원)에 대해서는 충분히 현실주의적이었다. 존 케네디와 상원의 자리를 다투었던 로지를 응원하기 위해 매카시가 매사추세츠에 오는 일은 없었다. 그는 로지를 지지하는 말조차 하지 않았다. 그가 말조차 꺼내지 않았던 이유에 대해서는 갖가지 억설이 있다. 어떤 사람은 조셉 케네디의 세련된 수법에 걸려들어 매카시는 꼼짝도 못하는 줄로 생각했었다. 선거가 끝나고 상당히 오래 지난 뒤, 보수적인 공화당 계통의 신문인 〈보스턴 포스트〉의 사주(社主) 존 폭스가 아이젠하워의 보좌관 셔먼 애덤스와 보스딘의 섬유입자 버나드 골드파인의 관계에 관한 청문회에서 증언한 적이 있다. 이 청문회에서 폭스는, 1952년에 신문이 로지의 지지에서 존 케네디의 지지로 방향을 전환한 뒤 조셉 케네디로부터 50만 달러의 대부를 받았다고 증언했다. 폭스나 케네디도 그 사이에 거래는 없었다고 말했다. 폭스는 그 뒤, 만약 매카시나 로버트 태프트의 요청이 있었더라면 로지를 지원했을 것이라고 말했다. 그는 매카시에게 전화까지 걸었으나 결국 전화구로 그를 끌어낼 수는 없었다고 했다.

상황이 어떠한 것이었건 매카시의 조사관으로서의 로버트의 역할, 조셉과 매카시와의 오랜 교우 관계, 인간 매카시에 관해 존이 줄곧 침묵을 지키고 있었다는 것은 상원 및 미국의 자유주의파로서도 슬픈 일이었다. 리처드 로비아는 다음과 같이 쓰고 있다.

'일리노이 주 출신인 폴 더글러스 상원의원은 원내에서도 가장 교양있는 의원이었으며, 그 성실성과 용기는 어느 미국인에게도 부각될 수 있는 인물이었다. 그러나 그는 트루먼 시대의 마지막과 아이젠하워 시대의 처음 몇 년 동안에 걸쳐 매카시 문제에 관해서는 한 마디도 발언하지 않았다. 《용감한 사람의 프로필》의 저자, 매사추세츠 주 출신의 존 케네디 상원의원 역시 마찬가지였다."

당시 자유주의파의 핵심 인물인 엘리노 루즈벨트 역시 "무엇이 용기인가를 이해하고 용기를 찬양하지만, 그것을 소유할 만한 자립성을 갖지 못한 인물의 손에 대통령의 막강한 결정권을 맡긴다는 것에는 망설임을 느낀다."고 말한 적이 있다.

또한 다른 자유주의자가 말했듯이 존 케네디는 "프로필은 보다 적으며 용기는 보다 많은 것을 나타낸다."는 것이어야 했다. 하버드 대학 교수인 아서 슐레징거가 저서의 제명으로 말미암아 값비싼 대가를 치르지 않았느냐고 케네디에게 물었을 때, 그는 "그랬지요. 그러나 나 자신에 관해 말한 장(章)은 단 1장도 없었소." 하고 쓴웃음을 지으며 대답했다.

의회 경험이 축적됨에 따라 존 케네디의 정치적 식견도 성숙되었다. 어떤 사람에 의하면, 그는 정치꾼에서 차츰 정치가로 성장했다는 것이다. 매카시 극에서 그가 맡은 역할, 또는 그가 맡지 않았던 역할에 대해 존 케네디는 "많은 상원의원은 동료의 행동에 대해 개인적으로 비판을 하고 싶어 하지 않는다. 매카시 사건의 경우, 아마 그것은 틀렸을 것이다. 우리는 어쩌면 다른 사람들에 비해 둔감하며, 따라서 보다 더 빨리 행동을 했어야 했다. 이것은 나를 향한 당연한 고발이다."라고 술회하고 있다.

매카시 의원의 몰락

1954년, 로버트 케네디는 민주당 소수파와 아칸소 주 출신의 존 C. 매클레란 상원의원의 주임 고문으로서 조사위원회의 업무로 돌아왔다. 아직 군부 대 매카시 청문회의 대립은 계속되고 있었으나, 매카시 상원의원의 말기는 가까워지고 있었다. 위원회의 민주당원은 이제

'위원장'과 그 방식에 비판을 퍼붓고 있었다. 매카시의 보좌인 로이 콘과 G. 데이비드 샤인은 텔레비전 카메라 앞이나 무대 뒤에서 진짜 권력을 쥐고 있었다. 로버트 케네디는 표면에 나타나지 않았다. 케네디와 콘은 거의 태어나면서부터의 적대자나 다름이 없었다.

하루는 콘이 육군 통신 부대 서기인 애니 모스 부인을 공산주의자로 알려진 로버트 홀과 결속시키려고 했다. 케네디는 그를 설득시켜 높은 평가를 받았다. 케네디는 모스 부인이 아는 로버트 홀이란 인물은 흑인이라고 했다. 그런데 콘이 말하는 로버트 홀은 백인이었다.

콘과 케네디가 다시 한 번 치열하게 싸운 직이 있었다. 콘의 위협과 목청껏 떠들어대는 소리가 방 밖에까지 들렸다. 콘은 케네디가 이 직책을 맡을 자격이 없다고 고함쳤다. 케네디는 분노로 이글거리는 눈을 치켜뜨고 가슴을 폈다. 케네디가 이 직책을 맡았을 때, 콘은 그가 자기에게 증오심을 품고 있기 때문에 그런 권리는 없다고 이의를 제기했었다.

"설사 증오심이 있다 해도 그것은 극히 당연한 일이다."
히고 로비트는 되받았다.

매카시의 에피소드가 계속됨에 따라 존과 로버트는 중대한 결단을 내려야만 했다. 존은 이렇게 회상한다——

"조셉 매카시 말인가? 나는 악조건에 빠졌었다. 동생이 그의 밑에서 일했었어. 나는 반대였지만 어떻게 그곳에 가서 조셉을 부인할 수 있겠는가? 그것은 정치적 책임이라기보다 개인적인 문제였네."

노(老) 조셉 케네디는 후년에 눈물을 글썽이면서 이렇게 말했다——
"나는 매카시가 선풍을 불러일으킬 인물로 생각했네. 그는 현명한 사람이었지만 너무 깊숙이 빠져들고 만 것일세."

등의 상처 때문에 고통을 받고 있던 존 케네디는 매카시 상원의원이 상원의 명예를 손상시키는 경우에만 그를 비난하는 세력에 동조하는 찬성표를 던지고 싶다고 했다. 그는, 매카시에 대해서 정당한 절차에 따라 변명의 기회가 주어져야 한다고 생각했다. 그러나 매사추세츠 출신의 신인 상원의원은 여전히 자기 당의 자유주의파와의 관계를 추구하고 있었다. 테드 솔렌센은 "진짜 리버럴의 대부분은 그를 따뜻하게 맞지는 않았다. 그러나 나는 그가 참다운, 또한 가장 낡은 타입의 리버럴임을 알았다. 다시 말해서 자유로운 마음을 가진 자유인인 것이다. 그는 거의 별다른 정치 철학을 갖지 않은 채 의회에 들어갔음을 태연하게 시인하고 있다."고 말했다. 케네디 스스로가 말하듯이 "어떤 사람들은 20대의 후반에 기성의 리버럴리즘을 무리하게 받아들이지만, 나는 그렇지 않았다. 나는 역류와 소용돌이에 사로잡혔었다. 사물의 본류에 들어선 것은 훨씬 뒤의 일이었다."

매카시에 대한 비난을 결의할 때, 존 케네디는 반대하는 투표를 하지 않았다. 그는 그때 입원 중이었다.

신부 재클린

——병이 걸리건 건강하건 죽는 그날까지. 대주교의 훈사(訓辭)에 있던 존과 재클린에 대한 '중요한 말'은 결혼 생활 시초의 몇 년 동안을 두고 메아리쳤다. 그의 등의 통증은 치명적인 중증이 되어가고 있었다. 그러나 그것이 정말 그렇게 되는 것은 훨씬 뒤의 일이다.

결혼 생활은 재클린에게 있어서 쉽사리 적응할 수 있는 것이 못 되었다. 상류 사회의 생활에 길들여진 그녀는 이제 활동적인 한 집안의 정치적 템포에 구속되어버린 것이다. 신혼 부부가 일족의 본거가 된 하이아니스포트의 집에 묵고 있을 때, 그녀는 조셉 케네디와 밤마다 저녁 식사를 같이 해야 한다는 것에 반대했다.

"1주일에 한 번이라면 멋지겠어요. 하지만 매일 밤은 싫어요."

팜비치에서 그녀는 점심 식사에 늦은 적이 있다. 조셉 케네디가 아이러니컬한 말을 하자, 그녀도 역시 비꼬기 시작했다. 조셉은 복잡한 성격의 인물이었다. 술과 담배도 하지 않으나 그래도 즐기는 것은 좋아했다. 얼굴을 붉히는 일 없이 온갖 앵글로색슨 용어를 쓸 수가 있었으며, 그것을 자기의 문화 취미와 공존시킬 수도 있었다. 워싱턴의 증권거래소 위원회 시절의 친구가 축음기에 걸려 있는 교향곡을 멈추며 흥겨운 음악으로 바꾸어달라고 부탁하자, 조셉은 "자네 같은 귀머거리 녀석이 문화를 어떻게 알겠느냐."고 했던 것이다.

재클린은 시동생과 시누이 가운데에서도 자기 자신을 갖고 있는 여성이었다. 그녀는 조지타운의 자기 집을 자기가 좋아하는 스타일로 바꾸며 말했다.

"조지타운의 집에는 제가 좋아하는 18세기의 가구를 들여놓았어요." 그리고 계속해서 말했다. "그리고 그림——제가 수집한 그림. 존은 기분좋게 저로 하여금 실내 장식을 하게 해주었어요. 하지만 철저히 제 나름으로는 하지 않았습니다. 왜냐하면 아이들에게 '만지면 안 돼요.'라고 하거나 남편이 편안히 쉴 수 없는 그런 집은 싫으니까요. 조그만 것이 많이 놓여 있었지만 크고 편한 의자와 책상을 들여놓았어요. 정치가라면 누구나 의자 곁에 서류나 커피잔이나 재떨이를 놓을 테이블이 필요하지 않겠어요? 그러니까 조금씩 무엇이건 있는 셈이랍니다."

손도 역시 조금밖에는 있지 않았다. 그는 자주 여행을 했다. 사기 선거구민과 이야기를 나누기 위해 매사추세츠로 돌아가거나, 정치적인 용무로 전국을 뛰어다니고 있었다. 집에 있을 때조차 일에 몰두하여 "마치 알래스카에 가고 싶을 정도였다."라고 그녀가 불평한 적도 있었다. 그녀는 그의 관심을 회화 쪽으로 돌리기도 했다. 한편 케네디는 재클린이 조금씩 '정치 기술'에 관심을 갖도록 유도했다. 여가가 생기면 두 사람은 모노폴리 놀이를 하거나 바트렛 내외나 로버트, 에셀과 브리지를 하기도 했다.

"존은 언제나 이기려 했다. 경쟁의식이 강했기 때문에 안간힘을 쓰며 이기려 했다. 그러나 질 때도 그 태도는 제법 깨끗했다. 결코 마지막에 가서 언짢은 뒷맛을 남기지는 않았다. 모노폴리에서나 또 테니스나 골프에서도 승부에 졌다 해서 기분이 상하는 일은 없었다. 실제로 그는 골프나 테니스에서도 마음 편한 플레이어였다. 그는 골프를 좋아했는데, 햇볕과 잔디와 그 밝음을 좋아한 것으로 생각된다."

바트렛은 이렇게 회상한다.

재클린 역시 그녀 나름대로 경쟁의식이 강했다. 과격한 아일랜드식 풋볼은 그녀에게 어울리지 않았다. 터치 풋볼 시합 전에 있는 회의 때, 그녀는 팀의 한 사람에게 "한 가지만 가르쳐줘요. 볼을 잡으면 어느 쪽으로 달리나요?" 하고 물었던 것이다. 그러나 에드워드의 하버드 시절의 동료와 함께 시합을 하여 복사뼈를 다친 뒤로는 풋볼을 영구히 그만두고 말았다. "보기만 해도 지쳐버려요." 하고 그녀는 케네디 집안의 풋볼을 평했다. 그녀에게는 이기고 지는 것보다는 어떤 식으로 시합을 운영하느냐가 중요했다. 한번은 모노폴리 놀이도 따분해져 일찍 끝내기 위해 일부러 미스를 한 적이 있었다.

"존은 화를 내지 않던가요?" 하는 질문을 받은 재클린은 "만약 내가 상대방이었더라면 화내지는 않았을 거예요." 하고 태연하게 대답했다.

당시의 옛 친구들은 "두 사람은 많은 점에서 참으로 조화를 이룬 한 쌍이었다."고 회상한다.

"그녀의 옷이 비싼 것에 그는 곧잘 불평을 했다. 재클린이 조지타운의 집에 두 장의 값비싼 융단을 들여놓은 적이 있었다. 그녀는 자기의 용돈을 모아 월부로 조금씩 지불하고 있었다. 누구나 깜짝 놀랄 만큼 비싼 것이었기 때문에 정확한 가격을 그에게 알리고 싶지 않았던 것이다. 존은 그 융단을 몹시 마음에 들어했다. 물론 마지막에는 그도 값을 알게 되었지만. 그러나 그와 같은 사소한 승강이는 물론 때때로 있었다."

재클린의 가구와 마찬가지로 존의 정치 생활도 가정에 서서히 침투되고 있었다. 언젠가 그는 경제학자를 초대하여 바트렛과 둘이서 강의를 받았다. 경제학자는 저녁 식사를 마친 뒤 한 시간 반에 걸쳐 경제학을 강의했다.

"존은 우리에게 매우 유익했다. 그가 자기들로서는 밝지 못한 경제 제도의 세부를 교수해주었기 때문이다. 한번은 존이 저녁 식사를 마치기 전에 경제학자가 왔었다. 그래서 존은 디저트의 초콜릿 크림을 손에 든 채 연방 준비국에 관한 강의를 들었다. 갑자기 존은 조지라는 이름의 고용인을 불러 '조지, 이건 어제의 초콜릿이 아닌가?' 하고 말했다. 이것으로 강의는 중단되었으며 경제학자는 말문이 막힌 채 어찌할 바를 몰라했다."

후년에 이 사건을 상기하며 누군가가 "경제학자는 그래서 어떻게 했습니까?" 하고 존 케네디에게 물었다. 그는 잠시 생각하더니 "글쎄, 잘은 모르지만 자살을 하지 않았을까." 하고 대답했다.

매카시와의 갈등, 의원 활동, 결혼 생활을 하는 바쁜 나날 가운데 가장 마음에 걸렸던 것은 케네디를 오랫동안 괴롭히고 있는 병이었다. 그는 거의 쉴새없이 등의 통증으로 시달렸다. 그는 1944년에 해군 시대의 수술로 금속성의 척추를 넣고 있었다. 10년이 지난 뒤에도 여전히 지팡이를 짚고 절뚝거리는 일이 많았다. 체중도 140파운드(65킬로)로 술어늘었는데 6피트(180센티)나 되는 신상과 비교해볼 때 너무 마른 편이었다. 평소의 스트레스나 지난 날의 황달, 말라리아가 그의 부신 기능을 약화시켜 피부빛이 변색하는 등, 에디슨 씨 병과 비슷한 증상이 나타났다. 부족한 부신 호르몬을 보충하기 위해 코디존을 복용해야 되었다. 그는 개를 몹시 좋아했으나 개에 대한 알레르기증이 있어 이를 고치기 위해 오랜 세월을 두고 주사를 맞았다. 또 마비된 척추의 근육을 부드럽게 하기 위해 하루에 세 번이나 따뜻한 물에 목욕을 했다. 그 밖에도 여러 가지로 치료를 시도해보았으나 별로 효과는 없었다. 그는 사무실에 흔들의자와 긴 의자를 갖추어놓고 등의 통증을 조금이라도 줄여보고자 했다. 동생 로버트의 말에 따르면, 존은 "이 세상에 태어난 이후로, 적어도 절반은 고통에 사로잡혀 있었다."는 것이다. 그러나 그럼에도 불구하고 그것을 겉으로 드러내 보이는 일은 거의 없었다.

투병하는 케네디

워싱턴 사교계의 스타인 케이 홀은 케네디에 대한 추억을 갖고 있다.

"한번은 댄스 홀에서 의자의 한쪽에 앉아 그와 이야기를 나눈 적이 있었습니다. 그런데 의자의 맞은 쪽에 앉았던 한 여자 아이가 갑자기 일어서는 바람에 의자가 기우뚱해져 그는 바닥에 내동이쳐졌습니다. 등뼈를 다쳐 그는 순식간에 창백해져 나는 소스라치게 놀랐습니다. 두 손을 잡고 똑바로 일어서게 했습니다만 그의 이마에 진땀이 배어 나온 것이 보였어요. 하지만 그는 아무 말도 하지 않았어요. '존, 많이 아픈가요?' 하고 묻자, 그는 '아니, 아무렇지도 않아.' 하고 대답하는 것이었습니다."

결혼한 지 1년 만에 존 케네디는 은밀히 개인적인 깊은 생각에 잠겨 있었다. 의사들은 등을 고치는 단 하나의 기대는 등뼈를 용해 수술하는 것이라고 충고했다. 그 수술은 상당히 위험한 것이었으며, 더구나 부신이 약화하여 충격이나 전염에 대한 저항력이 적은 만큼 그 위험도도 높았다.

케네디의 마음속 깊이 간직된 감정이 때때로 폭발하는 적도 있었다. 어떤 친구는 케네디가 주먹으로 지팡이를 치면서 "이따위 것에 매달리며 평생을 살 바에는 차라리 죽는 편이 낫겠다."고 하던 것을 기억하고 있다.

마침 이 무렵, 케네디는 기도에 대해 어떻게 생각하느냐는 질문을 받은 적이 있었다. 그는 다음과 같이 말했다.

"……인간은 불멸의 영혼인 신에 의해 창조되었다고 나는 믿는다. 신의 가르침에 따르는 자는 신과 함께 천국에 있으며 영원한 삶이 주어진다고 믿는다. 인생의 길고 험난한 도정에서 번민에 둘러싸인 우리가 구원과 지도를 얻기 위해 주님이신 하느님을 돌아본다는 것은 극히 자연스러운 일이다. 하느님을 돌아본다는 것이 곤란한 순간에만 그래야 한다는 것은 불행한 일이다. 그러나 신은 기도에 답해주지 않는 일은 없다."

그 해 가을인 1954년 10월 21일. 뉴욕 특별 외과병원의 의사들은 수술을 시도했다. 우려한 대로 전염이 시작되어 그의 약해진 신체에 번져갔다. 실로 삶과 죽음의 고비였다. 그들은 주님께 기도했다. 마지막 종교의식도 행해졌다. 그러나 놀랍게도 그는 차츰 기운을 되찾기 시작했다. 그는 2주일 간이나 요양을 위해 검은 커튼을 친 방에 누운 채 30분마다 혈액검사를 받아야 했다. 케네디 집안의 옛 친구, 토머스 슐라이버는 몇 번인가 병원으로 그를 찾아왔다.

"그 시기는 그에게 있어서 공포의 순간의 연속이었다. 그러나 또다시 그 사나이는 자신이 지닌 용기를 보여주었다. 그는 병을 극복할 기회가 50퍼센트 이상은——어쩌면 50퍼센트 이하밖에——없음을 알았으리라. 그러나 그 기회를 잡으려고 노력했다. 케네디 집안의 전원이 가졌던 것은 자신이었다. 좋건 나쁘건 간에 그들은 무엇보다도 용기를 지녔었다."

하고 슐라이버는 말한다.

수술의 후유증은 차도가 나타나기는 했어도 회복은 상당히 늦었다. 들것에 실려 병원에서 나온 그는 팜비치의 가족에게로 갔다. 재클린이 그에게 그림 그리는 것을 가르친 때가 이 시기였다.

"존은 통증이 심하여 한 시간 정도밖에 자지 못했다. 그래서 통증을 잊기 위해 공부를 했다. 그 결과 존은 책 한 권을 저술할 수 있었다."고 조셉 케네디는 말하고 있다.

그 책은 《용감한 자의 프로필》이었다. 존 케네디는 의회 도서관에서 산더미처럼 참고본을 갖다놓고 재클린과 데이비드 파워즈의 도움을 받아 읽고, 개인적이며 도덕적 용기를 요구당한 유명 무명의 미국인들의 생애를 정리한 것이다.

매사추세츠 주에서 선출된 청년 상원의원 밑에서 일하기 위해 온 네브라스카 주의 청년 테오도어 솔렌센도 자료를 찾아주며 여러 가지로 협력했다. 어떤 사람은 훗날에 가서, 실제로 책을 쓴 사람은 솔렌센이라고 했지만, 솔렌센이나 케네디는 강력하게 이를 부인했다.

팜비치에서 휴 한 뒤, 존과 아내는 버지니아 주의 오킨클로스의 집으로 갔다. 바트렛이 그들을 그곳으로 찾아갔다.

"그는 등을 꼿꼿이 한 채로 판을 들고 그 위에 글을 쓰고 있었다. 그가 쓰는 대로 비서가 타이핑을 했다. 우리는 곧잘 외출을 했으며, 그에게 밖의 이야기를 들려주었다. 또한 정치 정세에 대한 이야기도 했다. 그야말로 죽음을 앞둔 그 시기에서조차 그는 여전히 의회에서 일어나고 있는 일에 매혹되는 모양이었다. 그의 정치적 관심은 한순간이라도 뇌리에서 사라지는 때가 없었던 것이다."라고 바트렛은 말한다.

케네디는 전화로 의회의 사무실과 연락을 취했다. 딕터폰(녹음된 말을 재생하거나 타이프하는 기기)을 사용하여 상원 관계의 편지를 처리했다. 그것이 끝나면 그는 솔렌센과 재클린, 특히 재클린의 도움을 받으며 저술을 했다.

"그녀는 병상 가까이 걸터앉아 몇 시간이고 그에게 자료를 읽어주었다. 그 책은 거기에서 태어난 것이다."라고 데이비드 파워즈는 기억하고 있다.

1955년 2월에 그는 특별 외과병원에 재입원을 할 수 있을 만큼 상태가 좋아졌다. 그리고는 다시 죽음의 고비를 맞아 두번째의 마지막 종교의식이 행해졌다. 그러나 두번째의 수술은 성공하여 급속한 쾌유를 보이기 시작했다. 그는 거의 건강을 되찾았으며 걸어서 병원을 퇴원, 팜비치에서 정 하여 회복했다. 1955년 5월 23일, 그는 상원의 사무실로 돌아갔다. 많은 편지며 전보가 그를 기다리고 있었다. 큼직한 과일 바구니에는 '귀향 환영──딕 닉슨'의 카드가 있었다. 상원의 의회에 들어서자 텍사스 주 출신의 린든 존슨을 만났다.

"만나서 기쁘네, 존." 하고 그가 말했다.

아버지의 분주한 나날

이렇듯 가슴아픈 일은 없었으나 조셉 케네디에게 있어서 이 시절은 행복하다고는 할 수 없어도 분주한 나날이었다. 아이들이 잇달아 결혼했다. 1950년에는 로버트와 에셀. 1953년 5월 23일, 유니스와 서젠트 슐라이버. 1953년 9월 12일, 존과 재클린. 1954년 4월 24일, 패트리시아와 피터 로포드. 1956년 5월 19일, 진과 스티브 스미스.

스펠만 추기경이 유니스와 서젠트 슐라이버의 결혼식을 주재했다. 슐라이버는 조셉 케네디의 기업의 하나인 '머챈라이즈 매트'에서 일하고 있었다. 파티의 자리에서 패트리시아가 신부의 꽃다발을 들었다. 그녀는 1년 전에 피터 로포드를 만났었다. 그 뒤로 두 사람은 때때로 만나, 그녀가 극동 여행을 할 때 피터는 도쿄의 그녀에게 전화를 걸어 구혼했다.

"사위에게 언짢은 것이 있다면 그건 배우이다. 그리고 배우 이상으로 싫은 것이 있다면 그건 영국 배우이다."
하고 패트리시아의 아버지는 투덜댔다. 로포드는 그 쪽을 모두 겸비했던 것이다.

로버트와 에셀은 자기들의 가정을 구축하는 중이었는데, 그래도 터치 풋볼만은 그만두지 않았다. 어느 토요일, 그들은 사법성의 두 친구와 네틸랜드 구의 풋볼 시합을 구경하러 갔다. 그 중의 하나는 컬럼비아 대학의 유명한 쿼터백이었다. 시합이 끝나자 로버트와 에셀은 그에게 자기 집에서 터치 풋볼을 하자고 제안했다. 그는 두 젊은 법률가에게 대항하는 선수로서 당시 임신 6, 7개월쯤 된 아내를 택했다. 풀은 축축했다. 에셀이 터치 다운을 하려 하자 그녀를 뒤쫓던 청년 선수가 미끄러져 근육을 다쳤다. 케네디 집안의 식구들은 임신중의 여성에게 점수를 빼앗겼다는 것을 두 손님으로 하여금 두고두고 기억하게 했다.

56년 민주당 대회

자기 주에서 선출된 최고위의 민주당원. 35세로 상원의원에 당선. 36세 때 결혼. 현재 39세가 된 존 케네디는 스스로 정치 생활이 지니는 명백한 모든 사실에 직면하고 있었다. 1956년의 민주당 대회는 우려될 만한 것이 전혀 없는 것처럼 보였다. 민주당은 의심할 여지도 없이 자기 당의 대통령 후보로 아들레 스티븐슨을 지명할 것이다. 그러면 매사추세츠 주의 신인 상원의원에게 어떠한 역할이 있겠는가. 자기 주의 민주당은 패배한 고참 당원이 장악하고 있었다. 이를테면 윌리엄 H. '오니언(양파란 뜻도 있다.)' 바크라는 사람이 지휘하고 있었다. 바크는 하원의 원내 총무 매코믹 의원의 동지였다. 존 케네디는 이 상태를 어떻게든 좀 풀어보려고 매사추세츠 주로 돌아와 있었다. 그는 주 위원회의 80명의 위원에게 자파의 의장을 선출하고 싶다고 설득하며 운동했다. 새 의장을 뽑는 날, 그는 마지막 노력으로 우선 설득이 가능하다고 여겨지는 지도자들과 회식했다. 그 자리에서 그는 곧 뉴욕 시로 가야 하며 그 약속은 연기할 수 없다고 말했다.

그의 선거 운동에 협력했던 매사추세츠 주 로웰 출신인 청년 변호사 리처드 도나휴는 존 케네디의 전술이 주효하는 것을 지켜보고 있었다.

"회합에서의 그는 유머러스한 기분이 넘쳐흘러 사람들의 마음을 사로잡았다. 그리고 온갖 종류의 협박이나 힐난의 말을 사용했다."고 그는 말한다.

그리고 존 케네디는? 그는 뉴욕으로 가지 않았다. 그 대신, 의장 선거가 실시되고 있는 호텔에서 좀 떨어진 장소에 세워둔 자동차 안에서 대기하고 있었다. 그는 자기가 내세운 의장 후보가 이겼다는 통보를 받자 곧 차를 뉴욕으로 돌렸다.

"북동부의 공업주인 매사추세츠에서 민주당의 지사 없이 한 상원의원은 당 기관을 자기 편에 끌어들였을 뿐만 아니라 미국에서 가장 위대하며 유명한 민주당원인 존 매코믹을 패배시켰다."고 도나휴는 말한다. 이리하여 케네디는 민주당 전당대회의 매사추세츠 대의원단을 이끌게 되었다.

존 케네디는 결코 상원의원의 유력한 의원은 아니었다. 신인이라는 것과 오랜 병, 매카시에 대한 우유부단한 태도 등 모든 점에서 그는 유력한 의원일 수가 없었다. 그러나 이제 매사추세츠 주에서의 승리라는 기세를 몰아 조류는 그에게 유리하게 흐르기 시작했다. 앓는 동안에 그가 저술한 책 《용감한 자의 프로필》은 베스트셀러가 되어 1957년에 전기 부문에서 퓰리처 상을 수상했다. 5백 달러의 상금은 연합 흑인대학 기금으로 기증했다.(실제로 그는 상이나 정부 관계의 일로 얻은 돈은 결코 받지 않았다.)

그는 시카고의 당대회에서 당의 선거 운동 영화 〈행복의 추구〉에 관해 이야기해 달라는 초대를 받았다. 케네디가 연단에 나가 인사를 하자 우뢰와 같은 박수가 홀을 진동하여 민주당의 지도자들을 놀라게 했다. 지도자들은 무대 뒤에서 간부회를 열어, 오전 1시에 케네디를 불러 12시간 뒤에 예정된 스티븐슨의 지명 연설을 하도록 요청했다. 갑작스러운 통고였음에도 불구하고 케네디는 혼쾌히 수락했다. 이로써 그는 전미로 방영되는 텔레비전 스포트라이트 앞에 서게 되었다. 솔렌센의 관측에 의하면 "그는 1956년의 대통령 선거에 참여할 가능성이 있으리라는 환상은 갖지 않았었다. 그때도 부통령 후보의 지명을 받는다는 것에 진지한 관심을 갖고 운동했던 것은 아니었다."는 것이다. 케네디는 솔렌센에게 "그 가능성은 없다고 생각하지만 그렇다고 그것을 유감으로 생각하지는 않는다."고 말했었다

그러나 스티븐슨 자신이 부통령 후보의 지명을 전원에게 개방했을 때, 케네디 파에서는 지명 획득을 위해 치열한 마지막 공세를 전개했다. 그들은 시카고로 달려가 서명을 모으고 전단을 인쇄하며 뱃지와 기를 샀다. 조지아 주 대의원단이 자기 편에 섰을 때에야 존은 비로소 해보겠다는 결심을 굳혔다. "지명 획득에 케네디가 관심을 둔 것은 확신에서라기보다 오히려 경쟁의식에서였다."라고 솔렌센은 쓰고 있다.

시카고에 도착했을 때, 케네디 파에게는 조직다운 조직이 전혀 없었다. 그들은 매사추세츠 대의원단 이외에는 철저할 정도로 이름이 알려져 있지 않았다. 케네디 파의 한 사람은 "나는 일반 대의원에게 자기 소개를 하는 것만으로 15분은 걸렸다."고 술회하고 있다. 그러나 케네디 집안의 사람들과 친구들은 당 대회장에 흩어져 자기 소개를 하고, 존 케네디에 대해 토론했다. 캘리포니아 주의 피터 로포드까지

활동하여 라스베가스의 친구들에게 전화를 거는 형편이었다. 친구들은 네바다 주에서 나올 14표를 케네디에게 줄 것이라고 약속했다.

이 해의 초기에 솔렌센은 인구가 많은 여러 주에서 카톨릭 교도의 표를 얻을 수 있기 때문에 프로테스탄트의 대통령 후보보다 카톨릭 교도 편이 유리하다고 분석했다. 이 문서는 코네티컷 주의 존 베일리 민주당 위원장의 후원을 얻어 보도 관계자에게 발표되었다. 대부분의 매스컴에서는 이를 무시했으나 한 직업적 정치가가 사본을 달라고 케네디 사무실로 찾아왔다. 솔렌센은 "일부의 관심을 끌 수는 있었으나 나는 그것에 대해 희망을 갖지 않았다. 그리고 자연스럽게 별로 탐탁치 않은 체했었다. 이것은 거의 헛수고에 그쳤다."고 했다. 그러나 이것이 몇몇 잡지에 실리자 미네소타 주의 휴버트 험프리타는 비 카톨릭의 표를 분석하여 반론을 제기했다.

케네디 측은 전국 대회장에서 가까운 스톡 야드 인에 본부를 차렸다. 거기에서 대의원들에게 문서를 배포하거나 대회장에서 자연스럽게 케네디 응원의 환성이 고조되도록 유도하여 대회의 관현악단에 지령을 보내기도 했다.

조셉 케네디는 아들이 너무 빨리 대통령 선거에 나선다고 생각하여 별 관심을 두지 않았다. 그는 스티븐슨이 사위인 서젠트 슐라이버를 시켜 선거운동을 시작할는지 모른다는 말을 미리 전해 듣고 있었다.

"나는 아들레 스티븐슨이 패배하리라고 생각했었다. 그리고 존이 카톨릭 교도이기 때문에 패배의 책임을 지게 될지 모른다 싶어 걱정이었다. 그렇게 되면 앞으로 몇 년은 카톨릭 교도의 출마가 더 어려워질 것이기 때문이었다." 하고 조셉 케네디는 말했다.

투표가 시작되자 놀랍게도 존 케네디는 304표를 얻어, 483표 2분의 1인 테네시 주 출신 상원의원 에스테스 키퍼버의 뒤를 이어 2위를 차지했다. 나머지 표는 험프리, 테네시 주의 앨버트 고어, 뉴욕 주의 로버트 와그너와 기타로 갈렸다. 존 케네디는 호텔의 침대에 누워 텔레비전으로 개표 결과를 보고 있었다. 그의 측근인 에이브러햄 리비코프(코네티컷 주)와 폴 데버(매사추세츠 주)의 두 사람은 뉴욕 주 대의원단에게 열심히 운동을 벌이고 있었다. 키퍼버에 대한 남부의 불만표는 키퍼버 저지를 위해 고어를 버린 텍사스 주의 56표를 비롯해서 많은 부동표가 케네디에게 기울어지고 있었다.

대회장에서 투표를 에워싼 싸움이 계속되는 동안, 존 케네디는 욕실로 들어갔다. "샘 레이번이 지금 텍사스 주를 자네에게 돌렸네." 하고 토버트 맥도날드가 고함쳤을 때도 그는 목욕 중이었다. 케네디는 타올을 두르고 물방울이 몸에서 뚝뚝 떨어지는 것도 아랑곳하지 않고 투표 결과를 보기 위해 욕실에서 나왔다. 그는 린든 존슨이 텍사스의 표를 돌리겠다고 발표하는 것을 들었다. 제 2 차 투표에서도 키퍼버는 618표 대 551표 2분의 1로 케네디를 앞서고 있었다. 케네디는 지명을 위해 688표를 필요로 했던 것에 불과했다.

팬티를 입은 케네디는 제 3 차 투표를 지켜보다가 캔터키 주가 30표를 자기에게 돌렸음을 알았다.

"축하해요. 잭, 됐습니다." 하고 솔렌센이 말하자, 케네디는 "아니, 이것도 멀었어." 하고 대답했다.

대회장은 혼란의 극치를 이루고 있었다. 케네디의 이름을 쓴 플래카드가 사방에 흔들리고 있었고, 그 밑으로 케네디 파는 입후보에 필요한 표를 획득하기 위해 부산하게 움직이고 있었다. 이런 열광적인 순간에는 이길 것으로 보이는 것이 흔히 실제로 이기는 법이다. 대회 의장인 샘 레이번은 회의의 질서를 유지하고 동시에 대의원이 보내는 신호를 놓치지 않으려고 필사적이었다.

투표의 방향 전환이 활발하게 행해지고 있었다. 그러나 농업주에서의 키퍼버의 표는 요지부동이었다. 매사추세츠 주의 존 매코믹이, 미주리 주 대의원단이 신호를 하고 있다고 레이번에게 주의를 주었다. 레이번이 미주리 주를 불렀다. 미주리 주가 고어에서 키퍼버로 전환하겠다고 발표하자, 대회장은 노성과 환성으로 뒤덮였다. 그것은 테네시 주 출신의 상원의원(키퍼버)이 필요로 하는 표수였다.

몇 분 뒤, 모두가 끝났다. 단정하게 양복을 차려입은 케네디는 동료들을 돌아보며 "자, 가세." 하고 말했다. "그는 곧 그곳에서 나와 키퍼버에게 전원 일치의 지지를 요청할 연설을 하고 싶다고 말했다. 후회는 전혀 하지 않는 것 같았다. 그는 언제나 다음 일을 생각하는 사람이었던 것이다."라고 솔렌센은 말하고 있다.

존 케네디는 재빨리 마이크 쪽으로 걸어갔다. 그는 환하게 웃고 있었지만 피로해보였다. 그는 말했다.

"전국 대회장의 신사 숙녀 여러분, 오늘 오후에 나는 매우 깊은 배려를 보여주신 북부, 남부, 동부, 서부의 전국 각지에서 모이신 민주당원 여러분에게 이 기회를 통해 감사를 표하고 싶습니다."

대회장은 다시 소용돌이쳤다. 악단이 〈테네시 왈츠〉를 연주하는 것을 끝으로 대회는 종료했다.

케네디 파의 어떤 사람들은 전기 투표 표시가 고장났으며 대의원은 접전의 득표 예상을 제대로 하지 못했다고 비난했다. 그러나 솔렌센은 그보다 더 합리적인 이유를 들며 다음과 같이 설명하고 있다.

"우리는 계획이나 시설이나 통신이나 조직도 갖지 못했으며 능력도 없었거니와 사람들과의 유대도 거의 없었다."

그는 자기 출신 주인 네브라스카의 대의원 가운데 단 하나라도 대열에 끌어넣을 수 있었는지 의심스럽다고 생각했다.

이 준비 부족은 특히 종반전에 접어들수록 큰 영향을 미쳤다. 리처드 데일리 시카고 시장과 뉴욕 타마니 파(민주당 산하단체)의 보스인 카마인 데사피오가 케네디를 만나러 왔을 때, 경험이 없는 케네디 파의 운동원은 그들이 누구인지 알아보지 못하여 데일리는 되돌아갔으며 레사피오는 30분이나 기다려야만 했던 것이다. 이러한 일은 이제 두 번 다시는 일어나지 않을 것이다.

패배와 행운

존, 로버트, 유니스와 그 친구들은 시소게임이기는 했으나 패배한 싸움 뒤 흡족한 기분으로 저녁 식사에 나왔다. 그리고 존 케네디는 리비에라에서 휴가를 보내고 있는 아버지와 함께 있기 위해 유럽으로 날아갔다. "과거를 되돌아보며 후회하거나 부질없는 주장이나 비난, 눈물이나 약속은 전혀 남기지 않고 존은 가버렸다. 그는 만족하고 있었다."고 솔렌센은 말했다.

아버지 조셉 케네디는 아들이 그 동안의 일에 대해 분석하는 것을 도와 주었다.

"하느님은 아직 네 곁에 계시다. 만약 스스로 원하고 열심히 한다면 대통령이 될 수 있을 것이다."라고 충고해주었다.

존은 훗날 이 패배가 행운이었다고 생각했다.

"조셉 주니어는 우리 집안의 스타였다. 그는 무엇이건 우리의 누구보다 잘 했다. 만약 그가 살았더라면 정계에 들어가 나처럼 하원의원, 그리고 상원의원으로 선출되었을 것이다. 그리고 나와 마찬가지로 1956년의 전당대회에서 부통령으로 출마했을 것이다. 그리고 나와는 반대로 패배하지 않고 지명을 획득했을 것이다. 그러나 그와 스디븐슨은 결국 아이젠하워에게 패하여 오늘날 조셉의 정치 경력은 엉망이 되고 결국 파괴된 경력의 한 조각 한 조각을 줏어모으는 꼴이 되었을 것이다."라고 케네디는 말했다.

이 해 초기에 조셉 케네디는 존과 재클린에게 다음과 같이 적어서 보냈었다.

'하느님은 너희들 두 사람을 사랑하신다. 이번 일, 축하한다. 너희들은 드디어 자기들 자신의 것을 갖게 되는 것이다. 사내 아이건 여자 아이건 너희들은 생애의 무엇보다 더 아이를 사랑할 것이다."

전당대회 기간에 재클린은 산월이 가까웠으며 뉴포트의 시부모 집에 체재하고 있었다. 길었던 전당대회의 밤에서 해방되어 휴식중이던 존은 동생 에드워드와 지중해를 범주하고 있었다. 그때 별장으로 한 통의 통지서가 왔다. 그것을 본 존은 뉴포트 병원의 재클린 곁으로 달려갔다. 그러나 불행하게도 사산이었다.

워싱턴을 향해서

목표는 대통령

존 케네디는 56년의 부통령 후보 지명에 실패는 했어도 정계의 뒷전으로 밀려나지는 않았다. 그보다 오히려 무대 전면에 나서서 온 힘을 다하여 아들레 스티븐슨을 응원했다. 언젠가는 5주 사이에 26개 주에 걸쳐 3만 마일을 뛰었으며 150회나 연설을 했었다.

한 친구는 존의 이러한 활약에는 어떤 개인적인 동기가 있을 것으로 짐작했는데, 설사 그렇다 하더라도 이토록 열렬한 응원은 불필요하다고 생각하여, 어차피 60년에는 부통령 후보의 지명을 틀림없이 받을 테니 걱정없다고 존에게 말했다. 그리지 존은 이렇게 대답했다.

"나는 이제 부통령은 노리지 않겠네. 목표는 대통령일세."

56년의 선거 패배 후, 존이 유럽을 여행했다는 것과 대통령의 지위를 목표로 해서 두 사람이 이야기를 나눈 것에 대해 아버지 조셉 케네디는 "존은 유럽에 가는 도중에 이미 결심을 굳혀 그 준비를 진행시키고 있었다."고 말했다. 어느 친한 친구의 말에 의하면 "존은 다음 부통령 후보 중 선두 주자이기는 했으나 그가 노리는 유일한 지위(대통령직을 말한다.)에는 적당하다고 생각하는 사람이 없었다."는 것이다.

56년의 대통령 선거에서는 이미 또 한 사람의 케네디가, 이는 자기 자신을 위해서는 아니었으나 역시 대통령의 지위를 엿보고 있었다. 언제나 스티븐슨이 탄 비행기의 뒷자리에 얌전히 앉아 있는 섬세한 몸매의 호기심이 강한 청년이었다. 그는 선거 본부와의 연락 담당이라는 임무를 맡고 있었으나, "내게는 아무도 물으러 오지 않았으며 무엇을 좀 해달라고 부탁하러 오는 일도 없었다. 아무도 내게 의견을 묻지는 않았다." 그래서 그는── 로버트 F. 케네디는 관찰과 연구의 여유를 가질 수 있었으며, "대통령 선거 운동은 어떻게 해야 하는가에 관해서 노트에 가득히 메모를 적어넣을 수 있었다."

오랜 시대의 구역 정쟁(政爭)이나 보스의 지배로 단련된 세대의 손자에 해당하는 존과 로버트 두 사람은 이리하여 보수적인 정치가를 놀라게 하고 어처구니없게 한 선거 운동의 기초를 다지기 시작했던 것이다. 신기축을 용감하게 채택하고 청년층에 대한 어필을 높인 이 선거 운동의 계획과 실천에는 무서울 정도의 철저함과 냉철한 계산이 가미되어 있었다.

그러나 그 출발만은 소박했다. 존 케네디와 당시 31세로 이미 7년 동안 존과 함께 활약해온 테드 솔렌센이 카드로 자료 정리를 시작한 것이 최초였다. 이 카드철에는 민주당의 정치가들, 60년의 전당대회에 나올 대의원들, 각층의 단계에 있어서의 당의 활동가들, 그러한 사람들의 사업 내용이며 가족의 상황, 당에 대한 충성심의 정도 등에 대한 정보가 가득 적혀 있었으며, 그것들은 순식간에 엄청난 양으로 불어났다. 그 내용은 56년 12월 이후, 그들이 미국 전토를 여행할 때마다 추가되었다.

얼핏 보아서는 아무런 의미도 없을 것 같은 이 카드가 실제적인 목적에 사용되기까지는 아직 3년 이상이나 여유가 있었다. 그러나 케네디와 솔렌센의 생각으로는 결코 많은 시간이 남은 것은 아니었다. 존 케네디는 상원 선거에 출마하기 4년 전부터 준비를 시작한 이후로 빨리 출발한다는 것이 얼마나 소중한가를 배워 알고 있었다. 두 사람은 모두 시카고에서, 정치적인 대화라는 것은 표면상으로는 우발적이며 시류에 따라 움직이는 것처럼 보여도 실은 각 선거구에서 다져진 기초로부터 시작된 면밀한 준비의 결실임을 배웠다. 따라서 그들의 작업에서 처음으로 해야 할 일은, 민주당의 다음 대통령 후보의 선택에 관계하는 몇 천 명의 하나 하나를 개별적으로 만나 이야기를 나누고 기억하는 것이었다. 민주당의 각 지방 지도자보다도 그 지방의 정세에 정통한 조직을 구축할 필요가 있었다.

일찍 운동을 개시함으로써 얻어지는 또 하나의 이점은 남의 눈에 띄기 쉽다는 것이었다. 아직 이름이 별로 알려지지 못한 매사추세츠 주 출신의 상원의원에 불과한 존 케네디를 전미의 가정에 소개하기 위한 선전을 전개한다. 그 주요한 목적은 정치적인 것이 아니라 그의 젊음, 인격, 핸섬한 얼굴생김, 그리고——여기에는 그렇게 힘을 기울이지 않지만——그의 가족 등에 초점을 둔다는 것이었다. 연설은 가능한 한 많이 하면서 다녔다. 56년부터 60년에 이르는 동안 존 F. 케네디만큼 많은 주에서 연설하고 당이 주최하는 만찬회에서 이야기하며 당의 각종 선거 입후보자를 응원했던 민주당원은 없었다. 여성 잡지를 위해서는 우아함과 아름다움의 화신 같은 그의 아내와 57년 11월 27일에 태어난 큰딸 캐롤라인이 활약했다.

재미난 기사도 씌어졌다. 섬뜩한 느낌이 들 만큼 날카로운 기사도 실렸다. 57년의 〈새터데이 이브닝 포스트〉지에는 '케네디 일가의 열렬한 숭배자들은 존이 화이트하우스에 들어가고, 로버트가 사법상관으로서 각의에 참가하며, 에드워드가 매사추세츠 주 선출의 상원의원이 되는 날을 은밀히 기다리고 있다.'라는 기사가 실렸던 것이다.

앞으로 괴로운 싸움이 될 것 같았다. 선거 때가 되어도 겨우 43세라는 그의 젊음이 우선 반대의 이유가 될 것이며, 미숙함이나 경험 부족 등도 문제가 될 것임에 틀림없었다. 자유주의파들은 그가 높이 드는 리버럴리즘이 진짜인가를 의심하고 있었다. 노동계의 지도자나 혹인 지도자 역시 그들 나름의 반대 이유를 가졌었다. 그리고 무엇보다도 존 케네디는 카톨릭 교도였다. 민주당은 일찍이 카톨릭 교도를 대통령 후보로 지명한 적이 있었으며——1928년에 알 스미스를——그 때문에 크게 패한 경험을 갖고 있었다. 당시 스미스에 대해 행해졌던 반대운동이 케네디에 대해서도 일어날 것이라고 걱정하는 사람도 많았다.

친구들의 이야기로는, 존은 비공식으로는 그의 종교가 공격의 재료가 된다는 데 분개하고 있었다. 그러나 현실적으로는 하는 수 없는 일이라고 체념했었다. 그는 56년의 전당대회에서 패한 뒤로는 몇 가지 실제적인 원리를 추출하고 있었다. 스티븐슨에 대한 지지가 요지부동이었던 각 농업주는 스티븐슨이 농민을 위해 투표했기 때문에 지지했던 것이다. 그러나 공업이 발달한 매사추세츠 주를 대표하는 케네디는 농민이 기뻐할 의안에 대해 찬성표를 던지지 않았었다. 존의 동료였던 레베렛 솔튼스틀 상원의원은 56년 이후로 존의 상원에서의 투표 성향이 달라지기 시작했다고 지적하며 "나는 아직도 매사추세츠 주적인 관점에서 사물을 판단했지만, 그는 보다 넓은 시야에서 사물을 보고 있었다."고 말했다.

교훈은 그 밖에도 있었다. 매사추세츠 주 출신의 청년 변호사로 케네디를 지원했던 리처드 도너휴는 이렇게 말했다.

"56년 이후에는 이판사판이었다. ……이미 전국적인 인물로서 등장도 했거니와……다음 전당대회에서는 기필코 전과는 비교도 안 될 정도의 조직력으로 일해야 했다. 그래서 매사추세츠 주에서 그와 함께 활약했던 우리의 목표와 마음의 자세는 곧 58년의 상원 선거에서 재선 확보와 60년의 대통령 선거 운동을 겨냥했던 것이다."

존 케네디는 하원의원 시절에 제11구역을 구석구석까지 찾아다녔듯이 이번에는 미국 전토를 다니기 시작했다. "그의 기억력은 확실히 놀라운 것이었다."고 도나휴는 말한다.

"옛 선거구인 찰스타운을 차로 지나가면서 46년의 하원 선거 당시를 이야기했는데, 어느 가게에서 그의 포스터를 창문에 붙여주었고 어느 가게에서 거절했는가를 기억할 수 있을 정도였다. 이런 것을 기억한다는 것은 무슨 복수할 생각에서가 아니다. 그러나 그는 정치의 안목이란, 친구에게 보상하고 적을 벌하는 데 있음을 이해하고 있었다……. 따라서 그는 56년에 전국을 여행하면서도 누구하고라면 확실히 협력할 수 있으며, 그러한 사람들이 어떠한 실력을 갖고 있는가를 아는 데 힘을 기울이고 있었다."

58년의 상원 선거에서 존 케네디에게 대적하기 어려운 경쟁 후보가 나올 것 같지 않았기 때문에, "대통령 선거의 예행 연습이라는 의미에서 선거 운동을 해보자."고 결정했다고 친한 친구는 말한다. 52년의 상원 선거에서 멋지게 성공한 테크닉을 더욱 연마하여 대통령 선거에 적용시켜보자는 것이다. 존은 이제 강연자로서 전국의 곳곳의 행사에 참석하기 바빴다. 58년의 매사추세츠 주의 상원 선거에 관해서 도나휴는 "우리에게는 조직을 비롯한 모든 것이 갖추어져 있었으나 당사자인 후보자가 부재중이었다. 선거를 통해 그는 겨우 17일밖에 주에 있지 않았다."고 기억을 더듬는다.

존은 그 이외에는 미국 전역을 동분서주하면서 뛰어다녔다. 문제는 어떻게 하면 많은 사람의 눈에 띄느냐는 것이었다. 그 해결책은 역시 52년의 선거 때 로버트가 경험했던 매사추세츠 주의 스티븐슨 파 사람들에게 존 케네디를 위해 무엇인가를 조직하도록 기대해서는 안 된다는 경험에서 나왔다. 존은 자기 자신을 위해 움직일 사람이 필요했으며, 그러한 생각에서 '선발원(先発員)'이라는 아이디어가 생겨났다. 케네디 파에서는 성내한 만찬회나 집회는 후보사의 시간 질약을 위해 피하기로 했다. 그리고 그 대신 티 파티 등을 통해 후보자가 들어서기 전에 관심을 높이는 전략 등으로 사람을 모으기로 했던 것이다.

도나휴는 설명했다.

"대통령 선거에 사용한 방법의 기조는 매사추세츠 주에서 이미 테스트했었다. 이를테면 그가 어떤 지역에서 하루를 보낸다고 하자. 그것은 그가 주변의 모든 도시를 방문하여 최저 10분에서 최고 35분 정도를 한 도시에서 보내는 것을 뜻한다. 그리고 어느 도시에서나, 고등학교에서 학생을 상대로 이야기를 해도 좋으며 공회당이나 광장에서도 괜찮으며 또 공장을 견학해도 좋지만, 아무튼 한 군데 이상에서 걸음을 멈추도록 하는 것이었다."

밤이 되면 그는 그 지역의 중심 도시로 돌아가, 그 고장의 명사 전원을 하여 리셉션을 개최한다. 그것이 52년에 고안하고 58년에 테스트하여 장래에 대비한 패턴이었다. 많은 사람이 동원되는 데 놀라는 것은 언제나 후보자보다 선행하여 미리 관심을 높이기 위해 선발된 선발원 자신들이었다.

케네디 파의 선거 테크닉에는 하나의 기본적인 사고방식이 그 바탕에 깔려 있었다. 58년의 선거에서는 존의 후보 지명을 요구하는 서명 운동에 25만 6천 명이 서명했으며, 또한 천8백 명이 그의 선거를 응원하겠다고 지원했다. 그들을 모두 받아들인다면 아무래도 지원자가 지나치게 많았고, 그렇다고 그들을 실망시킨다면 에티켓에 어긋나기도 하거니와 정치적으로도 졸렬하다. 그래서 생각해낸 명안은 천8백 명에게 25만 6천 명에 대한 감사의 편지를 쓰게 한다는 것이었다.

58년의 선거에서 존의 라이벌은 50년의 선거에서 그가 굴복시킨 변호사 빈센트 J. 셀레스트였다. 셀레스트는 8년 전의 선거와 마찬가지로 케네디 집안의 유복함을 공격했다. 결과는 처음부터 분명했다. 케네디는 그보다 87만 4천6백8표를 앞섰는데, 이것은 매사추세츠 주의 선거 역사상 최대의 득표차였다.

셀레스트의 케네디에 대한 공격의 하나는 "케네디와 그의 동생인 로버트는 지금까지 단 하루나마 노동다운 노동을 한 적이 없건만, 어떻게 노동자를 심판할 권리가 있느냐."는 것이었다.

상원의 노동관계에 대한 부정행위 위원회에서 각각 위원과 고문직을 맡고 있는 존과 로버트는 어떤 의미에서는 확실히 노동자를 심판하는 입장에 있었다. 이 위원회는 노동 부패 위원회라고도 불렸다. 그 목표의 하나는 강력한 국제 마부·운전사·창고 노동자 우호회와 그 위원장인 데이브 벡이었다. 벡은 조합의 자금 32만 달러가 어디로 사라졌는가를 격렬하게 추궁하는 로버트의 질문에 대답하지 않았다. 존이 대답을 하면 불리하다고 생각하느냐고 묻자, 벡은 "그럴지도 모른다."고 대답했다. 그러자 로버트는 "과연 그럴 것이다."라고 했다. 결국 벡은 소득세 탈세와 중절도죄로 투옥되었다. 로버트는 그 뒤 다시 새로운 목표를 발견했다. 벡의 후임으로 배짱 좋고 건장하게 생긴, 철저한 노동운동가인 지미 호퍼가 위원장이 되자 로버트는 호퍼마저 추궁해댔다. 그 뒤 로버트에게 퍼부어진 형용사의 하나는 그때의 완고한 추궁의 태도로서 생겨난 것이다. 사람들은 그를 '무자비하다'고 평했다.

지미 호퍼는 57년에 증회죄의 혐의로 사법성으로부터 기소되어 에드워드 베넷 윌리엄스가 변호를 맡았다. 로버트는 호퍼의 유죄를 확신하며 "틀림이 없다. 나는 증거를 알고 있다. 유력한 증인도 세울 수 있다. 사건의 전부를 알고 있다."고 말했었다. 그러나 호퍼는 무혐의로 석방되었으며, 만약 석방된다면 국회의사당에서 뛰어내려 보이겠다고 장담했던 로버트에게 윌리엄스 변호사로부터 낙하산을 제공하겠다는 야유의 제의가 있었다.

로버트와 파티 석상에서 얼굴을 마주친 적도 있는 호퍼는 로버트에 대해 "그러고도 변호사였다고? 증인으로서 말고는 법정에 나간 적도 없잖은가, 그 지위에 앉힌 이유도 뻔하지 뭔가. 형이 잘 해준 걸세. 말하자면 연고 채용이라는 걸세."라고 비꼬았다. 그리고 "자기 스스로의 노력으로 생활의 방도를 찾을 필요조차 없었던 제멋대로의 젊은 백만장자이며 자기가 원하는 것에 대한 반대는 이해하지 못하는 인물"이라고 비난하며, "로버트 케네디에 대해서 좋아할 수 있는 것은 일에 대한 열의와 승리를 추구하여 끝까지 싸운다는 것뿐이다. 그 이외에는 그따위 인물에 별볼일이 없다."고 말했다.

그것은 오랜 싸움이며 무자비한 추궁이었다. 또한 호퍼의 관찰은 날카로웠다. 로버트는 미국 노동계에서의 불법행위를 제재로 하여 《내부의 적(The Enemy Within)》이라는 책을 쓴 직후였으며, 이 책은 베스트 셀러가 되었다. 그러나 지금, 존은 다시금 로버트를 필요로 했다. 그의 일곱 번째 아이의 탄생과 거의 전후하여 로버트는 노동위원회를 사직하고 하이아니스포트의 자택 거실에 여러 계층의 남녀 그룹을 모아 회의를 열었다. 10월 28일, 수요일 아침의 일이었다.

회의의 의제는 명확했다. 각자가 책임을 분담하는 지역을 결정하고 작전을 짜며 민주당의 유권자 의식에 호소하는 전략을 강구하는 것이었다.

중앙에는 42세의 존 케네디가 앉았다. 〈뉴욕 타임즈〉 지의 제임즈 레스턴 기자는 그를 '상승세에 있다.'고 평하고, '그는 그 목표를 숨기려고는 않고, 오직 아직은 젊기 때문에 다음 기회를 기다리는 것이 어떻겠느냐는 제안을 그 자리에서 거부한다. 그는 이제 대통령을 원하고 있다.'고 보도했었다.

존 케네디로서는 남이 그렇게 말해줄 필요가 없었다. "정치가라면 누구나 대통령이 되고 싶다고 생각할 것이다."라고 그는 시인했다. "그것이 행동의 중심이기 때문이다……대통령이 되면, 예컨대 내가 아버지로서, 혹은 시민으로서 관심을 품은 모든 문제에 대해 적어도 무엇인가를 할 수 있다."는 것이었다.

7개 주의 예비 선거에서 승리

존과 33세가 된 로버트 이외에 이 자리에는 지금까지의 선거에서 많이 보아온 얼굴이 모두 보였다. 테드 솔렌센, 하버드 대학에서 로버트의 풋볼 친구였던 게메스 오드넬(35세), 실업가이며 처남인 스티븐 스미스(31세), 샌프란시스코에서 신문기자를 한 적이 있는 피어어 샐린저(34세), 여론 조사의 루 해리스(38세), 코네티컷 주의 당 지부장이며 56년의 전당대회 전에 카톨릭 표의 분석을 맡았던 존 베일리(54세), 그리고 조직 담당의 랠리 오브라이언(42세) 등. 오브라이언이 정리한 검은 표지에 64페이지의 《오브라이언 독본(讀本)》은 자발적으로 참가하는 운동원에 의한 선거라는 구상에 바탕을 두고, 그 하나 하나에 주어진 역할의 중요성을 느끼게 한다는 케네디 파의 운동 방향을 정했다. 일종의 정치의 성서인 셈이었다.

그날 출석한 16명 가운데는 케네디 형제 중 가장 어린 에드워드도 있었고 아버지 조셉도 있었다. 앞으로 32일이 지나면 처음으로 결혼 기념일을 맞는 27세의 에드워드는, 56년의 전당대회에서 형 존의 부통령 후보 지명을 거부한 각 주를 할당받아, 거기서 처음으로 전국적인 정치의 실제를 경험하려 하고 있었다. 또한 1세가 되었지만 여전히 마음내키는 대로 말을 하는 조셉에게 있어서는, 이 회의는 그의 최대의 꿈을 현실로 하기 위한 제 1 보였다.

참석자의 기억은 저마다 달라서 이 회의의 상세한 내용은 뚜렷하지 않으나, 존 케네디가 그 자리에서 했던 일에 대해서는 누구나가 같은 기억을 갖고 있다. 그는 지도나 메모도 없이 3시간에 걸쳐 각 주나, 지역의 정세를 자세히 전망해보였던 것이다. 오브라이언은 그때를 회상하며 "존은 어떤 주에 대해서나 참으로 잘 알고 있었다. 당의 지도자나 위싱턴에 와있던 상원의원들에 관한 일뿐만 아니라 모든 파벌과, 그 중 중요한 인물에 대한 것까지 알고 있었다."고 말했다.

또한 솔렌센은 "존은 누가 그를 좋아하고 누가 싫어하는가를 알고 있었으며, 가야 할 곳과 가서는 안 될 곳까지도 알았었다. 지명이나 인명, 일시나 또 누구 누구에게는 편지를 보낼 필요가 있으며 누구 누구에게는 보내선 안 된다는 따위에 이르기까지 믿을 수 없을 정도로 탁월한 기억력을 갖고 있었다."고 덧붙였다.

작전의 첫째 목표는 예비 선거였으며, 어떤 주의 예비 선거에 나설 것이며 어떤 주를 보류하느냐가 중요했다. 미국민들은 예비 선거를 경시하는 풍조가 있어, 해리 트루먼 전 대통령은 이를 '엉터리'라고 규정지었으며, 휴버트 험프리 상원의원은 자신의 경험에 비추어 "미치기 전에는 누가 예비 선거 따위에 나가겠느냐."고 말했다.

그러나 케네디에게 있어서 예비 선거 출마는 정치적으로 절대 필요한 현실적인 문제였다. 당의 고위층에게, 카톨릭 교도로서 이 정도의 표는 모을 수 있다는 확신을 주어야 했기 때문이다. 그것은 편견이라든가 빛 바랜 슬로건의 문제가 아니라 단순한 정치적 산술 문제였다. 최신 통계에 의하면 미국 인구의 약 4분의 3이 카톨릭 교도가 아니었던 것이다.

대통령 후보 지명을 겨루는 존의 라이벌 4명 가운데, 예비 선거에 나와 민주당원끼리의 격돌까지도 사양 않겠다는 자세를 보이는 사람은 험프리 뿐이었다. 미네소타 주 출신의 상원의원인 그는 48년의 전당 대회에서 있었던 공민원 투쟁의 스타였으며 52년에는 아들레 스티븐 슨을 내세우는 운동의 지도자였는데, 미네소타 주 이외에서는 아직 알려져 있지 않더나 완고한 급진주의자로밖에는 평가되지 않고 있었다. 그래서 그로서도 전당대회에서의 지명을 겨냥하려면 예비 선거에서 성적을 올려 이름을 알려줄 필요가 있었던 것이다.

다른 유력한 후보들의 방침은 달랐다. 트루먼이 지원하는 스튜어트 사이민턴 상원의원은 이번 전당대회에서는 실력있는 후보가 격돌하여 꼼짝 못하게 되리라고 판단하여, 그러한 정체를 타개하기 위한 중도적 후보로서 당의 지도층에 접근하고 있었다. 따라서 그 입장을 유지하기 위해서는 예비 선거에서 같은 민주당원끼리 다투는 사태는 피해야만 했다. 또한 텍사스 주 출신 상원의원인 린든 존슨은 원내 총무로서 의회를 지배하고, 하원 의장인 '미스터 샘' 레이번은 당의 조직을 장악하여 제각기 그 이용법을 알고 있었다. 존슨도 사이민턴과 마찬 가지로 선거의 전망이 흐려질 때야말로 자기의 기회로 판단하고 있 었다. 또 한 사람, 이미 대통령 선거에 두 번이나 출마하여 패배한 스티븐슨은 아직도 지명 획득을 노릴 것이냐 아니냐를 결정하지 못하고 있었는데, 그의 지지자는 이미 운동을 시작하고 있었다.

결국 케네디는 7개 주의 예비 선거에 나와 모든 주에서 승리를 거두었는데, 그 중에서도 가장 인상적이었던 것은 위스콘신 주와 웨 스트 버지니아 주에서의 싸움이었다.

험프리를 패배시키다

1903년에 예비 선거 제도를 입안시킨 위스콘신 주의 예비 선거는 4월 5일에 있었다. 이 주는 처음에 케네디에 대한 태도가 마치 미시간 호수를 건너오는 바람처럼 쌀쌀했다. 테오도어 와이트가 그 저서《1960 년의 대통령 선거》에서 말한 바에 의하면, 존 케네디는 주 내를 유세하는 첫날에 185마일을 다녔는데 동원된 사람은 겨우 천6백 명 정도이며 그 가운데 천2백 명은 투표권조차 갖지 못한 미성년자였다. (위스콘신 주에서 언젠가 한 소년이 케네디에게 전쟁에서는 어떻게 공을 세웠느냐고 물었다. 그의 대답은 "우연이었어. 적이 내 배를 가라앉혀주었으니까."라는 것이었다.)

청중이 적은 것에 놀란 케네디 조직은 활동을 개시했다. 대량의 남녀 운동원이 이 주에 몰려들었다. 그의 누이며 동생들도 있었고, 하버드 대학 동급생, 집안의 친구들, 존의 매력에 끌렸다는 것뿐인 운동원들도 있었다. 미국은 되살아나서 새로운 코스로 침로(針路)를 정할 필요가 있는데, 그것은 새로운 대통령이 맡아야 한다고 제창하면서 케네디 자신이 피로를 모르는 선거 운동의 모범을 보였다. 어두운 징조는 차츰 사라지고 있었다. 10구가 있는 하원의원 선거구 가운데 여섯은 획득할 수 있을지 모른다는 당초의 관측은, 이윽고 여덟이 되고 아홉이 되고 마침내는 10개의 선거구 모두 틀림없다고 판단할 수 있게 되었다.

그러나 실제로 그는 6개구에서만 이겼으며 득표는 총투표수의 56 피센트에 그쳤다. 험프리와의 득표차는 주로 카톨릭 교도가 압도적으로 많은 4개의 선거구에서의 득표로 얻은 것이며, 프로테스탄트 신자가 대부분을 차지하는 4개구에서는 패배했다. 그 밖의 요소로 영향을 미치기는 했으나 이 결과는 프로텐스탄트의 표와 카톨릭 교도의 표가 둘로 갈라진 선거로 해석되기에 이르렀다. 종교 문제는 여전히 심각했던 것이다.

정치적인 면에서 말한다면 험프리는 대통령 후보 지명 획득의 싸움에서 이미 제외되고 있었다. 출신지인 미네소타의 이웃에서, 더구나 유권자의 구성도 미네소타 주와 너무나 흡사한 위스콘신 주에서조차 이기지 못한다면 도대체 어디서 이길 수 있다는 것인가? 그러나 험프리는 그 조직이 훨씬 적었어도 케네디와 비슷할 정도의 노력은 했다. 그는 투표 결과를 그렇게는 해석하지 않았다. 케네디와의 득표차가 적었다는 것은 오히려 그의 정신적인 승리라고 평가했다. 그리고 웨스트 버지니아 주에서도 또다시 케네디와 대결할 결심을 굳히고 있었다.

웨스트 버지니아 주는 산과 광산투성이이며 대부분의 주민이 가난에 시달리고, 또 누구나가 정치를 좋아하는 그런 고장이었다. 뿐만 아니라 더 중요한 것은 이곳이 종교 문제를 심각하게 생각하는 주로서 사냥하러 갈 때도 늘 성경을 휴대했던 개척자들의 전통이 지금도 맥맥이 흐르고 있다는 점이었다. 더구나 카톨릭 교도는 전체 인구의 불과 5퍼센트에 지나지 않았다.

지난 해 12월에 이 주에서 실시한 루 해리스의 제 1 차 여론 조사로는 7대 3으로 케네디가 우세했었다. 그러나 5월 10일의 예비 선거가 있기 3주 전의 조사에서는 형세가 역전되어 험프리가 6대 4로 앞서고 있었다. 그 원인은 무엇이냐고 묻자 케네디가 카톨릭 교도인줄 몰랐다는 대답이었다.

긴급 조치를 취하기 위해 오브라이언과 로버트 케네디가 위스콘신 주에서 달려왔다. 웨스트 버지니아 주에서 패배한다면 이제 그들에게는 희망이 없다는 확신이 줄어들고 있었다. 주 내에 8개의 선거 본부와 같은 수의 사무소가 설치되었다. 운동원이 달려왔다. 오브라이언의 추정으로는, 그 수가 투표일에는 9천 명에 달했다. 우송 담당, 전화 담당, 문서의 호별 배포 담당, 연설 담당, 사교 담당 등, 작업은 세분되어 각자에게 맡겨졌다. 케네디를 소개하는 영화가 텔레비전에 나가고, 그는 제 2 차 대전의 용사이며 학자 또는 아버지로서도 미국의 선조와 자유를 위해 신명을 바친다고 호소했다. 여행의 수단만 보더라도 케네디와 험프리의 운동비 격차가 너무나 뚜렷했다. 케네디는 자가용 비행기로 주 내를 날아다녔는데, 험프리는 전세 낸 버스로 유세를 다녀야 했다.(웨스트 버지니아 주의 운동과 병행하여 소인원의 다른 케네디 팀은 메릴랜드, 네브라스카, 오레곤, 인디애나의 각 주에서도 활약했었다.)

케네디의 선거 참모들은 종교 문제에 어떻게 대처할 것이냐로 의견이 분분했다. 그러나 케네디는 정면으로 이 문제와 대결하겠다고 결심

했다. 대통령은 교회와 정부의 분리를 지키겠다고 성경에 손을 ○○
맹세하는 것이다. 대통령이 만약 그 맹세를 어긴다면 헌법과 신에 대○
죄를 범하는 것이 되리라고 그는 연설했다. 해리스의 여론 ○○○
험프리의 인기가 내리막길임을 나타내기 시작했다.

궁지에 몰린 험프리는, 그로서는 드물게 자주 화를 내게 되었○
"케네디는 제 분수를 모른다. 그와 그 젊고 감정적이며 유치한 로버트는
물쓰듯 돈을 쓰고 있다……'아빠가 좋아하는 아이'를 방해하는 자는
누구이건 해치우는 것이다."라고 말하거나 "나는 현금이 가득 든 푸
대나 수표책을 갖고 주 내를 뛰어다니는 그런 짓은 못 한다."며 슬픈
듯이 말하기도 했다.

케네디는 이런 공격을 재치있게 받아넘겼다.

"아버지에게서 전보를 받았습니다."

그는 어느 날의 연설에서 말했다.

"그 전보에는 '필요 이상으로 단 한 표도 사서는 안 된다. 너무 크게
승리하면 모두 지불할 수 없다.'고 적혀 있었습니다." (그러나 실제로는
케네디 팀이 사용한 운동비는 소문이 모노한 액수에는 어림도 없었다. 그의
운동원 가운데 대부분은 무보수의 봉사자이며 돈이 아니라 우정으로 참가한
사람들이었다. 철저한 조사 결과에도 끝내 위반의 증거는 나오지 않았다.)

투표일에는 비가 내렸다. 덕분에 개표에 시간이 걸렸으나 그 결과에
대해서는 당초부터 의심의 여지가 없었다. 케네디는 55개 군 가운데
48개 군에서 압도적으로 승리한 것이다.

험프리로서는 패배의 충격이 대단했다. 패배를 인정한 전보를 보내준
데 감사하기 위해, 로버트 케네디는 비에 젖은 주도 찰스턴 거리를
걸어서 험프리의 호텔로 향했다. 험프리는 케네디 팀의 선거 본부로
로버트와 함께 가서, 워싱턴에서 비행기로 도착할 존 케네디에게 직접
축하 인사를 하고 싶다고 하여, 두 사람은 함께 빗속을 걸었다. 도중에
험프리는 그의 선거 본부에 들러 지칠 대로 지쳐 맥이 빠진 운동원
들에게 인사를 했다. 뉴딜 시대의 오랜 노래를 부르면서 험프리와 함께

주 내를 다녔던 민요 가수 지미 포드는 기타를 연주하며 다시 한 번 노래불렀다. "휴버트 험프리에게 투표합시다. 그 사람이야말로 당신과 내가 택하는 사람."

눈물이 가득히 고인 험프리는 텔레비전 카메라 앞에 서서 짤막한 성명을 읽었다.

"나는 이제 민주당의 대통령 후보 지명을 원하는 후보자가 아닙니다."

워포드는 마침내 울음을 터뜨렸다. 험프리가 그의 어깨를 부드럽게 토닥거리며 "괜찮네, 지미." 하고 위로했다. 로버트 케네디도 눈물이 글썽해지며 험프리의 어깨를 끌어안았다. 그런 뒤 두 사람은 다시 함께 비가 내리는 거리로 나갔다.

스티븐슨을 가볍게 물리치다

웨스트 버지니아 주에서의 승리로 케네디 파의 운동에는 이제 멈출래야 멈출 수 없는 가속도가 붙었는데 그래도 운동은 쉴새없이 계속되었다. 케네디는 아무리 적은 대의원 표라도 신경을 썼다. 3표씩 배당되어 있는 지역을 여섯 군데 따내면, 18표를 보유한 거대한 주의 대의원 수를 확보하는 것과 같다는 것이 그의 계산이었다. 5, 6월에 걸쳐 전당대회에서 확실시되는 그의 득표 예상은 착실히 늘어나고 있었다. 7월 1일에는 필요한 7백61표 중 5백50표가 확보되었으며, 대회 직전에는 AP 통신사가 '그의 지명은 결정된 것이나 다름없다.'고 보도했다. 단 하나 남은 의문은 이미 두 차례에 걸쳐 민주당의 대통령 후보로서 싸워, 패한 아들레 스티븐슨이 어떻게 나올 것이냐는 점이었다.

스티븐슨은 정치에서 은퇴할 것을 결심하고 일리노이 주의 농장에서 조용히 살고 있었다. 그러나 국제 정세는 그의 개인 생활을 그대로 두지 않았다.

스티븐슨이 그의 지지자들에 대해 지니는 매력은 결코 쇠퇴하지 않았다. 60년 초, 세번째로 스티븐슨을 대통령 후보로 끌어내는, 비록 규모가 작기는 했으나 진지한 운동이 적어도 네 개 주에서는 시작되고 있었다. 세계 각지에서 복잡한, 그리고 미국 정치사에서는 어떤 후퇴를 의미하는 사건이 발생할 때마다 그러한 노력은 더욱 강화되었다. U2형 정찰기가 소련 영토에서 격추되고, 그 결과 아이젠하워와 후르시초프의 정상회담이 유산되는 사태가 일어났다. 한국에서는 이승만(李承晚) 정부가 타도되었다. 쿠바의 피델 카스트로 수상은 다시금 미국을 우롱했고, 콩고에서는 공포의 테러 사태가 발생했으며 일본에서는 폭동의 격화로 말미암아 아이젠하워 대통령의 방일(訪日)이 취소되었다. 국내외적으로 정치 격변기였음에도 불구하고 스티븐슨은 출마 요청에 조용히 귀를 기울이기만 할 뿐 출마를 거절하고 있었다. 속셈으로는 아직 대통령이 되고 싶다는 희망을 버리지 못했었는데, 스스로가 지명을 받으려고는 하지 않고 당에서 고개 숙여 추대하기를 기다리고 있다——그의 친구들은 그렇게 확신했다.

'스티븐슨 옹립'을 내세우는 조직이 만들어지기 시작했다. 대도시의 신문에는 스티븐슨의 신거 운동 사금을 모금하는 1페이지짜리 광고가 실렸고 순식간에 열렬한 반응이 전국에서 쇄도했다.

스티븐슨 파의 전략은 케네디의 출마 저지였다. 케네디가 제1차 투표에서 과반수를 획득할 수 없게 한다면, 케네디 파의 힘은 스스로 사그러질 것임에 틀림없다는 생각이었다.

그러나 케네디 파에서도 이번에는 충분한 대비책을 강구하고 있었다. 56년 때처럼 임시방편의 태세로 대회에 임하지는 않았다.

그들은 로스앤젤레스의 발트모어 호텔에 본부를 두고, 조셉 케네디와 로즈 내외가 묵고 있던 영화 스타 마리오 데이비드의 비버리힐즈의 저택에도 지부를 두었다. 각 주의 대의원단에게는 각 대의원의 성명, 가족의 이름, 직업, 취미, 종교, 특징 등이 쓰인 카드를 가진 '안내 담당원'이 할당되었다. 회의장과 본부 사이의 연락을 유지하기 위해서는 독자적인 통신 시스템도 갖추었다. 휴대용의 무전 통신기를 갖춘 것이다.

7월 13일, 수요일. 케네디 팀의 간부들이 모여 정세를 분석했다. 로버트 케네디는 그들에게 이처럼 주문했다.

"일반론이나 추측은 필요없다. 우리 자신을 기만해도 의미는 없다. 원하는 것은 절대적인 사실뿐이다. 제 1 차 투표에서 틀림없이 얻을 것으로 보증된 표수만을 들려주기 바란다."

그래서 계산한 결과, 과반수에 21표가 부족한 7백40표였다. 로버트는 마지막으로 다짐했다.

"앞으로의 12시간에 집중적인 노력이 필요하다. 만약 오늘 밤 안으로 이기지 못한다면 끝장이다."

그러나 투표가 진행됨에 따라 케네디 파의 예상은 최소한의 득표 수였음이 드러나기 시작했다. 여기서 1표, 저기서 1표라는 식으로 생각지도 못한 데서 표를 얻을 수 있었던 것이다. 알파벳 순으로 투표가 실시된 결과, 웨스트 버지니아 주까지 가는 사이에 득표수의 합계는 7백25표나 되고 위스콘신 주에서 7백48표가 되었다. 다음은 와이오밍 주였다. 와이오밍 주의 자리에는 과연 서부 출신다운 대의원들에 섞여 몇 달 동안이나 그들에게 애정을 쏟아올, 정치에는 아마추어인 에드워드 케네디의 모습이 보였다.

"와이오밍 주는," 하고 주의 대의원단장이 목청을 높였다.

"15표 전부를 다음 아메리카 합중국 대통령에게 던지겠습니다."

그것으로 모든 것이 결정되었다. 수천 명의 환성과 소용돌이가 한꺼번에 폭발했다. 케네디 파의 깃발이 휘날렸다. 밴드가 〈행복한 날이여, 다시 이곳에〉를 연주하기 시작했다. 최종 득표수는 결국 케네디가 8백6표, 존슨 4백9표, 사이민턴 86표, 스티븐슨 79표 2분의 1, 기타 140표 2분의 1이었다.

닉슨을 내세운 공화당
케네디가 존슨에게 부통령 후보의 지위를 제공한 것에 대해서는 여러

가지 설이 있었다. 그 자리에 있었다는 어느 신문 발행인은, 그것은 케네디의 발상에서 나온 것이라고 했으며, 또 존슨 스스로가 그 계기를 만들었다는 설도 있다. 아무튼 존슨이 선택되었다는 것은 예상 밖의 일이었다. 존슨 진영과 케네디 진영은 전당대회 전의 준비 운동 때부터 경쟁관계였던 것이다. 또한 존슨의 반응에 대해서도 많은 이야기가 있었는데, 중시해야 할 것은 그런 것보다 그가 어쨌든 부통령의 지명을 수락했다는 것이다. 물론 빈틈없는 케네디 형제는 결정을 내리기에 앞서 남부를 대표하는 존슨과 손을 잡으면 11월 대통령 선거에서 몇 표를 얻을 수 있을 것이냐를 계산했겠지만 그것은 별개의 문제이다.

그러나 리버럴 파는 케네디가 존슨을 택한 데 분노하여 후보자인 존과 동생인 로버트까지도 거기에 말려들고 말았다. 아서 슐레징거는 이렇게 쓰고 있다.

"감정은 아직 완전히 가라앉지 않았다. 존과 로버트가 시무룩하게 풀장 곁에 앉아 있자, 그들의 아버지가 화려한 윗옷을 걸치고 나타나, '걱정 말아라. 2주일만 지나면 틀림없이 모두들 존슨을 택한 것은 참으로 잘 한 일이라고 말하게 될 테니까.'라고 했나."

그런데 전당대회에는 또 하나의 의식이 남아 있었다. 지명 수락 연설이었다. 7월 15일, 금요일. 존 F. 케네디는 로스앤젤레스 대회장에 모인 8만 명 앞에서 다음과 같이 연설했다.

"우리는 오늘날 뉴 프론티어의 끝머리에 서 있다. 이것은 1960년대의 프론티어(國境)이며 미지의 기회와 위난의 프론티어이며 성취될 수 없는 희망과 위협의 프론티어이다."

유드로 윌슨(^{제28대 미}_{국 대통령})의 뉴 프리덤 정책은 미국에 새로운 정치, 경제 체제를 약속했다. 프랭클린 루즈벨트의 뉴딜 정책은 곤궁한 사람들에게 안전과 원조를 약속했었다. 그러나 나의 뉴 프론티어 정책은 약속이 아니라 도전해야 할 대상을 내세우는 것이다. 그것은 내가 미국민에게 제공하려는 것이 아니라 그들에게 요청하고 싶다고 생각하는 일들을 정리한 것이다. 그것은 그들의 호주머니가 아니라 자존심에 호소하는 것이며 안전이 아니라 희생을 치러주기를 요망하는 것이다."

그로부터 2주일 뒤, 공화당은 시카고에서 대회를 열어 드와이트 D. 아이젠하워 대통령의 후임으로 리차드 닉슨 부통령을 대통령 후보로 지명했다. 닉슨의 지명은 무경합이나 다름없었다.

케네디 가의 선거 운동

케네디 집안은 정치를 항상 인간으로 환산하여 생각했었다. 인간에게는 지도자와 그를 따르는 사람이 있으며, 물론 지도자가 가장 중요하겠지만 누구에게나 친숙해져야 한다. 친숙해진다는 것은 의례적으로 그들을 안다는 것이 아니라, 함께 고생을 나눈다는 느낌을 주기 위해 따뜻이 대하고 친밀한 관계를 맺는다는 것이다. 그들은 또한 지도자의 인격의 평가에도 독자적인 기준이 있어서 허수아비 같은 실력없는 지도자는 본능적으로 피하여 진정으로 지도자의 자질이 있는 사람들에게만 파고든다. 당의 조직에 의존하지 않고 그들 스스로의 힘에 의존했었다.

더구나 그들은 미국에서 일어나고 있는 위대한 변화——이를테면 대도시나 농촌의 희생으로 교외 거주자가 급속하게 증가 중인 것이나 샐러리맨 계층의 증가와 거기에 따르는 생활 목표의 변화, 흑인 표가 지니는 중요성의 증대, 청년층 의식의 고양 등을 인식하고 있었다. 제 2 차 대전 중에 태어난 세대는 이제 성년이 되어 정치 분야에도 새로운 요구와 가치 판단을 가져다주었다. 청년에 대한 배려는 케네디 형제와 밀접한 사람들에게도 반영되고 있었다. 거의 전원이 제 2 차 대전 때 장기간에 걸쳐 종군한 경력의 소유자로서 이젠 청년이 아닌 자들이라 해도 그 사고방식은 젊고, 청년의 힘을 시인하여 그것에 적응할 수도 있었다. 46년에 '새로운 세대'를 기반으로 해서 중앙 정계에 등장한 '새로운 지도자' 케네디는 이제 마흔 고개를 넘고 있었으나, 그래도 아직은 보다 더 새로운 시대 정신에 근접해 있었다.

존 케네디는 케네디 스타일의 사고방식을 전적으로 상징하는 인물이었다. 화이트하우스에의 긴 도정에서 결코 형의 곁을 떠나는 일이 없던 로버트 케네디도 어떤 의미에서는 역시 그대로였다. 그러나 존이 선거중이나 평소에나——대개의 경우는——우애가 깊고 사교성이 풍부함에 비해 로버트는 52년 때와 마찬가지로 남의 신경을 곤두세우는 일이 가끔 있었다. 당시 미시간 주의 지사였던 메넨 윌리엄스는 전당대회 전에 로버트와 처음 만났을 때를 이렇게 회상하고 있다.

"그는 아무래도 성급하여 갑작스레 파고들어 왔다. 후보자와 자기 자신을 선전하기는커녕 오히려 적개심을 유발시켰다……우리가 그의 방식에 익숙해졌는지, 아니면 그가 달라졌는지 알 수는 없으나 아무튼 우리는 서로 이해하고 협력할 수 있게 되었다."

로버트의 성격을 관찰했던 어떤 사람은, 그의 특징은 일단 목표를 정하면 상황이야 어떻든 간에 아랑곳않고 승리를 목표로 돌진해나갈 것이라고 지적했다. 이를테면 로버트는 뉴욕의 민주당 집회에서 "여러분, 나는 주나 군의 당 조직이 11월의 선거 후에 어떻게 되건 상관하지 않으며 여러분이 어떻게 되건 상관이 없습니다. 나는 오로지 존 F. 케네디를 대통령으로 당선시키고 싶은 것입니다."라고 말한 적이 있다. 로버트의 이런 성격이 아버지에게서 물려받은 것임을 존도 잘 알고 있었다. 로버트는 선거 운동의 책임자로서 지나치게 젊다는 비판이 나올 때마다 존은 늘 이렇게 말했었다. "나이가 더 많은 사람을 원한다면 구태여 가족 이외의 사람을 찾을 필요가 없다. 언제건 아버지에게 부탁할 수 있으니까."

그렇다면 아버지인 조셉 케네디는 이 '청년의 선거' 가운데에서 도대체 어떠한 역할을 했던 것일까. 그는 결코 표면에 나서지 않고 무대 뒤에 숨어 있었기 때문에 '존과 로버트는 제1선, 에드워드는 조셉의 뒷바라지 역할을 한다.'라는 노래가 생겨 사람들의 입에 오르내렸을 정도였다. 조셉은 로스앤젤레스 전당대회의 지명 수락식에도 출석하지 않고, 그 창설에 깊이 참여한 증권거래소 위원회의 발족 25주년 기념 만찬회에서 연설하는 것조차 거절했었다. 전직 대사이며

216

워싱턴에서 권력을 떨친 적도 있는 그는 자기가 맡은 역할을 이렇게 설명했다.

"나는 전화를 걸 뿐일세. 아는 사람에게 전화를 걸어서 어떠한 방법이든 좋으니 지원해달라고 부탁하는 걸세."

그렇다고는 하나, 조셉이 케네디 집안의 가장으로서 중요한 구실을 맡았음은 틀림이 없었다. 친구에게 전화를 걸 뿐만 아니라 아들들에게 전화로 격려하고 충고를 주는 적도 자주 있었다.

"아버지의 좋은 점은 낙천주의와 일에 열중한다는 것, 그리고 언제나 자식들을 응원해준다는 것이다."라고 존은 말했었다.

"내가 언제나 아버지에게 찬성한다고는 할 수 없으며, 아버지만 해도 내가 하는 일이 마음에 들지 않는 경우도 있을 것이다. 그렇지만 내가 무엇인가를 하면, 아버지는 곧 전화를 걸어 '정말 잘 했구나.' 하고 격려해 준다."

케네디 진영의 선거 운동은 이렇게 우정과 애정과 이해가 넘쳐흐르는 분위기 속에서 진행되었다. 그러나 경쟁 후보인 닉슨 파는 혼란과 불만과 오해로 가득 차 있었다.

닉슨과의 텔레비전 대결

리처드 닉슨은 33세로 하원의원에 당선, 37세로 상원의원이 되었으며 39세로 부통령에 취임했었다. 아이젠하워 정권의 8년 동안에 그는 부통령의 지위를 권위있는 것으로 높이고, 또한 긴급사태에 즈음해서도 항상 냉정하게 행동하여 존경을 받았었다. 그는 또한 적극적인 공세를 취한다는 것과 자유주의의 사람들을 분개시키는 무례한 보수주의 성향으로도 널리 알려져 있었다.

그의 선거 운동은 그 때문에 영향을 받았다. 그는 처음 몇 주간은 '선수를 잘 잡는 이미지'를 씻기 위해 노력했으며, 차츰 운동의 페이스를 높여 선거 전날에 최고조를 이루도록 할 작정이었다. 너무 일찍부터 빨리 달린다는 것은 금물이며 마지막의 일격에 대비하여 여력을 저장해두어야 한다는 것이 닉슨의 생각이었다. 이에 대해 케네디 측은 처음부터 전력 질주를 해야 한다고 믿었다.

작전에는 장점도 있고 단점도 있었지만 어떻든 간에 그것은 닉슨 자신의 책임이었다. 광범위하게 노력하고, 물론 많은 사람이 참가했으나 그의 선거는 결국 말하자면 그의 개인 쇼에 불과했던 것이다. 그는 혼신의 힘을 다했다. 상처를 입은 뒤에도 미국 50개 주를 남김없이 방문한다는 공약을 지키려고 노력했다. 그는 자동차의 문에 부딪쳐 무릎뼈에 금이 가고 화농(化膿)으로 2주간이나 입원했던 것이다.

그러나 다리의 부상은 그의 괴로움의 일부에 지나지 않았다. 그와 그의 스탭 사이의, 그리고 그와 보도진 사이의 관계는 별로 좋지 않았다. 그는 아이젠하워의 응원을 어째서 마지막 주보다 전에 요청하지 않았느냐는 비판을 받았으며, 또 텔레비전을 일찍부터 이용하지 않았다고 비난받기도 했다. 정책에 관해서도 논쟁이 있었으며 고문이나 참모의 의견을 충분히 존중하지 않는다는 말도 들었다.

어느 유명한 해설자는 케네디와 닉슨, 두 후보의 선거 연설이 '지나치게 단조롭고 지루하다.'고 불평했으며, 이 선거는 '대규모의 인기 콘테스트 이외의 아무것도 아니다.'라고 보는 사람도 나타났다. 그러나 무대는 겨우 흥겨워지기 시작했다. 두 후보가 어쩌면 1억 2천만 명은 될 것으로 추정되는 시청자 앞에서 연속 4회의 텔레비전 토론을 한다는 데 동의했던 것이다.

존 케네디는 9월 25일, 일요일에 시카고에 도착하여 미국이 직면한 여러 문제를 검토하고 있던 솔렌센, 변호사인 윌리엄 구드윈, 법학자인 마이켈 펠드만 같은 그의 고문들과 합류했다. 그들은 그날 밤을 새우며 중요한 모든 문제를 요약했으며 월요일에는 존과 함께 다시 온종일 이야기를 나누고 서로 의견을 개진하며 토론 구상을 했다. 존은 연설 전에는 식사를 하지 않는 것이 상례였는데, 그날 밤은 그의 방에서 혼자 저녁 식사를 들었다.

한편, 일요일 밤에 도착한 리처드 닉슨은 월요일에도 계속해서 연설

예정을 모두 마치고 피로의 빛을 보이며 스튜디오로 달려갔다. 존 케네디는 호텔 방에서 느긋하게 텔레비전 출연용인 다크 그레이의 옷으로 갈아입었다. 친구인 데이비드 파워즈는 그때 일을 이렇게 이야기한다.

"거울 앞에 선 그의 모습은 무척 홀륭했다. 그리고 '마치 이제부터 메디슨 스퀘어 가든의 시합에 나가는 복서 같은 심정이네.'라고 하기에, '그건 그렇지 않습니다. 월드 시리즈의 개막 제1전에서는 선발 투수 같은 심정이 아니면 곤란합니다.'라고 대답해주었다. 그는 웃었으며, 그런 뒤 우리는 스튜디오로 향했다."

제1회 텔레비전 토론에서 존 케네디가 분명히 닉슨을 이겼다는 것이 일반적인 평가였다. 토론에서 말한 내용으로서가 아니라, 냉정하고 차분한 그의 태도가 지나치게 젊으며 경험이 없다는 비판을 물리치는 데 효과가 있었기 때문이다. 조명과 텔레비전 카메라의 각도가 적당하지 못했기 때문에 브라운관에 비친 닉슨의 얼굴에 깊은 그림자가 생겼다는 것도 케네디에게는 플러스의 요소였다.

무승부로 끝나고 또한 시청율도 높지 않았던 두번째 이후의 텔레비전 토론에서는 닉슨도 정성껏 메이크업을 해서 첫번째의 실패는 되풀이하지 않았으나 이미 때는 늦은 것이었다. 존 케네디는 그 뒤, 이 텔레비전 토론이야말로 화이트하우스로 가는 데 결정적이었다고 말했으며, 8년 동안이나 화이트하우스에 있어서 얼굴이 알려진 닉슨이 어째서 남의 눈에 띄지 못해 몸살이 날 지경인 한낱 상원의원과의 토론에 응했는지 이상한 일이라고 말했다. 그는 이미 토론하기 전부터 아버지와 로버트에게 "이길 것으로 생각한다."고 말했던 것이다.

해결된 종교 문제

그러나 이런 와중에 또다시 종교 문제가 재연되어 케네디를 괴롭혔다. 케네디 진영은, 이 문제는 이미 웨스트 버지니아 주에서 결말이 난 것으로 기대하고 있었는데, 상황은 그의 할아버지가 보스턴 시의회 선거에서 고생했을 때와 마찬가지였다. 세월은 흘렀으나 문제는 조금도 달라지지 않았다.

케네디가 카톨릭 교도라는 것에 대한 불만의 소리는 특히 남부나 농촌 지역에서 높았다. 1860년대의 보스턴이 1960년대에 다시 재현되었던 것이다. 운동원들은 철저한 민주당원조차 당의 대통령 후보가 카톨릭 교도라는 데 당황하고 있음을 발견했다.

저명한 프로테스탄트 목사 그룹은 카톨릭 교도가 과연 대통령이 될 수 있는가, 또 되어도 좋은지 의심스럽다는 성명을 발표하기까지 했다.

존 케네디는 이 새로운 상황에 대해서 다시금 정면으로 맞섰다. 종교 문제에 대해 이야기를 나누자는 휴스턴 목사협회의 초청을 수락했던 것이다. 원고는 그와 유니테리안 파의 신자인 테드 솔렌센이 공동으로 섰으며 연설은 9월 12일에 했다.

발췌하면 다음과 같은 내용이었다.

"나는 미국에서 교회와 정부의 분리는 절대적인 것이어야 한다고 믿습니다. 카톨릭의 성직자가 대통령에게(만약 그가 카톨릭이었을 경우) 지시를 하거나, 프로테스탄트의 목사가 신사에 누구 누구에게 투표를 하라고 명하는 일이 있어서는 안 되며, 교회나 교회가 경영하는 학교에 국가의 자금이나 정치적 배려가 주어지거나 단순히 그를 임명하는 대통령이나 그를 택하는 유권자와 종교가 다르다는 이유로 공직에 취임하는 것이 거부되는 그러한 미국이어서는 안 되겠습니다.

나는 카톨릭도 아니고 프로테스탄트도 아니고 유태교도 아닌 미국을 믿습니다. 공무원이 정책에 관해서 교황이나 전미의 교회 회의 또는 다른 종파의 단체 등에 지시를 구하거나 받지 않는 미국, 종교 단체가 그 의사를 일반 국민이나 공무원의 행동에 직접 간접으로 강요 따위를 하지 않는 미국을, 또한 신교의 자유가 확립되고 하나의 교회에 대한 부당 행위가 모든 교회에 대한 부당 행위로 다루어지는 미국을 믿고 있습니다."

케네디는 그 뒤에도, 이를테면 미국 신문편집자협회에서의 연설에서도 똑같은 취지로 이 문제에 대처했다. 휴스턴에서 한 연설의 기록영화가 텔레비전에 방영되어, 프로테스탄트와 카톨릭의 쌍방 시청자에게 제공되었다. 정면으로 맞서 종교 문제를 다룬 이 작전의 성공은 선거의 결과가 웅변하고 있었다.

킹 목사와 흑인표

흑인운동 지도자인 마틴 루터 킹 목사가 체포되는 대사건이 일어난 것도 그 무렵의 일이었다.

킹 목사는 흑인의 대변인으로서, 또는 공민권의 완전 획득을 목표로 하는 비폭력주의 투쟁의 지도자로서 흑인들로부터 숭앙받던 인물이었다. 10월 12일 그와 동료인 52명의 흑인은 아틀란타 시에 있는 어느 백화점 레스토랑의 인종차별 철폐를 요구하는 데모 혐의로 체포되었다. 그 가운데 51명은 석방되었으나 킹은 4개월의 중노동 판결을 받아 조지아 주 형무소로 옮겨졌던 것이다.

케네디가 이 사태의 대응책을 강구해야 한다고 제안한 사람은, 대학의 법과 교수이며 케네디 팀의 공민권 문제를 담당했던 해리스 워포드였다. 케네디는 이 제안을 듣고 킹 부인에게 전화를 걸어 동정의 인사를 함과 동시에 할 수 있는 일이라면 무엇이든지 하겠다고 약속했다. 로버트 케네디도 킹을 심판한 판사에게 전화를 걸어 그의 석방을 촉구했다. 그 결과 킹은 공소 기간중이라는 조건부이기는 했으나 보석으로 자유의 몸이 되었다.

그러나 공화당에서는 공식적인 아무런 말도 없었으며 아무것도 하지 않았다. 킹의 석방을 요구하는 성명서가 법무성에서 기초되고, 일부는 화이트하우스로, 또 일부는 닉슨에게 보내졌으나 어느 쪽도 끝내 공포되지 않았다. 케네디의 킹 석방을 위한 알선이 흑인 표에 어느 정도의 영향을 미쳤는지는 분명치 않으나 그 효과가 어느 정도인가는 선거가 끝난 뒤 어렴풋하게나마 드러났다. 이를테면 일리노이 주에서는 약 25만 명의 흑인이 케네디에게 투표한 것으로 추정되는데, 이 주에서 그는 겨우 9천 표의 차이로 신승(辛勝)했던 것이다. 케네디는 이 주에 대한 투표 결과를 잊지 않았다.

종반전에 들어서자 케네디 진영의 분위기는 더욱 낙관적으로 되었다. 여론 조사의 결과도 고무적이었다. 후보자 주변의 누구나 승리를 확신하고 있었다. 워싱턴의 당 지도자들이 품었던 불안은 무시되었다. 공화당이 마지막 단계에서 반격해올는지 모른다는 경고도 웃어넘긴 채 무시되었다.

역사에서 가장 길었던 밤

선거 운동은 마침내 종막을 고하고 소란과 고함 소리는 가라앉았다. 폭풍 전야의 시간이 온 것이다.

투표일의 후보자는 고독하다. 해야 할 모든 것을 하고 난 뒤이며 설사 어디가 잘못되었다 해도 이제는 그것을 고칠 수도 없다. 남은 것은 오로지 투표기에서 들려오는 조용한 금속음과 투표 용지의 산더미가 무엇을 뜻하는가를 기다릴 뿐이다.

존 F. 케네디는 보스턴 도시권의 본관이었던 적이 있는 투표소에서 일찍 투표를 마쳤다. 그런 뒤 자동차와 비행기를 바꿔타며 임신 8개월인 아내 재클린과 이 3개월 동안 그를 따라 전국을 구석구석까지 여행했던 신문기자들과 함께 하이아니스포트의 자기 저택으로 돌아갔다. 가족과 함께 아침 식사를 들고 추웠기 때문에 외투를 걸치고 베란다에서 잠시 쉬고 있었다. 카메라맨을 위해 포즈를 취하거나 이제 곧 세 살이 되는 딸 캐롤라인을 데리고 산책을 나가거나 동생들과 풋볼의 시늉을 내기도 했다. 그는 지쳐 있었다. 정말 지칠 대로 지쳐 있었다.

재클린과 점심 식사를 한 뒤, 그는 잔디를 가로질러 로버트의 집으로 발길을 돌렸다. 이곳이 지휘소이며 얼마 뒤에는 투표 결과의 집계와 분석이 시작될 곳이었다. 자기의 저택으로 돌아온 그는 낮잠을 자려고 했으나 안정되지 않아 다시금 지휘소로 돌아갔다. 몇 군데에 전화를 걸었다. 그런 뒤 집으로 돌아가고, 또 지휘소로.

개표 결과가 발표되자 초반에는 케네디 진영에 한때 불안이 번졌다. 캔사스 주에서는 6년의 선거로 아이젠하워가 획득한 그 이상의 표차로 닉슨이 이기고 있었기 때문이다. 해리스 여론 조사가 케네디의 승리라고 예상했던 켄터키 주도 어떻게 되는지 문제였다. 그런 참에 충격적인 예상 발표가 있었다. 컬럼비아 방송회사의 전자계산기가 닉슨은 4백59개의 선거인표를 획득하고 케네디는 78표에 그칠 것이라는 숫자를 내놓았던 것이다. 그러나 그 뒤로 형세는 달라지기 시작했다. 코네티컷 주에서는 민주당이 압도적으로 승리했다. 펜실베이니아 주의 필라델피아 시에서 들어온 제 1 보로는 예상을 훨씬 웃도는 득표였다. 존은 저녁 식사를 들기 위해 집으로 돌아갔으며 식후에는 자기 거실에서 쉬며 텔레비전을 지켜보았다.

디트로이트 시와 클리블랜드 시에서는 신통치 못한 결과가 나왔으나 그것들은 다만 일시적인 후퇴에 지나지 않았다. 텍사스 주가 케네디 진영으로 들어오고 사우스캐롤라이나 주도 처음에는 닉슨이 우세했으나 이윽고 텍사스의 뒤를 따랐다. 닉슨과의 일반 투표의 득표차는 150만 표에 이어 160만 표가 되고, 밤중에 가서는 2백만 표에 이르렀다. 컬럼비아 방송의 전자계산기도 생각을 달리했는지 케네디의 당선에 필요한 수보다 42표나 많은 3백11표를 획득할 것으로 예측하고 있었다. 캘리포니아 주에서 온 개표 직후의 보고로도 민주당은 이기고 있었다. 케네디는 아내를 먼저 자게 한 뒤, 정원을 가로질러 지휘소로 나갔다.

오전 3시쯤에는 미시간, 미네소타, 캘리포니아, 일리노이의 4개 주만이 당선의 열쇠를 쥐고 있다는 것이 뚜렷해졌다. 케네디는 무슨 일이 있어도 그 가운데에서 2개 주만은 꼭 획득해야만 했다. 1개 주만으로는 그도 닉슨도 과반수를 차지하지 못하며 대통령 선거는 연방 하원에서 결정을 보게 되어버리는 것이다.

승리가 가까워졌다는 기쁨은 사라지고 긴장감이 짓눌렀다. 닉슨이 텔레비전 화면에 등장하여 짤막한 격려 연설을 했다. 보고 있던 케네디 팀의 사람들 가운데에는 닉슨이 어째서 패배를 인정하지 않느냐고 화를 내는 사람도 있었으나, 케네디는 "어째서 그가 인정해야 하는가? 나같으면 시인하지 않겠네."하고 말했다. 그러나 존 케네디가 할 수 있는 일이란 이제 아무것도 없었다. 그래서 그는 오전 4시에 잠이 들었다. 지쳐버린 다른 사람들도 몸을 눕혔다. 로버트 케네디만이 밤을 새우며 전국 각지의 상황을 전화로 점검하고 집계를 내고는 다시 계산을 해보는 것이었다. 밤 사이에 미시간 주가 확실하게 케네디 진영으로 돌아섰고 이제 269표에서 5표만 있으면 되었다. 당선을 결정한 것은 미네소타 주였다. 11월 9일 오후 12시 33분, AP 통신은 이 주의 11표가 케네디의 표가 되었다고 보도했다. 이윽고 일리노이 주도 그에게 넘어왔다. 캘리포니아 주의 결과는 11월 16일까지는 판명되지 않았으나 결국 3만 5천 표의 차이로 닉슨이 이겼다.

케네디의 친구인 카메라맨 잭 로는 하이아니스포트의 그날 정경을 다음과 같이 기억하고 있다.

"재클린 케네디는 투표가 끝난 뒤부터 승리의 순간까지를 '역사에서 가장 길었던 밤'이라고 표현했다. 그러나 사람들이 떼지어 축하 인사를 하려고 몰려들었기 때문에 그녀도 당황한 모양이었다. 얼마 뒤 그녀는 레인코트를 걸치고 혼자서 해변으로 산책을 나갔다.

승리는 겨우 확실해졌으며 오랜 고투는 끝났다. 한숨 돌리는 소리가 들릴 것만 같은 느낌이었다. 가족은 모두 일어나서 선 룸에 모여들었으며, 싱글벙글하면서 형 존의 얼굴을 지켜보았다. 이윽고 존은, 재클린은 어디 있느냐고 물었으며 산책 나갔다는 말을 듣자 자신도 해변으로 그녀를 찾으러 나갔다. 재클린이 사진 촬영을 위해 옷을 갈아입는 동안 존 F. 케네디는 캐롤라인을 데리고 오랜 시간 산책을 했다."

케네디는 최종적으로는 23개 주에서 3백3표의 대통령 선거인표를 모았으며, 이에 반해 닉슨은 26개 주에서 2백19표를 획득했다.(미시시피 주가 선출한 선거인은 버지니아 주의 해리 F. 버르 상원의원을 지지했다). 일반 투표의 총투표수는 6천8백83만 2천8백18표로, 이것은 지난번인 56년의 대통령 선거보다 11퍼센트나 많으며 그때까지의 어떤 선거보다도 많은 사상 최대의 투표수였다.

이 선거에서 간신히 이긴 것에 지나지 않은 케네디는 과연 그다운 방식으로 그 이유를 알아내려고 했다. 그의 득표율 49. 7퍼센트에 대해 닉슨은 49. 5퍼센트로 접근하고 있었던 것이다. 그는 데이비드 파워즈에게 명하여 표를 분석케 했다. '승리를 결정한 선거인표 50표를 위태롭게도 잃을 뻔했던 주는 어디 어디였느냐'고. 승리의 열쇠를 쥔 이들의 표는 5개 주에서 얻어진 것이었다. 그가 10명 가운데 7명의 흑인 표를 끌어모아 겨우 이길 수 있었던 일리노이 주, 거기에 미주리와 뉴멕시코, 네바다, 하와이의 각 주였던 것이다. 만약 이 주에서 총투표수의 1퍼센트의 백분의 2에 불과한 1만 1천8백74표가 닉슨 측에 돌아갔더라면 존 케네디는 패배를 면치 못했을 것이다.

로버트 케네디가 이런 결론을 냈다.

"우리는 아무튼 10주간을 계속해서 안간힘을 쓰며 뛰고 싸우고 기어오르면 이길 수 있으리라 생각하고 노력했다. 텔레비전 토론에서 이겼기 때문에, 그 뒤에도 지지 않으려고 버틴 끝에 겨우 이길 수 있었다. 만약 조금이라도 방심을 했더라면 졌을지도 모른다."

화이트하우스 시대

대통령 취임식

그것은 1천일과 약간, 정확히 말한다면 1천36일 계속되었다.

하루 하루 개개의 문제, 결정, 승리, 국가적 기념, 혹은 개인적인 순간이 있었다. 어떤 날은 시계처럼 빨리 지나가버리고 어제의 약속처럼 잊혀져 시야에서 사라져간다. 또한 다른 여러 나날은 단순한 하루가 아니라 연월일이 되어, 학생들이 앞으로 줄곧 그것에 관해 읽거나 쓰는 것이 되었다. 그러한 연월일의 하나──.

1961년 1월 20일.

대통령 취임식 날이다. 기온은 화씨 20도.(영하 $\frac{화씨 영하}{6 \cdot 7도}$) 워싱턴은 눈으로 덮였으며 캐피털 광장(의사당 뒤에 있다.)에 내리쬐는 오후의 햇살로 뽀얗게 빛나듯 반사하고 있었다. 취임식장의 군중과 수백 명의 관중은 발을 동동거리고 팔을 어루만지거나 외투깃을 세우기도 하고 또 둥글게 쥔 손바닥에 숨을 몰아쉬며 떨리는 듯한 기대 속에 제35대 미국 대통령에 취임하는 인물의 등장을 애타게 기다리고 있었다.

어젯밤, 즐거운 하룻 저녁을 보낸 존 케네디는 이날 조지타운의 자기 집에서 아침 8시에 눈을 떴다. 우선 콘스티튜션 홀에서 대통령 취임 연주회가 있고, 이어 주병부대 본부에서 취임 축하식이 있다.

그의 곁에 있는, 순백의 가운에, 그가 이날을 위해 선택한 목걸이를 건 재클린은 눈부실 정도로 아름다웠다. 연주회에서 축하식으로 가는 도중 눈 때문에 길이 막혀 모든 자동차가 거의 움직이지 못하고 있을 때 존은 "불을 켜도록 하게나. 그러면 모두가 재키를 볼 수 있을 테니까." 하고 운전수에게 명한다. 눈으로 하얗게 빛나는 길을, 불을 밝힌 자동차가 지나간다. 토머스 제퍼슨(제3대 미국 대통령) 프로그램을 손가락으로 짚으며 읽던 존 케네디는, "내 것보다 잘돼 있다."고 말한다. 그는 우아하게 돌려 말하기를 좋아하는 사람 가운데 하나였다. 런던 시대 이후, 그는 조그만 검정 가죽 수첩에 마음에 드는 비유를 적어두고 있었다. 축하식에서 케네디는 아내와 친구 윌리엄스 월튼과 나란히 자리에 앉았다. 케네디는 주변을 바라보며 칭찬했다. 큼직한 여송연을 입에 문 채 귀빈석의 맨 앞줄에 앉았다. 그것은 그에게 있어서 기념할 만한 순간이었다. 그렇겠지. 왜냐하면 모든 것이 그를 위해 만들어졌으니까. 그는 바로 대관(戴冠) 황태자이며 그는 그것을 사랑했다.

대통령이 행정관으로서의 첫걸음을 미사에 참석하는 것으로 시작했다는 것은 그의 어머니를 몹시 기쁘게 했다. 로즈 케네디 부인은 아침 일찍 일어났다. 밖이 추웠기 때문에 옷을 두껍게 입고 조지타운 가까이 있는 트리니티 성당까지 걸어서 갔다.

"성당에 닿자 경찰관의 모습이 눈에 띄었습니다. 아마 존이 미사에 참례하러 오기 때문이라고 생각했어요. 그도 좀 늦게 왔습니다. 나는 그의 곁에 앉지 않았습니다. 나는 우스꽝스런 스카프며 무엇인가를 몸에 걸치고 있었으니까요. 하지만 그가 성당에 와주어 기쁘게 생각했습니다. 재키는 그때 몸이 허약했기 때문에 올 수 없었습니다. 나도 그에게 성당에 가라고 권하지 않았습니다. 그가 일과 책임으로 지쳐 있는 것을 알았으니까요. 하지만 그가 자진해서 성당에 왔다는 것, 그리고 새로운 시정을 펴기 시작할 즈음에서 아침 일찍 미사에 참례하는 것이 중요하다는 것. 나는 그것을 알고 정말 행복한 심정이었습니다."

로즈 케네디 부인은 이렇게 회상한다.

미사가 끝난 뒤 존은 재클린을 맞으러 집으로 돌아갔으며, 그런 뒤 아이젠하워 내외와 커피를 들기 위해 화이트하우스로 차를 몰았다. 그리고 그들과 함께 사람들이 추위로 떨면서 기다리는 캐피털 광장으로 향했다.

취임식에서 어떠한 옷차림을 하느냐 하는 것은 대통령으로 선출된 자의 특권이다. 존 케네디는 실크해트를 쓰고 완전한 공식 의상을 택했다.

취임식이 시작되었다. 케네디 집안의 친구이며 고령의 사제인 커싱 추기경이 기도를 올렸다. 기도는 따분할 정도로 길어서 추기경이 독특한 코먹은 음성과 높은 목청의 소유자임을 모든 시민이 알아차렸을 정도였다. 그런 뒤 노 시인 로버트 프로스트가 일어섰다. 그는 노안(老眼)인데다 반짝이는 햇살로 말미암아 적어두었던 헌정시(獻呈詩) 시를 읽지 못하여 기억한 대로 낭독을 했다.

오후 12시 15분, 최고재판소 장관이 일어나자 서약식이 시작되었다. 존 케네디는 두웨 성경(카톨릭 교도를 위한 영역 성서)에 손을 얹고 서약하는 역사상 최초의 대통령이 되었다. 이 성서는 피츠제럴드 가의 것이었다. 그것은 선조로부터 하니 피츠가 물려받아 지금은 하니 피츠의 아들 토머스의 것이 되었다. 존 케네디는 그 성서를 빌리기 위해 보스턴으로 사람을 보냈다. 토머스 아저씨는 성서를 지붕 밑 골방에서 꺼내어 쇼핑 백에 넣어, 두 사람의 호위를 받으며 워싱턴으로 갖고 왔다.

존 케네디가 일어나 외투를 벗고 집안 대대로 이어내려온 성서에 손을 얹고, 역대 대통령과 똑같은 서약의 말로 맹세했다. 부모, 형제 자매, PT 109에 탔던 당시의 동료, 그의 최초의 선거 운동을 도왔던 제 11 선거지구의 오랜 친구들이 미국에서의 최고의 직책을 받으려는 존 케네디를 지켜보고 있었다.

대통령 존 F. 케네디는 연단에 올라, 확고하고 날카로운 뉴잉글랜드의 악센트로 취임 연설을 시작했다.

228

"오늘, 우리는 한 당의 승리가 아니라 자유의 축제를 거행합니다. 그것은 마지막인 동시에 시작을 상징하며, 신생과 동시에 변화를 예고합니다. 나는 여러분과 전능하신 하느님 앞에서 우리의 선배가 175년 전에 적었던 엄숙한 맹세를 서약했습니다…….

동지에게나 또 적에게도 이때 이 장소에서 햇불이 미국의 새로운 세대에 주어졌음을 보일 것입니다……. 새로운 세대는 금세기에 태어나 싸움으로 단련되고 곤란하고도 쓰디쓴 평화의 시련에 견뎌내며 우리의 오랜 전통을 자랑으로 여기고 인간의 권리가 서서히 파괴되는 것을 지켜보는 것을 원하지 않습니다. 우리 나라는 인간의 권리에 항상 관여했고 지금은 미국뿐만 아니라 전세계에서 관여하고 있습니다…….

우리가 잘 되기를 바라건 나쁘게 되기를 바라건 모든 국가에 대해 우리는 이처럼 알릴 것입니다. 우리는 자유와 생존과 성공을 확보하기 위해서는 온갖 대상(代償)을 치르고 모든 무거운 짐을 견뎌내며 모든 곤란에 맞서고 모든 친구를 도우며 모든 적에 대항할 것이라고…….

조그만 집이나 촌락에 살면서 대중의 불행한 쇠사슬을 끊으려고 싸우고 있는 지구상의 절반의 사람들을 위해, 우리는 그들이 스스로를 도울 수 있도록 전력을 다하여 원조할 것을 맹세합니다. 만약 자유로운 사회가 다수의 가난한 사람을 도울 수 없다면 소수의 부자를 구원할 수도 없을 것입니다…….

그리고 우리는 정중함이 나약함의 표시는 아니며, 또한 성실함은 항상 입증되어야 한다는 것을 동서 진영으로 하여금 새로이 상기시킬 것입니다. 우리는 결코 공포에서 교섭으로 들어가는 일은 없겠거니와, 또한 결코 교섭을 두려워하지도 않습니다.

군비의 탐사와 관리에 관한 진지하고도 확실한 제안에 두 진영으로 하여금 최초로 형태를 줄 것입니다.

두 진영으로 하여금 과학의 공포가 아니라 경이를 탐구케 할 것입니다. 우리는 함께 별들을 탐험하며 사막을 정복하고 질병을 없애며 해저를 개발하고 예술과 교역을 발전시켜야 하겠습니다…….

이러한 모든 것은 최초의 1백일로 성취되지는 않습니다. 아니, 최초의 1천일이라도, 내가 정권의 자리에 있는 동안이나, 혹은 우리가 이 유성에 살고 있는 동안에도 성취되지 않을는지 모릅니다. 그러나 시작해보지 않겠습니까…….

바야흐로 나팔이 울리고 다시금 우리를 소집합니다——우리는 무기를 필요로 하나 그것은 무기를 들라는 소리가 아니며, 우리는 싸우고 있다고는 하나 싸움터에의 출진 호령은 아닙니다. 아니, 그것은 1년, 또 1년, 기대로 가슴이 떨리고 곤고(困苦)에 견뎌내는 오랜 박명의 싸움이라는 무거운 짐을 떠맡으라는 호소입니다. 인류 공통의 적, 독재와 빈곤과 질병, 그리고 전쟁 그 자체에 대한 싸움입니다.

우리의 미국 국민이여, 여러분의 나라가 여러분을 위해 무엇을 할 수 있느냐를 물어서는 안 됩니다. 여러분이 여러분의 나라를 위해 무엇을 할 수 있느냐를 물어야 합니다.

그리고 온 세계의 시민 여러분, 미국의 여러분을 위해 무엇을 할 수 있느냐를 묻기 전에 인류의 자유를 위해 함께 무엇을 할 수 있느냐를 물읍시다.

마지막으로, 여러분이 미국의 시민이건 세계의 시민이건 간에 우리가 여러분에게 바라는 고도의 힘과 희생을 우리에게서 찾아주기 바랍니다. 우리의 오직 하나의 대상인 맑은 양심과 우리 행위의 마지막 심판관인 역사로 우리가 사랑하는 국가를 지도하며 전신시킵시다. 하느님의 은총과 도움을 청하며 이 지구에서의 하느님 사업은 바로 우리 자신의 것임을 알면서…….”

시(詩)와 힘의 시대

존 F. 케네디가 지휘를 맡게 된 1961년의 미국은 방향과 힘을 상실하여 지쳤으며 불안정한 노후선 같은 것이 없다. 소련은 달에 로켓을

쏘아 올렸으며 쿠바는 공산주의자의 손에 들어갔다. 동남 아시아, 특히 라오스에서 공산주의의 확대를 막으려는 미국의 노력은 흔들리고 있었다. U2형 비행기 사건으로 미국의 위신도 추락되고 말았다. 어쩌면 미국은 이제 세계의 넘버 원이 아닌지도 몰랐다.

그래서 젊고 잘생긴 대통령이 1월의 썰렁한 어느 날, 모자와 외투도 없이 캐피틀 광장에 서서 새 세대에 횃불이 주어졌다고 그 체현(體現)을 주장했을 때, 그 누구에게도 적당치 못한 것으로 들리지 않았던 것이다. 바람이 몰아치는 취임식 날, 연단에 선 신구(新舊) 두 대통령의 커다란 콘트라스트를 텔레비전의 카메라를 통해 미국인들은 역력히 볼 수가 있었다. 한쪽은 국가의 최고 관직을 차지했던 최노령의 사나이, 다른 한쪽은 훨씬 젊어서 선출된 사나이. 미국인은 '이날 정오에 시작되는 시(詩)와 힘의 황금시대'의 유산 상속인이 될 것이라고 말하는 로버트 프로스트의 예언이 실현될 것을 믿을 수가 있었다. 적어도 기대할 수는 있었던 것이다.

뉴 프론티어를 담당하는 사람들이 선거 후 몇 주간 사이에 전국적인 시야에서 채로 걸러 뽑혔는데, 그것은 양보다도 질에 중점을 둔 것이다. 뜻밖이었던 것은 국방장관에 포드 사장이며 공화당원인 로버트 맥나마라가 지명되고, 딘 러스크가 록펠러 재단에서 국무장관으로 불려 갔다는 것이다. 더글러스 지론은 아이젠하워 정권 아래서 고관을 지내다가 재무장관이 되었는데 지론 역시 공화당원이었다.

맥나마라는 초청에 마음이 내키지 않는 듯했다. 맥나마라가 펜타곤의 책임자가 되기에는 군사 문제를 충분히 알지 못한다고 하자, 케네디는 "대통령이 되기 위한 학교도 없다."고 대답했다.

각료 가운데에서 마지막까지 결정을 보지 못한 것이 사법장관이었다. 케네디는 동생인 로버트를 원했다. 로버트는 망설였다. 존에게 연고 채용이라는 비난이 던져질지도 모르기 때문이었다. 조셉 케네디는 그것을 비웃었다. 로버트가 다만 바쁘게 일하기 위해서 직업을 필요로 한다고 누가 생각하겠느냐는 것이었다.

존의 아버지는, 대통령으로서 신변에 신뢰할 수 있는 사람을 둘 필요가 있다고 지적했다. 존도 그것을 시인했다.

"나는 최고의 인간을 원하는데, 로버트보다 좋은 사내는 없다."고 존은 데이비드 파워즈에게 말했다. 그러나 그는 로버트를 지명한다는 것이 무엇을 의미하는가를 알고 있었다. 존은 쓴웃음을 지으면서 이렇게 말했다.

"어느 날 아침 일찍 조지타운의 내 집 문을 열고 거리를 둘러본 뒤 만약 아무도 없다면 '그건 로버트일세.' 하고 귀뜸해주겠네."

로버트는 존의 집에서 아침 식사를 하게 되었을 때, 마침내 수락하고 말았다. 35세, 미국 역사상 두번째로 젊은 법무장관이 탄생했다. 그러나 이 선택에는 연고 채용 말고도 약간의 위험이 있었다. 노동조합은 로버트가 노동조합의 부패 조사에서 맡았던 역할로 보아 이 임명을 환영하지 않았다. 또한 어떤 사람은 "로버트가 법조계에 들어오기 전에 약간의 경험을 쌓으면 안 된다는 법은 없지 않은가."라면서 존이 후에 한 말에 농담 이상의 진실이 있었다고 생각했다.

전해진 바에 의하면, 로버트는 그것을 진담으로도 농담으로도 받아들이지 않았으나 각료 팀의 일원으로 참가했다.

그 밖에도 중서부 리베럴의 오빌 프리만이 농무장관, 청년 의원이며 일찍이 농구 선수였던 스튜어트 유들이 내무장관, 에이브러햄 리피코프가 새로이 신설된 후생교육장관에 임명되었다. 리피코프를 택한 것은 정치적으로나 개인적 입장으로나 잘한 것이었다. 그러나 케네디의 종합적인 목적은 슐레징거와의 대화에서 나타나 있다.

"내가 알고 싶은 것은 이런 것이오. 즉, 그는 능력이 있으며 계획에 따라 전진할 것이냐라는 것이오."

아무튼 의욕도 있고 능력도 있는 내각이 이루어진 듯했으며, 화이트하우스에는 솔렌센, 프레더릭 더튼, 공화당원 맥조지 번디, 그리고 슐레징거 같은 민완가가 갖추어졌다.

쿠바 문제

표면적으로 본다면 아이젠하워 시정시대(施政時代)의 얼굴이 완전히 바뀐 셈이었는데, 아메리카 합중국 정부에는 일반 민중의 접근을 허락하지 않는 정부만의 장소가 있다. 그 중 하나가 아이젠하워 정권에서 미결인 채로 넘어왔다. 그것은 쿠바 문제였다.

1961년 4월 17일부터 19일. 젊은 대통령의 머리를 아프게 한 많은 위기 가운데에서, 수염의 반란자 피델 카스트로에 의해 쿠바에 빚어진 '붉은 폭풍'만큼 미국에 직접 결부되는 것은 없었다. 카스트로는 많은 미국인의 동정을 받은 최초의 혁명 뒤까지 그가 공산주의자라는 사실을 까맣게 숨기고 있었던 것이다.

아이젠하워 대통령은 1961년 1월 3일, 카스트로와의 관계를 단절했다. 그러나 그보다 훨씬 이전부터 쿠바 망명자에게 그들의 양지바른 섬을 철의 장막 그늘에서 다시 한 번 되찾을 기회가 주어져야 한다던 미(美) 중앙정보국(CIA)의 시사(示唆)에 동의하고 있었다. CIA는 쿠바인 사이에서 여단 구성의 요원을 모집하고 있었다.

새로이 대통령으로 선출된 자로서 케네디가 팜비치에서 CIA로부터 보고를 받았을 때, 그는 강한 회의를 표명했다고 전해진다. 그러나 6년 전에는 CIA의 '게릴라'가 과테말라의 친공산주의 정권 하코보 아르벤스 정부 전복의 첨병이 된 적이 있다. CIA 장관 알렌 덜레스는 "이번 계획의 전망은 과테말라 때보다 좋다."고 케네디에게 말했다.

케네디는 신속한 행동이 지상명령이라고 확신했다. 이 계획의 일부는 뉴스망을 통해서 소문으로 전해지고 있었다. 여단은 충분한 훈련을 받고 행동을 위해 쉴새없이 활동하고 있었다.

소련이 즉각 카스트로의 방위력 증가에 대응한다는 점에서 논쟁이 구구했다. 이미 철의 장막 뒤쪽에서 쿠바 인들은 미그 전투기 조종사로서의 훈련을 받고 있었다. 소련의 제트 연습기 4대도 카스트로에게 보내졌다. 그러나 케네디는 여전히 망설였다.

케네디는 갖가지 의견의 합창을 들었는데, 그 중에서는 유달리 높은 부조화의 소리가 있었다. 그것은 강력한 상원 외교위원회 위원장 J. 윌리엄 풀브라이트였다. "이 행동을 은밀히 지원이라도 한다면 미국은 항상 소련에 대해 비난해온 위선에 빠지게 된다. 이 점은 세계 어디에서나, 또 우리 자신의 양심에 있어서도 상실해서는 안 되는 것이다." 풀브라이트는 대통령에게 각서를 보냈다.

케네디는 팜비치로 풀브라이트를 초청하여, 쿠바의 고립화와 봉쇄 정책에 관한 그의 호소를 들었다.

"카스트로 체제는 말하자면 피부에 꽂힌 가시 같은 것이지 심장을 찌르는 단검은 아니다."라고 풀브라이트는 말했다. 대통령은 4월 4일로 예정된 마지막 협의에 풀브라이트를 불렀다.

"이러한 일련의 일을 어떻게 생각하느냐."고 케네디는 라틴 아메리카 문제 전문가인 슐레징거에게 물었다.

슐레징거는 "무서운 생각으로 여긴다."고 대답했다.

"온 세계가 골리아테(성서에 나오는 펠리시테족의 거인 나첫네에 말해신나.)가 아니라 주 구만 다워 쪽에 동정할 것이다. 이번 작전계획은 우리 나라 최대 자산, 다시 말해서 존 F. 케네디 자신을 망치고 말 것이다."라고 슐레징거는 말했다.

"이것은 당신의 최초의 과격한 외교정책 지휘이다. 단 일격으로, 새 정권에 대해 온 세계에 번지고 있는 거대한 선의를 무산시키고 말 것이다. 그리고 몇백만 명의 사람들의 마음에 새로운 정권에 대한 나쁜 이미지를 심는 것이 될 것이다."라고 슐레징거는 결론을 맺었다.

에셀의 생일 파티 자리에서 로버트 케네디는 슐레징거를 구석으로 데리고 가 이렇게 속삭였다.

"이번 사건에서 당신이 적극적이 아니라는 말은 들었다. 당신이 옳을지도 모르며 또 틀렸는지도 모른다. 그러나 대통령은 이미 결심을 정했다. 더 이상 억제하지 말아 달라. 이제는 우리 모두가 가능한 한의

원조를 할 때다."

4월 4일, 마지막 협의에서 대통령은 결정을 내렸다. 반대하는 사람은 하나도 없었다. "이대로 결행하자."고 한 사람이 말했다.

4월 12일, 일주일에 한 번씩 있는 대통령 기자회견에서 처음으로 나온 질문은 쿠바에 관한 것이었다.

"미군에 의한 쿠바 간섭은 어떠한 조건에서도 있을 수 없다."고 케네디는 부정했다. 쿠바에서의 기본적인 문제는 미국과 쿠바 사이에 있는 것이 아니다. 그것은 쿠바 인 자신의 문제이다. 나는 이 원칙을 고수할 것이다. 그리고 정부의 태도는 쿠바 망명인 사이에서도 이해되고 공유되고 있다." 하고 대통령은 말했다.

쿠바 침공

그러나 그것은 쿠바 인 사이에서는 이해되지 못했다. 애국주의로 감정이 고조된 쿠바 인들은 미국이 자기들을 버리지는 못할 것이라고 추측했다. 미국이 말로는 간섭을 부정했다 해도 그것은 선전이 목적이라고 생각했다.

선택된 침공 장소는 쿠바 남부의 피그스 만이었다.

4월 10일, 여단은 승선 지점인 니카라과의 푸에르토 카베사스로 이동했다. 그 해안에서 쿠바 인들은 처음으로 불안을 느꼈다. 거기 있는 것은 설비가 좋은 배가 아니라 페인트가 벗겨진 낡은 화물선이었다. 상륙용 주정도 14피트의 지붕이 없는 배로 엔진도 뱃전에 달린 것이었다. 한 사람이 항의하자 어느 쿠바 인은 상륙부대는 바다와 하늘, 그리고 '해저에서도' 호위되고 있을 것으로 확신한다고 대답했다.

배가 쿠바로 향했을 때, B 26 비행기가 카스트로의 공군을 무찌르기 위해 푸에르토 카베사스에서 날아갔다. 그러나 잘 되지 않았다. 카스트로의 제트 연습기 4대는 아무런 손상도 입지 않았다.

한편 케네디 대통령은 쿠바 여단이 해상에 진출한 그 주말에 버지니아 주에서 빌린 그렌 오아 별장으로 가족과 함께 가서 침공에는 아무 관계가 없는 듯 위장했다.

그는 철책 너머로 미들버그 경견협회 주최의 도그 레이스를 바라보고 있었다.

"이런 장애물 경주를 본 것은 처음일세." 하고 그는 말했다. 그 직후에 '잠깐 일이 있어서' 집으로 가야 한다며 그는 돌아갔다. 얼마 뒤, 그는 급히 워싱턴으로 되돌아갔다. 이튿날인 4월 17일은 공격 개시 예정일이었다.

쿠바 망명자의 여단이 피그스 만에 접근했을 때, 미국의 방송국은 '백조 방송국'이 되풀이하는 기묘한 방송을 청취했다. "치코는 집에 있다. 그를 찾아가라. 물고기가 올라올 때까지는 별로 시간이 걸리지 않을 것이다. 물고기는 붉다."——이것은 쿠바의 지하조직에게 궐기를 호소한 경고였다. 그러나 침공이 진행되었을 때 카스트로 경찰은 20만 명의 반란 혐의자를 하바나에서 체포해버렸다. 카스트로는 국내 봉기의 기회를 일격으로 좌절시켜버렸던 것이다.

해변에 접근한 최초의 잠수대원은 민병의 경비대로부터 즉각 총격을 받아 깜짝 놀랐다. 상륙용 주정은 울퉁불퉁한 산호초에 좌초되어 침몰하고 말았다. 이것은 예정에 없는 사태였다. 그러나 침공자는 육지를 향해 진격했으며, 새벽녘에는 강하부대도 육지에 내리는 데 성공했다.

그러나 날이 밝으면서부터 갑자기 피해는 커지기 시작했다. 아무런 피해를 입지 않았던 카스트로의 공군은 오전 9시에 피그스 만 상공에 날아왔다. 속도가 빠른 T33 제트 연습기는 쿠바 여단의 제2차 대전 시대의 B26 4대를 격추, 무기와 탄약, 통신 시설의 태반을 실은 화물선 2척을 침몰시켰다. 남은 2척의 배의 사령관은 에스칸브라이 산맥으로 도망치는 수밖에 없게 되어버렸다. 그러나 여단의 잔존자들과 산맥 사이에는 80마일이나 되는 늪지대가 있었다. 식량과 물, 탄약이 떨어진 그들은 소련제 탱크를 장비한 2만 명의 카스트로 군에게 간단히 사로잡히고 말았다. 4월 19일에는 모든 것이 끝나버렸다.

피그스 만의 가공할 진실이 미국에 전해졌을 때, "온 나라 안이 큰 충격에 빠졌다."고 솔렌센은 말하고 있다.

솔렌센에 의하면 케네디도 "자기의 어리석은 행위에 어이가 없었다." 는 것이었다. 그러나 그는 대통령답게 이 최악의 사태에 대처했다. 침공이 실패한 뒤의 기자회견에서 그는 이렇게 말했다.

"승리에는 백 명의 아버지가 있으나 패배는 고아다.라는 오랜 속담이 있다. ……나는 정부의 책임있는 지위에 있으며 사태는 극히 명백하다."

케네디는 또한 그의 젊음을 비판하는 사람들을 이기도록 유도하고, 솔렌센의 말을 빌린다면 "영원히 그를 때릴 수 있는 지팡이를 그들에게 주었다."는 것이다.

그러나 그는 어느 정도는 체념하고 있었다. "우리는 모두에게 이길 수는 없다. 우리는 최악의 사태에 직면하여 세계를 진감(震撼)시킨 사건도 다음 기회에는 기억하지 못한다는 것을 깨달았다. 우리는 발에 극심한 타격을 입었으나 그것도 마땅한 것으로 생각한다. 그러나 아마 우리는 거기에서 무엇인가를 배울 것이다."

그의 내부에서 싹튼 하나의 교훈은 무분별하게 군에 의존해서는 안 된다는 것이었다. 또한 이른바 '전문가'의 의견을 함부로 존중하지 않는다는 건전한 태도를 성장시키는 것이 되었다. 중요한 문제는 진정으로 신뢰할 수 있는 사람들과 밀접하게 접촉하여 처리하려고 결심했다는 점이다.

그 한 사람이 로버트였다. 로버트는 침공 문제의 토의에 참가하지는 않았으나 공격 때는 편을 들어줄 선수였다. 화이트하우스에서 재론할 때 그는 케네디 측근의 한 사람과 잠시 숨을 돌리기 위해 밖으로 나왔다. 측근이 그에게 인내하도록 말했다.

"싸움을 해서 발로 채였을 때는 다친 것이니까 기세 좋게 일어날 수 없는 법이다. 나는 그에게, 아직 시간은 충분히 있으며 우리가, 허수아비의 호랑이가 아님을 세계에 보일 기회는 앞으로도 많이 있다고 말했다. 그는 잠시 생각하더니 마지막으로 그건 '건설적인 태도다.'라고 했다. 그가 입에 올린 말은 그것뿐이었다."

반드시 그런 것만은 아니었다. 로버트는 잠시 후 쿠바 침공에 반대 각서를 냈던 체스터 폴즈 국무차관실에 가서 "나는 당신이 침공에 반대했음을 압니다. 그러나 결과가 이렇게 된 이상 이젠 그것에 찬성하시겠죠?"라고 했던 것이다.

존 케네디는 다시 그 누구보다도 신뢰할 수 있는 사내를 찾아냈다. 대통령이 명한 것은 무엇보다 우선해서 할 수 있는 사나이를.

당시를 회상하며 대통령은 이렇게 말했다──"피그스 만 사건이 그때 일어나 준 것을 하느님께 감사한다."

무지는 사라졌으나 재편성에는 시간이 필요하다. 아마 제2의 기회가 올 것이다. 그것은 쿠바 국내에서 일어날지도 모른다.

화이트하우스에서의 생활

1961년부터 1963년 11월 22일.

존 케네디는 역사상 가장 근소한 득표차로 대통령에 선출된 한 사람이다. 그러나 그가 취임한 지 불과 39일 만에 실시된 갤럽 여론 조사에서는 미국인의 72퍼센트가 케네디의 시정에 찬성하고 있음을 나타냈다. 피그스 만의 와해조차 새 대통령의 인기를 손상시키지는 않았다. 이 사건 이후 7개월이 지난 11월, 갤럽 여론 조사에 의하면 그의 인기는 다시 77퍼센트로 올라갔다. 도대체 어째서인가? 케네디 측근의 한 사람은 이렇게 설명했다.

"미국인은 케네디를 신뢰했다. 그가 하는 말, 그의 용기를 믿음직스럽게 여겼다. 그리고 무엇보다도 다시금 젊어진 것이다."

화이트하우스의 장미꽃 정원에는 그네가 있었다. '마카로니'라는 이름의 캐롤라인의 조랑말을 화이트하우스의 잔디밭에 놓아 길렀다. 밝고 발랄한 웃음소리가 화이트하우스의 육아실에 넘쳐흐르고 객실에는 음악과 노래가 흐르고 있었다. 문필가, 예술가, 시인들이 케네디 집안의, 그리고 나아가서는 전국의 관심과 시선을 끌었다. 첼리스트인 파블로 카잘스가 케네디 집안과 친구들을 위해 연주했다.(케네디 부인은 남편의 오페라와 발레에 대한 취미가 자기와 일치하지 않기 때문에 마음에 걸렸었다. 부인은 남편에게 당신이 좋아하는 음악은 〈대통령 만세〉뿐인 것 같다고 불평했었다.) 발레단이 화이트하우스의 손님들을 즐겁게 해주었다. 작가, 노벨상 수상자, 퓰리처상 수상자 등이 화이트하우스의 만찬회에 나타났다.

케네디가 인기가 많은 이유 중의 하나는 기지 때문이었다. 텔레비전에서 1년 내내 중계되는 그의 기자회견은 재치있는 임기응변으로 넘쳐흐르고 있었다. 그는 언제나 즉석에서 대답했다. 대통령 취임식 직전, 그는 화가인 윌리엄 월튼의 저택에서 며칠을 보냈다. 예정이 빈틈없이 들어찬 어느 날 오후, 외교관인 마리에타 톨리가 문을 열고 얼굴을 내밀며 "당신이 우리 대통령이 되신 것을 매우 자랑스럽게 생각합니다."라고 했다. 케네디는 그녀의 얼굴을 보면서 "고맙습니다, 마리에타. 나도 당신이 우리 시민이 되신 것을 자랑으로 여깁니다."라고 대답했다. 또한 존 케네스 갈브레이스가 〈뉴욕 타임즈〉는 케네디를 오만하다고 한다."면서 불평했다. "왜 그러나. 다른 데서도 모두 그런다네." 하고 대통령은 어깨를 으쓱했다. 그가 프랑스를 방문했을 때, 케네디 부인의 아름다움은 파리장들을 매혹시켰다. 그러자 케네디는 어떤 연설에서 자기를 '재클린 케네디와 함께 프랑스에 온 사나이'라고 표현했다.

케네디는 자기 자신을 편하게 야유했으나 업무 면에서는 엄격한 위엄을 지키도록 주장했다. 구김살투성이의 셔츠 자락을 바지에서 삐져나오게 한 젊은 국회의원이라도 공적인 일로 사진이 찍힐 때는 양복에 넥타이를 단정하게 맸다. 솔렌센에 의하면 대통령이 측근과 함께 사진을 찍을 때 측근에게 양복과 넥타이를 건네주는 일이 한두 번이 아니었다고 한다. 대통령은 단추 2개의 거무스름하고 가벼운 양복에 PT 보트의 넥타이 핀을 즐겨 달았다. 또한 그는 화이트하우스의 외부사람들에게도, 행정부에 대해서는 자기에게와 마찬가지로 경의를 표해야 한다고 믿었었다. 로드아일랜드 주의 클럽 풀에서 수영하고 있을 때, 그곳에 있던 한 사람이 그와 함께 물에 뛰어들어 '잭'이라고 부르며 장황하게 이야기를 늘어놓은 끝에 "저를 체크라고 부르셔도 좋습니다."라고 했다. 그러자 대통령은 "나를 대통령 각하라고 부르셔도 좋습니다."라고 준엄하게 대답했다.

존 케네디는 자기가 곤경에 빠졌을 때는 목표를 정한 날카로운 일격을 상대방에게 가했는데, 동시에 그것을 잊고 용서하는 것도 빨랐다. "그는 원한이나 선망을 계속해서 품는 사람을 몹시 싫어했다. 그의 쉽사리 사랑하는 성격은 본능적인 것이다. 존 케네디는 아일랜드 인의 전승——훨씬 이전에 아일랜드에서 떠났으나——을 무척이나 사랑했다. 자기의 조부인 하니 피츠의 익살스런 장난에는 다정스럽게 웃었으며, 1963년의 아일랜드 방문은 이 애정에의 순례였다."고 친구이며 조지타운의 이웃사람인 벤서빈 블레드리는 말했다.

캐롤라인과 존 주니어에 대한 존 케네디의 애정은 무한한 것이었다. 그는 애정 깊은 아버지였으나 화이트하우스에 들어올 때까지는 자기 딸에 대한 것을 잘 알지 못했다. 실제로 캐롤라인이 태어난 뒤로 3년 동안 아버지는 언제나 비행기를 타고 어딘가로 갔었기 때문에, 그녀가 최초로 배운 말은 '비행기'였다.(그와는 반대로, 그의 자가용 비행기는 캐롤라인이라는 이름이었다.) 화이트하우스 시절에도 곧잘 비행기를 타고 캠프 데이비드, 하이아니스포트, 팜비치로 갔었다. 그러나 이번에는 가족과 함께였다. 캐롤라인과 존 소년은 온 나라의 시선을 집중시켰다. 보도진은 기회가 있을 때마다 그들의 사진을 찍고 질문을 퍼부었다. 어느 날, 캐롤라인이 보도진의 방으로 와서 "아빠는 2층에서 구두와 양말만 벗고는 아무것도 하지 않아요."라고 말했다. 오랫동안 화이트하우스에는 어린이가 들어온 일이 없었기 때문에 도대체 어떠한 생활을 하는지 알고 싶어하는 일반 사람의 욕망을 이런 사소한 일이 충족시켜주었던 것이다. 아이를 좋아하는 아버지라면 누구나 그렇듯이 대통령 역시 가능한 한 아이들과 함께 보내려고 했다. 집무중 흔히 정부의 고관이 있을 때조차 그는 잠시 휴식을 취하기 위해 장미밭에서 노는 아이들을 집무실로 불러들였다. 한 집안에서 팜비치로 갔을 때, 캐롤라인이 어머니의 구두를 신고 기자회견의 자리에 끼어든 적도 있다.

케네디 집안의 뉴스를 알려는 대중의 욕구는 그의 처가며 직계의 친척, 심지어 친구에게까지 미쳤다. 케네디 스타일의 생활은 모두가 알게 되었다.

케네디 집안의 한 손님은 1957년에 과장을 섞어가며 '케네디 가 방문 수칙'이라는 것을 썼다. 그 일부를 보면——.

"의회 보고지, 〈US 뉴스 앤드 월드 리포트〉, 〈타임〉, 〈뉴스위크〉, 〈포춘〉, 〈더 네이션〉, 〈데모클라틱 다이제스트〉 같은 잡지를 읽어 준비를 할 것. 적어도 세 가지의 재치있는 농담을 준비할 것. 그리고 케네디의 ① 옷차림, ② 머리 모양, ③ 테니스의 반격, ④ 최근의 공적인 일에 관해 질문이 있을 것으로 예측할 것. 반드시 '멋지다.'라고 대답하도록 조심할 것. 이리하여 무사히 식사가 끝난다. 다음은 풋볼이다. '터치 풋볼'이라고는 하나 가히 살인적이다. 만약 플레이를 하고 싶지 않다면 따라가서는 안 된다. 만약 따라갔다면 플레이를 하라. 그렇지 않으면 부엌으로 도망칠 것. 그렇게 하면 아무도 말을 걸어오지 않을 것이다. 그러나 여자들에게 놀림감이 되어서는 안 된다. 설사 임신한 여자라 할지라도 당신을 놀려댈 수 있다. 만약 하버드에서 터치 풋볼을 했다 하더라도 그것은 어디까지나 대학에서의 일이다. 우선 첫째로, 만약 학교에서 쿼터백을 맡았더라도 결코 그것을 눈치채게 해서는 안 된다. 케네디 집안에서 두드러진 포지션은 장악하고 있으며, 그들은 모두, 지도력에서는 '특(特) A급'이다. 만약, 케네디 집안의 누군가가 미스를 하면 잠자코 있을 것……. 그러나 그저 말없이 서있기만 하면 안 된다. 플레이를 할 때마다 미친 듯이 뛰어다니며 한껏 야단법석을 떨어야 한다. 그렇다고 해서 지나치게 재미난 듯한 얼굴을 해서도 안 된다. 그렇지 않다면 진지하게 시합을 하지 않는다고 야단을 맞을 것이다. 또한 상대방 팀의 비판도 삼가야 한다. 상대방에도 많은 케네디가 있으며 그들은 그러한 것을 좋아하지 않는다. 그런데 정말로 인기를 올릴 생각이 있다면 용기를 보여야 한다. 용기를 보이기 위해서는 몇 번이고 슬라이딩 태클을 하라. 패스 때는 기세를 올려 때로는 집안에까지 뛰어들라. 다리를 삐건 최고급의 윗옷에 구멍이 뚫리건 웃기만 하라. 케네디 집안의 사람들은 이러한 것을 좋아한다. 그렇게 하면 당신도 그들처럼 진지하게 시합을 하고 있다는 것을 보일 수 있을 것이다……

그러나 기억해두어야 한다. 너무 멋이 있어도 안 된다. 존이 당신 둘레를 자주 뛰어다니게 해야 한다. 그는 케네디 집안의 어린아이이니까."

경호원의 절망

'케네디 집안의 아이'는 경호원들의 골칫거리이기도 했다. 대통령이 집에 돌아갈 때는 언제나 경호원도 하이아니스포트로 이동했다. 케네디 시대의 초기에 케네디 일족의 아이들이 요트를 타러 갈 때면 세 사람의 경호원이 요트 클럽의 안벽(岸壁)에 대기하고 있었다. 그들은 아이들이 사방으로 흩어져가는 것을 보고 기겁을 했다. 구명 자켓을 입은 아이들이 다른 사람들과 섞여 모두 떠있는 것을 보고는 안벽의 감시인은 어깨를 으쓱해 보이며 경호원의 수를 줄였다.

일반 사람의 호기에 찬 눈이 몰려들자 케네디 가의 부지 안에 있는 존의 집에 울타리가 만들어졌다. 케네디 일족의 아이들이 부지 안에서 날뛰며 놀기 때문에 대통령은 느긋하게 휴식을 취하기가 어려워졌다. 하이아니스포트에 오는 최대의 목적은 휴식이었건만.

1961년 6월 3일과 4일 이틀 동안, 케네디 대통령은 니키타 후르시초프 소련 수상과 회담하기 위해 이른 아침 빈으로 갈 참이었다. 케네디 일족의 아이들이 잔디밭에 몰려들어 아침 식사 전에 놀이를 시작했다. 그러나 2층 침실에서 귀에 익은 목소리가 울려오며 "제기랄, 치워랏!" 하며 고함을 쳤기 때문에 놀이는 중단되었다.

일가의 요트인 마린 호이건 거리 하나를 사이에 둔 하이아니스포트의 이웃집이건 간에, 대통령이 가는 곳에는 늘 '검은 상자'가 따라다녔다. 미국의 핵전력을 동원할 암호 통신을 간직한 상자로서 언제나 대통령과 몇 걸음 안 되는 곳에 놓여 있었다.

대통령을 따라다니게 마련인 이와 같은 귀찮은 것들, 엄중한 경호, 잇따라 찾아오는 관광객, 헬리콥터며 정부 자동차의 왕래에도 불구하고 옛날의 하이아니스포트를 상기시키는 행사도 있었다.

이를테면 1962년 7월 4일, '맨발족' 팀과 '팬지족' 팀이 옛날처럼 소프트볼을 하기로 결정했다. 대통령은 등의 상처로 나가지 않았으나, 가까이 있는 전(前) 선수들은 제각기 이전의 포지션에 위치했다. 그러나 '맨발족' 팀의 인원이 부족하자 대통령은 특별 명령을 내렸다. 근처의 오티스 공군 기지 사령관에게 전화를 걸어 유능한 소프트볼 선수가 있느냐고 물었다. 사령관은 세 명의 선수를 파견했다. 그 가운데 하나는 필립스 66오일러 팀의 선수로서 케네디 집을 향해 오후 내내 자동차를 몰았다. 이와 같은 대리 선수에도 불구하고 '팬지족' 팀은 그 전처럼 승리를 의심하지 않았으며, 이긴 뒤 리처드 닉슨에게 전화를 걸어 기쁘게 해주려고 계획했었다. 그러나 닉슨은 전화를 받지 못했다. '맨발족' 팀이 15 대 6으로 이겼기 때문이다.

하이아니스포트가 때때로 떠들썩해도 버지니아 주 미들버그의 대통령 집은 거의 완전하게 격리되어 있었다. 흰 벽으로 된 집을 방울뱀의 산으로 불리는 언덕 위에 짓는 동안, 케네디는 글렌 오라에 집을 빌렸다. 이곳은 사냥터였다. 승마를 좋아하는 재클린은 이 고장을 사랑했다.

몇 명의 경호원이 사냥하러 갈 때를 대비하여 승마 훈련을 받았다. 그러나 전반적으로 이곳의 경호는 완만했다. 말을 타지 않은 대통령은 주일 미사라든가 자택 건축의 진행 상황을 살피러 가는 것 외에는 거의 글렌 오라에서 나오지 않았다. 그는 테라스의 흔들의자에 걸터앉아 오랫동안 조용히 먼 곳을 바라보는 것을 좋아했다.

때때로 아이들이 무릎 위에 올라타고 찰리와 부르인(곰)의 새로운 모험 이야기를 해달라고 졸랐다. 부르인이란 캐롤라인이 만들어낸 상상의 곰이다. 그리고 찰리는 그녀의 애견 웨일스 테리아이다. 대통령은 이 두 동물을 아이들이 잠들기 전에 들려주는 이야기의 소재로 삼았다. 부르인은 사냥터의 숲속에 살면서 언제나 화이트하우스의 생활은 편하다면서 찰리를 괴롭혔다. 찰리는 방이 134개나 되는 집을 경비하며 아메리카 합중국 대통령과 가족까지도 지켜주어야 하기 때문에 여간 막중한 책임이 아니라고 으스대며 대꾸해주었다는 것이다.

재클린 케네디 역시 개인적인 생활을 지킬 수 있는 버지니아 주의 생활을 좋아했다. 그녀는 청바지에 거칠게 뜬 스웨터를 입고 지프를 운전하며 거리로 나갈 수도 있었다. 거리에 나가면 드러그 스토어에서 조간지를 살 수도 있었으며 잡지 선반에서 신간 잡지를 보거나 콘 아이스크림을 먹으며 거리를 어슬렁거리기도 하고, 또 승마 용구점에 김을 놓은 채 새로이 입히친 승마용 장갑을 구경하거나, 혹은 시내에 세 군데 정도 있는 고물상에서 프랑스 제품을 멍청하게 바라보기도 했다. 그녀는 규칙적으로 시내에 나갔는데, 때로는 캐롤라인을 데리고 가벼운 점심을 드는 적도 있었다. 둘은 드러그 스토어 맨 구석 카운터에 걸터앉아 잘 구워진 햄버거를 주문하거나 음료수로 말다툼을 하기도 했다.

"캐롤라인, 너는 맛좋은 밀크를 들겠지?"

"엄마, 아니야. 코카콜라가 좋겠어요."

"밀크가 더 좋단다."

"아냐, 엄마, 코카콜라예요."

결국 초콜릿 밀크로 타협을 보았다.(캐롤라인의 아버지도 그녀가 너무 단 것을 좋아한다며 걱정했다. 단것을 좋아하는 것은 케네디 집안의 특징이었다. 한 번은 온 세계가 들끓는 위기가 한창일 때 대통령이 그녀에게 물었다. "캐롤라인, 캔디를 먹었느냐?" 대답이 없었다. 같은 질문을 다시 되풀이했으나 역시 대답이 없었다. 마침내 아버지는 이렇게 물었다——"캐롤라인, 캔디를 먹었느냐? 대답을 하거라. 네라든가, 아니라든가.")

등의 통증

케네디 대통령은 무척 건강한 것처럼 보였으나 사실은 언제나 등의 통증으로 시달리고 있었다. 한 친구는 대통령의 입을 일그러뜨린 웃음이 통증 때문인지 아니면 즐기고 있는 것인지 알 수 없다고 말했었다. 대통령은 자기의 아픔에 대해서도 농담을 했다.(등의 통증은 '정치적'이거나 혹은 그 밖의 날씨 때문이라고 언젠가 말한 적이 있었다.) 그리고 대중의 시야에 띄지 않기 위해 최선의 노력을 기울였다.

해마다 봄이면 있게 마련인 잡무 가운데 프로 야구 내셔널 리그의 개막식 시구가 있었다. 대통령은 화이트하우스의 잔디밭에서 몇 구(球)를 던지며 연습을 했다. 1961년, 캐나다의 오타와를 방문했을 때, 등의 상처가 악화되어 화이트하우스에서도 지팡이를 사용해야 했다. 그러나 대중 앞에 나설 때는 결코 지팡이를 사용하지 않았다.

1961년에 상처가 악화한 이후로 대통령은 매일 유연 체조의 양생을 계속했다. 이것은 그의 등에 효과적일 뿐만 아니라 175파운드의 체중을 유지하는 데 도움이 되었다. 또한 주말마다 하이아니스포트나 팜비치로 갈 때면 1라운의 골프를 치기 위해 기도했다. 존 케네디는 타고난 스포츠맨으로 골프 역시 잘했다. 1960년의 선거 운동 때, 케네디는 캘리포니아 주의 사이프레스 포인트에서 친구인 '레드(빨간) 페이와 시합을 했다. 티 샷한 공이 똑바로 홀을 향해 날아갔다. '제발 들어가지 않기를.' 케네디는 마음속으로 빌었다. 왜냐하면 전 대통령인 아이젠하워가 골프를 지나치게 좋아한다는 비판을 받았기 때문에 홀 인 원은 후보자에게 있어서 유리하지 못하다고 생각했기 때문이다.

벤 블레드리에 의하면, 대통령은 '그의 미소처럼 자유로운' 월터 미티(작가 제임스 서버의 단편 《월터 미티의 비밀생활》의 주인공. 항상 자기가 다른 사람이 되는 공상에 잠긴다)적인 태도를 보이는 수가 많았다.

"이기고 있을 때는 그는 자기가 아놀드 파머 같은 넘치는 활력이 있고 줄리어스 폴로스 같은 노련함이 있는 것처럼 믿었다. 또한 지고 있을 때는 찬란한 경력을 지닌 '노전사이며 신뢰할 수 있는 캐디에게 올바른 방향을 제시받아 직감에만 맡기는 것이다.'라고 블레드리는 쓰고 있다 (파머와 폴로스는 모두 당시 골프의 명수).

존 케네디는 보도 관계 기관에게 골프를 하는 대통령의 모습을 취재하는 것을 결코 허락하지 않았었다. 휴식 때는 철저하게 쉬는 것만을 요구했던 것이다. 그는 레모인 빌링스, 페이, 체크 스폴딩, 데이비드 파워즈나 그 밖에 옛날부터 사귄 허물없는 친구들과 함께 있는 것을 즐겼다.

"대통령은 새 친구를 사귀기에는 좋은 자리라고 할 수 없다네. 그러니 옛 친구를 소중히 해야지." 하고 그는 언젠가 말한 적이 있다. 옛 친구이며 곧잘 그와 동행하는 골프 친구 가운데 하나는 영국 대사인 데이비드 옴즈비고어 경이 있었다. 대통령과 대사가 공적인 역할을 벗어던지고 만나는 데에는 아무런 제약이 없었다. 이를테면 요트로 범주를 해도 두 사람은 북대서양 조약기구(NATO)에 대한 얘기보나 육아에 관해 이야기했다.

존 케네디는 측근들과 공적인 관계뿐만 아니라 개인적인 관계도 가졌다. 어느 측근은 "보스는 부하에 대해 결코 영웅은 아니었으나, 개인적인 관계에서는 영웅이었다. 일은 엄격했고 더구나 대통령의 요구는 컸기 때문에 이것은 참으로 드문 일이었다. 그러나 그 보수는 누구 것보다도 매우 컸다."고 말했다. 케네디의 열렬한 팬으로 대통령의 비서인 이블린 링컨 부인이 있었다.

만약, 링컨 부인에게 "나는 지금 재키의 목을 베어버렸으니 상자를 가져다주시겠소?" 하고 말한다면 부인은 "그것 참 멋지군요, 대통령 각하. 곧 갖고 가겠습니다."라고 대답할 것이라고, 케네디는 솔렌센에게 말한 적이 있었다. 어떤 사람에 대해 대통령이 어떻게 평가하느냐는 것은 가족에게도 영향을 미쳤다.

"만약 그가 당신에게 호감을 갖는다면, 가족은 곧 그 까닭을 찾아낼 수 있을 것이다."라고 데이비드 파워즈는 말하고 있다.

슐레징거는 "부하가 케네디에게 접근하는 것은 용이했다. 실제로 그에게 전화를 하는 편이 정부 고관이나 화이트하우스의 동료와 연락하는 것보다 간단했었다."고 고백하고 있다.

오전과 오후의 집무시간 마지막에 그는 흔히 약간의 시간을 남겼었다. 부하는 누구나 그 시간에 문을 열기만 하면 대통령을 만날 수 있었다.

그렇다고 해서 대통령이 시간을 낭비하고 있었다는 것은 아니다. 오히려 정반대이다. 그는 목욕을 하면서도, 면도를 하며 하루를 시작한다. 그리고 온종일을 이런 방법으로 시간을 절약하는 것이다. 그의 약속 가운데 몇 가지는 15분을 넘지 않는다. 방문객의 목적이 끝나면 케네디는 일어나서 "안녕히 가십시오." 하고 말한다. 사생활에서의 일하는 시간을 뺀다면 그는 집무실에서 1주에 평균 55시간을 일했었다. 그러나 그는 요령껏 시간을 쪼개 가족과 함께 아침과 점심 식사를 들고 파워즈와 매일 풀에서 수영을 즐겼다.

법무장관 로버트

"잭은 살아 있는 어떤 인간보다 일을 잘 한다."고 그의 아버지는 말했었는데, 그 뒤 "로버트가 조금은 일을 더 잘 한다."고 덧붙였었다.

아닌게 아니라 로버트 케네디는 법무부의 부하, 나아가서는 나라 전체를 움직이며 분류처럼 일을 했었다. 언젠가 그는 캠프 데이비드까지 50킬로의 하이킹을 했었다.(이때는 그가 기르던 큼직한 검정개 풀머스까지도 지쳐버렸다. 그리고 하이킹은 순식간에 온 미국의 유행이 되었다.)

로버트 케네디 법무장관의 소박한 셔츠 차림의 일상생활은 신문 잡지의 중요한 '읽을거리'였다. 그는 때때로 운전사가 딸린 리무진차를 두고 자기의 포드 오픈 카를 운전하여 일하러 갔다. 앞의 조수석에는 풀머스나 아니면 두세 명의 아이를 태웠다. 그의 아내가 집무실에 들르는 적도 있었다.

건의함에는 이런 메모가 잔뜩 들어찼었다——'어째서 법무장관은 집으로 돌아가 아이들과 저녁 식사를 들지 않는가.' '에드거 후버 (FBI의 그 당시 장관)를 파면하라.'

로버트가 화이트하우스의 사법관계 리셉션에 라이트 부인과 함께 나타난 적이 있다. 라이트 부인은 법무성 엘리베이터 담당으로 자동차가 없었던 것이다.

로버트 케네디의 법무장관 취임에 즈음하여 연고주의라는 비난은 예상한 바였으나 그와는 별도로 그에게는 아직 자격이 없다는 비판도 있었다. 〈뉴욕 타임즈〉지는 사설에서 '만약 로버트 케네디가 미국의 유명한 법률가라면……사정은 다르다. 맥클런 위원회 고문으로서의 경험——확실히 그것은 괄목할 만한 것이었으나——은 그의 법무장관 임명을 보증하기에는 불충분하다.'고 말했었다. 다른 비평가도 이에 동조했다. 로버트 자신도 처음에 '국무성이나 국방성의 어느 '자리'를 원했었다고 한다. 그러나 "법무장관으로서 사법성에 들어가면 매우 도움이 되리라고 형은 생각했다. 그래서 법무장관이 된 것이다."라고 로버트는 말했다. 임기가 끝날 때까지 〈뉴욕 타임즈〉는 이 청년을 칭찬하는 몇 가지 실례를 발견했다.

로버트는 차관으로 바이런 '위저' 와이트를 선임했다. 그는 존 케네디의 오랜 친구이며 1962년에 최고재판소 판사로 임명되었다.

와이트 외에도 유능한 법률적 재능을 가진 사람들이 사법성의 중요한 자리에 앉았다. 그리고 로버트는 법정 처리도 할 수 있음을 온 미국에 시위라도 하듯이 직접 최고재판소의 법정에 나아가 사건을 다루었다. 이 사건의 결과, 한 사람에 한 표라는 원칙에 따른 재분배법이 이루어졌다. 개인적인 사건에 관계되는 아주 드문 경우에도 법정은 전통적으로 사법장관을 심문하지는 않는다. 그러나 로버트는 이 특권을 포기했다. 그는 메모 없이 법정에 서서 판사의 심문에 대해 막힘 없는 답변을 했다. 이것을 방청한 법률가들은 그에게 강렬한 인상을 받았다.

법정 밖에서의 케네디 장관은 반 타스나 되는 조합 간부의 부정 행위 추종을 의회에서 통과시켰다. 그가 좋아하는 주제——어떤 사람은 이것을 앙갚음이라고도 말했다——인 지미 호퍼를 추소하여 결국 호퍼는 유죄가 되었다. 새로 입안된 청소년 불량화 방지법을 배경으로 법무성의 위신을 쌓아올렸다. 버지니아 주의 '백인만의' 사립학교 경영자를 법정으로 불러냈으며, 이것은 인종 차별과 관련하여 정부가 원고의 구실을 한 최초의 케이스였다.

로버트 케네디가 법무장관으로서 신문의 표제를 장식한 것은 공민권 분야에서였다. 버스 정류장의 인종 차별 철폐를 요구하는 '프리덤 라이더스(자유의 기사)를 보호하기 위해 앨라배마 주의 몽고메리로 연방군을 보냈었다. 또한 흑인 제임스 멜레디스의 입학 문제로 폭동이 일어났을 때, 미시시피 대학에 연방군을 파견하기도 했다.(이때 형인 케네디 대통령은 미시시피 주병을 연방군에 편입시켰었다.) 이듬해 앨라배마 대학에 2명의 흑인이 입학 수속을 취했을 때도 같은 전법을 보다 더 신속하게 써서 평온한 결과를 얻었던 것이다.

앨라배마 주의 버밍검 사건 때는 시 당국과 마틴 루터 킹 목사와의 교섭을 성립시키기 위해 보좌관인 버크 마샬을 파견했다. 공민권법의 성립을 위해서는 의회에 꾸준히 압력을 가하여 마침내 1964년에 통과시켰다.

법무성에서 몇 해 일하는 동안 로버트 케네디는 그의 법무장관 취임이 단순한 '형의 위세'에 힘입었음이 아님을 분명히 증명했다. 그는 엄연히 아메리카 합중국의 법무장관이었다.

대통령의 아버지

케네디 집안의 역사에는 하나의 기묘한 재기 현상이 있다. 아버지 조셉 케네디가 고향의 거리에서 '하니 피츠의 아들'로서가 아니라 자기 자신으로서 알려지게 된 것은 막대한 부를 축적한 뒤 얼마 안 되어 서였다. 이와 마찬가지로 존 케네디가 '대사의 아들'이라는 명에를

벗게 되는 데에는 상당한 시간이 필요했다.

그러나 화이트하우스의 나날이 계속됨에 따라 존 케네디의 이름이 좋건 나쁘건 간에 일가의 중심이 되었다. 케네디와 그의 친척들은 화이트하우스를 소개하는 텔레비전 프로나 잡지의 표지에, 또는 그밖의 여러 공공의 자리에 등장했는데, 그 중에서 하나의 얼굴만이 언제나 보이지 않았다. 그는 조셉 케네디였다.

존의 움직임 뒤에는 조셉의 조종이 있다고 주장했던 사람들도 지금은 조셉이 과연 무대 뒤에 움츠려 있느냐에 대해 별로 관심을 갖지 않았다. 조셉은 무대 뒤에 있었다고도 할 수 있고 또 없었다고도 할 수 있는 것이다.

"존이 대통령이 되었을 때, 그는 몹시 아버지에게 의존했다. 적어도 하루에 한 번은 아버지에게 전화를 했을 것이다. 물론 아버지가 국정에 영향을 미쳤던 것은 아니겠지만, 존은 아버지의 조언을 원했던 것이다."

어느 정부 고관은 이렇게 말했다. "실제로 아버지는 조언을 했다. 이를테면 피그즈 만 사건 때, 불행 중에서도 밝은 희망이라고 조셉은 말했었다. 아들은 석어노 이 사건을 동해 단련되었으며, 이띤 의미에서는 후견인이 딸린 대통령이라는 말을 듣지 않게 되었던 것이다.

그러나 조셉이 아들에게 보인 태도라는 것이 성장한 대통령의 행동에 어떻게 영향을 미쳤느냐에 대해 가끔 생각해본다는 것은 유익한 일이다. 예컨대 존이 지명 수락 연설을 한 그날 밤, 조셉은 출판업자인 헨리 루스와 함께 있었다. 루스는, 경제 문제에 관해 후보자는 너무 보수적인 견해를 갖지 않는 것이 좋겠다고 말했다. 루스에 의하면 조셉은 이에 대해 다음과 같이 대답했다고 한다——"도대체 내 아들이 속이 텅빈 리버럴리스트라는 것을 상상조차 할 수 있겠나?"

특히 경제 문제에 관해서의 조셉의 전통적인 견해는 대통령의 생각에 어떤 힘을 지니고 있었다. 그것이 어느 정도인지는 모르지만.

1968년 4월 8일을 전후한 1주일 동안, 제철 산업은 대통령이 진보적인 생각을 갖고 있음을 뚜렷이 알게 되었다. 그 주의 화요일, 비서인 이블린 링컨 부인이 대통령에게 오후 4시 15분에 U. S. 스틸의 로저 M. 브라우 회장과의 약속이 있음을 상기시켜주었다. 대통령은 이것을 이상하다고 생각했다. 이 대 제철회사는 불과 며칠 전에 조합과의 임금 협정에 조인하여, 케네디는 이를 기뻐하고 '인플레 억제에 효과적'이라는 성명을 발표한 직후였기 때문이다.

브라우는 몇 분 늦게 도착하여 대통령에게 보도용 자료를 주었다. 그것은 이렇게 시작되어 있었다.

'──피츠버그(펜실베니아 주). 4월 10일──U. S. 스틸은 10일, 4년 동안에 처음으로 철강 가격의 전반적 인상을 발표한다.'

배신당했다고 생각한 케네디는 브라우가 떠날 때까지 감정을 억제하기 힘들 정도로 분노를 느꼈다. 그가 떠나자 짜증이 난 케네디는 "아버지는 언제나 실업인은 모두가 형편없는 자들이라고 했었다. 정말 오늘까지 그렇게 믿지는 않았건만."이라고 말했다(훗날 대통령은 '실업인은 모두'라고 말한 것이 아니며 결코 일반화해서는 안 된다고 정정한다.).

이 뒤, 취해진 조치는 업계에 가해진 정부 압력의 고전적인 실례이다. 결국 U. S. 스틸 등 각 회사는 가격 인상을 철회했다. 케네디는 그 시점에서 화해했는데, 아들이 철강 산업을 혼내준 것에 대한 아버지의 반응은 기록에 없다. 이 산업을 위해서 자기도 일찍이 활동한 적이 있었는데도.

조셉의 발병

1961년 12월 19일.

두 사람의 케네디의 차이가 어떠한 것이건 존이 대통령으로 뽑힌 이후로 두 사람의 애정은 강한 유대로 맺어져 있었다. 1961년 연말에 존은 팜비치로 아버지를 방문, 아버지의 건강이 별로 좋지 못하다고 생각하면서 워싱턴으로 돌아왔다. 그러나 조셉은 언제나 스스로 조심하고 있었다. "조셉은 운동을 하며 담배나 술도 하지 않는다. 규칙

적이라는 점에서는 놀랍고도 칭찬할 만한 인물이며 전혀 낭비라는 것이
없다."고 한 친구가 언젠가 말한 적이 있다.

19일 오후, 조셉은 로즈의 죽은 동생의 딸인 앤 거건과 팜비치 컨트리
클럽으로 골프를 하러 갔다.

"오늘은 별로 기분이 좋지 못한데 아마 감기가 든 모양이야."하고
그는 말했다.

코스를 도는 데는 차를 타지 않았다. 16홀을 돌 때, 그는 기분이
나쁘다면서 주저앉았다. 캐디가 차를 가져와서 집으로 옮겼다. 그는
필요 없다고 했으나 가족이 의사를 불러왔다. 그리고 급히 서둘러
세인트 메리 병원으로 옮겼는데, 뇌출혈로 우측 반신불수라는 진단을
받았다. 사제가 불려오고 마지막 종교의식이 행해졌다. 통지를 받은
대통령은 방금 돌아온 팜비치로 공군 1호기를 타고 달려갔다. 다시금
케네디 집안의 사람들이 뇌출혈 환자 둘레에 모여들었다. 이곳에 없는
한 인물을 상기시키는 사람도 있었다. 케네디의 방 옆문에는 액자가
걸려 있었는데, '조셉 P. 케네디 주니어의 기념으로 조셉 P. 케네디
부처가 선물한 것'이라는 글자를 읽을 수 있었다.

일찍이 조셉은 존에게 이렇게 말한 적이 있다.

"존에게는 아무것도 일어날 수 없음을 알고 있다. 나는 그의 죽음의
자리에 네 번이나 섰다. 그리고 그에게 '안녕'이라는 인사를 말할
때마다 그는 언제나 되살아나는 것이었다. 그리고 이번에 되살아난
사람은 조셉 P. 케네디였다. 그러나 그는 이제 이전과 똑같은 인간은
아니었다."

뉴욕 대학의 리해빌리테이션 의료 연구소에서 오랫동안 재훈련을
받은 뒤에도 2년 반 동안이나 조셉은 걷지 못했다. 그의 신체에 남아
있는 것을 유지하기 위해 엄격한 치료를 병행했다. 이 연구소의 하워드
A. 러스크 소장에 의하면 대통령은 몇 주간 동안에 치료가 너무 심하지
않은가, 아버지는 차라리 살아나지 않는 편이 좋았지 않았겠느냐는
등으로 줄곧 고민해왔다고 한다.

그러나 조셉이 화이트하우스를 방문하여 손자와 놀 수 있을 정도로까지 회복되었을 때, 러스크는 존 케네디를 보고 "미 합중국 대통령이 된 당신을 보고 얼마나 기뻐하시는지 보십시오."라고 말했다.

"그렇습니다."

하고 케네디는 대답했다.

조셉은 연구소에서 장기간의 치료를 받은 뒤에야 겨우 여행할 수 있게 되었다.

"그는 별로 협력적인 환자는 아니었다. 상당히 완고한 성격의 소유자로서 언어 훈련을 몇 분 받으면 의사를 쫓아냈다."고 러스크 박사는 말하고 있다.

누군가가 그에게 글씨 쓰기 훈련을 시키면 어떻겠느냐고 말했을 때, 러스크는 "30년 동안을 두고 그는 서명 이외는 글자를 쓴 적이 없다네. 언제나 비서에게 구술로 필기를 시켰는데 이제 와서 알파벳을 가르칠 수도 없지 않은가." 하고 어깨를 들썩이며 대답했다.

조셉의 머리에 남아 있는 한 마디 말이란 '노'였다. 그가 "노, 노, 노"라고 작은 소리로 말했을 때는 긍정. "노, 노, 노"라고 큰 소리로 말했을 때는 부정의 의미라고 러스크는 말하고 있다.

간호원 교육을 받은 적이 없는 앤 거건은 줄곧 조셉의 간호를 맡아왔다.

"하이아니스포트에서의 매일은 이전과 거의 다를 바가 없어요. 오전에 조셉 백부는 신문과 편지를 본 뒤 온수(溫水) 풀로 들어가시죠. 점심 식사 뒤에는 낮잠을 자고 그 동안 나는 자동차로 외출을 한답니다."

하고 앤 거건은 말한다.

조셉은 화이트하우스뿐만 아니라 뉴욕이나 시카고에도 갔었다. 보트를 타거나, 텔레비전으로 풋볼을 관전하기도 하며, 때로는 사무실을 찾아가는 수도 있었다.

1961년 12월 29일 이후로 앤 거건은 골프를 중단하고 말았다.

재연되는 쿠바 문제

1962년 10월 22일.

U2형 정찰기가 쿠바 상공을 지나 여명의 하늘로 날아갔다. 그 뒤, 정찰 카메라에 찍힌 한 장 한 장의 필름으로 쿠바 영토 1에이커마다 샅샅이 검토되었다. 사진 분석가는 생 크리스로발 주변에서 무엇이 구축되고 있다는 것을 알아냈다.

10월 16일 오전 8시 45분, 대통령은 잠옷을 입은 채 조간 신문을 보고, 화이트하우스의 아침 식사를 마쳤다. 그때 맥조지 번디가 공중 촬영으로 밝혀진 불길한 소식을 갖고 왔다. 소련 기술자가 쿠바에 미사일 기지를 건설하여 미국의 절반이 핵탄두의 사정권에 들어갔다는 것이었다. 소련은 쿠바에 공격용 무기를 배치하지 않는다고 보증했는데, 그것은 새빨간 거짓말이었다.

8월 이후로 미국의 첩보부는 피델 카스트로의 섬을 세밀하게 조사하고 있었다. 조사 결과 소련으로부터의 기술자나 자재의 양륙이 증가되고 있으며 비정상적인 군사 행동을 볼 수 있었다. 케네디 대통령은 쿠바 상공의 U2형 정찰기를 배로 증강시켜 쿠바에 관한 특별 정보 활동을 8월 27일부터 매일 행하기로 결정했다.

소련의 원조로 쿠바의 군사 기지 건설이 시작되었을 때, 그것은 방어용으로 선전되고 있었다. 9월이 되자 대통령은 미국의 입장을 명확히 밝혔다.

"만약 쿠바가 소련의 중요한 공격용 군사 기지가 된다면, 우리 나라는 우리 나라와 동맹국의 안전을 보호하기 위해 필요한 조치를 취할 것이다."라고 대통령은 선언했다. 그는 예비역 소집의 권한을 의회에 요청함으로써 이 선언을 뒷받침했다.

16일 오전 11시 45분. 대통령은 위기를 검토하기 위해 최고 보좌관 회의를 소집했다. 이 그룹은 훗날 국가 안전보장회의의 행정위원회로 불리게 되었다. 이날 시작된 회의는 간간이 휴식을 취하면서 1주간이나 계속되었으며 소련의 행동을 검토함과 동시에 소련에의 대항책을 연구하였다. 그리고 이 회의를 계기로 로버트 케네디는 이전보다 한층 더 대통령의 권력과 밀접하게 연대했다.

"위기가 일어날 때마다 대통령이 친구로서, 또는 최고의 조언자로서 최초로 찾는 사람이 로버트였다."라고 데이비드 파워즈는 말했다.

테드 솔렌센에 의하면 쿠바·미사일 위기가 고조되고 있는 동안, "법무장관은 최선의 실천자였다. 특별한 구상을 추진시키거나 회의를 주재(사회자는 없었다.)했다는 것은 아니나, 그는 거침없이 회의를 소집하고 질문하고 토론을 구체화하며 일을 전진시켰다."

그 뒤로 며칠 동안, 모든 대책이 면밀하게 몇 번이고 검토되었다. 그 내용은 ① 미사일 기지 자체에 대한 외과 수술적인 제한 공격, ② 일반적인 기습 공격, ③ 미사일 기지의 존재를 묵인하여 말없이 대처한다——등이다. 대통령은 마지막 안을 단호하게 거부했다.

"우리는 협박을 종식시켜야 한다. 어떠한 방법으로도 미사일은 제거되어야 한다."고 그는 말했다.

회의 기간 중 로버트는 대통령이나 최고 지도자 앞에서는 발언을 하지 않으려는 지위 낮은 사람들에 대해 질문하고 발언하도록 했다. 대통령과의 오랜 개인적 회담에 관해 로버트는 "우리는 전쟁, 핵 공방전, 그리고 전사의 가능성을 검토했다. 하기야 그때, 전사할 가능성은 별로 중요하지 않으며 거의 보잘것없는 것처럼 보였다."고 말했다.

한편, 케네디 대통령 자신은 "이 1주간은 봉급을 받기에 손색이 없을 만큼 충분히 일했다고 생각한다."고 말했다.

화이트하우스의 긴장

논의가 계속되는 동안, 제2차 대전 이후 미국 내에서 최대의 군사 자재 축적이 수륙 겸용의 훈련을 구실로 하여 플로리다 주에서 시작되었다. 10만 이상의 군대가 이동하고 전술 전투기가 미국 전토에서 날아왔다. 이 병력을 일제히 사용할 가능성은 어느 정도냐는 질문을 받은 대통령은 "전쟁의 가능성은 30%~50%이다."라고 계측하고 있었다.

맥나마라 국방장관이 쿠바 해상 봉쇄를 제안했을 때, 처음은 거의 지지를 하지 않았으나 마지막에는 그것이 최선의 행동으로 간주되었다. 대통령은 이미 이 안에 동의하고 있었다. 통합 참모본부는 공중폭격이나 진공을 원했는데, 공격용 무기에 대한 제한 봉쇄 작업은 이미 개시되고 있었다. 그리고 이 조치를 해상 봉쇄로 부른다는 것도 결정되었다.

군사행동을 위장할 필요가 있어서 대통령은 그 주말에 평상시와 다름없이 집무를 계속했다. 오하이오 주와 일리노이 주에서 정치적인 행사가 계속되고 있었다. 스프링필드에서는 링컨의 무덤에 헌화했다.

형의 부재중에 로버트 케네디가 전열을 가다듬었다.

"이때의 로버트는 최고였다."라고 파워즈는 말했다.

"우리가 계획을 진행시키는 동안, 로버트는 화이트하우스에 있었다. 그리고 그가 거기 있다는 것은 그야말로 오른팔을 얻은 것이나 다름없었다. 로버트는 일어난 모든 일을 대통령에게 보고하고, 대통령의 입장을 옹호하기 위해 싸웠다. 입장이란 해상 봉쇄이며 결국 이것이 가장 성공적이었다는 것이 증명된 것이다."

대통령이 금요일에 데일리 시카고 시장을 위해 지역 노동자 그룹에게 연설하고 있을 때 동생으로부터 전화를 받았다.

"사태는 정점에 이르렀으며 돌아가야 할 때라고 로버트는 시사했다."고 파워즈는 설명한다.

감기에 걸렸다는 이유로 케네디는 돌아갔다. 그러나 시카고를 떠나기 전에 그는 재클린에게 전화를 걸어, 정양중인 글렌 오라에서 아이를 데리고 화이트하우스로 돌아오도록 했다. 커다란 위기의 순간에 그는 가족이 곁에 있어 주기를 원했던 것이다. 솔렌센에 의하면 케네디는 아내에게 대통령 가족 전용의 지하호 근방으로 옮기겠느냐고 물었다는 것이다. 그러나 재클린의 대답은 '노'였다. "만약 공격을 받으면 그녀는 집무실로 가서 모든 것을 대통령과 함께 했을 것이다."라고 솔렌센은 말했다.

토요일의 마지막 회의가 있은 뒤, 케네디는 파워즈와 함께 화이트 하우스의 풀로 수영하러 갔다.

"만약 아이가 없다면 '버튼을 눌러라.' 같은 말을 더 쉽사리 할 수 있을 텐데." 하고 케네디는 말했다.

"나는 이상하게 여겨 그를 보았다. 그는 계속해서 이렇게 말했다. '아닐세, 캐롤라인과 존을 두고 하는 말도 아니며, 또 미국의 아이에 대해서도 아닐세. 인생을 살아온 자네나 나처럼 살지 않고 고통을 받으며 죽어가는 온 세계의 아이를 두고 하는 말일세.' 그리고는 풀에서 나와 저쪽으로 걸어갔다."

파워즈는 대통령의 뒤를 따라가지 않았다. "왜냐하면 그에게는 얘기할 때와 잠자코 있어야 할 때가 있다. 이때는 잠자코 있어야 할 때였다."고 파워즈는 말했다.

그리고는 잠시 후 파워즈는 거실에서 새어나오는 대통령의 목소리를 들었다——"대통령은 캐롤라인에게 잠들기 전의 습관인 동화를 읽어 주었다. 나는 야릇한 느낌이었다. 방해를 하고 싶지 않았기 때문에 나는 그곳에 서있었다. 어쩌면 그는 이것이 딸에게 들려줄 마지막 이야기가 될지도 모른다고 생각했을 것이다."라고 파워즈는 말했다.

해상봉쇄를 발표하는 연설은 10월 22일 월요일 오후 7시로 결정되었다. 일요일 대통령은 온종일 "조용하고 명상적이었다."고 슐레징거는 기억하고 있다. 월요일에도 그는 평소와 마찬가지로 화이트하우스에서 집무한다. 그날 밤 7시, 대통령은 평소와 다름없는 태도로 봉쇄 선언문을 읽기 시작했다.

"지난 1주일간, 저 유폐된 섬에 공격용 미사일 기지의 건설이 준비되고 있다는 사실이 이제는 뚜렷이 증명되었다. 이 공격용 기지의 건설을 중지시키기 위해 쿠바를 향해 선적된 모든 공격용 군사 자재의 엄중한 해상 봉쇄 조치가 취해졌다."

소련과의 대결

그의 준엄하면서도 조용한 목소리는 계속되었다.

"미국은 현재 쿠바에 대해 미사일 기지의 신속한 철회와 철수를 요구하고 있다."

그리고는 보다 더 뚜렷한 투로——

"쿠바에서 서반구의 어떤 나라를 향해 발사되는 핵 미사일도 소련에 의한 미국에의 공격으로 간주하는 것은 우리 나라의 정책이기 때문에 소련에 대한 모든 보복 조치를 취할 것이다."

연설이 끝나고 대기가 시작되었다. 그날 밤, 케네디는 저녁 식사 시간을 캐롤라인과 함께 놀며 보냈다. 저녁 식사는 부부 단둘이서 끝마쳤다. 이튿날, 쿠바의 소련 기술자는 열띤 듯한 상태로 작업을 계속했다. 그들이 이미 42기(基)의 미사일과 핵폭탄 운반 기능을 가진 다수의 제트 비행기의 배치를 끝마쳤음이 사진으로 증명되고 있었다. 그보다 더 중요한 것은 적어도 25척의 소련 선박——그 중의 어떤 것은 미사일을 적재하고 있었다——이 대서양을 넘어 카리브 해를 향해 착실히 전진하고 있었다.

미 해군의 함선이 봉쇄 체제에 들어가기 위해 대기하고 있는 함대에 접근했을 때, 소련의 잠수함이 미행하고 있음을 발견했다. 미 해군은 각 함선마다 구축함을 배치했다. 그 중의 1척은 제2차 대전 중의 구축함인 '조셉 P. 케네디 주니어 호'였다.

목요일과 금요일이 사건의 고비였다. 18척의 소련 선박 가운데 16척이 정지를 하거나 혹은 되돌아가기 시작했다. 다만 1척만이 봉쇄 해역으로 들어왔는데 통과가 허락되었다. 그것은 원유 탱커로서 미사일을 적재하지 않았었다.

상황판단실에서 케네디의 한 보좌관은 해도에 기입된 소련 선박의 위치를 지켜보며 "이건 잘된 일이다. 소련은 우리의 태도에 반응하여 방향을 바꾸고 있다."고 말했다.

10월 26일, 금요일. 후르시초프는 지루하고 막연한 서간을 미국 대

통령에게 보냈다. 그러나 그 서투와 전체적인 감으로 볼 때 타협의
의미가 담겨 있었다. 케네디는 보좌관에게 회답문의 기초를 명했다.
그러나 토요일에 후르시초프로부터 다른 서간이 도착했다. 여기에는
새로운 요구가 들어 있었다. 문제는 최초의 서간과 두번째 것 중 '어느
쪽이 진짜 후르시초프의 회답이냐.' 하는 것이었다.

로버트 케네디는 제2의 서간을 무시하도록 제안했다. 그 대신, 제1
의 서간에 회답한다. 만약 그것이 효과를 올린다면 그것으로 좋다.
설사 실패라 하더라도 보다 준엄한 행동에의 길은 여전히 열려 있다.
대통령은 동의했다. 그 방법이 채택되었다.

이튿날 아침, 후르시초프는 회답을 보내왔다. 미사일은 철수될 것
이라고 말하고는 이렇게 덧붙였다──'우리는 원수폭의 금지, 일반적
군축 및 긴장 완화에 관련된 모든 문제에 관해 의견 교환을 희망한다.'

케네디는 미사에 참례하러 가는 도중에 이 회답을 읽었다.

"그는 이 뉴스를 아주 흡족한 마음으로 받아들였다. 이 날의 워싱턴
아침은 무척이나 아름다웠다."고 솔렌센은 말하고 있다.

아일랜드로의 준례

1963년 6월 16일.

조상이 이주해온 온화한 녹음의 나라 아일랜드로의 귀환. 그것은
공식적인 국가 의례로서의 귀환이었지만 한 집안의 순례이기도 했다.
1848년 뉴로스의 선착장에 정박했을 때 패트릭 케네디는 이런 일을
결코 상상하지 못했을 것이다.

"대통령과 함께 아일랜드로 갔을 때, 그는 '희망과 신뢰와 상상력의
멋진 결합은 아일랜드 인의 자질인데, 오늘만큼 그것을 필요로 한 때는
없다.'고 말했다. 또한 서 베를린에서 더블린으로 날아간 날, 그는
'베를린에서 본 그 통곡의 벽 너머로 고통받는 사람들도 결코 미래를
절망해서는 안 된다. 나와 마찬가지로 마음과 손으로 고통의 쇠사슬을
끊고 스스로의 나라를 해방시켰던 웩스포드의 청년들을 상기하자.'고

말했었다."

파워즈는 이렇게 말하고 있다.

존 케네디와 거의 행동을 같이 했던 데이비드 파워즈는 1968년, 대통령의 51회째 탄생일 기념식에 일가를 대표해서 더블린으로 돌아갔다.

핵실험 금지조약에 조인

1963년 7월 26일.

오후 7시. "신사 숙녀 여러분, 미 합중국 대통령입니다."라는 아나운서의 목소리와 더불어 장타원형의 집무실에 앉은 존 F. 케네디의 모습이 텔레비전의 스크린을 통해 전국으로 방영되었다. 그는 말하기 시작했다.

"국민 여러분.

나는 오늘 밤 희망에 찬 정신으로 여러분에게 말씀드립니다. 18년 전, 핵무기가 출현하여 전쟁과 세계의 진로를 바꾸어놓았습니다. 그때 이후로 모든 인류는 시상에서의 대량 살육이라는 어두운 예측을 피하기 위해 어려운 싸움을 계속해왔던 것입니다. 두 진영이 모든 인류를 몇 차례에 걸쳐 절멸시킬 수 있는 핵전력을 보유한 시대에 있어서, 공산주의 세계와 자유세계는 이데올로기와 이해의 충돌이라는 악순환에 빠져버렸습니다. 무력을 강화하면 할수록 더욱 긴장은 높아지는 것입니다.

과거 몇 년 동안에 걸쳐 미국과 소련은 자주 의혹과 경고를 서로에게 주어 왔는데 희망이 교감된 적은 거의 없었습니다. 우리 나라의 대표는 극점, 또는 막다른 고비에서 회담했었습니다. 그러나 그러한 회의는 거의가 어둠과 불일치, 환멸만을 가져올 뿐이었습니다.

어제, 이 어둠에 한 줄기 빛이 스며들었습니다. 대기권, 우주 및 해저에서의 모든 핵 실험을 중지하는 조약에 관해 모스크바에서 열리고 있던 교섭이 타결된 것입니다. 핵 실험을 국제 관리로 하자는 합의가 처음으로 합의된 것입니다.

어제 서명된 조약은 제한된 조약입니다…….

그러나 이 제한된 조약도 그것이 없고서는 두 진영에서 계속되었을 핵 실험을 급격히 삭감할 것입니다. 그리고 이 조약은 환영할 희망의 표징을 전세계에 보였던 것입니다. 이 목표의 달성은 한 진영만의 승리가 아닙니다. 전인류의 승리인 것입니다.

오늘날, 그리고 내일의 전쟁이 만약 핵 전쟁에 이른다면, 후르시초프 수상이 공산 중국에 대해 '살아남은 자가 죽은 자를 부러워할 것이다.' 라고 경고했듯이 역사상 전례없는 싸움이 될 것입니다.

……따라서 모두가 세계를 전쟁에서 격리시키도록 노력합시다. 이 기회, 그리고 모든 기회를 이용하여 긴장을 완화시키고 무서운 핵 군비 경쟁의 속도를 늦추며, 그리하여 최종적인 파멸로 향하는 세계의 추세를 제어해야 하겠습니다.

과거 오랜 기간에 걸쳐 이제 처음으로 평화에의 길이 열린 것입니다. 미래가 어떤 결과를 초래할지는 아직 아무도 뚜렷이 알지 못합니다. 투쟁 완화의 때가 과연 온 것인지 아무도 말할 수 없습니다. 그러나 만약, 우리가 행동으로써 우리의 희망을 시도할 노력을 지금 하지 않는다면, 역사와 우리 자신의 양심이 우리를 보다 더 준엄하게 심판할 것입니다. 지금이야말로 출발해야 할 지점에 있는 것입니다. 중국의 오랜 속담이 말하듯이 '천리 길도 최초의 첫걸음부터' 시작되는 것입니다.

미국 시민 여러분. 우선 첫걸음을 내딛도록 합시다. 가능하다면 전쟁의 그림자에서 벗어나 평화의 길을 모색합시다. 그리고 설사 그 도정이 천리, 혹은 그 이상이라 할지라도 이 나라에서 이때에 우리가 첫걸음을 내디뎠음을 역사에 기록해야 하겠습니다.

고맙습니다. 안녕히 계십시오."

대통령은 취임식 연설에서, 미국은 교섭을 두려워해서는 안 된다고 말하고, 두 진영에 대해 '군비 관리와 사찰을 위한 진지한 제안에 최초의 형태를 부여해야 한다.'고 호소했다. 9월 24일, 미국 상원은 소련의 승인과 때를 맞추어 부분적 핵 실험 금지조약을 비준했다. 케네디 대통령은 이를, 그의 시정에서 최대의 성과로 손꼽았다.

패트릭의 죽음

1963년 8월 7일.

"양친이 아이를 매장한다는 것은 자연의 법에 위배된다."고 대통령은 언젠가 말한 적이 있다. 아이는 그의 기쁨이며 관심사였다.

이날, 재클린 케네디는 세번째 아이를 낳았다. 약 6주간의 미숙아로 몇 시간 뒤에 패트릭 부비에 케네디로서 세례를 받았다. 의사는 곧 신생아가 호흡 곤란 증세를 보이고 있음을 알렸다. 그것은 1953년의 유산, 1956년의 사산 같은 가슴아팠던 일을 떠올리게 하기에 충분했다.

어머니를 케이프 코드의 오티스 공군 기지 병원에 남겨둔 채 신생아는 즉각 보스턴의 유명한 유아 의료 센터로 옮겨졌다. 대통령은 보스턴으로 급행, 로버트와 에드워드도 달려왔다. 진 스미스는 재클린 곁으로 날려갔다.

5파운드밖에 체중이 나가지 않은 패트릭은 큼직한 보육실로 옮겨졌다. 폐에 산소가 주입되었다. 한때, 그것은 효과가 있는 듯이 보였다.

고개를 떨구고 고뇌에 잠긴 어두운 표정의 케네디는 병원의 복도를 왔다갔다하며 안절부절못하고 있었다.

대통령이 도착하자 간호원이며 잠옷 차림의 아이들이 정면의 홀이나 창가에 몰려들었다. 경호원, 보좌관, 신문기자들이 에워싼 모습은 희망만이 있을 뿐인 케네디 가에는 어울리지 않는 것처럼 보았다.

그러나 이 이틀 동안——밤에도 자지 않았었는데——처음으로 대통령이 웃는 것을 볼 수 있었다. 이틀째 밤, 그는 병원의 특별실에 묵기로 결정했다. 오전 2시 10분, 온 병원이 잠들고 있을 때 그는 신생아의 용태가 악화되고 있다는 말을 들었다. 2분 뒤에는 로버트도 모습을 보였다.

8월 9일 오전 4시 4분, 태어난 지 39시간 12분 만에 패트릭 부비에 케네디는 숨졌다. 의사는 슬픈 얼굴로 "할 수 있는 모든 치료를 해보았지만……." 하고 말했다.

이튿날 아침, 케네디 내외의 결혼식을 주재하고 두 사람의 환희와 슬픔, 기쁨과 고통의 숨겨진 미래를 말해준 커싱 추기경이 자택의 소성당에서 천사 찬양의 미사를 올렸다. 진혼의 흑의가 아니라 흰 미사복을 걸친 추기경은 "때가 묻지 않았으므로 그대는 우리를 부리시며 그대의 눈길이 미치는 곳에 우리를 영원히 두시라."라는 구원의 기도를 올렸다.

"대통령은 조그만 관에서 손을 떼려고 하지 않았다. 그 모습은 마치 관을 들고 가버리는 것이 아닐까 하는 생각이 들 정도였다."고 커싱 추기경은 회상했다.

또 하나의 아메리카

두 개의 세계

화이트하우스의 모든 창에 불이 켜지고 현관에는 고급차가 잇따라 도착하고 있었다. 케네디 집안에서 오늘 밤도 또 무도회를 열고 있는 것이다.

화이트하우스의 동쪽 방에서는 주홍빛 제복의 해병대 밴드가, 미국 대통령이 특히 좋아하는 뮤지컬 〈마이 페어 레이디〉와 〈카메롯〉에서 선곡한 곡을 연주하고 있었다. 로비에서는 공군 군악대의 밴드가 춤추는 사람들을 위해 세레나데를 연주했다. 1963년 11월 20일의 이날 밤 부도회는 마치 이 장대하고 오랜 저택처럼 회고적이며 브로드웨이의 가사처럼 현대적인 한 장의 그림 같은 느낌이었다.

잊어서는 안 돼죠
그 옛날, 이런 곳이 있었음을
반짝 빛나고는 사라졌지만
카메롯이라는 이름의 바로 그곳이었다오……

화이트하우스에 사는 사람들에게 있어서는, 지금은 축제의 시즌이었다. 곧 감사제가 있으며 가족들의 생일이나 크리스마스도 멀지 않았다. 대통령은 2, 3일 정도 워싱턴에서 떠나 있었지만 내주 월요일인 존 주니어의 세번째 탄생일에 맞추어 돌아올 예정이었다. 그는 텍사스주의 유세에 나가는 것이다.

대통령은 이제부터 고상하고 우아한 화이트하우스의 리셉션이나 오늘 밤 모인 최고재판소나 법무성 고관들의 세계와는 이질의 '다른 미국'으로 여행하는 것이었다. '다른 미국'이란 반드시 텍사스 주를 지칭하는 것만은 아니다. 텍사스 주만이 아니라 화이트하우스를 제외하면 어디나 마찬가지였다.

그것은, 케네디 일족처럼 부와 사랑으로 성장한 사람들로서는 이질적인 세계였다. 개인적, 또는 공적인 증오심이나 질투, 욕구 불만, 절망, 또는 심신의 불안정 등에서 생겨난 증오의 세계였다. 술집에서 남이 실수로 자기에게 부딪쳤다는 것만으로도 감정이 폭발하여 칼로 찌르는 험악한 세계였다. 개인에게는 관계가 없는 운명이거나 개인적인 불운이거나 이유야 어떻든 간에 남이 자기는 없는 무언가를 갖고 있다는 것만으로, 분노를 나타내는 증오의 세계였다. 이런 세계에서는 케네디 일족의 한 사람을 증오할 수도 없다. 왜냐하면 케네디 일가에는 그러한 세계에 없는 것이 모두 있었기 때문이다. 아버지라면 누구나 그렇듯이 자기 아들을 위해 모든 헌신을 다했던 평범한 아버지가 나중에 증오의 세계에 살고 있는 인간들에 의해 아들들을 뺏기게 된다는 것은 얼마나 아이러니이며 심각한 비극인가.

이 세계에서는, 문에서 한 걸음이라도 밖으로 나서기만 하면 이미 캬메롯 같은 낙원만 있다고는 할 수 없었다.

그러나 이날 밤 화이트허우스를 찾아온 사람들은 말로 듣던 대로의 캬메롯을 볼 수 있었다. 대통령은 미소를 띠며 손님 사이를 누비고 다녔다. 법무성의 어떤 직원의 젊은 아내는 무심코 "대통령이 어쩌면 저렇게 아름다울까." 하고 소리쳤다.

존 피츠제럴드 케네디는 이윽고 흥겨운 파티장을 떠났다. 할 일이 산더미같이 쌓여 있었다. 그는 집무실에 앉아서 한 시간 가량 외국 공관으로부터 온 공식 전문을 읽었다. 한편 자주색 벨벳 가운을 입은 품위있는 모습으로 파티에 나갔던 재클린 부인은 가족실로 돌아와 있었다. 그녀가 공식 석상에 나간 것은 패트릭이 죽은 뒤로 처음 있는 일이었다. 의사는 그녀가 금년 말까지는 대통령 부인으로서 공적인 활동을 수행할 수 없을 거라고 말했었는데, 정양을 위한 외국 여행으로 상태는 상당히 호전되어 있었다. 그녀는 3주일 전에 텍사스 여행에 동행하겠다고 남편에게 말했는데 바로 내일, 즉 11월 21일 출발하기로 되어 있었다.

로버트 케네디에게 있어서는 리셉션이 모두 순조롭게 잘 되고 있었다 그는 처음에 하급 법관들에게도 대통령과 인사할 기회가 제대로 주어질는지 염려스러웠던 것이다. 의전상으로 보아서는, 고위층 인사에게는 적절한 경의를 표해야 하며 최고재판소의 대법관들은 이에 앞서 열린 리셉션에서 이미 대통령을 접견했었다. 그러나 하급 법관들 중에는 61년과 62년의 리셉션에서 법무성의 하급 관리들과 함께 접견했다는 데 대해 불만스럽게 여기는 자도 있어, 이번만은 각자가 한 사람씩 모든 사람 앞에서 대통령에게 인사를 해야만 했다. 법무장관인 로버트는 그렇게 하도록 조치를 취하기로 했어도 과연 실천될는지 확신이 없었던 것이다. 그러나 모는 것이 순조롭게 풀리고 있어서 마음이 놓인 그는 히콜리힐의 집으로 돌아가서 그의 서른여덟번째 탄생일을 축하하는 파티에 나가보는 것을 즐거운 심정으로 기다리고 있었다. 그날 오후, 그의 부하들은 모노폴리라는 게임 세트를 선물하여 그를 놀라게 했다.

이날의 마지막 한때를 존은 대통령의 지위에 으레 따르게 마련인 형식이나 구속에서 해방되어 보냈다. 재클린이나 로버트, 또는 그의 아내 에셀에게 둘러싸였으며, 자기 방에 돌아와서는 '미스터 프레지던트'가 '잭'이라는 애칭으로 불리고 있었다.

마음이 내키지 않는 텍사스 행

존에게는 격려가 필요했었다. 그가 텍사스 여행을 별로 달갑게 여기지 않는다는 것은 그의 측근이라면 누구나 알고 있었다. 그는 다른 사람들에게도 텍사스를 방문한다는 그 사고방식 자체에 대한 실망을 솔직히 토로하고 있었다.

리셉션에서 더글러스 지론 재무장관은 이렇게 말했었다.

"헬로와 굿바이라는 두 단어를 같이 말씀드려야겠습니다. 우리는 일본을 다녀오겠습니다."

"알고 있소." 하고 대통령은 대답했다.

"당신들은 일본으로──그리고 나는 텍사스로 가야 하오. 하지만 바꿔서 갈 수 있다면 얼마나 좋을까."

대변인인 피에어 샐린저도 64년에 예정된 일본 방문의 사전 준비라는 사명을 띠고 역시 일본으로 갈 예정이었다. 존 F. 케네디는 좌익 세력의 폭동으로 아이젠하워 전 대통령이 방문을 철회했던 이 나라에 다시 미국의 이미지를 제고시키기로 결심했던 것이다.

대통령은 대변인에게 '텍사스에는 가고 싶지 않다.'고 말했다. 그러나 샐린저는, 이 말을 단지 여행으로 피곤하기 때문일 것으로 해석했었다. 두 사람은 모두 11월 19일의 이른 아침에 마이애미 비치의 여행에서 돌아온 직후로, 대통령은 마이애미에서의 짧막한 체재 동안 가벼운 일광욕으로 건강해보였지만 사실은 몹시 피로한 것으로 샐린저는 생각했던 것이다. 그러나 이 상황에서는 일단 대통령을 격려할 필요가 있었다.

"염려없습니다." 하고 그는 말했다. "멋진 여행이 될 것입니다. 유례없이 최고로 많은 사람이 나올 것입니다."

재클린 케네디에게 있어서는, 이것은 미국 남서부를 방문하는 최초의 여행이었다.

재클린의 어머니에게서는 잘 다녀오라는 편지가 와있었다. 존의 어머니에게서도 역시 같은 내용의 편지가 왔다.

대통령의 행차에 필요한 대규모의 준비가 이미 몇 주일 전부터 시작되었으며, 선발대가 파견되어 하늘의 별만큼이나 많은 세부 항목들을 검토하고 있었다.

미국 초창기의 매켄리나 지필드, 링컨 같은 사람이 대통령이었던 시대에는 대통령이 극장에 가거나 또는 낙성식에 참석하거나 기차를 탈 때도 요란스러운 준비는 필요없었다. 그러나 지금의 미국 대통령은 관료적인 일을 싫어하는 존 케네디 같은 대통령조차 임의의 여행이나 즉흥적인 기분전환 같은 것을 꾀할 수 없었다.

21일 아침 9시 15분, 큰딸 캐롤라인은 학교에 갔다. 동생인 존 주니어는 앤드루스 공군 기지에 함께 가기로 되어 있었기 때문에 헬레콥터 1호기에 먼저 타고 대기했다. 그러나 대통령은 재클린을 기다리고 있었다. 대통령이라도 아내를 위해서는 기다려야 하는 것이다. 체스터 크립턴 소장과 비밀 경호원인 크린트 힐이 찾으러 가자 재클린은 백색 모방의 드레스를 입고 장미 꽃밭에 와있었다. 텍사스는 시원하리라고 생각하여 그녀는 이 드레스를 선택했는데, 그 날은 더웠으며 또 몹시 더워질 것 같아 그 때문에 재클린은 기분이 언짢아져 막상 청중 앞에 나설 때 동행을 싫어하지 않을까 싶어 대통령은 애가 탔다.

앤드루스 기지에서 대통령 전용기인 1호기에 탄 존 F. 케네디는 아들에게 기상(機上)에서 작별 인사를 했다. 11시 5분, 전용기는 이륙했으며 시속 9백 90킬로로 텍사스 주의 휴스턴을 향해 비행하기 시작했다.

워싱턴 모뉴먼트의 탑이며 의사당의 돔 저편의 산책로며 펜실베이니아 애비뉴 1600번지의 화이트하우스로 순식간에 시야에서 사라졌다.

......그 옛날, 이런 곳이 있었음을
반짝 빛나고는 사라졌지만
캬메롯이란 이름의 바로 그곳이었다오......

1963년 10월부터 11월 사이에는 대통령은 되도록이면 텍사스에 접근하지 않는 것이 좋겠다는 권유가 있었다. 이런 경고는 그를 중

오하는 사람들에게서가 아니라 그를 사랑하는 사람들에서 나온 말이
었다.

민주당 전국 위원회 위원인 바일런 스켈턴은 텍사스 주 방문 취하를
계속 고집했다. 그는 부질없이 말썽을 부린다는 비난을 받아도 개의치
않을 작정이었다. 그는 이 여행은——특별히 예정된 댈러스 방문은—
—위태롭다고 걱정했다. 존 F. 케네디를 그 주 사람들은 무척 싫어했
었다. 그는 대통령의 측근들을 설득하여 댈러스에만은 가지 못하도록
애썼으나 실패했다. 62년의 선거 때 그곳에서 맹렬한 공격을 받았던
아칸소 주 출신의 윌리엄 풀브라이트 상원의원도 대통령에게 직접,
댈러스는 방문 예정에서 제외하도록 권유했으며 위험하다고 충고했다.
그러나 어쩔 수 없었다. 64년의 대통령 선거에서 재선되기 위해서는
텍사스에 특별한 관심을 가질 필요가 있었던 것이다. 보수적이며 실
력자에게 환영을 받는 존 B. 코널리 지사와 자유주의자이며 실력자가
싫어하는 민주당의 랠프 야보로 상원의원과의 격렬한 대립에서 빚어진
중대한 손실을 보충하기 위해서는 상당한 노력이 필요했다. 텍사스는
25명의 대통령 선거인을 갖고 있었는데, 64년에 케네디 진영이 25표를
확보하기 위해서는 당 내의 균열을 가능한 한 수습해야 했다. 텍사스
주 출신의 존슨 부통령이 주에서는 커다란 세력을 지녔으나, 그 혼자
힘으로는 아무래도 역부족이었다. 케네디 대통령과 존슨 부통령이
협력해서 그 일을 해야만 했다.

그 결과, 위험 경고도 정치적인 필요성에 묻혀버리고 말았다. 그러나
그 근저에는 만약 미국의 대통령이 생명의 위험이 있다는 이유로 어
딘가의 도시로 갈 수 없다면, 미국이라는 국가 자체의 존재 의미가
없어져버린다는 신념이 작용하고 있었다. 때문에 경고가 있기는 했어도
존 F. 케네디는 준비를 갖추고 텍사스로 날아갔다. 그것이 대통령의
의무였다.

그가 목표한 곳은 한없이 펼쳐진 평원의 군데 군데에 '알 워렌
(연방최고회의 재판관)을 탄핵하라.'는 간판이 서있는 그런 곳이었다.

존 F. 케네디의 이름은 딥 사우스나 완고한 보수주의자의 본거지인 남부 캘리포니아, 중서부의 소맥 생산지대인 프로테스탄트 지역에서는 환영받을 만한 것이 못 되었는지도 모른다. 그러나 적어도 그 이름이 대통령의 지위와 결속되고 있는 한 그 나름의 상당한 존경심으로 맞아들였던 것만은 사실이다. 캔사스나 버몬트, 캘리포니아 등의 학교에서 대통령의 이름을 듣고 경멸하는 소리를 하는 어린이가 과연 있었겠는가? 있었는지도 모른다. 그런 아이들은 바로 텍사스 주에도 있었다.

암살자

아이는 단순히 아이라는 이유만으로 경멸의 소리를 내지는 않는다. 남에게 배운 뒤에야 비로소 그렇게 하는 것이다. 태어나면서부터 살인범은 없다는 것이 학자들의 일치된 의견이다. 살인범 역시 만들어지는 것이다.

어두운 터널을 질주하는 지하철 안에서 누군가 기관실 문을 두드린다. 문을 연 운전사는 본 적도 없는 사람에게 찔려 죽는다.

공원의 우거진 숲에서 어떤 소녀가 목졸려 죽었다. 경찰은 그녀의 어린 남자 친구를 혐의자로 체포한다. 그 소년의 이웃사람들은 모두 놀란다. '그토록 모범적인 소년이 살인범이라니…….' 하고.

과거에 문제가 있었던 10대 소년이 가위로 어머니의 속옷을 갈기갈기 찢어버렸다. 그는 신경과 정신 의사에게 끌려간다. 그러나 어머니는 의사의 반대에는 아랑곳않고 정신 치료를 중지시켜버린다. 소년은 그 뒤 동급생을 폭행하고 그녀를 살해해버린다.

성서를 즐겨 읽었던 젊은 예비역 군인이 뉴저지 주 캄덴 거리를 빈둥거리며 돌아다니다가 권총으로 불과 12분 사이에 13명이나 살해한다.

권총, 살인, 폭력의 범람. 포니 파커와 클라이드 발로우(영화《우리에게 내일은 없다》의 등장인물), 존 딜린저, 기관총 케리 등 유명한 갱의 보스들, 이런 생각을 하면 과연 법치국가답게 죽는 법도 있구나 하는 느낌이 든다.

"총에 의한 폭력은 미국의 특징이다."라고 뉴욕의 정신과 의사인 데이비드 에이브러햄센 박사는 말한다.

"우리는 현재에도 행동이 가장 용이한 해결책이었던 서부 개척 시대의 그림자 아래 살고 있는 것이다."

총은 물론 미국 건국에 커다란 구실을 했다. 하지만 지금은 효과보다 폐단이 더 컸다. 스페인 사람인 피살로나 코르테스가 겨우 수백 명을 거느리고 남미의 거대한 잉카 제국을 쓰러뜨린 것은, 그들이 용감하고 약탈을 목적으로 삼았기보다 그들에게 총이 있었기 때문이다.

아메리카 인디언이 연안 지대에서 오지로 밀려나야만 했던 것은, 구세계에서 온 자들에게는 총이 있었고 그들에게는 총이 없었기 때문이며, 또한 그 배후에 있는 광막한 대륙으로 후퇴할 수 있었기 때문이기도 했다. 그러나 백인은 그들을 몰아내고 총의 힘으로 마침내 그들을 정복하고 말았다. 그리고 백인이 서부로 다시 진출함에 따라, 그의 문명에의 최대의 공헌인 법 질서는 더욱 먼 곳으로 놓아둔 채 잊고 말았다. 법률은 강철의 총신이 되고 그 판단은 총을 뽑아드는 손의 속도와 정확한 조준이었다.

이러한 유산이 국민에게 어떠한 흔적을 남겼는지는 명확하게 규정 짓기는 어렵다. 그러나 그 흔적은 지금도 확실히 있을 것이다. 현재 미국에 폭력이 난무하는 것은 텔레비전의 폭력 프로가 원인이라는 설에는 찬반 양론이 있는데, 어쨌든 텔레비전이 지금의 미국 풍조를 반영하고 있는 것만은 사실이다.

유아들은 '딸랑이 장난감'을 버리고 장난감 권총을 갖고 논다. 미국에는 정신의학자가 말하는 총포 숭배열이 왕성했다. 인간은 육식 동물의 후손이다. 그러나 인간에게는 다른 동물과는 달리 의미없이 서로 죽이는 수가 있다. 그러한 충동이 억제되는 것은 오랜 진화과정에서 이루어진 문명의 결과이다. 그런데도 살인을 범하는 인간이 있는 것은 어째서인가?

어린이는 무엇인가를 요구할 때, 욕망이 당장에 충족되기를 기대한다. 배가 고프면 음식이 주어질 때까지 울어댄다. 변의(便意)가 있으면 아무 데나 볼일을 본다. 그러나 에이브러햄센 박사는 아이도 차츰 무엇인가를 얻기 위해서는 그것에 대응하여 무엇인가를 주어야 한다는 것을 강조한다. 만약 이것을 배우지 못하면 자제심은 쉽사리 의식적 내지는 잠재 의식적인 충동심의 희생이 되고 만다.

"범죄 행위자를 보면 정서 결핍 가정에서 많이 나오는 것을 볼 수 있다."고 박사는 말한다. 휘어진 나뭇가지는 비틀린 채로 자란다. 비틀리는 것은 개인이라 할지라도 그 배경에는 사회가 있으며 사회의 본질이 이해되지 못한 채 비틀리고 있을지 모른다.

살인의 가능성을 숨기는 정신 상태에 대한 자극은 사회적, 정치적인 의미를 아울러 지닌다. 링컨을 암살했던 존 윌크스 부스는 남부 사람을 탄압한 폭군을 제거하는 것으로 믿고 있었다. 그는 스스로를 나라를 위해 일하는 애국자로 여겼던 모양인데, 그는 어쩌면 정신병자였는지도 모른다. 그러나 당시의 사회는 이러한 구분을 별로 문제삼지 않았다. 미치광이는 어디끼지니 미치광이였다.

심리학이 중시되는 현대에서는 인간의 행동양식을 추구하는 학자들은 살인자 즉 공적 살인자, 다시 말해서 암살자에 대한 많은 연구를 하고 있다. 범죄 심리학자인 프레더릭 워섬은, 암살이란 거물 살인, 즉 높은 지위에 있는 사람을 죽이는 것이라고 정의했다.

"공적인 인물은 미국인의 이상이다. 그들은 또한 권위의 상징이기도 하기 때문에 권위에 의한 좌절감을 경험한 사람들은 그것을 이유로 그들을 죽이려고 한다."

또한 다른 정신분석학자는 "암살자에게는 그 증오의 대상을 그에 대해 무엇인가를 거부한 개인으로부터 그 원천으로, 특히 감정에 호소하는 공적인 인물에게로 자유롭게 옮기는 능력이 있다."고 말했다.

63년의 존 F. 케네디는 그야말로 고위의 공적 인물로서 국민의 감정에 호소하는 인물이기도 했다.

그는 또한 자산가이며 많은 미국인에게는 외부에서 엿볼 수조차 없는 구름 위에 사는 인물이기도 했다. 더구나 거기에 타인의 입신 출세를 좋아하지 않는 사고방식이 더해진다.

'강도 귀족으로 불렸던 19세기 후반의 영국 자본가들이 활약했던 시대에는, 그들은 재산의 축적을 당연한 권리로 생각했다. 그 시비는 어떻든 간에 그들은 재산 축적을 계속했다. 때문에 록펠러라든가 모건, 카네기 같은 이름은, 미국의 하층 사회 사람들의 귀에는 상쾌하게 울리지 않았다. 19세기 말의 피비린내 나는 노동 쟁의의 몇 가지에는 풀맨 스트라이크처럼 신흥 재벌 계급의 이름이 붙거나, 홈스테드 스트라이크 또는 1937년의 포드 스트라이크처럼 그들을 풍요하게 해준 공장이나 회사의 이름이 붙기도 했다. 대 은행가인 J. R. 모건이 창시한 은행은 1920년에 폭탄 세례를 받아 30명이 사망했다.

미국에서 부가 증대하고 있다는 것에 대해서는 비록 보지 못했다 해도 누구나가 들을 수 있는 것이었다. 더구나 어떤 아버지라도, 자기 자신은 하지 못했어도 자기 자식이 크면 그 배분을 받을 수 있게 되었으면 하고 바라는 것이 일반적인 생각이었다.

그러나 그 중에는 인종 전시장 같은 미국 사회는 그러한 것이 가능한 사회가 아니며, 말하자면 압력 밥솥 같은 것이라고 보는 사람들도 있다. 누구에게나 기회는 평등하게 주어진다고 배우며 자란 어린이도 어른이 되어 그 원망이 이루어지지 않으면 욕구 불만을 품게 된다. 그리고 그 나무의 과실이 주어지지 않는다면 차라리 나무 자체를 베어버리겠다는 결심도 갖게 된다. 암살자란 이러한 유형의 인간인 것이다. 보스턴의 매사추세츠 종합병원 의사들은, 암살자는 '보통의' 정신이상자보다 충동을 잘 억제할 수 있다고 한다. 암살자는 그의 행위에 어떤 의미를 부여하려고 한다.

미주리 주 스프링필드의 연방 형무소 의료 센터에서 데이비드 존슨 박사는 대통령을 죽이겠다고 협박하여 수송된 27명의 수인에 관해 연구했다. 그들에게 공통되었던 것은 불행한 가정 생활, 독재적인 어머니, 부재이거나 또는 권위가 없는 아버지, 그리고 처음에 어머니에게로 향했던 반감이 이윽고 남성의 권위에 대한 것으로 변하고, 마지막에는 정부와 그 지도자를 대상으로 삼게 된다는 것이었다.

그 세기 중반의 미국에는, 눈에 띄는 모든 것과 그들을 거부했다고 느끼고 또한 상상하는 모든 것을 증오하는 그룹이나 개인이 존재했었다. 공포와 증오는 흑인, 공산주의자, 카톨릭 교도, 유태인을 향한 것이었으며, 음료수에의 불소(弗素) 투입론자나 세계의 굶주린 아이들에 국제연합(U.N)을 통해 식량을 보내기 위해 10월 31일의 하로인 축제 때 소액의 돈을 기부받으려고 다니는 사람들에게까지 쏠리는 형편이었다. 대통령 경호실의 비밀 경비를 위한 전자 계산기의 기억 장치에는, 증오로 언젠가는 대통령을 암살할는지 모른다고 여겨지는 사람 십만 명의 이름이 축적되고 있었다.

뿐만 아니라 정치적인 증오도 존재했다. 린든 존슨과 그의 아내 레이디 버드에게 댈러스 군중은 침을 뱉었으며, 아들레 스티븐슨도 같은 꼴을 당했었다. 그리고 지금은 존 케네디가 댈러스로 향하고 있었다.

댈러스에서는 몇 주 전부터 케네디 대통령의 방문 예정을 알고 있었다. 그리고 며칠 전부터는 그가 행진하는 코스까지도 알려져 있었다. W. E. 그레이어 중학교의 학생들은 대통령의 자동차 퍼레이드를 구경하고 싶다면 부형이 데리러 온다는 조건 하에 조퇴를 할 수 있다고 알려주었었다. 학교에서 트리니티 강을 사이에 둔 곳에서는 대통령이 지나는 연도에 번화가 마지막 건물인 텍사스 교과서 창고회사의 빌딩이 있었다. 그러나 이 중학교의 어떤 교사는 학교 당국의 방침에 반대하여 담임을 맡은 학생들에게 이처럼 말했다.

"이 클래스의 학생들에게는 퍼레이드를 보기 위해 조퇴하는 것을 허락하지 않겠어요. 학부형이 데리러 와도 안 됩니다. 내가 공화당이라서가 아니라 케네디는 좋은 대통령이 아니기 때문입니다. 존 케네디나 동생인 로버트도 마찬가지입니다. 모두 나쁩니다. 따라서 여러분은 보러 가서는 안 되며 나도 가지 않겠습니다. 알겠지요? 만약 내가 그를 만난다면 얼굴에 침을 뱉어줄 작정입니다."

오스왈드와 사한

댈러스의 노스 베클레이 1026번지에는 그 무렵 O.H. 리라는 사나이가 셋방살이를 하고 있었다. 본명은 리 하베 오스왈드. 24세의 청년이었다.

거기에서 몇백 마일 떨어진 캘리포니아 주의 파사데나에서는 동하워드 거리 696번지에 19세의 청년이 살고 있었다. 그의 이름은 사한. 요르단 태생의 아랍인으로 1948년의 이스라엘·이랍 전쟁으로 고향에서 쫓겨나 미국으로 왔다.

오스왈드는 엘름 거리와 휴스턴의 네거리에 있는 텍사스 교과서 창고회사에서 일하고 있었다. 하찮은 직업이었으나 어차피 그는 그때까지 별로 신통한 직업을 가진 적이 없었다. 그러나 그는 다른 노동자와는 약간 달랐다. 한때 소련을 동경하여 망명한 적이 있었던 것이다.

그는 민스크 공장에서 일했는데 이윽고 소련이 싫어져 러시아 태생의 아내와 어린 딸을 데리고 미국으로 귀국했었다. 그러나 결혼 생활은 파경을 맞았고 아내인 마리나와 딸 준은 댈러스에서 15마일 떨어진 어빙에서 마이켈 페인과 루스 내외의 집에 살고 있었다.

소련으로 가기 전에, 오스왈드는 56년 10월 24일에 해병대에 지원하여 근무했었다. 해병대에서의 이력에는 별다른 특징이 없었다. 국제 문제나 정치 문제에 박학하다고 자랑은 했으나 그는 기실 고등학교도 중퇴한 입장이었다. 해병대 근무 중 군법회의에 두 번이나 회부된 적도 있었다.

오스왈드는 텍사스의 고등학교를 중퇴하고 해병대에 입대했는데, 그 고등학교는 그때까지의 9년 동안에 그가 배운 아홉번째의 학교였다.

소년 시절에 그는 뉴욕의 '청소년 하우스'에서 4주간을 보냈으며 신경과 치료를 받았다. 또한 성장하여 소련으로 간 뒤로는 소련의 국적을 취득할 수 없다는 말을 듣고 자살을 꾀한 적도 있었다.

리 하베 오스왈드는 사람 기피증이 있었으며 음습하고 세상에 불만이 많은 인물이었다.

한편, 파사데나에서는 그와 흡사한 또 하나의 사나이가 성장하고 있었다. 공교롭게도 두 사람 사이에는 많은 유사점이 있었다.

두 사람은 모두 불우한 가정에서 태어났다. 오스왈드의 아버지 로버트 E. 리 오스왈드는 39년 10월 18일에 리 바에이가 뉴올리언스에서 태어나기 2개월 전에 사망했다. 모친인 마가렛 크레블리 픽 오스왈드와 45년 5월에 재혼했다. 그녀의 기억에 의하면 오스왈드는 한동안 그녀의 세번째 남편에게서 아버지를 발견했다는 것이다. 그러나 이 결혼도 48년 초에 깨지고 말았다.

사한은 다섯 형제의 넷째이며 아버지는 비샬라, 어머니는 메어리였다. 사한은 44년 3월 19일, 예루살렘의 무스라라 지구에서 태어났다. 아버지는 시 수도국의 직원으로 요르단 사람의 일반 노동자보다는 좋은 시위에 있었다. 이때가 47년도의 일이었다. 그러나 그 이듬해, 전쟁이 시작되었다. 아버지는 직업을 찾아 요르단의 수도 암만으로 갔다. 그가 없는 동안 어머니가 집안을 돌보았는데 아이들은 아버지에게 막대기나 주먹으로 얻어맞은 것을 기억하고 있었다. 언젠가는 아이의 발에 뜨거운 다리미를 들이댄 적도 있었다.

리 하베이 오스왈드와 그의 아내는 페인의 가족과 친해져 원조를 받았는데, 사한의 집안도 친절한 미국인의 신세를 지게 되었다. 가족들은 57년 초에 파사데나의 제1나자렛 교회 신자인 할드 리레나스 박사 내외의 도움으로 파사데나로 옮겼다. 그러나 아버지인 비샬라 사한은 고향을 잊지 못하여 가족을 버렸다. 이때의 사한 사한은 13세였다.

파사데나의 롱펠로 국민학교 동급생들의 기억에 의하면, 그는 동급생들의 노리개감이었다. 영어를 잘 못했기 때문에 다른 아이들이 그에게 음란스러운 말을 가르쳐주었는데 그 뜻조차 이해하지 못했다.

오스왈드 역시 남에게 경멸당한 경험이 있다. 해병대에 있을 무렵, 그의 부대에서는 '토끼 녀석'이란 별명을 그에게 붙였다.

국민학교 시절의 오스왈드는 매우 고독했다. 아무래도 타인과 의미있고 오래 지속되는 우정을 나누지 못했다.

그러면 사한은 어떠했던가? 미국으로 건너가기 전에 배운 예루살렘의 예루살렘 복음 루테르 학교에서 그는 26명의 클래스에서 다섯 번째의 성적이었다. 그러나 동급생의 말로는 '진짜 친구는 한 명도 없었다.'는 것이었다.

엘리엇 중학교와 존 뮤어 고등학교에서 그를 아는 청년의 말에 의하면, 그는 있는지 없는지조차 알 수 없는 그런 인간이었다.

"사한은, 다만 거기 있다는 것뿐이었다. 친구와도 전혀 어울리지 않았으며 없어도 별로 신경이 쓰이지 않았고, 또 있다 해도 특별히 눈에 띄는 존재가 아니었다."

이와 반대로 오스왈드와 사한에 관해서 다른 면을 지적한 사람들도 있다. 예절이 바르며 정중하고 얌전하다고 평하는 사람도 있었던 것이다.

오스왈드나 사한도 성장하면서부터 이상을 평범한 눈으로 바라볼 수 없는 젊은이가 되고 있었다. 오스왈드는 공산주의를 옹호하다가도 비판 세력에 가담하는 등 자기 중심이 없었으나 그래도 자본주의에는 상당한 불만을 품고 있었다. 소련으로 탈주하기 전, 해병대를 그만두기 전에 그는 스위스의 알버트 슈바이처 칼리지에 입학원서를 냈는데, 거기에는 오자투성이의 문장으로 다음과 같이 입학을 희망하는 이유를 들었다.

'내가 가장 관심을 갖는 철학에 관해 보다 광범위하게 이해하기 위해서. 나의 이해의 범위를 확대할 수 있는 유럽 사람과 접촉하기 위해서. 명성이 높은 훌륭한 교수로부터 정식 교육을 받기 위해서. 독일어의 지식을 넓히고 건강한 풍토와 보다 나은 도덕적 환경에서

생활하기 위해서.'

사한은, 알려진 바로는 오스왈드처럼 상세한 일기를 기록하지는 않았으나 흥미를 가졌던 몇 가지 일에 대한 메모는 적어두었다.

그는 '영(靈)의 힘'을 믿는 철학적인 단체, 곧 장미십자회의 회원이었다.

오스왈드와 마찬가지로 그도 러시아 어에 흥미를 가졌던 모양으로, 러시아 어는 존 뮤어 고등학교에서 배운 것 같다. 사한과 함께 식료품 가게에서 일했던 토치 보이코 부인은 그와 자주 이야기를 나누었는데, 그가 소련에 대해 칭찬했던 것을 잘 기억한다고 말했었다.

"그는 소련이 가장 좋다고 생각했어요." 하고 말하며 러시아 어도 조금은 할 줄 알았던 모양이라고 했다.

두 사람은 모두 미국 청년이었다. 한 사람은 다른 나라에서 살기 위해 잠시 미국을 떠난 적이 있었으며, 한 사람은 미국에서 살기 위해 모국에서 건너온 자였다. 그러나 두 사람은 모두가 같은 세계에서, 가진 자보다 갖지 못한 자가 많은 세계에서 살고 있었다.

댈러스에서 O. H. 리가 살았던 평범한 단층건물의 하숙집——출입이 극심한 단기 체재자용의 방은 1주에 7달러였다——에 있던 낡아빠진 양철 쓰레기통은 어쩐지 희극적이었다. 커피나 담배 꽁초로 더러웠으나 그 장식은 미국 유수 대학의 교기(校旗)였다. 거기에는 노트르담, 캘리포니아, 미시간 등 각 대학의 교기도 있었으며, 빨간색과 흰색이 섞인 하버드 대학의 교기도 있었다.

11월 22일 오후 12시 30분

텍사스 여행의 첫날은 성공리에 끝났고 이날, 11월 22일 금요일 아침에 케네디 대통령은 포트워드 시의 텍사스 호텔 옥외 주차장에 모인 시민들과 이야기를 나누고 있었다. 재클린은 호텔 방에서 댈러스로 가는 비행기 여행의 준비를 하고 있었다.

그날 아침, 리 하베이 오스왈드는 텍사스 교과서 창고회사의 동료인

부엘 웨즈레이 프레이지어의 차를 얻어 탔다. 그는 오스왈드가 오리라고는 생각하지 못했다. 오스왈드는 처자가 있는 어빙의 페인의 집에는 보통 주말에만 찾아갔기 때문에 '태워 달라'는 부탁을 받자 프레이지어는 놀랄 수밖에 없었다. 오스왈드는 이때만은 목요일 밤에 어빙으로 갔던 것이다. 그는 커튼을 매달 막대기를 구하러 간다고 프레이지어에게 설명했다. 금요일 아침, 차에 탔을 때 그는 큼직한 갈색 종이 꾸러미를 들고 있었다. 프레이지어가 무엇이냐고 묻자, 오스왈드는 "커튼을 매달 막대기일세." 하고 대답했다. 두 사람은 댈러스로 향했다.

케네디 대통령과 재클린, 케네스 오드넬 이상 세 사람은 댈러스로 출발하기에 앞서 텍사스 호텔에서 잠시 이야기를 나누었다. 전날, 라이스 스타디움에 모였던 군중에 대한 것이며 그 날 아침 주차장에서의 시민과의 접촉 등에서 이야기는 차츰 군중 앞에 모습을 드러내는 데에 숨겨진 위험성의 문제로 옮겨갔다. 위험은 틀림없이 도사리고 있었다. 그러나 대통령은 오드넬에게 말했다.

"미국의 대통령을 정말로 습격하려는 자가 있다면 별로 어려운 일이 아니다. 망원 조준기가 달린 라이플 총을 들고 높은 빌딩에 숨어 있기만 하면 막을 방법이 없을 테니까."

그로부터 불과 두 시간도 채 못 되어 이 예상이 현실로 되었다는 것은, 저 63년 11월 22일의 그 날, 잠시 동안 그 기억이 응결된 이 나라에서 더이상 되풀이할 필요는 없을 것이다. 그 뉴스를 들었을 때, 어디에 있었는가를 상기하지 않는 사람이 과연 있겠는가? 마치 중년 이상의 사람들이 진주만 공격의 날이나 프랭클린 D. 루즈벨트 대통령의 죽음을 떠올리듯이.

기억은 아직도 새롭다. 대통령이 탄 전용차……그를 한 번만이라도 보려는 사람들과의 거리를 조금이나마 좁히려고 우측에 앉았던 대통령……재클린 앞에 앉아 있던 텍사스 주지사 존 코널리와 코널리 부인……번화가를 행진하는 도중, 악수를 하기 위해 차를 세웠던 대

통령……코널리 부인이 대통령 쪽을 돌아보며 "대통령 각하, 댈러스가
당신을 사랑하지 않는다는 말을 할 수 없습니다."라고 말한 일…….
대통령이 그 말에 대해 "그것은 확실합니다." 하고 대답한 일…….

텍사스 교과서 창고회사 빌딩의 옥상에 있는 전자시계는 12시 30분을
가리키고 있었다. 이민의 후손이며 조셉의 아들이며 보스턴의, 매사
추세츠 주 태생으로 희망과 대망과 정치의 상징이었던 존 피츠제럴드
케네디에게 있어서 시간은 거기에서 정지했다.

병든 아버지에게 죽음을 전하다

하이아니스포트의 저택에서 가장인 조셉 케네디는 일과인 낮잠에서
깨어나자 평소처럼 조카딸인 앤 거건에게 텔레비전 스위치를 켜도록
손짓했다. 그녀가 거기 있었던 것은 이상한 일이었다. 이날부터 여행을
떠날 예정이었기 때문이다. 그녀는 존이 댈러스에서 죽었다는 것을
되도록이면 온건하게 전할 생각으로 "사고가 있었답니다." 하고 말하려
했다. 그러나 간호사인 리더 댈러스가 그곳에 와서 로즈 케네디 부인이
이들인 로비드니 에드워드기 시건을 알려주기를 비리고 있다고 전했디.
그래서 앤 거건은 "자동차 사고였어요." 하며 얼버무리고 말았다.

가족들은 모두 조셉에게 텔레비전은 고장이 난 것으로 말하도록
약속했다. 그는 독서를 싫어했기 때문에 앤이 그가 좋아하는 레코드를
들려 주어 그의 관심을 딴데로 돌리게 했으며, 리터 댈러스는 지하의
영사실에서 명화 준비를 하고는 진정제가 든 밀크 셰이크를 마시게
했다. 약은 별로 효과가 없었다.

에드워드 케네디가 도착했다. 보스턴에 연설하러 가는 도중에 잠시
들른 것이라고 그는 설명했다. 유니스도 워싱턴에서 달려왔다. 그들의
어머니는, 이 무서운 뉴스를 들으면 그렇지 않아도 환자인 남편은
죽어버릴는지 모른다고 몹시 걱정했다. 두 아이는 저녁 식사를 드는
조셉과 동석하여 화제가 끊기지 않도록 하기 위해 대수롭지 않은 토
론을 벌이기도 했다.

　조셉은 짜증을 내기 시작하여 텔레비전에 스위치를 넣으라고 몸짓으로 명령했다. 에드워드는 텔레비전이 고장났다고 대답하며 벽의 전원 소켓에서 코드를 슬며시 빼버렸다. 그러나 노인은 코드가 늘어져 있는 것을 발견하여 전원을 넣도록 신호를 했다. 에드워드가 구부리고 앉아 코드를 연결했으나 진공관에 전류가 통하기 전에 재빨리 손을 텔레비전 뒤쪽으로 돌려 배선을 뜯어낸 뒤, 역시 안 되겠으니 내일 수리토록 하겠다고 말했다.

　밀크와 진정제가 주어지자 조셉은 겨우 잠이 들었다.

　이튿날 아침, 로즈 부인은 시의 미사에 가고 그것이 끝나자 다시 두번째의 미사에도 남기로 했다. 에드워드는 8시의 미사에 갔으며, 그 사이에 앤 거건은 조셉과 함께 아침 식사를 들기 위해 집으로 돌아왔다.

　에드워드와 유니스는 조셉의 침실로 가서 침대에 걸터앉았다. 에드워드가 말을 꺼냈다.

　"지금 모두들 미사에 다녀온 참입니다."

　그리고 에드워드는 자초지종을 알렸다.

　"엄청난 사고가 있었습니다. 대통령이 무척 심한 상처를 입었습니다……."

케네디 가의 셋째 아들

로버트 프란시스 케네디

존 케네디는 등의 수술을 받고 정양중이던 어느 날, 이렇게 말한 적이 있다.

"형 조셉이 죽었기 때문에 내가 정계에 들어왔듯이, 만약 내일이라도 내가 어떻게 된다면 동생 로버트가 상원의원이 되어줄 것이다. 그리고 만약 그에게 어떤 일이 일어난다면 막내인 에드워드가 우리를 대신해서 상원의원이 될 것이다."

케네디 집안은 언제나 이런 식이었다. 어릴 적에 요트의 조종법을 배울 때에도 우신 근형인 조셉 구니어가 쫀에게 가르시고, 쫀이 로 버트에게 가르치고, 로버트가 에드워드에게 가르쳤다. 그리고 이제, 미국과 케네디 집안이 슬픔에 잠겨 있을 때 횃불은 로버트에게 넘겨진 것이었다.

로버트 프란시스 케네디에게는 형 존의 갑작스러운 죽음이라는 충격이 엄습했어도 그토록 함께 노력해온 형의 죽음을 슬퍼하며 울 틈 조차 주어지지 않았다. 그보다 해야 할 일이 너무나 많았다. 케네디 집안의 일족은 자연스럽게 로버트에게 의존했다. 그는 자기 자신의 고뇌는 우선 잊고, 남을 위로하며 안정시키고, 형이 남기고 간 캐롤 라인과 존의 아버지 역할까지 맡아야 했으며, 또한 존의 미망인 재 클린을 돌보는 일까지 훌륭히 해냈다.

그러나 아메리카 합중국의 법무장관으로서, 새로 취임하는 제36대 대통령의 각료 가운데 하나이며 케네디 정치 조직의 상속자이기도 한 로버트 케네디는 당초에 이런 공적인 역할을 계속하는 데 마음이 내키지 않았다. 워싱턴에서는 우스갯소리로 로버트가 그의 형의 정권 아래에서는 넘버 투가 아니라 넘버 원 앤드 어 하프(1.5)라는 말도 있을 정도였던 것이다.

개인으로서의 로버트는 케네디 집안의 힘의 원천이 되고 지주로서 구실을 완수했다. 그러나 공인으로서의 그는, 20년 전의 프란시스 비들 이후의 가장 훌륭한 법무장관이라는 말을 많은 사람들로부터 들어왔건만, 성격은 점점 내성적이며 소극적으로 변하고 있었다. 언제쯤이면 집무실로 돌아가겠느냐고 걱정하며 묻는 각료에게 그는 "모르겠소. 그럴 마음이 들지 않소." 하고 말했다. 때로는 몇 시간씩이나 혼자 밖에서 산보를 하며 서성거렸다.

"암살 사건 이후로——그는 그런 말을 하지는 않았지만 나는 그렇게 생각한다네——그는 하느님의 존재를 의심하지 않았는가 싶네."라고 어떤 친구는 말한다. 로버트의 섬세하고 소년 같은 얼굴에 주름살이 늘어나고 태도에도 분방함이 없어졌다. "로버트는 그때 성장했던 것일세, 그것도 급격히." 하고 다른 친구는 말한다.

그는 직무 수행을 다하기는 했어도 어딘지 얼이 빠져보였다. 아직 형 존의 관이 화이트하우스의 한 방에 안치되어 있는 동안에 열린 존슨 신임 대통령의 첫 각료회의에 그도 우연히 참석하게 되었는데, 대통령이 그의 지지를 요청하는 동안에도 그는 불쾌한 듯이 입을 굳게 다물고 있었다. 그 이틀 뒤, 대통령이 의회에서 웅변을 토하며 존 케네디가 시작한 사업을 '계속하자'고 호소했을 때도, 로버트는 무표정한 채 앞만을 똑바로 응시하고 있었다.

그는 틀림없이 각료직을 사임할 것이다. 아니, 사임은 하지 않을 것이다. 매사추세츠 주의 주지사로 입후보하는 것이 아닐까. 아니, 정부 이외의 어떤 자리를 맡을지 모른다——억측이 구구했다.

뉴프론티어 정권에서는 이례적인 존재였던 린든 존슨과 이 정권의, 말하자면 상징적인 존재였던 로버트 케네디와의 관계가 어떻게 될 것인가는 국민적 호기심의 대상이며 관심거리이기도 했다. 존슨이 부통령, 로버트가 법무장관이었던 당시의 두 사람사이에는 교제가 없었으며 거의 불화나 다름없는 사이였다. 존슨은, 존 케네디는 존경했으나, 로버트에 대해서는 60년의 대통령 선거 때 그가 자기의 부통령 후보 지명을 방해하려 했다고 믿었다. 많은 사람들이 그렇지 않다고 존슨을 설득하려 했으나 전혀 효과가 없었다.

윌리엄 맨체스터는 그의 저서 《대통령의 죽음》에서 이렇게 말하고 있다.

"신임 대통령에게 있어서 로버트 케네디는, 대통령 계승의 역사에서도 독특한 문제를 상징하고 있었다. 뒤를 이은 각료의 한 사람이 전 대통령을 그대로 닮아, 목소리며 사고방식까지 같고 전 대통령과 일심 동체일 뿐만 아니라 상주의 한 사람이기도 했던 것이다……. 존슨이 전 대통령의 동생을 무서운 방해자로 본 것은 당연했다."

그러나 로버트는 사임하지 않았다. 대통령도 그것을 요구하지는 않았다. 로버트의 정치에 대한 관심을 재연시킨 것은 실은 존슨이었다.

친선 여행

64년 1월 중순, 대통령은 로버트에게 도쿄로 가서 말레이시아 연방에 위협을 주고 있는 인도네시아의 스카르노 대통령과 회담해달라고 요청했다. 선거의 해가 시작되기도 하여, 로버트를 위해 신경을 쓴다는 자세를 보여 준다면 케네디 파를 존슨의 진영으로 끌어들일 수 있을지 모른다는 계산도 있었다. 게다가 로버트는 62년에도 케네디 대통령의 명령으로 스카르노와 회담하여 성과를 올렸었다. 존슨이 어째서 로버트를 특사로 택했냐 하는 이유야 어떻든 간에 이 임무는 로버트의 재기에 도움이 되었다.

형이 대통령이었던 당시, 로버트는 친선 대사로서의 4주간의 세계 여행에서 일본을 방문했었다. 그리고 어느 날 오후, 와세다 대학에서 연설하기 위해 이 대학의 기념 강당으로 들어가려던 그와 에셀은 열광적으로 환영하는 학생들에게 에워싸여 꼼짝할 수도 없을 정도였다. 그러나 강당 안에서는 극좌 학생 단체에 속하는 학생들이 욕설과 야유로 연설을 방해했다. 그때 로버트와 함께 있던 측근의 하나인 존 사이겐셀러는 "케네디 고 홈."이라는 야유를 들은 것은 그때가 처음이었다고 한다. 그의 측근들이 어디선가 경찰의 메가폰을 구해왔고, 얼음처럼 냉정함을 잃지 않은 로버트는 이것으로 연설을 했다고 한다. 그리고 마지막으로 학생 지도자가 연단에 올라와 교가를 합창시켜 집회를 마치게 했다. 그것이 62년의 일이었다.

64년도의 방일(訪日) 때도 역시 메가폰이 필요했다. 그러나 이번에는 환영의 열기가 너무 높았기 때문이었다. 다시금 방문한 와세다 대학에서는 1천 명의 학생이 목청껏 환성을 올렸으며, 특히 그가 "케네디 대통령은 단순한 한 나라의 대통령이 아니었다. 그는 전세계의 청년의 대통령이었다. 케네디 대통령의 삶과 죽음에 의의를 부여하기 위해 우리 청년들은 세계의 모든 사람들에게 보다 나은 생활을 주기 위해 더욱 노력해야 한다."고 말했을 때 강당 안은 박수 갈채로 소용돌이 쳤다. 마닐라에서도, 인도네시아에서도, 말레이시아에서도 사람들은 열광적으로 그를 환영했다. 로버트에게 이것은 발견과 재기의 여행이었다.

여행을 계속하는 동안 로버트는, 세계의 청년들이 그가 형의 유업을 계승하기를 바라고 있다고 느끼기 시작했다. 비서인 앤지 노벨로는 이렇게 말했다.

"이 여행 덕택에 그는 다시 태어날 수 있었다."

이리하여 그는 자기의 사명이 무엇인가를 깨달았던 것이다.

그의 밑에서 법무차관을 지냈던 니콜라스 카첸백도 로버트가 달라졌다고 느꼈다.

"로버트는 원래 대단한 일족 의식 같은 것은 갖고 있지 않았다고 생각한다. 그러나 존이 죽었기 때문에 존이 손댔던 일을 계속할 책임이 있다고 자각하게 되었던 것이다."

로버트 자신도 이렇게 말했었다.

"멍청하게 반년이나 1년쯤 무엇이 어떻게 되는지 알 수 없을 때가 있다. 그러나 이 세상에는 무엇인가 사람이 공헌해야 할 문제가 많이 있다. 공헌의 필요를 시인한다면 그 노력을 하지 않으면 안 된다."

케네디 문제

1964년 여름, 남베트남에서는 베트콩과의 싸움이 더욱 치열해지고 있었다. 파견된 미군의 병력은 존 케네디가 죽은 당시의 1만 6천 명에서 배로, 그리고 다시 2배로 증가되고 있었다. 그 해 6월의 어느 날, 로버트는 히콜리 힐의 자택 서재에 앉아, 존슨 대통령에게 펜으로 편지를 쓴 다음(그는 타이핑을 못 쳤었다.) 봉투에 '친전'이라고 썼다. 그는 이 편지에, 만약 당시 베트남 주재 미국 대사 헨리 캐봇 로지가 정계에 복귀하기 위해 사임한다면 대사를 떠맡을 수도 있다고 지원했던 것이다. 존슨 대통령은 이 제의를 고맙게 받아들여, 로버트에게 전화로 그 뜻을 전함과 동시에 증대되는 공민권 문제를 처리하기 위해 법무장관의 지위에 계속 머물러 있어 달라고 했다. 그러나 대통령은 속마음으로는, 로버트에게 이 임무를 준다는 것은 너무 위험하다고 생각하여 그것을 측근에게 털어놓기도 했다.

"케네디가 또 한 사람 죽기라도 하면 그야말로 큰일이니까." 하고.

그러나 로버트에 대해서만은 그는 감사하고 있었다.

"이때의 일을 계기로 해서 로버트 케네디와 존슨은 지금까지 두 사람을 떼어놓았던 자존심과 의혹의 장애를 극복한다."고 어떤 사람은 말하고 있다. 그러나 사실은 그렇지 않았다. 린든 존슨은 아직도 그가 말하는 '케네디 문제'를 안고 있었다. 그는 자기 자신의 정부를 설립하고 자기 자신의 정책을 추진하고 자기 자신의 이름으로 대통령에 선출되기 위한 선거 운동의 준비에 전력 투구했다. 그러나 그러한 그에 대해 존 케네디가 워싱턴에 끌어들였던 젊은 이상주의자들은 잔인한 말투이기는 하나 '낙원이 정글로 전락했다.'고 생각하여 강한 적의를 보였던 것이다.

자기 자신의 정권과 이미지 제고에 노력했던 존슨에 대해서 이것은
공정한 것이 못 되었다. 그러나 지금은 죽고 없는 지도자를 애도하는
사람들의 분노를 생각한다면 그것조차 이해될 수 있었다. 미국 전체가
존슨의 장래를 생각하기보다는 케네디 시대의 추상에 잠겨 있는 것처럼
보였다. 미국의 지도까지도 달라졌다. 미국 대륙의 발견 당시에 스페
인의 정보자가 이름지은 케이프 카나베랄은 케이프 케네디로 변했다.
뉴욕의 아이들와일드 공항은 케네디 공항이 되었다. 미국 내의 이루
헤아릴 수 없을 만큼 많은 도로나 공원에 케네디 가문의 이름을 붙였다.
케네디에 관한 책이 범람했다. 사람이 사는 세상에서는 어쩔 수 없는
일일는지 모르나 정성어린 애도도 품위있는 것이 되기보다 오히려
우스꽝스러운 것이 되고 있었다.

케네디에 관한 책, 케네디 인형, 케네디의 레코드, 케네디 뱃지, 케
네디의 사진, 케네디 접시, 케네디 무엇 무엇 따위로 케네디의 이름을
딴 상품들이 끝없이 쏟아져나왔다. 영화 잡지는 영화의 주인공에 대한
호들갑스러운 묘사는 일단 보류한 채 케네디 집안이며 재클린 미망인,
로버트 에드워드, 그들의 양친, 그 아이들, 그들의 생활 등에 관한
무의미하고 때로는 중상적인 기사를 잇따라 실었다. 피에어 샐린저는
이것을 케네디 집안의 개인 생활에 대한 용납할 수 없는 침해라고 하여
"특히 영화 잡지는 케네디 부인을 악랄하게 이용하고 있다. 이러한
잡지는 매월 매호마다 케네디 부인의 사건을 표지에 사용하며 그럴
듯한 제목을 붙였다. 읽어보면 내용은 아무것도 없다. 그러나 잡지를
팔려면 이러한 제목만으로도 충분했다."고 말했다.

내용은 문제가 아니었다. 케네디, 케네디, 케네디 하고 그 이름은
수없이 되풀이되어 국민의 의식에——그리고 린든 존슨에게——주입
되었다. 그것이 바로 '케네디 문제'였다. 그것은 끝없이 늘어나고 커
지기만 했다.

사라진 부통령의 희망

케네디 일가에 쏠린 동정을 민감하게 눈치챈 민주당의 정치가들은, 로버트를 존슨의 부통령 후보로 추대하면 어떻겠느냐는 말을 꺼내기 시작했다. 64년 3월 10일의 뉴햄프셔 주 예비 선거에서 로버트는 공식적으로는 아무것도 하지 않았건만 부통령의 후보로서 2만 5천8백61표의 기명 투표를 획득했고 존슨은 대통령 후보로서 2만 9천8백61표를 얻었다. 일리노이, 펜실베이니아, 뉴저지, 매사추세츠, 네브라스카 등 각 주의 대통령 예비 선거에서도 법무장관인 로버트는 상당한 표를 모았다.

존슨으로부터의 확답을 얻지 못했기 때문에 로버트가 부통령이 될 희망은 사라지고 말았다. 그렇다면 어떻게 해야 하는가? 매사추세츠 주로 돌아가서 선거에 뛰어들 것인가? 그러나 설사 매사추세츠 주의 유권자가 주 선출의 상원의원을 두 사람 모두 케네디 형제가 차지할 것을 이해해 준다 해도 상원에서는 로버트 쪽이 동생인 에드워드보다 신참인 셈이 되고 만다. 그렇게 되기 위해 2년 동안을 아무것도 하지 않고 기다려야만 하는가? 그 동안에 무엇을 해야 하는가? 또 하나의 다른 가능성이 있었다. 뉴욕 주의 민주당 지도자가 그 해 가을 선거에서 공화당의 케네스 키팅에 대항할 만한 힘을 지닌 상원의원 후보자를 찾고 있었던 것이다. 로버트 케네디를, 하는 소리도 있었다. 그러나 로버트는 뉴욕에 주소가 없었다. 그럼 어떻게 해야 하는가? 헌법에는, 후보자는 선거 시점에서 그 주의 주민이어야 한다고 정의하고 있었다. 로버트 케네디의 마음은 움직였다.

에드워드의 수난

64년 6월 19일, 또 하나의 비극이 케네디를 엄습했다. 일가는 다시 슬픔의 모임을 가졌으며 하이아니스포트의 본가에는 인고(忍苦)의 어머니 로즈와 앓아누운 채 말도 못 하는 아버지 조셉에게 막내 아들인 에드워드가 중상으로 생명이 위태롭다는 슬픈 소식이 전해진 것이다.

장남인 조셉, 둘째인 존의 경우와 마찬가지로 에드워드 케네디도 임무——그의 경우에는 정치적인 임무——수행중에 부상을 입은 것이다. 32세의 에드워드는 이날 오후 7시 49분, 워싱턴에서 로버트가 노력한 성과인 공민권 법안에 찬성 투표를 했다. 그런 뒤, 웨스트 스프링필드에서 열리는 민주당의 매사추세츠 주 대회에 참석하기 위해 워싱턴의 내셔널 공항에서 비행기를 탔다. 그는 이 대회에서 4년 임기인 어엿한 상원의원의 자리를 차지할 후보자로서 지명을 받을 예정이었던 것이다. 이것은 존의 자리로서, 에드워드는 존이 대통령이 되었을 때 남은 잔여 임기 2년을 지금까지 맡아왔던 것이다.

매사추세츠 주 로렌스 출신인 에드윈 토머스 짐니가 조종하는 자가용 비행기에는 에드워드 외에도 이 대회에서 기조 연설을 할 예정이던 인디애나 주 출신의 젊은 민주당 상원의원 버치 베이, 베이 부인, 에드워드의 행정 보좌관인 에드워드 모스 등이 타고 있었다. 짐니는 웨스트필드의 번즈 공항에 계기 비행의 비행 계획을 제출하고 있었다. 목적지에 가까워지자 조종사는 기상 보고를 요구했다. 안개로 시계는 나빴으나 20번의 활주로에 라디오 비콘을 사용해서 착륙 허가를 받았다. 오후 10시 49분, 조종사는 라디오 비콘에 탔다고 관제탑에 보고했다.

베이 상원의원은 좌측 창으로 밑에 무엇인가 검은 물체를 보았다. 비구름이라고 그는 생각했다. 그러나 그것은 높이 65피트의 나무 꼭대기였던 것이다.

"어떻게 된 거죠?" 하고 베이 부인이 물었다.

"아니, 아무것도 아니오." 하고 그녀의 남편은 대답했다.

오직 혼자서만 좌석 벨트를 매지 않았던 에드워드는 반쯤 일어나서 뒤를 돌아보았다. 비행기는 그때 나무 위를 스치며 과수원으로 돌입했다. 순식간에 일은 벌어졌고 짐니는 엉망이 된 조종석에서 죽어 있었다. 에드워드와 모스는 비행기 안의 통로에 의식을 잃고 쓰러져 있었다. 베이 내외는 직경 18인치의 창에서 간신히 밖으로 빠져나와 에드워드를 끌어냈다. 가까이 사는 농부 로버트 샤우어가 달려와 구원을 청하러 뛰어갔다. 모스는 가까이 있는 노던프턴의 병원에 수용되었으나 7시간 뒤에 죽었다.

"살아 있다니 놀라운 일이오."하고 에드워드의 용태에 대해 어떤 의사는 말했다. 그의 등뼈는 여섯 군데나 골절되어 있었다. 늑골도 두 개가 골절이며 손발은 모두 찰과상과 타박상투성이었다. 위독한 상태였다.

병원의 커피숍에서 일하던 어떤 여성이 전국민의 심정을 대표하여 이렇게 말했다.

"이 분들은 도대체 얼마나 희생자를 내야만 합니까?"

그러나 에드워드의 용태는 차츰 호전되기 시작하여, 케네디 집안의 아들이 또 하나 죽을 우려는 없어졌다. 그러나 그는 몇 달 동안이나 특별한 기브스를 하여 옴쭉달싹도 못한 채 지내야만 했다. 그는 그동안 독서로 지식을 흡수하며 보냈다. 기브스를 푼 뒤에도 근육을 재훈련시키고 체력 회복에 오랜 기간이 필요했다. 그러나 그는 65년 1월의 제88회 의회의 제2회기 개회식에는 어떤 일이 있어도 걸어서 상원에 등원하여 뒷줄 왼쪽에서 세번째인 자기 자리에 앉겠다고 맹세했다. 그리고 그는 해냈다.

상원 선거에 입후보

에드워드의 사고가 있은 뒤로 로버트는 한 집안의 가장으로서 다시금 모든 가족들을 위로해야만 했다. 에드워드가 누워 있었기 때문에 그의 책임은 더욱 무거웠다. 에드워드와 로버트의 관계는 이 6개월 동안에 훨씬 밀접해졌다.

"에드워드는 로버트에게 있어서 지난 날 그가 존에게 그러했던 것과 같은 존재가 되기 시작했다. 두 사람은 어디에 있건 아침마다 밤마다 얘기를 나눈다. 두 사람은 마치 하나와 같았다."고 케네디 집안의 어떤 사람은 말했다.

로버트는 에드워드의 사고가 있던 주의 주말은 가족과 함께 보냈다. 다음 주의 화요일, 존슨 대통령의 부탁으로 서독과 폴란드 방문 여행을 떠나기 전날에 그는 짤막한 설명을 발표했다. 그 성명에서 그는 입후보를 권유해준 뉴욕 주 사람들의 성실성과 우정에 감사하면서도 "그러나 이 사람들에 대해 공정을 기함과 동시에 억측을 방지하기 위해 나는 여기서 뉴욕 선출의 미국 상원의원 후보자는 되지 않겠다는 말을 하지 않을 수 없다."고 말했다.

부통령 후보에 대해 결정을 보류하고 있던 린든 존슨이 로버트를 손꼽고 있지 않은 것만은 명확했다. 샌프란시스코의 장대한 카의 팔레스에서 열린 공화당의 전당대회는 배리 골드워터 상원의원을 대통령 후보로 선출했는데 이것이 대통령의 판단을 용이하게 했다. 골드워터는 그가 로버트 케네디의 도움없이도 수월하게 이길 수 있는 상대였기 때문이다.

대통령은 예의 전형적인 존슨 스타일로 활동하기 시작했다. 그는 법무장관을 화이트하우스로 초청하여 따뜻하게 접대한 뒤, 오해가 없도록 조심하며 미리 준비한 다음과 같은 판결을 읽었던 것이다.

"샌프란시스코의 공화당 전당대회 이후, 나는 부통령 후보에 관해 생각해 왔다. 귀하는 밝은 장래와 위대한 이름, 그리고 용기를 지니고 있으나 정치의 경험은 별로 길지 못하다. 그래서 결국 나는 귀하를 진지하게 고려해왔으나 귀하를 택한다는 것은 현명치 못하다는 결론에 이르렀다."

그런 다음 대통령은 로버트에게 그가 부통령의 지위에는 흥미가 없다는 공식적 성명을 발표해달라고 요청했다. 로버트는 이를 거부하고 돌아가기 직전에 "대통령, 나는 당신을 도와줄 수도 있었습니다." 하고 중얼거렸다. 대통령은, 로버트의 이 마지막 말은 깊은 생각에 잠긴 듯한 투였다고 말했는데, 로버트의 친구들은 로버트가 비꼬아 그처럼 말한 것이라고 했다.

대통령은 9월 30일에 기자 회견을 하여 '각료 가운데 하나, 또는 각료들과 정기적으로 만나는 인물'을 택한다는 것은 바람직하지 못하다고 말했다. 케네디 법무장관의 퇴장은 이로써 결정되었던 것이다.

다음 달, 로버트는 민주당의 하원의원 선거에 입후보할 후보자들이 모인 자리에서 연설하며 이렇게 말했다.

"나는 여러분에게 존경심을 갖지 않을 수 없습니다. 여러분은 각료가 아니며 각료와 정기적으로 만나고 있지도 않습니다. 따라서 부통령으로 선출될 수도 있기 때문입니다."

좌중의 웃음이 가라앉자 다시 이렇게 덧붙였다.

"나는 동료인 각료들에게 '나 때문에 당신들을 모두 희생시키게 해서 미안합니다.'라고 편지를 쓰기로 했습니다."

한편, 뉴욕 주에서는 진의 남편이며 로버트의 매부가 되는 스티브 스미스가 로버트를 위해 주 경계의 분위기를 탐색하고 있었다. 스미스는 말이 적고 얼핏 보아서는 학생 같은 표정을 지닌 사내였는데, 그가 탐색한 결과로는 정세가 썩 희망적이었다.

존슨의 로버트에 대한 태도가 결정된 그 이튿날, 하이아니스포트의 케네디 저택에는 법무성의 측근인 데이비드 하켓 정치 문제 담당의 국무 차관 W. 아바렐 해리만, 아서 M. 슐레징거 등 친한 친구들이 모였다. 그들은 일광욕을 하면서 두 가지 일에 관해 이야기를 나누었다. 존슨의 새 정권에 로버트가 참여할 여지가 있겠는가? 만약 없다면 그 대신 무엇을 해야 하는가 하는 두 가지였다. 로버트는 1년 정도라면 정치에서 일단 물러날 수도 있다는 생각을 분명히 밝혔다. 이미 그때까지 12년 동안에 걸쳐 격렬한 활동을 계속해왔기 때문이다. 그러나 그는 동시에 65년 내지 66년에 그를 위한 공석이 생겨날 징후는 없다고 이야기했다. 한 친구의 말에 의하면 로버트는 '막판에 몰린 듯한 심경'이었으며, 만약 후보자 지명이 큰 싸움 없이 획득된다면 상원을 겨냥할 수도 있다는 생각을 갖기에 이르렀다. 모든 측근의 의견은, 인상을 어떻게 주느냐는 것이 중요하다는 점에 귀착되었다. 케네디 진영의 어느 중요한 인물은 "이것이 마치 케네디 파가 꾸민 쿠데타처럼 보이지 않도록 조심해야 했다.”고 말했다.

8월 21일, 와그너 시장은 로버트 케네디의 입후보를 공식으로 지지하는 성명을 발표하여, 그의 ‘개인적인 명성’이나 그가 공민권 법안의 추진에 즈음하여 ‘영웅적’이었다는 것과 ‘그의 이름이 지니는 현기증이 날 만큼의 마력’ 등을 예를 들었다. 로버트의 입후보 발표는 24일 뒤에 와그너 시장이 참석한 그레이시 맨션에서 있었다.

선거전 시작되다

이리하여 로버트 케네디에게 있어서는 1960년의 재현 같은 선거 운동이 시작되었다. 그러나 이번에는 형이 아니라 자기 자신이 후보자였다. 새벽부터 생선 시장이며 빵집을 들르고, 야근하는 공원이 돌아갈 무렵이면 공장 문에 나타났다. 9월 초의 주대회부터 11월 선거까지 그는 뉴욕 주의 구석구석을 누비며 돌아다녔다. 최초의 몇 주간만으로도 약 백만 명의 사람이 그의 모습을 보았다고 추정했다.

그것은 그의 이름이 지닌 매력이었을까? 너무나 많이 입에 오르내려 왔던 이 인물에 대한 호기심이었을까? 아니면 동정이었을까? 그 어느 것이건 로버트 케네디는 마치 정치적인 허리케인(暴風)과 같았다.

로버트는 대개 60년의 대통령 선거에서 형 존이 사용했던 자가용 비행기 ‘캐롤라인 호’를 타고 날아다녔다. AP 통신의 기자 렐만 모린은 존의 선거 운동 때처럼 로버트의 선거 운동에 동행했는데 다음과 같이 말했다.

“캐롤라인 호를 탔더니 로버트는 뒤쪽 창 옆의 자리에 앉아 밖을 내다보고 있었다. 그 눈은 평소보다 더 움푹 패인 것 같았다. 암살 사건 이후 이미 1년 가까이나 지났건만 그의 표정에는 여전히 슬픔과 충격의 흔적이 역력했다. 특별히 무엇인가를 보는 것이 아니라 공허한 눈을 다만 창 밖으로 돌리고 있는 식이었다. 어쩌다 스탭의 하나가 무슨 지시를 청할 때만 원래의 그로 되돌아왔다. 그때야 슬픔의 표정은 사라지고 형을 위해 그토록 열심히 일한 기민하고도 정력적인 사나이의 모습으로 되돌아오는 것이었다."

현기증이 날 만큼 바쁜 일정의 선거 운동으로 누구나가 짜증스러운 표정이었다. 형제 가운데서도 가장 고지식했던 로버트는 언젠가 사소한 실수에 분통을 터뜨리며 "내 선거는 나 같은 녀석이 해야만 돼!" 하고 고함쳤었다.

로버트를 준엄하게 비판하는 고어 비달——그의 장인은 재클린 케네디의 의부이기도 했다——은 로버트 케네디에 대해 다음과 같이 썼었다.

"그의 분명한 특징은 에네르기와 끈질긴 집념, 인간의 동기에 관한 생각의 단순함 등이며 그것이 언젠가는 그의 치명타가 될지도 모른다. 로버트에게 있어서 세계는 흑이나 백의 어느 하나여야만 한다. 적이냐 동지냐이다. 그는 형 존 같은 마음의 경쾌함이라든가 자비심은 추호도 갖지 못했다."

그의 아내 에셀은 출산을 앞둔 몸이었는데 역시 남편 못지않게 가혹한 선거 운동의 일정에 뛰어들었다. 1주에 2일에서 4일까지는 뉴욕 시의 할렘 지구(흑인 거
주 지구)를 걸어다니고 여성 민주당원의 모임에 전화로 짤막한 연설을 하는 등 가능한 모든 일을 했다. 존 케네디는 곧잘 "재클린이 옆에 있기만 하면 무엇이건 할 수 있다."고 했는데, 로버트 역시 "에셀이 옆에 있어 주기만 하면 불가능한 일은 아무것도 없다."고 했다.

케네디 형제의 아내들 가운데서는 에셀이 가장 열심히 선거 운동에 뛰어들었다. 언젠가 에드워드의 아내 존이 매사추세츠 주에서의 선박 명명식에 출석해달라고 초청을 받아 승낙한 적이 있었다. 그러나 막상 그때가 되자 임신 6개월의 몸이었기 때문에 출석을 거절할 수밖에 없었다. 그러자 에셀이 대신 나가 식후의 리셉션에서 "동생이 올 예정이었습니다만 올 수 없게 되어버렸습니다. 그녀는 임신중이랍니다." 라고 하여 박수를 받았다. 에셀 자신도 그때 여덟번째 아이의 출산을 몇 주 앞둔 몸이었던 것이다.

로버트, 에드워드와 함께 당선

11월 3일, 뉴욕 주의 유권자는 마침내 심판을 내려, 로버트 케네디는 경쟁자인 키팅의 3백10만 4천56표에 대해 3백82만 3천7백49표를 얻어 상원의원에 선출되었다.

"우리는 그 사람만큼 자금이 없었다."고 키팅은 말했다.

"내가 뉴욕 주에 출마해야만 할 그런 사태가 일어나지 않았더라면 좋았을 것이라고 생각했다. 그러나 뉴욕 주의 사람들을 위해 봉사하는 것을 즐거움으로 여긴다." 하고 로버트는 말했다. 로버트와 키팅의 득표차는 존슨이 이 주에서 공화당의 골드워터 후보에게 앞선 표차보다 훨씬 적은 것이었으나, 어찌 됐건 일단은 워싱턴에 나아갈 수가—— 더구나 스스로의 힘으로——있었던 것이다.

한편, 매사추세츠 주에서는 에드워드 케네디가 경쟁 후보자의 58만 7천6백63표에 대해 백71만 6천9백7표를 획득, 2년 전에 형 존이 상원의원에서 대통령이 된 뒤의 보궐 선거 때보다도 큰 차이로 재선되었다. 득표차는 존의 58년의 대승리 때보다도 컸다. 에드워드의 경쟁 후보자는 누구였을까 ? 아버지 조셉이 그 옛날, 술책으로 만나려 했던 매사추세츠 주의 명문 출신인 베레트 솔턴스토르였다. 한 집안에서 세 사람의 연방 상원의원이 나온 것은 미국 역사상 처음 있는 일이었다.

65년 1월 4일, 제89 의회 제1 회기의 개회식 날, 아메리카 합중국 상원의 의석에는 잉크도 가득 채워져 있고 흡취지(吸取紙) 구실을 하는 전통적인 모래도 준비되어 있었다. 2층 방청석의 5백84개의 좌석은 빈 자리 하나 없이 꽉 들어찼다. 방청석은 의원의 가족과 친구에게 우선적으로 배분되었고 나머지는 일반사람이 앉아 있었다. 일반용이었다.

방청석에는 스키 여행에서 돌아온 직후인 재클린과 팜비치에서 병든 남편을 간호하는 로즈 부인만을 뺀 케네디 집안의 여성들 전원이 모였다. 에드워드의 아내 존은 그와는 반대쪽 방청석의 맨 앞줄에 앉아 있었다.

에드워드 케네디는 팜비치에서 크리스마스를 보내고 그 전날 워싱턴에 도착했다. 그는 꼬박 180일간을 입원해 있었는데 자기 자신에게 맹세했듯이 남의 도움을 받지 않고 걸어서 상원에 등원할 수 있을 만큼 회복되어 있었다. 그러나 워싱턴에 도착한 그는 아내와 딸 칼라와 함께 우선 알링턴 국립묘지로 가서 형의 무덤 앞에 묵념을 올렸다. 약간 어색해보이기는 했지만 확고한 걸음걸이로 상원의 의사당에 들어섰을 때, 그는 평소보다 수척해 보였다. 체중이 15파운드나 줄어들었던 것이다.

16일 뒤의 얼어붙을 듯이 추운 날에 로버트 케네디도 알링턴으로 찾아가 존의 무덤 앞에 고개를 숙였다. 눈덩어리를 주워들고는 손바닥으로 짓이겼다. 그 뒤 존슨의 대통령 취임식장으로 향했다. 61년의 취임식에서는 로버트와 에드워드는 단상 맨 앞줄의 편한 자리에 앉았는데, 이번에는 상원의원석인 제7열째의 딱딱한 벤치에 앉아야 했다.

의회에서의 로버트는 신인이었는데 신인이 이토록 주목의 대상이 된 적은 없었다. 로버트는 상원의원의 지위를 68년 내지는 72년의 대통령 선거에의 발판으로 삼아 시간을 벌기 위해 이용할 것인가? 많은 사람들은 그렇게 믿었다.

로버트의 친구이며 보도 담당 비서이기도 했던 에드 거스만은 이렇게 말했다.

"로버트는 미국의 역사에서 참으로 독특한 인물이었다. 그가 담당했던 그러한 정치적 역할을 다한 사람은 일찍이 없었다. 그는 실제적인 의미에서가 아닌, 기분상의 면에서나 또는 정신적인 의미에서 권력을 누렸던 것이다."

이러한 인물이 어떻게 다른 99명의 상원의원과 섞여 평범하게 있을 수 있겠는가?

또 하나의 비극——암살의 그날

베트남 전쟁을 비판

미국의 젊은이들은 날로 격화되는 베트남 전쟁에 항의하여, 실천도 않고 민주주의를 주장하는 어른들의 위선에 불만을 품고 있었다. 로버트 케네디는 이러한 젊은이들의 마음을 정확하게 포착했다. 이른바 비둘기 파의 관심을 모으는 베트남 전쟁에 그는 차츰 소리높여 반대 입장을 밝히기 시작했다.

형 존이 암살당한 직후의 암울했던 그 무렵에 미국 국민은 로버트 케네디가 어떻게 할 것인가에 호기심을 갖고 있었다. 그 당시 제창 되었던 설의 하나가 다시금 활발하게 화제에 오르기 시작했다. 그것은 대통령을 목표로 삼고 있는 것이 아닌가 하는 예상이었다.

로버트에 대한 열정과 호기심은 점점 확산되고 있었다. 성급한 젊은이들은 '서두르라'고 했고, 경험 많은 사람들은 '기다리라'고 했다. 단순한 호기심의 사람들은 '행동하라'고 했으며, 전문가들은 '행동하지 말라'고 경고했다.

곳곳에서 로버트 케네디에게 압력이 가해졌다. 그의 지지자들이 손꼽고 있던 그를 대통령직에 취임시키기 위한 시간표를, 갖가지 사태가 독촉하고 있었다. 린든 존슨이 1964년에 대통령으로 선출되었을 때, 적어도 1972년까지는 화이트하우스에 공석이 생기지 않으리라는 것이 지배적이었다. 민주당이나 공화당도 모두 존슨 씨의 재지명 획득의 필연성을 부정하지 않았다. 그러나 1968년의 선거의 해는 미국이 그 역사상 가장 심각하고 가장 감정적인 문제의 하나로 말미암아 분열하고 있었다. 이 분열의 결과로 존슨의 인기는 대통령 선출 이후 최저가 되었다. 실제로 그것은 극히 낮았기 때문에 그는 어떠한 대통령이 기록한 것보다도 커다란 하락 현상을 보여, 압도적인 표차로 당선했다는 것이 오히려 이상하게 여겨졌을 정도였다.

그 문제란, 성가시고 언제 그칠지도 모를 베트남 전쟁이었다. 로버트 케네디는 자기가 속하는 정당의 현직 대통령에게 반대하여 비판자의 전열에 참여했다. 어떠한 문제도 이 전쟁만큼이나 그를 불안하게 한 것은 없었다. 공민권 문제나 제임스 호퍼도, 도시 문제나 그 밖의 어떠한 문제도 이 전쟁 문제에는 미치지 못했다.

그는 미국이 베트남에서 취하는 방식, 그의 생각에 의하면 평화의 기회가 헛되이 사라져가는 사태를 관심을 갖고 지켜보았다. 그는 이렇게 말했다.

"우리 앞에는 가능한 길이 셋 있다. 그것은 군사적 승리를 끝까지 추구할 것인가, 교섭으로써 해결을 찾을 것인가, 아니면 군대를 철수할 것인가 하는 것이다."

케네디는 분명히 교섭에 찬성했다. 그리고 교섭의 결과는 "어느 쪽 입장으로도 승리라고는 할 수 없는 것이 되리라."라고 지적했다.

그러나 상원에서의 그는 백 명 가운데 하나에 불과했다. 연공 서열이 까다로운 상원에서는 신참 의원으로서의 그에게 어떠한 역할이 주어지건 간에 정책에 영향을 미치기에는 충분한 지위가 못 되었다. 윌리엄 풀브라이트, 유진 매카시, 웬 모스 같은, 베트남 전쟁에 반대하는 상원의원들은 유력한 상원 외교위원회의 소속이었다. 케네디 상원의원에게는 그러한 발언의 장소가 없었다. 그는 다만 컬럼비아 특별지구 (워싱턴 시를 말한다.) 위원회, 행정운영·노동위원회, 후생위원회에 자리가 있을 뿐이었다. 상원의 본회의에서 연설을 해도 듣는 의원은 없었으며 방청석도 텅빈 적이 한 두 번이 아니었다. 따라서 로버트 케네디는 자기의 반대의견을 알리기 위해 더욱 많이 대중 앞에 서야만 했다.

그러나 자기의 의견을 뚜렷하게 밝히는 것만으로 충분했을까?

로버트 케네디는 오랫동안 그것만으로 충분하다고 생각했던 모양이다. 그는 단순히 '현직 대통령에게 도전하지 말라.'는 당의 전통을 알고 있었을 뿐 아니라, 그러한 도전은 민주당을 분열시킬 것이라고 생각했다. 따라서 그는 대통령으로 출마하는 것이 어떻겠느냐는 권유를 거절했다. 그는 1967년 3월에 자기의 이름을 오레곤 주의 예비 선거에서 제외해달라는 공공연한 거부 성명을 발표할 준비를 하고 있었다. 그해는, 줄곧 자기는 린든 존슨의 재선을 지지할 작정이라고 말했었다.

어릴 적의 '보비'라는 별명이 이젠 로버트 케네디에게 썩 어울리지 못하는 시기가 되었다. 오랜 옛 친구들 사이에서, 또는 그것과는 전혀 다른 이유로 그를 좋아하지 않았던 사람들 사이에서의 그는 물론 여전히 '보비'로 불렸다. 권리나 그를 싫어하는 사람의 수도 많았다. 존 케네디는 일찍이 이렇게 말했었다.

"그 아이의 친구들을 모두 내 편으로 끌어들일 수 있다면, 나는 그 아이의 적을 모두 떠맡아주겠다."고.

로버트는 일찍이 대통령이 적어도 대중 앞에서 자기 정부의 법무 장관을 보비 따위로 부르는 것은 존엄성이 결여되었다며 존에게 항의했었다. 그러나 존은 개의치 않았다. 그것은 형이 누릴 수 있는 특권이라는 것이었다. 훗날의 그의 친구들은 모두 그를 봅이라고 불렀다.

입후보 선언

1967년이 끝날 즈음부터 여론 조사는, 유럽 여행에서 돌아와 북베트남의 폭격 중지를 요청함으로써 화이트하우스의 대통령과 정면으로 맞서게 된 로버트 케네디의 인기가 존슨 대통령보다 언제나 웃돌고 있음을 나타냈다. 9월에 그는 42 대 41, 10월에는 48 대 39, 11월에는 53 대 52로 앞지르고 있었다. 케네디 집안을 위한 숙련된 여론 조사 기관의 책임자인 루 해리스는 이 상황을 다음과 같이 요약했다.

"최근의 민주당 내 정치 정세의 기본적 사실은 이러한 근래의 여론 조사 결과에 반영되고 있다. 린든 존슨의 정치적 운명이 쇠퇴할 때는 반드시 로버트 케네디가 그를 대신하여 부각되고 있다. 케네디 상원 의원은 어떤 점에서는 그의 형 덕을 보고 있다고 하겠다. 많은 미국인은, 케네디 대통령이 살아 있었더라면 지금의 어려운 여러 문제를 어떻게 처리했을까 하고 생각한다. 그리고 존슨 씨는 이 비교에서 손해를 보는 경향이 있다."

여론 조사는, 로버트 케네디가 '존 F. 케네디 대통령과 다름없이 많은 뛰어난 재능'을 지녔다고 생각하는 사람의 수가 6월 이후 49퍼센트에서 54퍼센트로 늘어났음을 나타냈다. 그의 추종자는 젊은이와 여성들 사이에서 급증했다.

로버트가 존슨 대통령을 다음 대통령의 후보로서 지지하겠다고 재확인하고 있는 동안에 또 한 사람의 민주당원이 미국의 베트남 정책 비판을 추진하고 있었다. 그는 미네소타 주 출신의 유진 매카시 상원의원으로서, 그는 연방의회의 하원의원을 10년 한 뒤 지금은 두 차례에 걸쳐 선출된 상원의원이었다. 이 의원은 베트남 전쟁을 "매우 의문시되는 방식이다."라고 말했다. 상원 본회의에서 10일에 한 연설도, 그는 러스크 국무장관이 아시아의 '황화론(黃禍論)'의 망령을 불러들였다고 했다.

"내각의 각료는 보다 더 쉽게 경질할 수 있도록 해야 하며, 일반적으로 말해서 국무장관은 보다 더 교체하기 쉽게 해야 한다."고 그는 기자회견에서 덧붙였다.

11월 말 매카시는, 전쟁을 교섭으로써 해결하라는 그의 요구를 강력하게 주장하면서, 자기는 1968년의 예비 선거에 출마하겠다고 선언했다. 만약 자기의 노력이 정책의 변경을 가져오지 못한다 해도 "나는 끝까지 대통령 후보의 지명 획득을 위해 계속 도전하겠다."고 말했다.

그러나 케네디는 매카시의 이런 움직임에도 흔들리지 않았다. 그는 매카시의 도전을 '민주당에 건전한 영향을 주고, 이로써 미국인은 전쟁에 대한 그들의 욕구 불만을 폭력으로서가 아니라 대화로 해소시킬 수 있을 것'이라고 평했다. 미국 전체에 별로 이름이 알려지지 못한 전 경제학 교수이긴 하나 자유주의적인 견해는 케네디와 무척이나 흡사한 매카시는, 케네디가 장차 대통령 선거에 나설 때를 위한 의장 (意匠)이라는 설이 유포되자 두 사람은 이를 웃으며 묵살해버렸다.

다른 사람 뒤에 쭈그리고 앉아 있다는 것은 참으로 케네디 집안의 가족답지 못한 것이었다. 케네디 집안의 사람들은 그런 식으로 단련되어 있지는 않았다. 자기가 속하는 당의 현직 대통령을 지지한다는 전통은 있었다. 그리고 시합을 하면 꼭 이겨야 한다는, 보다 더 실제적인 케네디 집안의 전통이 있었다. 1967년이 역사 속에서 사라져갔을 때 로버트 케네디는 자기가 이길 수 있다는 확신을 가질 수 없었다.

그와 린든 존슨과의 관계는 결코 양호하지는 못했으나, 지금은 두 사람 사이에 별로 접촉이 없을 정도로까지 악화되어 있었다.

"정책면에서 두 사람이 합의했다 하더라도 성격의 차이로 보아 두 사람 사이의 거리가 좁혀진다고 나는 생각하지 않는다."

일찍이 법무성에서 로버트 밑에서 일했으며 국무성에서는 존슨 밑에서 일했던 니콜라스 카젠백은 그렇게 말했다.

"나는 여러 차례에 걸쳐 로버트에게 '누군가와 크게 싸움을 하는 일은 없겠지.' 하고 말했었다. 로버트는 '아니, 결코 그런 일은 없네.' 하고 늘 대답했었다. 그러나 로버트의 너무나 솔직한 말투는 린든 존슨의 비위에 맞지 않는 것이었다."

그리고 케네디 집안의 측근이며, 존슨과 함께 머물렀다 해서 다른 케네디 파의 격노를 샀던 로렌스 오브라이언 역시 두 사람을 화해시키려고 노력했다.

"대통령은 자기가 로버트를 좋아한다고 여러 차례에 걸쳐서 나에게 말했다."면서 오브라이언은 회상한다.

"로버트 쪽에서의 공격에 대해서 그는 슬퍼한다. 그러나 화를 내지는 않았다. 그는 '이렇게 되지 말았어야 했어. 우리가 서로 이해할 수 있기를 나는 원한다.'라고 그는 말해왔다."

1968년 초에 케네디 상원의원은 사이겐셀러, 프렛 다턴, 아서 슐레징거 등의 친구들과 상의했다.

"그가 대통령 선거에 출마해서는 안 된다는 것, 1968년은 그의 해가 아니라는 점에서 우리 의견은 일치했다."고 다턴은 말했다. 그러나 케네디는 아직도 결단을 내리지 못했다. 그리고 뉴햄프셔 주의 예비 선거가 끝날 때까지 결정을 보류하기로 했다.

유진 매카시는 뉴햄프셔 주에서 투표의 42퍼센트를 획득했다. 그것은 그의 지지자들과 그의 반대자들 그리고 케네디와 린든 존슨을 깜짝 놀라게 했다. 그러나 케네디는 예비 선거가 있은 지 3일 뒤에 친구들에게 이렇게 말했다.

"내 형을 대통령으로 만들어준 당에서 떠난다는 것은 나로서는 쉬운 일이 아니다. 동생 에드워드는 지금도 내가 그렇게 하려고 하는 줄 알며, 좀 지나치게 들떠 있다고 생각한다. 그러나 그 아이는 전혀 다른 종류의 인간이다. 나는 자기의 고수가 치는 북의 울림에 맞추어 행진할 수밖에 없다."

그렇다면 어떻게 할 것인가? 그는 어느 신문기자에게 다만 이렇게 말했을 뿐이다.

"나는 내 입장을 재평가하고 있을 뿐이다."

무대는 자주 보아 온 것이었다. 그곳, 존 케네디가 8년 전에 대통령 선거 운동을 개시했던 상원의 코커스 룸(幹部会堂)에 로버트 프란시스 케네디가 서 있었다. 최초의 말은 똑같았다.

"나는 오늘, 미국 대통령직에 입후보할 것을 선언한다."

케네디의 목소리, 케네디의 얼굴이다.

"나는 단순히 누군가에게 대항하기 위해 대통령에 입후보하는 것이 아니며, 그것은 새로운 정책을 제안하기 위해서이다. 미국이 위험한 길을 걷고 있다고 확신하기 때문에 나는 입후보하는 것이다."

또다시 그의 집게손가락은 공기를 날카롭게 가르고 있었다.

3파전이 된 선거전

바야흐로 케네디는 기회주의자가 되고 말았다. 매카시는 이렇게
말했다.

"많은 정치가들은 겁을 먹고 뉴햄프셔 주라고 하는 경기장에 나오지
못했다. 그들은 산 위에서 움직이려 하지 않았으며 신호의 불빛이라
든가 모닥불에 불을 당겨 달빛으로 춤추기를 원했다. 그러면서 그들
가운데 아무도 내려오지 않았다. 때문에 나는 감히 말하거니와, 나는
뉴햄프셔 주에서는 약간 쓸쓸했었다. 나는 홀로 걷고 있었던 것이다."

이윽고, 케네디가 비판했던 정책을 만든 당사자, 린든 존슨이 텔레
비전에 나와 북베트남 폭격의 축소를 발표하여, 북베트남의 호치밍
(胡志明) 대통령에 대해 "평화에의 이 새로운 제 1 보에 적극적이며
호의적으로 답해 주기 바란다."고 호소했다.

연설이 끝날 즈음 대통령은 한쪽 손을 귀에 댔다. 이것은 자기가
요즘 와서 같이 생각했던 어떤 행동에 대해 마지막 결정에 달했음을
존슨 부인에게 알리는 신호였다. "나는 미국 대통령으로서 한 번 더
임기를 마치기 위해 나의 지명을 당에 요구하지도 않을 것이며 받지도
않을 작정이다."

존슨의 성명이 있은 지 얼마 뒤, 험프리 부통령도 선거전에 참가하여
싸움은 3파전이 되었다. 그러나 로버트 케네디에게는 다른 두 사람
에게는 없는 것이 있었다. 그에게는 '케네디 조직'이 있었다. 그것이
다시금 되돌아온 것이다. 로렌스 오브라이언, 테드 솔렌센, 다턴, 슐
레징거, 케니 오도넬——모두가 아일랜드 인계의 케네디 측근 및 새
로이 이에 참가한 사람들——은 존 케네디의 동생을 돕기 위해 돌아
왔다.

정치 운동에 종사한다는 것——공공연한 옥외의 정치 운동을 한다는
것——은, 로버트 케네디에게 있어서는 결코 편한 일이 아니었다. 어떤
청중은 그에게서 냉담함을 느꼈다. 그는 형 존처럼 연설을 잘 하지
못했다. 다턴은 이렇게 말했다.

"로버트는 거의 언제나 가난한 사람에 대한 말만 했다. 그는 다섯 차례의 연설 가운데에서 적어도 두 차례는 이 문제를 다루었다. 그의 미리 준비된 연설에는 별로 깊은 내용이 없었다. 그것은 단순한 청중에게의 자기 소개에 불과했었다. 그의 본심이 분명히 밝혀지는 것은, 어느 연설이 끝난 뒤에도 틀림없이 있게 마련인 질의 응답 때였다. 캘리포니아 주의 프레스노 주립대학에서 그는 튼튼하고 젊은 백인 아이들과 인도의 아이들을 비교하기 시작했다. 그는 줄곧 앞에 나서거나 뒤로 물러섰다. 그런 뒤, 그는 감정적으로 완전히 질려버렸으며 체력도 한계점에 이르고 말았다. 이러한 문제야말로 그가 진정으로 관심을 가진 문제였다."

베트남과 가난한 사람. '우리 같으면 더 잘 할 수 있다.'는 주제가 몇 번이고 되풀이 되었다. 그는 프랑스의 문학자 알베르 카뮈의 말을 인용했다.

"이 세계를 아이들이 고통받지 않는 세계로 한다는 것은 어쩌면 우리에게는 불가능할 것이다. 그러나 우리는 고통받는 아이들의 수를 적게 할 수는 있다. 그리고 만약 여러분이 우리를 도와주지 않는다면 다른 누가 우리를 도와주겠는가?"

웨스트 버지니아의 웰치에서 그는 자기를 다음과 같은 말로 형용하는 그 지방 신문의 제 1 면에 실린 논설의 영접을 받았었다. 그것에 의하면 그는 불청객이며 아무도 원하지 않고 좋아하지도 않는, 부도덕하고 비미국적이며 타협성이 없고 아무 준비도 없고 이발조차 제대로 하지 않는 인기없고 남의 사랑을 받지 못하며 과대평가된 인물이었다.

샌프란시스코 대학에서의 그의 선거 연설은 히피 족의 고함 소리로 들을 수 없게 되어버렸다.

"우리는 각자가 한 사람씩 지껄이게 해야 옳았었다."고 그는 목청을 높였다.

"나는 자네들에게 지껄일 수 있도록 허용한다. 그러나 지금은 내가 지껄이고 있다."

"케네디, 너 같은 자는 돌아가라." 히피 족이 말한다.

"'당신네 가족은 잘 계십니까.' 하고 묻는 그런 우호적인 사람은 없는가?"

"도대체 어떻게 해서 당신은 미국의 문제를 해결할 수 있다는 거요?"

역시 히피 족의 질문이다.

"미국을 위해 해답을 찾아낼 수 있는 유일한 사람은 하느님이라고 나는 생각한다. 그러나 애석하게도 하느님은 입후보를 하지 않는다."

케네디는 차기 자신을 웃을 수가 있었다. 그는 때로 미리 준비해둔 자료를 빌려 차기 자신을 웃고 때로는 즉흥적으로 자기 자신을 웃겼다. 그는 케네디라는 이름이 당신에게 어떠한 이익을 주느냐는 질문을 받은 적이 있었다.

"나는 엄청나게 큰 이익이 있다고 생각합니다. 때문에 나는 그것을 매우 좋아합니다."

사우스 다코타 주의 스폴즈에서 "상원의원님, 만약 당신이 대통령에 선출된다면 당신은 스폴즈의 경제에 무엇을 우선시켜줄 수 있습니까?"

"무엇보다 최우선도(最優先度)를 주겠습니다. 오늘 아침에도 식사 때 나는 에셀에게 말했습니다. '우리는 스폴즈의 경제를 어떻게 해야 하오.'라고 말입니다."

오마하(^{네브라스카}_{주의 도시})에서 빗속의 자동차 안에서 "나는 비가 내리는데도 집에 있을 만한 센스가 없는 사람에게 과연 투표할 심정이 될는지 모르겠구면."

인디애나 주의 엘크하트에서는 우호적인 많은 군중에게 로버트는 이렇게 말을 걸었다.

"여러분은 화요일에 투표소에 가서 나에게 투표해주시겠습니까?"

(미국 대통령 선거의 투표일은 윤년이 든 해의
11월 첫째 월요일 다음의 화요일로 정해져 있다.)

"하구말구요."

"그렇다면 여러분은 모두 밖에 나가 이웃사람들의 현관 벨을 울리며
나에게 투표하도록 말해주시겠습니까?"

"하구말구요."

"여러분은 모두 《새로운 세계를 찾아서》라는 나의 책을 읽었습니
까?"

"물론 읽었죠."

"인디애나 주의 엘크하트에 사는 여러분은 모두 거짓말쟁이다!"

오레곤 주의 드 그랜드에서는 승객을 비행기에서 내려놓을 트랩이
없었다. 한 대의 요람대가 사용되었다. 로버트는 맨 나중에 비행기에서
내렸다. 그는 외쳤다.

"우리 같으면 더 잘할 수 있다."

선거 운동이 한창일 때, 전미(全美)에 폭동을 빚어낸 갑작스러운 폭력
사건이 일어났다. 노벨상 수상자인 마틴 루터 킹 목사가 스트라이크
중인 청소 노동자를 지원하는 행진에 앞장서기 위해 갔던 테네시 주의
멤피스에서 사살당한 것이었다. 킹은 친구였다. 그래서 로버트는 유
해를 장례지내기 위해 아틀랜타로 옮기는 비행기를 전세냈다. 다른
후보자들과 마찬가지로 케네디도 장례식에 참석했다.

다시금 선거 운동이 시작되어, 인디애나 주에서 승리한 케네디는
마지막에서 두번째 예비 선거인 오레곤 주에서 성가신 사태에 직면
했다. 그는 소수의 군중밖에 모으지 못했다. 그리고 그는 이렇게 말했다.

"나는 영문을 알 수 없다. 만약 오레건 주에서 이기지 못한다면 나의
지명 획득은 어렵다. 캘리포니아 주의 상황은 매우 좋다. 그러나 오레곤
주는 나에게 있어서 사활이 걸린 중요한 주이다."

오레곤 주는 흑인의 고난을 호소하는 연설을 해도 별로 인상을 주지
못하는 주였다. 이 주에는 흑인이 별로 없었다.

매카시의 득표율 45퍼센트에 대해 그는 39퍼센트를 얻었을 뿐, 이
주의 예비 선거에서는 패하고 말았다.

"아무래도 어려운 후퇴일세." 하고 그는 말했다. 그래도 여전히 그는

캘리포니아 주 삼바나디노에 있던 '미안합니다—— 오레곤 주에서'
라는 포스터를 보고 웃을 수가 있었다. "그야 우리도 마찬가지가 아
닌가." 1968년 6월 4일, 그의 일생에서 가장 힘겨웠던 날 예비 선거를
위한 운동이 한창인 때에 케네디는 그렇게 말했다.

사한 사한

새로운 국가의 탄생을 가져오게 한 전쟁 중에 로버트 케네디는
〈보스턴 포스트〉지의 특파원으로서 전선을 자세하게 볼 수 있었다
(새로운 국가란 이스라엘을 말
하며 전쟁은 제2차 세계대전). 그는 이스라엘의 최전선 상황을 기사로 보냈다.
그는 〈보스턴 포스트〉지에 이렇게 타전했다.

'그들은 비할 바 없는 용기로 싸우고 있다. 이것은 그들의 최대이며
최후의 기회이다. 이제 되돌아간다는 것은 용납되지 않는다.'

20년의 세월도 이때의 그의 감탄을 축소시키지 않았다. 캘리포니아
주에의 전전(轉戰) 전에 오레곤 주에서 선거 운동을 하고 있을 때, 그는
유태인 교회의 보도들에게 이처럼 말했었다.

"세계의 다른 많은 장소에서와 마찬가지로 이스라엘에서의 미국의
약속은 명확하며 강력하다. 우리는 이스라엘의 생존을 약속하고 있다.
우리는 이스라엘의 생존을 파괴하려는 어떠한 시도에 대해서도 도전할
것을 약속하고 있다. 우리는 어떠한 방면에서이건 이스라엘을 파괴
하려는 시도에 대해, 여기에 도전할 약속을 하고 있다……."

그는 6월 1일에 있었던, 전미(全美)로 방영된 텔레비전 방송의 매카시
의원과의 토론에서도 똑같은 태도를 취했다.

그러한 연설이 아무런 기쁨도 가져다주지 못하는 지방이 몇 군데
있었는데, 중류 계급이 많은 캘리포니아 주의 파사데나도 그러한 지
방의 하나였다. 그것은 1948년의 아랍·이스라엘 전쟁으로 말미암아
어렸을 적에 집을 잃은 요르단계 아랍인인 사한 사한이 사는 도시였다.
1967년에 유태인이 7일 전쟁으로 아랍 제국에 굴욕을 주었기 때문에
이스라엘에 대한 사한의 증오는 심각했다.

"우리는 그 얘기만을 했다."고 사한의 한 친구는 말했다. 그 뒤 20 페이지 분량의 사한의 일기가 발견되었다. 일기의 내용이 밝혀지자 로스앤젤레스의 샘 요티 시장은, 그 한 페이지에 '6월 5일까지 케네디 상원의원을 암살할 필요가 있다.'고 적혀 있었음을 밝혔다. 그 날은 이스라엘·아랍 전쟁의 1주년에 해당되던 날이었다.

조그만 집과 작고 예쁘장한 잔디가 깔린 사한의 집 이웃에서는, 그를 조용하고 예절바르며 친절한 청년으로 보았었다. 그는 3월 이후로 자주 21만 5천 달러의 집 근처에서 볼 수 있었다. 그것은 그가 1시간에 2 달러의 사원으로서 일하던 존 와이드너가 경영하는 파사데나 유기 건강식 가게를 그만둔 달이었다. 와이드너는 제2차 세계대전 중, 네덜란드의 지하 저항운동에 참가했었다.

"사한은 유태인에 대한 문제를 여러 가지로 토론했습니다. 그는 그들을 미워했습니다. 그는 체력적으로 완전히 지쳐 있기도 했구요."

와이드너는 사한에게 일에 대한 질문을 했었는데 사한은, "그럼 내가 거짓말쟁이란 말이오? 나는 결코 거짓말을 하지 않소." 하고 고함쳤고, 그 뒤 와이드너의 가게를 그만두었다는 것이다. 이 고등학교 시절의 친구였던 제프 칸에게 있어서 사한이 반 유대의 감정을 털어놓는다는 것은 놀라운 일이 아니었다. 칸과 사한은 아침마다 학교 운동장을 산책하며 여러 가지로 이야기를 나눌 기회가 있었다. 다른 학생들은 러닝을 했으나 칸과 사한은 그저 걸으면서 이야기했다. 유태인이던 칸은 그 무렵을 회상하며 이렇게 말했다.

"사한은 골수 반 이스라엘이었다. 그는 이스라엘 국민과 번그리온 ^(이스라엘의 전대통령), 앗바 에반^(이스라엘의 전외상 수상)을 증오했다. 그리고 그는 이스라엘 인과 유태인을 구별하는 것처럼 생각되었다."

만약 사한이 유태인에 대한 증오심을 품고 있었다 해도, 그가 몇몇 친구들과 중국 장기를 두며 쉬고 있을 때에는 그것이 표면에 드러나지 않았던 모양이다. 그를 상대한 사람들은 그를 예절바르며 상냥했다고 말했다. 상대를 했던 한 사람은 유태인 여성이었다.

오스왈드와 마찬가지로 그도 역시 러시아 어에 흥미를 가졌던 듯하다. 어떤 보고에 의하면, 그는 존 뮤어 고등학교에 재학중 러시아 어를 배웠다는 것이다. 그리고 식료품 가게에서 사한과 함께 일했던 토트세이 보이코 부인은, 자기는 그와 자주 이야기를 나누었는데, 자기가 가장 잘 기억하는 것은 그가 소련을 몹시 찬양했다는 것이라고 말했다.

"그는 소련이 최고인 줄로 생각했었어요."하고 그녀는 말했다. 그리고 그가 러시아 어를 약간 지껄인 듯했다고도 말했다.

또한 사한에게는 야심이 있었다. 그것은 경마의 기수가 되는 것이었다. 책을 자주 읽고 말투도 또렷또렷하여 말씨에 약간의 사투리가 있을 뿐이라고 생각되던 청년에게 있어서 그것은 이상한 야심처럼 여겨졌다. 그는 로스엔젤레스 주변의 경마장에 자주 갔다. 그리고 산타 아니타에서는, 말의 전문가들 사이에서 사한은 '부동산을 사는 기수'로 흔히 알려졌다. 이것은 낙마할 것 같은 기수란 뜻을 가진 경마장의 은어이다.

캘리포니아 주의 코로나에 있는 그라냐 비스타 델 리오 목장에서의 낙마로 말미암아 그는 1966년 9월 25일에 입원하게 되었다. 그는 그 당시에 '핫 워커'라는 일을 하고 있었다. 이것은 경주가 끝난 말의 몸을 식혀주는 경마장의 노무자를 말하는 것이다. 그를 진찰한 의사는, X선으로 조사한 결과 두개골에 이상은 없으나 내부 상해가 있을 경우에 대비한 예방 조치로서 입원을 시켰다고 말한다. 우측 눈 밑의 코 옆에 조그만 절상(切傷)이 있고 그 밖에도 몇 군데에 타박상이 있었다.

사한은 낙마로 말미암아 자기는 불구가 되었다고 주장했다. 몇몇 의사가 진찰했으나 그들은 그렇게 생각하지 않았다. 그 중의 하나인 코로나의 안과의의 증거는 발견되지 않는다고 말하자 사한은 몹시 화를 냈다고 했다.

"그가 심한 욕설을 했기 때문에 나는 진찰실에 그를 둔 채 나와 버렸습니다." 하고 밀러 박사는 말한다.

"10분 뒤에 내가 돌아왔을 땐 그는 이미 떠난 뒤였습니다." 밀러는 사한의 의료기록을 치우려다가 좀 망설인 뒤 '꾀병'이라고 덧붙여 적어놓았다.

그런데 10분 후 사한에게서 전화가 걸려왔다.

"당신은 내가 원하는 대로 하는 것이 좋습니다. 그렇지 않으면 혼날 줄 아시오." 하고 말했습니다. 나는 되물었습니다. '그건 무슨 뜻인가?' 그러자 그는 말없이 전화를 끊었습니다. 이때문에 나는 며칠 동안 불안했습니다. 그때부터 나는 진찰실을 나올 때마다 사방을 둘러보게 되었습니다."

의사들의 결론에도 불구하고 사한은 2천 달러의 위자료를 받아냈다. 그것은 그가 마침 존 와이드너의 가게를 그만두었을 무렵에 송금되어 왔다. 캘리포니아 주의 사람들이 예비 선거를 위해 투표소에 나아간 6월 4일, 사한 사한은 생 가브리엘 발레 건 클럽에 있었다. 그는 자기의 사격석에서 사용한 탄환을 산더미처럼 쌓아올려 남의 관심을 끌었다.

"3백 발이나 4백 발은 족히 되었습니다." 하고 대학생이며 건 클럽의 코치였던 헨리 에이드리언 칼레온은 후에 대배심원에서 진술했다. 그의 말에 의하면 사한은 숨쉴 사이도 없이 잇따라 쏘았다고 한다. "사격장에서는 한 번 쏘면 쉬는 법입니다만." 칼레온은 총의 종류가 무엇이었느냐는 질문을 받자 그렇게 말한 뒤 "아이버 존슨 형의 총이었습니다."라고 대답했다.

이날은 선거 운동이 없었으며 로버트 케네디는 마리브 비치 앞바다에서 수영한 뒤, 영화감독인 존 프랑켄하이머의 집에서 휴식하며 연일 여행과 연설에서 온 피로를 풀고 있었다. 이윽고 케네디의 측근들은 로스앤젤레스의 선거 결과를 지켜보기 위해 앰버서더 호텔로 향했다.

승리의 함성, 슬픔의 통곡

로버트 케네디는 어디를 가건 많은 사람들에게 둘러싸였던 모양이다.

그리고 이것이 측근들을 불안하게 했었다. 무기를 휴대하지 않은 경호원으로서 일했던 FBI의 전 수사관이던 빌 발리는 이런 상황에 대해 몹시 걱정하고 있었다. 그리고 프로 풋볼 팀의 로스앤젤레스 라므즈의 선두 루즈벨트 그리어와 십종경기 선수였던 레이퍼 존슨도 역시 우려하고 있었다.

로버트는 형과 마찬가지로 현실주의적이었다. 프랑스의 소설가 로망 갈리는, 케네디가 그에게 이렇게 말했다고 했다.

"언젠가는 내 생명을 노릴 시도가 있으리라는 것을 나는 안다. 그것은 정치적 이유 때문이라기보다 사고방식의 오염, 경쟁심 때문이다."

케네디의 전 보도 담당 보좌관이었던 에드 거스만은 어디서나 가능한 곳에서 케네디의 주위에 사람의 바리케이드를 만들자고, 케네디 측근 사이에서는 비밀약속이 되어 있었다고 말했다. 로버트 케네디는 제복을 입은 경찰관이나 경호원을 둔다는 생각을 문제로 삼지 않았었다.

그리고 캘리포니아 주 경찰의 어떤 사람도 그의 생각을 별로 문제시하지 않았다. 로스앤젤레스의 어떤 고위 경찰관은 케네디의 측근들의 협력을 거부했다는 보고가 지구 책임자에게서 있었다고 말했다. 케네디의 측근들도 똑같이 비난받을 소지가 있었다. 로스앤젤레스 시내를 줄지은 자동차로 행진하고 있을 때, 적신호라면서 정지를 명령받은 적이 있었다. 경찰의 경감이 신호는 상관없으니 그대로 가라고 손으로 신호했다──그런데도 자동차는 정지 명령을 받고 선두 차의 운전사는 교통위반으로 소환되었다. 경찰 당국은 소음죄로 고발한 프렛 다턴을 포함하여 60건 이상의 소환장을 발급했으나 이것들은 후에 취소되었다.

캘리포니아 주에서는 제복을 입은 경찰관이 없었기 때문에──그것이, 로버트 케네디가 그들의 도움을 거절했기 때문인지, 아니면 경찰 쪽에서 도와주려고 하지 않았거나 또는 도움의 요청을 받고도 도와주지 않았는지 그 이유야 어떻든 간에──확실히 군중은 케네디에게 접근하기 쉬웠다. 하루는 샌프란시스코의 중국인 거리에서 폭죽이 터졌다. 로버트 케네디의 얼굴은 약간의 미소를 띠운 채 굳어져 있었다. 그는 두려움에 몸을 떨었다.

가수 앤디 윌리엄스의 롤스로이스를 타고 그가 앰버서더 호텔에 도착했을 때, 경호원은 아무도 없었다. 그것은 오후 4시쯤이었다. 케네디의 선거 운동을 기록하는 녹음 담당자인 젤리 코스티건은 케네디가 호텔의 엘리베이터 쪽으로 걸어갔을 때, 한 여윈 사내가 한 손에 무엇인가를 쥔 채 케네디에게 다가서려고 했는데, 발리와 자기가 그 사이를 가로막았다고 말했다. 코스티건은 이 사내가 후에 사진으로 본 사내(^{상한을}_{가리킴.})임에 틀림없다고 말했다.

512호실에서 케네디는 여느때처럼 여러 곳에 전화를 걸었다. 또한 평소와는 다른 전화도 걸었다. 그가 사우스 다코타 주의 대의원 표의 50퍼센트를 획득하고 존슨 대통령이 30퍼센트, 유진 매카시가 20퍼센트밖에 획득하지 못했다는 뉴스가 방영되자, 로버트 케네디는 이렇게 말했다.

"나의 선거 운동은 이제야 겨우 민중에게 접근했다는 생각이 든다."

케네디를 대통령 후보로 지명할 움직임이 바야흐로 강력하게 드러나기 시작했다는 느낌이 호텔 512호실에 가득 차 있었다.

밤, 9시 15분쯤 되자 이미 파티가 시작되고 있었다. 그것은 공화당의 지명을 획득하려고 토머스 A. 크첼 상원의원에게 도전했던 보수파인 캘리포니아 주의 맥스 라파티 파였다. 라파티 파의 운동원은 투표소가 닫히기 전부터 이미 승리한 것으로 믿었었다. 그들은 호텔의 베네티안 룸에서 신나게 떠들어댔다.

역시 밖의 로비에 있던 35세의 실업중인 기계공의 말에 의하면 초대받지 않은 손님이 하나 있었다고 한다.

그 기계공 엔리케 라바고는, 나는 라파티의 파티에서 모욕을 당했다고 투덜대는 한 수척하고 얼굴이 검은 청년에게 자기와 자기 친구가 맞부딪쳤다고 말했다. 사내는 몹시 화를 내면서 "가난뱅이를 짓밟는 부자인 라파티 녀석"이라며 욕설을 하고 있었다. 흰 바지에 흰 셔츠를 입고 넥타이를 매지 않은 이 젊은이의 분노를 진정시키려고 라바고와 그의 친구는 로비 반대쪽 앰버시 룸에 있는 케네디 상원의원에게로 가면 어떻겠느냐고 그에게 권했다. 그러자 젊은이는 이런 식으로 고함을 쳤다고 라바고는 말한다.

"케네디! 케네디! 그 녀석이 대통령이 되면 안 돼. 그 녀석이 진정으로 가난뱅이를 돌봐줄 줄 아는가? 케네디는 자기 자신을 돌보고 있을 뿐이야. 그 녀석은 가난한 자를 이용할 뿐이다. 그걸 모르겠는가?"

그 뒤 앰버시 룸의 주방과 잇닿은 복도에서, 주방의 고용원 지저스 펠레스는 한 젊은 사내에게 케네디는 언제 오느냐는 질문을 서너 차례에 걸쳐 받았다고 했다. 그것은 오후 11시 45분경이었다.

위층에서는 캘리포니아 주 의회의 하원의장이며 이 주 출신의 민주당원에게 강력한 발언권을 갖는 제시 앤루가 케네디에게 이제는 시작해도 된다고 알렸다.

"승리는 의심할 여지도 없다."고 그는 말했다. 유진 매카시에 대해 로버트 케네디는 약 4퍼센트의 격차로 앞질러, 때때로 약간의 변동은 있었으나 결국은 46퍼센트 대 42퍼센트로 승리할 것처럼 보였다.

1968년 6월 5일 정오를 1분 지난 시각에 로버트 케네디는 자기 방에서 나왔다. 그는 일반 엘리베이터를 사용하여 앰버시 룸에 가려고 계단을 내려섰다. 그러다 화물용 엘리베이터를 이용하여 혼잡을 피하자는 생각이 들었다. 한 호텔 종업원이 앞서서 그들은 엘리베이터 밖으로 나와 주방용 복도를 따라 앰버시 룸으로 들어갔다. 여기서 케네디는 약 2천 명이나 되는 선거 운동원의 소란을 가라앉히려고 시도했다.

"나는 나의 개인 프레클즈에 대해 감사를 표명하고 싶습니다." 하고 그는 말했다.

"프레클즈는 사람들의 비난만 먹어왔습니다. 그러나 나는 남이 무엇이라고 하건 개의치 않았습니다. 프랭클린 루즈벨트가 말했듯이 남이 나에 대해 무엇이라고 하건 나는 신경을 쓰지 않습니다. 그러나 내

개를 남이 비난하기 시작한다면……."

군중이 웃었다. "루즈벨트 글리어는, 나에게 투표하지 않은 사람들을 자기한테 맡기라고 말합니다."

그런 뒤,

"나는 미국의 의견 분열을 종결지을 수 있다고 생각합니다. 나의 생각은 뚜렷합니다. 그것은, 우리는 결국 협력할 수 있다는 것입니다. 그리고 과거 3년 동안, 미국 안에서 일어난 일이라면——분열, 폭력, 미국 사회에 대한 환멸, 흑백의 갈등, 빈부의 갈등, 세대의 갈등, 혹은 베트남 전쟁간에 분열——그러한 것뿐이었습니다. 우리는 함께 협력할 수 있을 것입니다. 미국은 위대한 나라입니다. 이기심이 없는 나라입니다. 그리고 나는 그것을 내 입후보의 바탕으로 삼고자 했습니다."

갈채가 온 방 안에 넘쳐흘렀다.

"때문에 여러분에게 나는 진심으로 감사하고 있습니다. 다음은 시카고입니다. 시카고에서 승리합시다."

예정으로는 많은 운동원이 기다리는 앰버서더 호텔의 무도실로 가는 것으로 되어 있었다. 케네디는 이미 텔레비전의 각 네트워크의 회견을 마친 뒤였다. 때문에 신문 잡지의 기자들은 기자 회견을 안타깝게 기다리고 있었다. 그들은 콜로니얼 룸에 있었다.

스스로 '음향의 대사'로 자칭하여 선전하는 제리 코스티건은 케네디가 승리의 연설을 할 때 그에게 접근하려는 사람들에 대해 걱정하고 있었다.

"황색 뱃지를 착용한 사람을 보면 누구라도 몰아낼 작정이었습니다." 이 뱃지는 신문기자의 신분 증명용이기도 했다.

"케네디가 연설하기 전에, 두 번이나 케네디에게 접근하려 했던 사내가 있었습니다."

후에 코스티건은 그 사내가 역시 사한이었음을 시인했다.

연설은 끝났다. 로버트 케네디는 콜로니얼 룸 쪽으로 걸어가기 시작했다. 거기에서 인기 높고 고급인 디스코테크의 '파트리'에서 열리는 파티에 참석할 예정이었다.

무도실 정면의 입구를 지나지 않고 케네디는 뒤쪽으로 되돌아 주방 쪽으로 향했다.

"2, 3분 전까지만 해도 그가 그 길로 가리라고는 생각조차 못했었습니다." 하고 프레드 다턴은 말했다.

"로버트가 승리의 성명을 발표하고 있는 동안에 나는 빌 발리와 협력해서 길을 터놓으려고 했습니다. 방에 가득 넘치는 사람들이 기다리고 있었습니다. 나는 이곳이 너무 복잡하다는 생각이 들어, 그를 데리고 주방을 통해 가기로 결정했습니다. 빌과 나는 계단의 많은 사람들을 헤치며 통로를 만들고 있었습니다. 그러나 로버트는 무슨 이유에서인지 무대 뒤로 내려갔습니다. 그래서 그의 뒤를 우리 몇몇이 뒤따르게 된 것입니다."

지금은 오전 영시 16분이었다. 루즈벨트 글리어가 케네디 상원의원과 함께 있었다. 그리고 레이퍼 존슨과 빌 발리 '정책 고문'인 밀트 과츠만과 임신중이지만 건강하고 명랑해보이는 에셀 케네디도 함께 있었다.

로버트 케네디는 미소를 지으며 축하인사를 받고 악수를 나누면서 천천히 청중들 사이로 걸어갔다. 그때 사람들 사이로 권총을 든 손 하나가 삐죽이 나와 있었다. 그리고 그것으로 상황은 끝이었다.

8발이 발사되고 사람들은 격렬한 기세로 몰려들었다. 앰버스더 호텔의 부(副) 주방장인 칼 웨커와 조수 하나가 케네디 앞에서 안내를 하고 있었다. 두 사람은 권총을 쏜 사내에게 덤벼들었다. 경기할 때의 체중이 2백87파운드나 되는 글리어는 군중을 헤치며 웨커와 다른 두 사람을 테이블 위로 밀어붙였다. 정력적인 젊은이이기도 한 아마추어 운동가인 조지 프린프턴, 그리고 존슨과 발리가 사람들을 밀치며 왔다. 한 자루의 권총, 아이버 존슨 형 권총을 존슨이 낚아챘다.

앤르가 테이블 위로 올라가 소리쳤다.

"그 놈을 살려라 ! 그 놈을 죽이지 말라 ! 우리는 그 놈을 살려두고 싶다!"

키가 작고 얼굴빛이 거무스름한 사내는 몹시 구타를 당했으나 죽지는 않았다.

그러나 로버트 케네디가 마룻바닥에 쓰러진 채 머리의 상처에서 대량의 피를 뿜고 있었다. 그 밖에도 5명이나 부상을 입었다. 케네디는 우측 귀의 뒤——그의 형에게 치명상을 준 부분 언저리——와 우측 겨드랑이 밑을 맞았다.

한 라디오 방송 기자가 녹음기에 큰소리로 이렇게 취입하고 있었다.

"케네디 상원의원이 저격당했습니다. ……이런 일이 있을 수 있겠습니까? 이런 일이 과연 있을 수 있습니까?"

에셀 케네디는 눈을 크게 치켜뜬 채 마룻바닥에 쓰러져 마치 항복이라도 하듯이 양손을 번쩍 든 남편 위로 허리를 구부리고 앉았다.

"산소 흡입! 어서 산소 흡입을 해주세요!" 하고 그녀는 외쳤다. 그러나 무서운 혼란 속에 그녀의 소리는 들리지 않았다.

무도실에서는 아가씨들이 울고 있었다. 승리의 함성이 슬픔의 통곡으로 바뀐 것이다.

"오 하느님! 이런 일이 두 번씩이나 일어나다니!"

3명의 의사가 나타나, 그 중의 한 흑인 의사가 케네디의 의식이 아직 살아 있다고 했다. 얼마쯤 지나자 경찰이 왔다. 그들은 글리어나 그 밖의 사람들이 잡고 있는 젊은이를 떼어내며, "죽여라! 범인을 사형하라!"고 고함치는 가운데 아래층으로 데려갔다.

앤르는 군중을 헤치며 저격범을 따라 순찰차에 올라탔다.

"나는 나의 나라를 위해 한 거다." 하고 젊은이가 그에게 말했다.

로버트 케네디를 2마일 떨어진 긴급환자용 시설인 센트럴 리시빙 병원으로 급송하기 위해 1대의 구급차가 왔다. 케네디가 들것에 옮겨지자 그가 "안 돼, 안 돼, 그만 둬!!" 하고 말한 것을 들은 사람이 있다. 그러나 그가 그 이상 말을 했는지는 아무도 모른다.

구급차가 떠나자 케네디의 보좌관들과 친구들은 이제부터 무엇을 해야 하는가에 대해 여러 가지로 상의했다. 피에어 샐린저와 그의 아내는 오토바이에 뛰어올라 운전대에 매달리다시피 하여 달려갔다. 누군가도 그전처럼 달렸었다. 댈러스에서.

무도실에서는 케네디 측근 가운데 가장 냉정한 처남 스티브 스미스가 히스테릭해진 군중을 향해 제발 돌아가달라고 부탁하고 있었다.

위층 케네디의 방에서는 몇몇 측근들이 텔레비전에 나올 그의 연설을 바라보며, 그가 "다음은 시카고입니다." 하고 걸어나갔을 때, 그들은 "다음은 '팩트리'이다." 하며 텔레비전의 스위치를 껐다.

조리실에서 글리어가 맥없이 의자에 앉아 얼굴을 양손으로 가린 채 울고 있었다.

그리고 병원에서는 담당의사가, 로버트 케네디는 처음 보았을 때는 죽은 것이나 다름없었으나 이젠 약간이나마 좋아졌다. 그러나 뇌에 손상을 입은 징후가 있다고 말했다. 의사는 에셀 케네디에게 남편의 심장 고동을 들려주었다. 그러자 그것이 그녀의 마음을 진정시킨 것처럼 보였다. 이윽고 로버트 케네디는 굿 사마리탄 병원으로 이송되어 그곳에서 의사들은 뇌수술을 시작했다. 세 시간 45분이나 걸린 대수술이었다.

에드워드 케네디는, 샌프란시스코에서 선거의 밤에 열린 파티에 가족 대표로 참석하고 있었다. 로버트가 승리한 것처럼 생각되었기 때문에 그는 측근의 데이비드 파크와 함께 페어먼트 호텔로 향했다. 방으로 들어와 에드워드는 최신의 투표 결과를 알려고 텔레비전에 스위치를 넣었다. 그는 거기서 형이 저격당했음을 알았다.

그는 아무 말도 하지 않았다. 이윽고 "상처는 어느 정도일까?" 그리고는 "우리가 여기서 갈 수 있는 가장 빠른 교통편은 무엇일까?" 하고 중얼거렸다.

이때 런던의 시간은 아침 8시 30분이었다. 프린세스 리이 라거웰은 뉴스를 듣고 대서양 건너의 누나 앞으로 장거리 전화를 신청했다.

재클린 케네디는 뉴욕의 아파트에서 잠자고 있었다. "뉴스, 들었어! 그분 상황이 어때요?" 하고 라거웰은 말했다.

"응. 나 들었어. 캘리포니아는 멋지잖니?"

"아니, 그런 얘기가 아니야." 그리고 그녀는 소식을 들려주었다.

하이아니스포트 역시 앤 거건이 한밤중에 깨워서 일어났다. 그녀도 이 충격적인 사실을 숙모에게 알렸다. 로즈 케네디는 남편에게 아무 말도 않기로 작정했다. 남편을 쉬게 하자. 그녀는 여섯 시 미사에 참석했으며 집으로 돌아왔다. 이때 전화가 요란스럽게 울렸다. 에드워드 케네디였다. 아버지인 대사는 그때 이미 잠에서 깨어 있었다. 그리고 그는 그의 오랜 생애에서 두번째로 에드워드로부터 슬픈 소식을 들었다.

집안의 슬픔과 기쁨의 대부분을 함께 나누어 왔던 커싱 추기경은 그날 오후 케이프로 와서 조셉 케네디와 그의 아내를 위로했다.

"그녀는 내가 만난 어떤 성직자보다도 전능하신 하느님을 믿고 있습니다."라고 추기경은 말했었다.

전능하신 신은 필요했다. 25시간 사이, 중상의 아들은 죽음의 가장자리에 있었다. 의사들은 설사 그가 살아난다 해도 그의 육체와 정신이 어느 정도나 이전의 상태로 돌아갈 수 있을지 모른다고 말했었다.

그러나 아무튼 그는 살아 있었다. 대통령이 저격 직후에 사망한 댈러스의 경우와는 약간 달랐다. 이윽고 목요일의 이른 아침, 케네디의 보도 담당 비서가 굿 사마리탄 병원의 정문 현관에 나타나 텔레비전 조명 앞에 섰다. 보도 담당자인 프랭크 만키에비츠의 안색은 창백했으며 수척해보였다. 그러나 침착하고 부드러운 목소리로 그는 마이크를 향해 말했다.

"로버트 케네디 상원의원은 오늘 오후 1시 44분에 사망했습니다." 그리고 이 뉴스는 삽시간에 온 세계로 퍼졌다.

알링턴 국립묘지

세 임

그것은 도저히 상상할 수 없고 더이상 견뎌낼 수도 없는 사건이었다. 케네디 진영이나 반 케네디 진영을 막론하고 모든 사람이 케네디 가와 함께 슬퍼했으며 미국을 위해 부끄러워했다. 그런 일이 아메리카 합중국에서 일어날 수 있다는 것은, 단 한 번만으로도 가공할 일이건만 두 번씩이나 일어나다니…….

"마치 몇 해 전에 본 영화를 다시 한 번 텔레비전으로 보는 것 같다." 고 존슨 대통령의 대변인을 사임하고 어느 신문의 발행인이 된 빌 모이어즈는 말했다.

"텔레비전의 스위치를 꺼도 머릿 속에서는 그 영화가 줄곧 계속되는 것이었다."

그것은 마침내 두 번씩이나 일어나고 말았다. 두 번이 모두 너무나 흡사했다. 유해를 옮기는 대륙 횡단의 제트 비행기가 다시금 미국 하늘 높이 날았다. 제트 비행기의 거대한 동체에 모여든 모든 트랩이 마치 기도하는 듯한 자세로 그 강철의 손을 내밀며 관과 그것을 옮겨온 귀천빈부의 온갖 사람들을 받아들였다. 슬픔으로 감싸인 사람들이 나왔다. 그 중에는 낯선 사람도 있었다. 그렇지 않은 사람도 있었고 다시금 황혼이 찾아들고 개인적인 비극인 동시에 미국인의 비극이기도 한 이 사건이 어둠 속에서 눈부시게 조명되기 시작했다.

두 번씩이나 이런 사건이 일어났다는 것은, 미국이 최초의 사건에서 그 교훈을 충분히 받아들이지 못했음을 나타내는 것일까? 이 암살당한 인물이 그 지도자가 되려던 미국민은 도대체 앞으로 어떻게 될 것인가? 로버트 케네디는 나름대로 노력은 했으나 생존중에 이 분열된 국가를 통일할 수는 없었다. 그러나 그는 죽음으로써 충격의 통일을 달성했던 것이다.

워싱턴에서 어떤 식전에 출석했던 로버트 맥나마라 전 국방장관은 눈물을 흘리며 울었다. 어떤 텔레비전 방송국은 두 시간 반짜리 프로를 중단하고 '셰임(恥辱)'이라는 한 마디만을 스크린에 내보냈다. 베트남전에 참전한 미국의 한 병사는 "도대체 어떻게 된 것이냐. 미국은 어떻게 되고 있느냐!" 하고 외쳤다.

대통령 전용기

댈러스의 경우와는 달라서, 로스앤젤레스에서는 오랜 시간에 걸쳐 검시 해부가 있었다. 63년 11월 22일, 베세즈다 해군병원에서의 존 케네디의 해부에도 입회했던 피에어 핑크 대령은 여기서도 의사의 한 사람으로 참가하고 있었다.

유해는 그 뒤 마호가니 원목으로 만든 관에 안치되어 공항으로 옮겨졌으며, 린든 존슨이 보낸 대통령 전용 제트기로 옮겨졌다.

시동생 곁으로 달려온 재클린 케네디는 이 대통령 전용기가 댈러스에서 그날 비행한 것과는 다르다는 것을 납득하기까지 이 비행기에 탑승하려고 하지 않았다.

이 대통령 전용기에 탄 사람들은 더이상은 없을 만큼 여러 계층의 사람들이었다. 멕시코의 건축가 페르난도 팔라. 올림픽 10종 경기 선수인 레이퍼 존슨. 조지 프린프턴. 제임스 위테커 부부. 그녀 자신도 바로 얼마 전에 남편을 잃은 마틴 루터 킹 부인. 존 케네디와 옛날에 자주 여행했던 레모인 빌링스 같은 오랜 친구들. 형제 가운데에서 오직 혼자 남은 에드워드 케네디. 살해당하기까지 전의 형과 마찬가지로 미시시피 주의 전미 흑인 향상협회(NAACP) 지부장인 찰스 에버즈. 법무장관 시절의 동료 에드 거스만과 그의 아내 버크 머셜. 텔레비전

스타인 앤디 윌리엄스와 그의 아내. 캘리포니아 주의 주의회 의장인 제시 안리. 그리고 트랩 조종사에서 직업을 바꾸어 존과 로버트의 유능한 선발 운동원으로서 활약했던 제리 부르노 등.

기묘한 커플인 이 그룹을 보고 케네디 집안에 호의를 갖지 않은 사람이라면 케네디 집안이 유명인의 비위를 잘 맞추거나, 아니면 유명인으로부터 인사받기를 환영하거나 그 어느 한쪽의 증거라고 생각했을 것이다. 그러나 그렇다면, 조셉 케네디가 헐리우드의 여왕들이나 영국 국왕과도 친했으며 하니 피츠는 홈런왕인 베이브 루스나 미국 대통령이었던 윌리엄 매킨리와도 친구로서 사귀었음을 잊은 것이 된다.

비행 중, 에드워드는 비행기 앞자리에서 꾸벅꾸벅 졸거나 이야기를 하며, 또 '얼굴 없는 사람들'——다시 말해서 또 하나의 미국에서와 미국의 공적 생활에 공포를 가져다 준 사악한 폭력주의자들——의 문제에 관해 흥분하며 토론을 하기도 했다. 그는 또한 지금의 로버트나 존의 유아까지 합치면 16명의 아이를 거느리게 된 그의 가족에 대한 이야기도 했다.

뒷자리의 객실에서는 결혼과 그리고 이번에는 죽음으로써 결부된 두 사람의, 전혀 성질이 다른 여성이 이야기를 나누고 있었다. 미망인이 된 에셀은 언니 재클린이 전에 보였던 그대로의 냉정함을 유지했다. 재클린은 대통령 부인으로서 화이트하우스에서 보냈던 마지막 밤에 세상의 눈이 그녀에게 주어진 시련에서 벗어난 뒤에야 겨우 울었다고 말했는데, 에셀 케네디 역시 "우리는 나중에 마음껏 울겠어요." 하고 똑같은 말을 했던 것이다. 그녀는 그런 뒤, 비행기 앞자리로 가서 남편의 관 곁에 누워 잠들어버렸다. 누군가가 그녀의 얼굴 밑에 베개를 넣어주고 손에는 묵주를 쥐어주었다.

대통령 전용기가 도착한 뉴욕의 라가디아 공항에서는 역시 많은 군중이 기다리고 있었다. 명사이며 옛친구며 호기심으로 나온 사람들까지도. 재클린은 마중나온 맥나마라를 보고 서로 포옹했다. 에셀은 에드워드 케네디와 나란히 영구차를 타고 행렬에 앞장서서 패트릭 성당으로 향했다. 찌는 듯이 무더운 여름이었다. 연도에는 수천 명의 시민이 나와 검정색의 자동차 행렬이 조용히 지나가는 것을 지켜보았다.

가족을 위한 간단한 미사가 있었다. 재클린은 존의 죽음에서는 눈물을 보이지 않았는데 이곳에서는 처음으로 울었다. 로즈 케네디가 그녀를 위로했다. 그 뒤, 모인 사람들 가운데에서 우선 '의장대'를 뽑아 밤새껏 관을 교대로 지켰다. 모두가 케네디 집안과는 친한 사람들이었다. 전미 자동차 노조의 월터 루서, IBM 회사의 토머스 와트슨도 있었다. 마틴 루터 킹 목사의 후계사인 랠프 아바나시 목사, 시인인 로버트 로웰, 소설가인 윌리엄 스타이런, 또 변호사이며 최고 재판소의 대법관과 UN 대사를 지낸 아서 골드비그도 있었다.

성당 밖에도 기다리는 사람은 많았다. 그 중의 하나인 19세의 낸시 매기는 매사추세츠 주 웨스트 록스베리의 자택에서 차를 몰고 달려와, 뉴욕은 처음이라고 했다.

"나는 가만히 있을 수 없었어요. 이곳은 처음이지만." 하고 그녀는 말했다.

살인 용의자

한편, 로스앤젤레스에서는 체포된 사나이에 대한 엄중한 감시를 하고 있었다. 그의 독방에는 밤낮으로 한 간수가 경비했다. 문에 달린 조그만 창으로 또 하나의 간수가 감시하고 있었다. 리 하베이 오즈왈드가 재크 루비에게 사살된 댈러스에서의 재판이 되는 것을 피하기 위해서였다. 사나이는 몇 번이고 "말을 하고 싶지 않다."고 되풀이했다. 로스앤젤레스의 경찰 당국은 사건에 관한 공식 견해의 발표를 최소한으로 제한했는데, 새뮤얼 요티 시장은 이 용의자가 일기를 기록하고 있었다는 것과 그의 자동차가 좌익의 집회장 밖에 주차한 적이 있었다는 따위를 지껄여 비판을 받기도 했다.

이 사나이가 갖고 있던 권총에 대한 조사 결과가 곧 나왔다. 일련

번호를 조사해보니 캘리포니아 주 알함브라의 앨버트 하츠라는 사람이
주에 등록한 것이며, 65년에 있었던 와츠에서의 폭동 후 호신용으로
샀다는 것이었다. 그는 그 뒤 이것을 누이동생에게 주었으며 누이동
생은 어린 아들이 있어 집에 두면 위험하다고 생각하여 이웃사람에게
주었다고 했다. 그리고 이 이웃사람은 67년 12월에 조라는 이름의
'백화점에 다니는 곱슬머리의 사나이'에게 팔았음을 기억하고 있었다.
그 결과, 나슈 백화점의 고용인인 무닐 '조' 사한이 떠올랐다. 경찰은
사한에게 용의자의 신원 확인을 의뢰했으며 이에 응한 그는, 사나이가
자기 동생인 사한 사한이라고 말했다. 경찰은 사한 사한에게 살인
혐의를 씌웠다.

소문은 케네디가 암살당했을 때보다 더 빨리 소용돌이쳤다. 사건
후 며칠도 못 되는 사이에, 암살되던 날 밤 호텔에 있던 물방울 무늬의
드레스를 입은 여성이 수상쩍다는 소문이 번졌다. 케네디 형제의 죽
음과 마틴 루터 킹 목사의 죽음을 연관지으려는 음모설도 나왔다.
케네디 대통령의 암살이 오즈왈드의 단독 범행이라고 한 워렌위원회에
대해 비판을 가졌던 사람들이 다시금 소리높여 외치기 시작했다. 의
혹이 또 다른 의혹을 불러 번져나가기 시작했다.

알링턴의 언덕으로

1968년 6월 8일 토요일, 조셉 케네디와 로즈의 3남 로버트가 매장
되었다. 성 패트릭 성당에서 있었던 진혼(鎭魂) 미사에는 2천3백 명이
초청되어 참례했다. 그 중에는 64년의 상원 선거에서 로버트의 적이
었던 케네스 키팅과 비밀 경호원의 호위를 받은 리처드 닉슨도 있었다.
존슨 대통령의 명령으로 대통령 입후보자에게는 모두 경호원이 따르게
되었던 것이다. 이 미사에는 또한 존슨 대통령도 직접 참례했다. 얼
워렌 최고재판소 장관도 나와 킹 미망인에게 무엇인가 속삭이고 있
었다. 배리 골드워터, 넬슨 록펠러, 유진 매카시 등의 정치가를 비롯하여
빌리 그레이엄 같은 종교인도 있었다. 모두가 미국에서 널리 알려진

이름이며 케네디 집안과도 친한 사람들이었다. 그 전날에는 몇천 명이
안치된 영구 앞을 지나 고인의 명복을 빌었는데, 그 대부분은 로버트
케네디에게서 희망을 찾아냈으며, 이제는 그것을 잃고 만 가난한 사
람들이나 흑인들이었다.

매장식의 이날, 에드워드는 제단 앞에 나아가 고인의 유덕을 기리는
추도사를 낭독했다. 이것은 관례에 없는 보기드문 일이었다. 그리고
에드워드는 이 연설에서 일부 사람이 그에게서는 도저히 바랄 수 없
다고 생각했던 웅변을 들려주었다.

"그는 항상 우리와 함께 있었습니다. 애정이란 말로는 표현하기
어려운 감정입니다. 충성, 신뢰, 기쁨 역시 마찬가지입니다. 그러나 그는
그 전부였습니다. 그는 철저히 인생을 사랑했습니다……내 형을 생전의
모습 이상으로 이상화하거나 확대시킬 필요는 없습니다. 부정을 바
로잡고 고통을 없애주며, 그리고 전쟁을 종결지으려고 노력했던 선
량하고 훌륭한 인간이었다고 기억하면 그것으로 충분합니다……. 그는
이 나라의 곳곳에서 공감을 느꼈던 사람들에 대해 언제나 '사물을
그대로 받아들이며 어째서냐고 생각하는 사람도 있다. 그러나 나는
실현되지 않았던 일을 떠올리며 어째서 안 되었느냐를 생각한다.'고
말했습니다. 그것이 그의 사고방식이었습니다……."

짙은 보랏빛 법의(法衣)를 걸치고 진홍색 모자에 흰 주교관을 쓴
커싱 추기경이 "천사들이 그대를 천국으로 인도하기를……."이라는
기도를 올렸다.

레너드 번스타인이 뉴욕 필을 지휘하여 구스타프 말러의 작품인 〈제
5 교향곡〉에서 느릿한 한 악장을 연주한 데 이어 앤디 윌리엄스가
〈공화국 찬가〉를 독창했다.

참례자들이 성당의 어두운 본당에서 한낮의 태양이 빛나는 옥외로
나왔다. 들리는 것은 영화며 텔레비전의 카메라 소리뿐이었다. 참례자
가운데 천2백 명은 자동차로 펜실베이니아 역으로 갔다. 거기에는
검정칠의 기관차를 선두로 한 21량 편성의 특별열차가 워싱턴으로의

마지막 여행을 위해 기다리고 있었다.

마치 옛날로 되돌아간 느낌이었다. 링컨의 유해도 일리노이 주 중앙부의 그의 고향까지 느린 기차에 흔들리며 마지막 여행을 했는데, 1968년의 이날 역시 1865년과 마찬가지로 연도에는 군중이 마중을 나와 있었다. 특별열차가 허드슨 강의 터널을 빠져나가 뉴저지 주의 습지대를 달려나가자 곧 비극이 발생했다.

뉴저지 주의 엘리자베스에서 철로에 가득 나와 있던 군중 속으로 북회선의 열차가 뛰어들어 2명의 사망자가 나온 것이었다. 특별열차에 탔던 사람들 가운데서도 이 사고를 목격하여 워싱턴에 도착할 때까지 충격에서 깨어나지 못하는 사람들도 있었다.

철도에 폭탄이라도 장치되어 있지 않을까 경계하며 선도하는 기관차 뒤로 특별열차는 느릿하게 남하했다. 뉴브랜즈위크……트렌턴……필라델피아……윌밍턴……볼티모어…….

이곳 저곳의 역에서는 플랫폼에 악단이 기다리며 특별열차가 통과할 때 〈아름다운 미국〉이며 〈공화국 찬가〉를 연주했다. 늙은 흑인들은 모자를 벗어들고, 나란히 선 아이들은, 어째서 이토록 좋은 날씨에 그들에게는 이해되지 않는 것을 보기 위해 기다려야 하는지 알지 못한 채 짜증스러운 표정을 하고 있었다. 볼티모어를 지나면서 악단은 없었으나 열차를 전송하는 사람들은 누가 먼저라고 할 것도 없이 〈아름다운 미국〉을 노래부르기 시작하여 그것은 곧 대합창으로 울려퍼졌다.

열차는 4시간 반이나 연착되어 어두워진 뒤에야 겨우 워싱턴에 도착했다. "이 여행이 언제까지나 계속되었으면 싶었다."고 한 승객은 말했다. 유니온 역에서 행렬을 지어, 로버트가 생전에 봉사했던 국회의사당을 지나, 역시 그가 봉사했던 법무성과 화이트하우스를 지나 포토맥 강을 건너 알링턴 국립묘지로 향했다. 다리를 건너기 직전에 행렬은 의회에 원조를 요청하며 모여든 수천 명의 빈곤자가 야영하고 있는 '부활의 도시' 앞을 지나갔다. 그 중의 몇몇이 두 손을 들어 작별을

고했다.

이윽고 행렬은 국립묘지로 들어섰다. 어둠 속에서 어린이들이 불을 밝힌 촛불을 들고 서 있었다. 묘소에 도착하자 로버트 맥나마라나 미국 최초의 우주 비행사인 존 글렌 등 운구인들이 관을 덮었던 미국기를 걷어 접었다. 글렌이 그것을 에셀에게 주었다. 회장자들은 기다리는 자동차 쪽으로 천천히 걸어갔다. 촛불이 바람에 흔들리며 꺼졌다. 텔레비전의 라이트도 치워졌으며 어딘가로 실어내 갔다.

모두 떠난 뒤, 형 존의 무덤에서 몇 피트 떨어져 로버트 프란시스 케네디가 잠든 알링턴의 이 언덕 위로 초승달이 떠오르고 있었다.

영광과 비극

존의 경우나 로버트의 경우나 모두 마찬가지였다. 회장자(會葬者) 가운데 한 사람만이 보이지 않았다. 그들의 아버지 조셉이었다. 그도 성 패트릭 성당으로 가려고 생각했었지만 가족의 말에 의하면 그의 병세도 심각했다.

그는 79세의 고령이며 주치의사인 러스크 박사에 의하면 매우 쇠약한 몸이었다. 네 아이가 먼저 가버린, 미국을 위해 죽은 세 명의 아들 가운데 하나가 전에 말한 바로는, 이것은 자연의 섭리에 대한 범죄 행위였다.

그는 집안의 가명을 높이려고 노력했으며 그것을 성취했다. 그 이름은 불과 2대 사이에 그 유례를 볼 수 없을 만큼 미국 역사에 확고한 지위를 쌓아올렸다.

그것이 가능한 것은 돈이 있었기 때문이라는 말도 있다. 그 명성은 돈으로 산 것이며 합당한 보수로서 획득한 것이 아니라는 견해이다. 그러나 20세기도 절반이 지난 지금의 미국은 아일랜드계가 세력을 떨쳤던 지난날의 미국 정계가 아니다. 돈은 확실히 도움이 되었으나 6천8백만 명의 미국인을 매수할 수는 없다. 조셉 케네디는 그의 아들들이 대통령이나 상원의원이 되기를 원했는지는 모르나, 그들을 당선시킨 것은 그들의 아버지가 아니라 미국의 유권자였던 것이다.

"우리는 이제 케네디 집안에 대한 얘기를 듣기에 싫증이 났다."고 말한 사람들도 있다. 케네디 가가 각광을 받아 부각되는 것을 피하려 하지 않았던 것은 사실이며, 또한 때로는 자진해서 그 초점에 서려고 했는지도 모른다. 그러나 아무도 그것을 보라고 강요하지는 않았을 것이다.

케네디 집안에는 그 가정생활 자체에서 마땅히 생겨나는 하나의 특질이 갖추어져 있었다. 첫째로는 대가족이라는 것이며, 이러한 가족에는 그 규모만으로도 단결력과 목적의식이 자라게 마련이다. 어느 도시에서나 다른 아이를 매혹시키는 것은 가장 아이가 많은 가정이다. 거기에 돈이 곁든다. 돈이 있으면 그의 아이들은 불필요한 걱정을 않고도 유익한 사업을 할 수 있다고 생각했던 아버지가, 또는 다른 미국인과 마찬가지로 남을 밀어내면서까지 더 돈을 벌겠다는 마음만 있으면 얼마든지 벌 수 있는 능력을 지니면서도 남의 비난을 들을 사업은 적당한 정도로 그치고 오히려 소극적이었던 그런 아버지가 등장한다. 아일랜드 인의 아들로서, 그는 정치적인 피를 계승하고 있었는지 모른다. 국가에 대한 의무를 망각하면서까지 부를 추구할 만큼 탐욕스러운 사나이가 아니었다는 것도 사실이었다. 그리고는 대차를 대조해 보자. 그의 아들들이 그러한 지위에 오른 것은 얼마나 놀라운 일이겠는가? 그들처럼 방대한 재산을 지닌 것으로 알려진 록펠러의 집안에서 2개 주의 지사밖에 나오지 못한 것은 어떻게 해석하겠는가?

조셉 P. 케네디는, 그가 원했던 것을 단순히 바랐을 뿐이며 또 아들들에게도 그의 소망의 성취를 바란 결과, 그들이 뛰어난 지위에 오르는 것을 볼 수 있었다 그러나 그러한 지위는 마침내 미국의 또 하나의 측면에서부터 충격을 받게 되었던 것이다.

이러한 상황을 종합한다면 미국은, 참된 미국을, 고전적인 비극을, 미국민으로서는 단순한 방관자일 수밖에 없는 비극을 목격한 것이 되지 않겠는가?

　난타켓 해협의 모래 언덕을 바라보며 매일 매일을 보내온 늙은 가장은 틀림없이 이 의견에 동의하며 그에게 남겨진 유일한 말을 입 밖에 낼 것이다. '예스'를 의미하는 '노, 노, 노'라는 말로.

역자 후기

이 책은 AP통신사편 TRIUMPH AND TRAGEDY OF THE KENNE-DYS(1968)를 완역한 것이다. 1963년 11월, 존 F. 케네디 대통령이 댈러스에서 암살되었을 때, 이 날 전후의 수일 동안의 기록을 정리한 THE TORCH IS PASSED(역서명 《댈러스의 금요일》)를 간행했는데 AP통신이 로버트 F. 케네디 상원의원의 암살을 계기로 케네디 가문의 역사를 간행한 것은 결코 우연이 아니다.

그러나 《댈러스의 금요일》이 케네디 대통령의 암살 직후 AP통신사에 의해서 기획된 데 반하여 이 책은 로버트 F. 케네디 상원의원이 암살되기 훨씬 전에 기획되어 착수된 것이었다. 또한 전자가 케네디 대통령의 암살 전후 수일간의 기록을 집성한, 비교적 간단한 작업이었던 데 반하여, 후자는 1848년, 케네디 가문의 선조인 패트릭 케네디가 아일랜드에서 미국으로 건너오는 데서부터 시작하여 120년에 걸친, 이 집안의 파란만장한 역사를 더듬고 있다. 이것이 전자와의 다른 점이다.

케네디 대통령이 암살되었을 때, 역자는 하나의 의문에 사로잡혔었다. 그것은 댈러스의 경찰서장을 위시하여, 경비를 담당했던 누구한 사람도 책임을 지지 않았다는 점이다. 우리의 상식으로는 도저히 생각할 수도 없는 일이다. 다만, 프랑스의 신문기자 레오 소바주가 쓴 《오스왈드 사건》에서만 이 점에 대해서 언급하고 있을 뿐이다.

소바주 씨는 다음과 같이 말하고 있다.

"케네디 대통령은 댈러스에서 암살되지 않아도 되었다. 방탄 유리가

장착된 강철제 승용차에 타고 댈러스 거리를 화살처럼 질주하여 연설회장으로 갔더라면 대통령은 교과서 창고의 창문을 통하여 저격되지는 않았을 것이다. 그러나 케네디 대통령은 그렇게 하지 않았다. 그러기에 경비 책임자는 아무도 문책받지 않았다. 그렇다면 케네디 대통령은 어째서 경비 당국의 권고에 따르지 않았을까?"

여기서 소바주 씨는 그럴 듯한 설명을 붙이고 있다. 그랬더라면 케네디가 케네디답지 않기 때문이라는 것이다.

이것은 로버트 F. 케네디 상원의원도 마찬가지이다. 소바주 씨의 말은 미국 사람에게는 당연한 상식이므로 미국 사람이 쓴 책에서는 일부러 이 점에 대해서 언급하지 않았을지도 모른다는 것이다.

경비 당국의 책임 문제는 이것으로 납득이 가겠지만, 또 하나의 새로운 의문이 있다. 다른 정치가, 가령 존슨 대통령 같은 사람이 방탄유리가 달린 강철제 자동차를 타고 거리를 질주해도, 그래서 존슨 대통령이 존슨 대통령답지 않다고 우리는 생각하지 않는다. 그런데 어찌하여 케네디 일족의 정치가에 한해서 그렇지 않다는 말인가?

실제로 케네디 일족 만큼 끊임없이 무엇엔가 도전하는 자세를 보인 사람은 드물다. 야성적인 국민성을 가진 미국인들 사이에서도 이것은 특히 두드러진다. 이 책은 이들 일족의 특성이 어떻게 해서 형성되었는가를 온세계에 밝히기 위해서 엮어졌다고 해도 좋다. 아일랜드의 가난한 이민이 선조였다는 것만으로는 이 일족의 격렬한 투지를 설명할 수 없다. 아일랜드 이민이 모두 케네디의 가문 같지는 않았으니까. 역시 필연과 우연, 유전 등등 보이지 않는 많은 요소가 복잡하게 뒤엉켜서 오늘날의 케네디 가문의 영광과 비극이 태어났다고 말할 수밖에 없다.

이 일족의 역사는 머리말에도 언급했듯이 어느 소설보다도 이색적이다.

당신을 영원한 감동의 세계로 안내할

完訳版 世界 🌐 名作100選

100 Famous Literary Works

🅤일신서적출판사

121-110 서울·마포구 신수동 177-3호
공급처 : ☎ 703-3001~6, FAX. 703-3009

당신을 영원한 감동의 세계로 안내할

完訳版 世界 名作100選

54 안네의 일기	안네 프랑크	
55 달과 6펜스	서머셋 모음	
56 나 나	에밀 졸라	
57 목로주점	에밀 졸라	
58 골짜기의 백합 (外)	오노레 드 발자크	
59 60 마의 산 Ⅰ Ⅱ	도스토예프스키	
61 62 악 령 Ⅰ Ⅱ	도스토예프스키	
63 64 백 치 Ⅰ Ⅱ	도스토예프스키	
65 66 돈키호테 Ⅰ Ⅱ	세르반테스	
67 미 성 년	도스토예프스키	
68 69 70 몽테크리스토백작 Ⅰ Ⅱ Ⅲ	알렉상드르 뒤마	
71 인간의 대지 (外)	생텍쥐페리	
72 73 양철북 Ⅰ Ⅱ	G. 그라스	
74 75 삼총사 Ⅰ Ⅱ	알렉상드르 뒤마	
76 크리스마스 캐럴	찰스 디킨스	
77 싯다르타 (外)	헤르만 헤세	
78 햄릿 · 리어 왕 (外)	세익스피어	
79 80 쿠오 바디스	솅키에비치	
81 동물농장 · 1984년	조지 오웰	
82 도리안 그레이의 초상	오스카 와일드	

일신서적출판사

121-110 서울·마포구 신수동 177-3호
공급처 : ☎ 703-3001~6, FAX. 703-3009

*계속 간행중입니다.

세계명작학술문고 일신 그랜드 북스

판형 / 4 · 6판 ✽ 면수 / 평균 256면

세계명작학술문고 일신 그랜드 북스

판형 ╱ 4 · 6판 ✳ 면수 ╱ 평균 256면

世界敎養思想100選

~ 계속 간행합니다.

Ⓤ 일신서적출판사   ⑫①②①-①①⓪ 서울시 마포구 신수동 177-3
TEL : 703-3001~6   FAX : 703-3009

東洋 古典 百選

＊계속 간행합니다.

♤ 광주리에 가득찬 황금도 자식에게 경서(經書)
하나를 가르침만 못하다. ─────── 論語

Ⓤ 일신서적출판사 １２１-１１０ 서울시 마포구 신수동 177-3
영업부 : 703-3001~6   FAX : 703-3009

케네디 가의 영광과 비극

· 발행 1994. 4. 10.　 값 10,000원

지은이　AP　통 신 사
옮긴이　김　　심　　온
펴낸이　남　　　　용
펴낸데　一信書籍出版社

1̲2̲1̲－1̲1̲0̲ 서울 마포구 신수동 177－3
등 록 : 1969. 9. 12. No. 10－70
전 화 : 703－3001~6
FAX : 703－3009
대체구좌 / 012245－31－2133577

ISBN 89-366-1501-7　　03890